DIEDERICHS GELBE REIHE

herausgegeben von Michael Günther

Christian Rätsch

Heilkräuter der Antike

in Ägypten, Griechenland und Rom

Mythologie und Anwendung einst und heute

Eugen Diederichs Verlag

Mit 58 Abbildungen

Vordere Umschlagseite: Dioskurides erhält von Heuresis die Alraune, vgl. Bildlegende auf S. 15.

Die Deutsche Bibliothek – CIP-Einheitsaufnahme
Rätsch, Christian:
Heilkräuter der Antike in Ägypten, Griechenland und Rom; Mythologie und Anwendung / Christian Rätsch. – München: Diederichs, 1995
(Diederichs Gelbe Reihe; 115: Alte Welt)
ISBN 3-424-01215-7
NE: HST; GT

Umschlaggestaltung: Zembsch' Werkstatt, München
Produktion: Tillmann Roeder, München
Satz: Uhl + Massopust, Aalen
Druck und Bindung: Ebner Ulm
Printed in Germany

ISBN 3-424-01215-7

Inhalt

Vorwort

Vor einigen Jahren durchwanderte ich eine kilometerlange natürliche Tunnelhöhle in den erstarrten Lavamassen von Lanzarote. Ohne Fackel wäre man in der absoluten Finsternis hilflos gewesen. Nach etwa einer Stunde war am Ende des Tunnels ein Licht zu sehen. Noch war der flackernde Schein meiner Fackel heller als das ferne Sonnenlicht. Bald erkannte ich, daß durch einen Einbruch in der Lavadecke das Licht herabfiel. Am Ende des Tunnels lagen viele verrottete Kadaver und bleiche Skelette von Schafen und Ziegen. Die Tiere waren in den Todestunnel gestürzt und verendeten dort. Inmitten dieses modernden Knochenhaufens stand einsam, aber majestätisch ein von den dünnen Sonnenstrahlen erleuchtetes Bilsenkraut. Ich war baß erstaunt und fühlte mich schlagartig in die Antike versetzt. Die Wanderung durch den Lavaflußtunnel wurde zu einer Reise in die mythische Zeit des Herakles. Der göttliche Held des Altertums hatte viele Prüfungen zu bestehen. Bei einer mußte er in die Unterwelt, ein Ort des Schreckens und der Schatten, herabsteigen. Als Herakles wieder aus der Unterwelt nach erfolgreich bestandenen Abenteuern kam, hatte er unterwegs ein Bilsenkraut entdeckt und mit auf die Erde gebracht. Und genau dieses Bilsenkraut stand nun vor mir. Es wuchs auf der Schwelle des Todes dem Licht der lebenspendenden Sonne entgegen. Da beschloß ich, dieses Buch zu schreiben.

Es gibt viele Kräuterbücher, doch beschränken sie sich meist auf die Inhaltsstoffe, Gefahren und Anwendungsmöglichkeiten von Pflanzen. Ich möchte die Heilpflanzen in ihrer mythischen und mystischen Dimension darstellen. Die Heilkräuter der Antike sind Pflanzen der Götter, Halbgötter, Dämonen und Mischwesen. Hier und da haben sie sogar schamanische Wurzeln bewahrt. Die gesamte Pflanzenwelt spiegelt sich in der Mythologie der Antike. Mythen sind keine primitiven Geschichten mit märchenhaften Zügen; es sind hochkomplexe Symbole menschlicher Bewußtseinsstrukturen. Die Mythologie ist die Geographie der Landschaft unserer Innenwelt. Darin agieren unsere Wünsche, Hoffnungen, Enttäuschungen und Ängste in der Gestalt archetypischer Figuren. Je mehr wir die antiken Mythologien, die maßgeblich unsere abendländische Kultur geprägt haben, verstehen, desto besser können wir uns selbst erkennen. Je besser wir eine Pflanze in ihrer mythischen Dimension verstehen, desto eher kann sie uns heilend zur Seite stehen.

Ich habe den berauschenden und aphrodisischen Gewächsen, also den Pflanzen des Dionysos und der Aphrodite, einen großen Raum gewidmet. Denn die Heilwirkungen von Lust und Rausch sind in der humanistischen Betrachtung der Antike zu völliger Impotenz verkümmert und weitgehend auf der Strecke geblieben.

Viele Menschen, Nymphen und Götter haben mich bei der Entstehung dieses Buches begleitet. In erster Linie meine Frau Claudia Müller-Ebeling, mit der ich die Mysterien der Aphrodite teilen darf. Albert Hofmann hat mir wie kaum ein anderer Mensch die Bedeutung der floralen Mythologie der Griechen nähergebracht. Die Gespräche mit Hartwig Kopp haben mich nicht nur ermutigt, sondern auch tief bewegt. Meinem Buchhändler Herrn Petri, der so manche Stunde beim Auffinden seltener Bücher aufgebracht hat, muß ich danken. Wertvolle Hinweise zum Mutterkorn verdanke ich Janine Warmbier; Einblicke in die tiefe Welt der Computer verschaffte mir Wolfgang Kundrus. Einsichten in die dionysischen Ekstasen verdanke ich meiner Freundin Anupama. Unterstützt wurde ich von William Emboden, John R. Baker, Mary Anna Wright,

Stephan Rätsch, Wolf-Dieter Storl, Daniel Delany, Jonathan Ott, Ralph Metzner, der mich am Brunnen der Erinnerung trinken ließ, und meinen lieben Freunden Gabi, Lara und Roger Liggenstorfer.

Ein besonders herzlicher Dank gebührt Jürgen und Lu Ullrich, die meinen Naxos-Aufenthalt so wunderbar gestalteten und mir das Vollenden des vorliegenden Buches so angenehm ermöglichten.

Für Enthusiasmus möchte ich meinem Lektor und dem Herausgeber der Gelben Reihe, Michael Günther, besonders danken.

Meine Suche nach Dionysos, nach den Mysterien der Antike begann vor zwanzig Jahren (1974) in Naxos. Mit dem Finden des Bilsenkrautes im Anblick des untergehenden Helios durch Apollons Tor in Richtung Delos, schließt sich der Kreis in Naxos. *Heil dir, Dionysos!*

Naxos, in den letzten Strahlen des Helios

Christian Rätsch

ΓΝΩΘΙ ΣΑΥΤΟΝ
(»Erkenne Dich selbst«)

Antike Inschrift über dem Eingang zum heiligen Bezirk von Delphi

*

»Hilf Dir selbst, so wirst Du Gott«

Alte Weisheit

*

»Alle Pflanzen sind Götter und Göttinnen!«

Albert Hofmann (1993)

*

»Wer von einer Schlange gebissen worden ist,
fürchtet sich vor einem gerollten Seil.«

Ägyptische Weisheit
(aus der Spruchsammlung des Anch-Scheschonki)

Einleitung

In unserer Zeit, der Postmoderne, dem Zeitalter der elektronischen Medien, der künstlichen Intelligenz, der Generation X, wirkt ein Werk über die Antike alles andere als zeitgemäß. Doch waren es nicht immer die »unzeitgemäßen Betrachtungen«, die den gesunden Gegenpol zum Strom, zum Zeitgeist darstellten?

In unserer Zeit schlagen Technoparties und Heavy-Metal-Konzerte die Leute mehr in Bann als die Lektüre von PLATON oder HOMER. Und dennoch ist unsere Zeit ohne PLATON und HOMER nicht denkbar. Unsere Zeit ist ohne die Antike nicht vorstellbar.

In der Antike liegen die Wurzeln des modernen Europa, der westlichen Welt. Je besser wir unsere Wurzeln kennenlernen, desto besser verstehen wir auch die heutige Welt, unsere eigene Stellung im Kosmos. Die Antike schwingt noch heute im morphogenetischen Feld – bestimmt nach wie vor viele philosophischen, moralischen, ethischen und religiösen Vorstellungen. Die antike Mythologie findet ihren Niederschlag in Kinderbüchern, Hollywood-Filmen, Fantasy-Romanen und Computerspielen. Vieles der antiken Heilkunst bestimmt noch immer den Beruf des Arztes (z.B. der Hippokratische Eid), vieles wird von der Naturheilkunde weitergeführt. Nach dem dunklen Mittelalter brachte die Renaissance mit der Wiederentdeckung der heidnischen Mysterien neues Licht in die europäische Geschichte. Die Postmoderne zeigt dem entwurzelten Menschen, wie wichtig es ist, sich der kulturellen Vergangenheit zu besinnen und die mythologischen Wurzeln im Inneren mit neuen Blüten zu schmücken. Unsere Wurzeln, die Wurzeln der Antike reichen zurück bis zum paläolithischen Schamanismus. Der heutige Cyberspace erinnert wieder daran, erschließt neue Möglichkeiten, in andere Wirklichkeiten vorzustoßen. Andere Wirklichkeiten, die nicht wie beim Fernsehen konsumiert, sondern bewußt verändert werden können.

Der Einfluß der antiken Medizin bis heute

»Wir werden nicht aufhören zu forschen,
Und das Ende all unseres Forschens wird sein,
dort anzukommen, von wo wir aufbrachen,
und den Ort zum ersten Mal zu erkennen.«
T. S. ELIOT, *Little Gidding*

Wenn ich von der antiken Medizin spreche, meine ich die Medizin der alten Ägypter, der alten Griechen und der Römer. Obwohl die medizinischen Lehren dieser drei Völker mitunter drastisch voneinander abweichen, stehen sie doch in einem direkten historischen Zusammenhang. Die Griechen haben sich in ihren Schriften auf die Ägypter bezogen, die Römer wiederum haben sich an den griechischen Vorbildern orientiert:

»Wie der Ackerbau den Gesunden die Nahrung sichert, so verheißt die Medizin den Kranken die Genesung. Die Heilkunde findet sich überall, da ja sogar die mit ihr ganz und gar nicht vertrauten Menschen Kräuter und andere geeignete Mittel zur Heilung von Wunden und Krankheiten kennen. Sie ist aber bei den Griechen viel weiter ausgebildet worden als bei den übrigen Völkern, aber auch bei ihnen nicht von allem Anfang an, sondern erst vor wenigen Jahrhunderten. Als ihr ältester Meister wird

> ja allgemein Äskulap verehrt; weil er die bis dahin rohe und allen zugängliche Wissenschaft ein bißchen weiter fortbildete, wurde er unter die Götter aufgenommen.«
>
> (CELSUS, *De medicina: prooemium*, 1)

Ägypten galt als das Ursprungsland der Weisheit und der Mysterien, als »Abbild des Himmels ... [als] der Tempel der ganzen Welt« (*Asclepius* 24). Sowohl Griechen als auch Römer sahen den Ursprung der Medizin in Ägypten. HOMER schrieb in seiner Odyssee von Ägypten:

> »Dort bringt die fruchtbare Erde viele Heilmittel hervor, zu guter und schändlicher Mischung. Und dort ist jeder ein Arzt und jeder gescheiter als alle die Menschen.«
>
> (*Odyssee* 4, 229-232)

In zahlreichen antiken Schriften werden die ägyptischen Ärzte gelobt, die schon in der damaligen Welt in fernen Ländern gewirkt haben. So ist für 1340 v. Chr. die Anwesenheit ägyptischer Ärzte auf Zypern, der Insel der Aphrodite, belegt. Unter den ägyptischen Ärzten muß es ein sehr straffes Spezialistentum gegeben haben, wie HERODOT bewundernd bemerkte:

> »Nur für eine einzige Krankheit ist jeder Arzt da und nicht für mehrere. Und alles ist von Ärzten voll; denn die einen stehen da als Ärzte für die Augen, die anderen für den Kopf, die anderen für die Zähne, die anderen für den Unterleib, die anderen für die inneren Krankheiten.«
>
> (HERODOT II 84)

Die antike Medizin, so wie sie sich uns heute erschließt, war also keine Volksmedizin, sondern die Lehre von Spezialisten, von Ärzten, Botanikern, Pharmakologen, Philosophen, Mystikern und Priestern. Es wird oft gesagt, die wissenschaftliche Medizin hat ihren Ursprung in der Antike.

HIPPOKRATES gilt als der Begründer der wissenschaftlichen, d.h. rationalen, Medizin; THEOPHRAST gilt als Begründer der Botanik; und DIOSKURIDES als Begründer der empirischen Pharmakologie. PLATON könnte man sogar als den Begründer einer philosophischen Medizin bezeichnen. Er wollte die Medizin als eine *Gesundheitslehre* verstanden wissen. So wie PLATON sahen auch andere einen inneren Zusammenhang zwischen Medizin und Philosophie (Weisheitslehre)*:

> »Zuerst galt die Heilkunde als ein Teil der Philosophie, so daß also die Heilung der Krankheiten und die Betrachtung des Wesens aller Dinge von denselben Denkern ausgegangen ist – verständlicherweise, da ja vor allem diejenigen nach der Heilkunde suchen mußten, die ihre Körperkräfte durch das Nachdenken in der Abgeschiedenheit und durch Nachtwachen geschwächt hatten. Darum sind, wie wir erfahren, viele Lehrer der Philosophie Heilkundige gewesen, am berühmtesten unter ihnen PYTHAGORAS, EMPEDOKLES und DEMOKRIT. Dessen Schüler war, wie einige angenommen haben, HIPPOKRATES von KOS.« (GALEN, *De Antidotis* 1)

Die antike Medizin ist niemals ein homogenes System von Denken und Handeln gewesen. Es gab nebeneinander rationale Wissenschaftler, ekstatische Seher, kräuterkundige Hexen, fahrende Wunderheiler, ehrenhafte Priester, Wundärzte und Apotheker. Aber eines war allen gemein; sie sahen Gesundheit und Krankheit kosmologisch und anthropologisch. Der Zustand des Menschen wurde immer auch auf die allgemeine Natur bezogen – ganz gleich, ob man die Natur

* »Medizin wie auch Philosophie sind für ihre ›Initiationsgeheimnisse‹ bekannt, die verschiedene Autoren [z.B. GALLIENUS, PLOTIN] mit den Aspekten von Eleusis vergleichen.« (ELIADE 1992: 74f.)

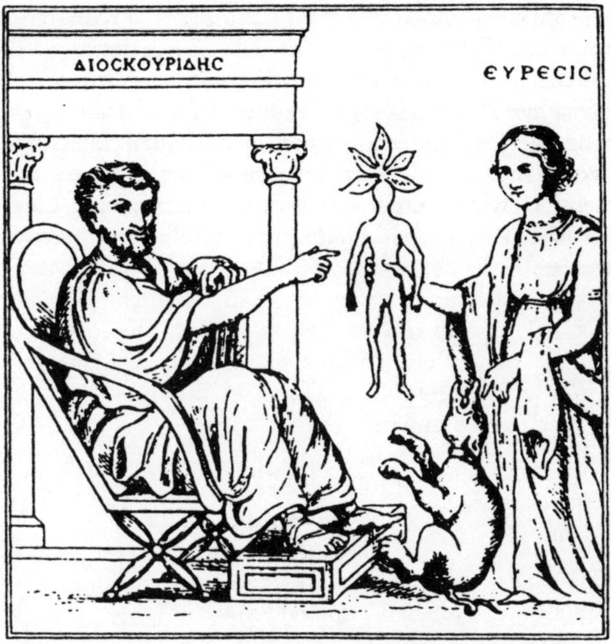

Der griechische »Vater der Pharmazie« Dioskurides erhält von Heuresis, der Göttin der Erfindungskunst, die Alraune; Illustration aus dem Juliana-Codex.

beseelt dachte, in ihr das Wirken der Götter oder das Zusammenfließen der »Säfte« entdeckte. Den Heilkult gab es, weil man auch schon damals an der sogenannten rationalen Ärzteschaft zweifelte.*

* »Häufig genug erschüttert die Naturwissenschaft die landläufigen religiösen Überzeugungen, ohne sie durch etwas anderes zu ersetzen. Daraus entsteht das groteske Phänomen, daß naturwissenschaftlich durchgebildete, geistig hochstehende Menschen eine un-

Die antike Medizin und Pharmakologie hat sehr stark die europäische Geschichte geprägt. Die Werke der Hippokratiker, die *Arzneimittellehre* des DIOSKURIDES und die *Naturgeschichte* des PLINIUS bildeten die wissenschaftliche Grundlage der Medizin bis in das 19. Jahrhundert hinein. DIOSKURIDES wurde in der ausgehenden Antike und im folgenden Mittelalter ins Arabische, Hebräische, Lateinische, Französische und Deutsche übersetzt, bearbeitet und aktualisiert. In der mittelalterlichen Medizin in Deutschland waren die antiken Schriftsteller maßgebend. Vieles von dem was HILDEGARD VON BINGEN in ihrer *Physica* geschrieben hat, stammt aus antiken Quellen. Die Kräuterbuchautoren der frühen Neuzeit, wie TABERNAEMONTANUS, MATTHIOLUS, Leonard FUCHS, LONICERUS und Otto BRUNFELS, haben sich an DIOSKURIDES orientiert. Diese auf deutsch verfaßten Kräuterbücher haben in den folgenden Jahrhunderten die deutsche Volksmedizin geprägt. Viele sogenannte »volkstümliche« Anwendungen von Heilpflanzen stammen über den Umweg der Kräuterbücher aus der Feder antiker Autoren (vgl. NEWMAN 1979).

Ein lebendiges Erbe antiken Kräuterwesens, vermischt mit dem aromatischen Flair orientalisch-islamischen Gewürzhandels, kann man heute noch in dem malerischen Ägyptischen Basar in Istanbul antreffen. Neben wohlriechenden Räucherkerzen, exotischen Gewürzen, bunten Kräutertees und raffinierten Spezereien werden die berühmten Aphrodisiaka-Pasten der Sultane und Haremsdamen feilgeboten. An diesem stimmungsvollen Ort kann man sogar echtes Salep-Knollenpulver, das Satyrion der Alten, erstehen.

---

glaublich kindliche – unentwickelte oder verkümmerte – philosophische Weltanschuung haben.« (SCHRÖDINGER 1989: 26) – Diese Bemerkung des großen Physikers trifft genauso auf die Hippokratiker wie auf die meisten modernen Ärzte zu.

Die Gaben der Gaia

»Kaum hatte – welcher der Götter es auch sein mochte – das Durcheinander so geordnet, zerschnitten und gegliedert, da ballte er zuerst die Erde zusammen, damit sie auf allen Seiten gleich sei, und gab ihr die Gestalt einer großen Kugel.« OVID, *Metamorphosen* I, 34-36

»... die Erde erwarb mit Recht sich den Namen
einer Mutter. Denn alles, was lebt, hat die Erde
erschaffen.« LUKREZ, *Von der Natur* V, 795f

Der Mittelmeerurlauber, der in seiner Erinnerung ein Bild der »typischen« Flora des Ferienlandes mit sich trägt, wäre sehr verwundert, wenn er in einer Zeitmaschine in die Vegetation des Altertums reisen könnte. Das »karge« Griechenland war von dichten, frischen Wäldern überzogen, das »staubige« Kreta glich einem lieblichen Garten mit üppigen Fruchtbaumhainen. Die verödeten Nilufer waren mit Papyrusdickichten bewachsen, die Wasserflächen waren mit weißen und blauen Lotusblüten geziert. Oftmals wird behauptet, daß die ursprüngliche Vegetation durch starke Veränderungen des Klimas im Mittelmeerraum seit dem Altertum stark zurückgegangen sei. Das ist aber eine Art von Geschichtsfälschung. Die Umweltzerstörung und die gnadenlose Abholzung der antiken Wälder begann schon im Altertum. Die Geschichte der Antike ist letzlich eine Geschichte der Kriege (vgl. HOMER oder HERODOT). Und für die Kriegsmaschinerie wurden Unmengen an Holz benötigt (vor allem zum Bauen von Schiffen). Die Natur wurde von erbarmungslosen und gierigen Politikern, die den alten Götterglauben belächelten, der Macht geopfert. Obwohl die Erde ursprünglich als Gaia, als Göttin, als große Mutter verehrt wurde, wurde sie doch von dem Streben nach männlicher Dominanz gnadenlos ausgebeutet. Das heutige ökologische »Umweltbewußtsein« oder »Gaia-Bewußtsein« war den Herren der Antike fremd. Schon der römische Naturkundler PLINIUS beklagte sich über die umweltzerstörerischen Sauereien seiner Zeitgenossen und stellte die prophetische Frage: »Was für ein Ende soll die Ausbeutung der Erde in all den künftigen Jahrhunderten noch finden? Bis wohin soll unsere Habgier noch vordringen?« (WEEBER 1993a: 11) – Das Ergebnis von zweitausend Jahren Umweltzerstörung kann jeder Tourist, der nach Kairo, Athen oder Rom reist, sehen: Die Zerstörung des grünen Kleides der Gaia geht weiter, von ökologischem Bewußtsein keine Spur.

Dennoch gab es in der Antike naturverehrende (›grüne‹) Kulte, Priester, die liebevoll heilige Haine anlegten, Prophetinnen, die die Orakelbäume der Götter beschützten, Menschen, die die Erde und ihre Früchte liebten. Es gab Geheimkulte, in denen die Mysterien des Lebens erfahren und die Abhängigkeit von der Pflanzenwelt erkannt wurden:

> »Entweder durch den Einfluß des narkotischen Getränkes, von dem alle ursprünglichen Menschen und Völker in Hymnen sprechen, oder bei dem gewaltigen, die ganze Natur lustvoll durchdringenden Nahen des Frühlings erwachen jene dionysischen Regungen, in deren Steigerung das Subjektive zu völliger Selbstvergessenheit hinschwindet... Unter dem Zauber des Dionysischen schließt sich nicht nur der Bund zwischen Mensch und Mensch wieder zusammen, auch die entfremdete, feindliche Natur feiert wieder ihr Versöhnungsfest mit ihrem verlorenen Sohn, dem Menschen.« (NIETZSCHE, *Die Geburt der Tragödie aus dem Geiste der Musik*)

Wie aber sah die Flora des Mittelmeerraumes im Altertum wirklich aus? Zur typisch altägyptischen Pflanzenwelt ge-

Gärtner bei der Arbeit in einem luxuriösen Garten. Dargestellt ist ein Granatapfelbaum, rechts darunter eine Alraune, im Teich Seerosen, links davon Papyrus; Wandmalerei in Theben, Nr. 217, Ramessidenzeit.

hörten Sykomoren, Dattelpalmen, Papyrusgräser, Lotusblumen, Mandragoren, Binsen, Tamarisken und Weinreben. Die griechische Landschaft wurde durch Eichen, Olivenbäume, wilde Rosen, Keuschlammsträucher, Oleanderbüsche und duftende Gewürzpflanzen (Fenchel, Thymian, Majoran, Rosmarin, Oregano) geprägt. In Italien beherrschten Pinien und Zypressen das Bild.

Viele Pflanzen, die heute das typisch mediterrane Landschaftsbild vermitteln, sind aus fernen Ländern, meist aus den Tropen, eingeführt worden. Während der Antike gab es noch keine Palmen, Agaven, Zitrusfrüchte, Mispeln, Pfirsiche, Opuntien, Aloen, Bougainvillen, Engelstrompeten und Tabakbäume. Sogar die Tomate, ohne die man sich die italienische und griechische Küche nicht mehr denken kann, ist erst im 16. Jahrhundert aus Amerika eingeführt worden. »Es hat also eine *vollständige Veränderung des Florenbildes*, vor allem in den Kulturzentren an den Küstenstrichen und dort wieder besonders in den Fremdenverkehrsgebieten, stattgefunden, so daß die Gärten zur Zeit der römischen Antike armselig gewesen sein müssen gegenüber der Farbenpracht, der der Reisende aus dem Norden heute, besonders im Frühling, an den Gestaden des blauen Mittelmeeres begegnet.« (GRANDJOT 1991: 195)

Die Flora des Mittelmeergebietes war schon immer reich an medizinisch brauchbaren Pflanzen. THEOPHRAST (370-287 v. Chr.) hat sehr detailliert die Phytogeographie der antiken Heilkräuter beschrieben:

> »Die Orte außerhalb von Hellas, die besonders Heilkräuter erzeugen, sind Gegenden in Tyrrhene und Latium (wo man sagt, lebe die Kirke) und mehrere Gebiete in Ägypten, wovon HOMER sagt: Von dort hat Helena die nützlichen Dinge, die ihr Polydamna, die Frau des Thon, gegeben hatte, mitgebracht. Dort erzeugt die früchtetragende Erde die meisten Pharmaka, viele davon sind gut, andere schädlich. Unter diesen, so sagt er, war das *Nepenthes*, das berühmte Pharmakon, das Sorgen und Leiden heilt, da es die Krankheiten vergessen läßt.* Diese Gegenden

* Nepenthes wird oft als Opium gedeutet. »Vielmehr hat dagegen die Annahme für sich, dass das Mittel der Helena der Saft von *Cannabis indica*, der Haschisch, ist. Der Gebrauch des Hanfes und der aus ihm

sind von den Dichtern benannt worden. Auch spricht ÄSCHYLOS in einer Elegie davon, wie reich Thyrrhene an Drogen ist, wenn er sagt, ›der thyrrhenische Stamm produziert viele Drogen‹.

Es scheint so, als ob alle Orte ihren Platz in der Erzeugung von Drogen hätten, aber sie produzieren unterschiedlich viele. Die Gegenden im Norden, Süden und Osten haben Kräuter mit wunderbaren Tugenden. In Äthiopien gibt es eine bestimmte tödliche Wurzel, mit der man die Pfeilspitzen einschmiert. In Skythien gibt es auch eine und auch andere, von denen einige diejenigen töten können, die davon essen, einige nach einer bestimmten Zeit, kürzer oder länger (so daß im letzteren Falle die Menschen langsam dahinsiechen). In Indien gibt es viele Arten, eine davon ist außergewöhnlich. Wenn es die Wahrheit ist, die darüber gesagt wird, dann ist es dies: Es gibt eine, die hat die Kraft, das Blut zu verteilen, so als ob es zum Fliegen gebracht werden würde; und eine andere, die es wieder zusammensammelt. Von ihnen wird gesagt, sie seien als Heilmittel gegen den Biß tödlich giftiger Schlangen gefunden worden.

In Thrakien, so heißt es, gibt es zahlreiche andere Arten, wovon die stärkste die ›Blutstiller‹, die den Blutfluß stoppt und verhindert ... Dies sind die Orte außerhalb von Hellas, die die besten Pharmaka produzieren.

In Hellas sind die Orte, die die meisten Drogen produzie-

---

bereiteten Pillen war... in Aegypten schon früh bekannt und sehr beliebt, und konnte Homer wegen der Verbindungen Griechenlands mit Aegypten... sehr gut Kenntnis davon haben... Auch passt der durch den Genuss erzeugte Zustand, welcher den morgenländischen Bezeichnungen dafür: ›*Fröhlichkeitserreger, Seelenerheiterer*‹, entspricht, auf den, welchen Homer beschreibt, ›nämlich Heiterkeit, die durch die herbsten Schicksalsschläge nicht getrübt werden kann.« (BERENDES 1891: 131f.)

ren, Pelion in Thessalien, Telethrion in Euböa, der Parnaß, auch Arkadien und Lakonien, denn auch diese Staaten erzeugen Heilpflanzen. In Arkadien werden die Medizinen nicht (in Wein) getrunken, sondern in Milch, wenn die Milchsäfte im Frühling am stärksten sind, getrunken. Dann sind sie am besten, dann haben die Milchsäfte die besten medizinischen Tugenden. Sie werden in Kuhmilch getrunken ...

Beide Arten von Nieswurz, die weiße und die schwarze, wachsen in (Hellas') Ländern; ebenso die Karotte, eine safranfarbene Pflanze, eine Pflanze, die von Arkadiern ›Wilder Kohl‹ [= Wolfsmilch; *Euphorbia* sp.], von anderen Ärzten *kerais* genannt wird, auch eine Pflanze, die von manchen Althee [Echter Eibisch] genannt wird, auch Osterluzei *(Aristolochia), Tordylium officinale,* Brustkraut *(Smyrnium olusatrum),* Meisterwurz *(Peucedanum officinale),* Herkulesstaude, beide Arten der *Strychnos*, die, die eine purpurfarbene und die, die eine schwarze Frucht hat.

Dort wachsen auch die ›wilden Gurken‹ (Springgurke), aus der die Droge ›Bohrer‹ gewonnen wird, und die Wolfsmilch, aus der das *Hippophaes* gemacht wird. Das beste davon kommt aus Tegea; es ist sehr begehrt. Dort wächst es in recht großer Zahl, ist aber am häufigsten und am besten in Kleitoria.

Panakeia, das Allheilkraut, gedeiht in großer Menge und am besten auf steinigen Böden bei Psophis, Moly bei Pheneos und auf dem Berg Kyllene. Sie sagen, daß diese Pflanze wie das von HOMER erwähnte Moly sei; daß es die Wurzel wie eine Zwiebel habe und Blätter wie die Meerzwiebel; und daß es gegen Zaubersprüche und Magie benutzt werde, aber es ist nicht, wie HOMER sagt, schwierig auszugraben.

Der beste Schierling kommt aus Susa von den kältesten

Plätzen. Die meisten dieser Pflanzen gedeihen auch in Lakonien, denn auch dieses Land ist reich an Heilkräutern. In Achaia gibt es reichlich Tragacanth *(Astragalus parnassi)*, der genauso gut wie der von Kreta ist... Die meisten dieser Pflanzen wachsen auch am Parnaß und beim Thelethrion. Schließlich sind viele dieser Pflanzen in vielen Ländern anzutreffen.«

(THEOPHRAST, *Geschichte der Pflanzen* IX, 15)

Es gab bereits in der Antike einen schwungvollen Handel mit Pharmaka aus aller Herren Länder. Der griechische Arzt GALEN, der in Rom wirkte, hatte weitreichende internationale Verbindungen, wenn er über die Herkunft der Heilmittel schrieb:

»... ein Teil wird mir aus Groß-Syrien, anderes aus Palästina, wieder anderes aus Ägypten oder Kappadokien, noch anderes aus Pontos gebracht, so wie auch wieder aus Makedonien und den westlichen Ländern, wo Kelten und Spanier und die auf dem gegenüberliegenden Erdteil sitzenden Mauretanier wohnen... Manches wird beinahe täglich hergebracht... vieles aus Kreta, wenn die dort vom Kaiser unterhaltenen Botaniker nicht nur dem Kaiser selbst, sondern der ganzen Stadt Rom die vollen Behälter, diese bekannten Weidenkörbe, schicken. Derartige Drogen werden aus Kreta auch in viele andere Länder exportiert, so daß dort nichts Kretisches fehlt, weder Kräuter, noch Früchte, noch Samen, noch Wurzeln, noch Säfte.«

(GALEN, *De Antidotis* 2)

Die schamanischen Wurzeln unserer Kultur

»Eure Körper werden zerstückelt werden, eure Seelen aufhören zu sein. Nicht sehen werdet ihr die Erscheinungen Res auf seiner Reise durch die verborgenen Regionen« *Aus dem ägyptischen Pfortenbuch*

Die Nachtfahrt der Sonne, die nächtliche Reise des Sonnengottes Re durch die Unterwelt erscheint wie eine schamanische Initiation. Zunächst erfolgen Kämpfe gegen feuerspeiende Drachen und die Begegnung mit allerlei Gefahren; dann kommen die Zerstückelung mit anschließender Metamorphose und die Wiedergeburt ins Licht. So liest es sich in den altägyptischen Inschriften, in den »Mythen des höheren Bewußtseins« (Hart 1993).

Was ist eigentlich Schamanismus? Was verbirgt sich hinter dem Modewort? Wie ist der Schamanismus entstanden?

Schamanismus ist eine Bewußtseinstechnik, die es von Geistern oder Göttern auserwählten Menschen ermöglicht, in Trance ihren Körper zu verlassen, um in den Himmel oder die verschiedenen Himmelsregionen und in die Unterwelt zu reisen, um dort die Seelen oder Seelenbruchstücke kranker Menschen aus den Klauen von Ungeheuern, Dämonen oder Göttern zu entreißen. Die Berufung des Schamanen geht immer mit Visionen und außergewöhnlichen Bewußtseinszuständen (Trancen) einher, bei denen der auserwählte Mensch einen furchtbaren Tod durch Zerstückeln, Zerstampfen oder Zerreißen erfährt, aber als heilkräftiger Schamane wiedergeboren wird. Der Schamane ist in seinem Stamm nicht nur Heiler, sondern auch Rhapsode, Sänger, Märchenerzähler, Wahrsager und Ratgeber. Der Schamanismus ist in der Steinzeit zum einen aus dem Bedürfnis nach Heilung und Meisterung der Welt, zum anderen aus

Ein laufender Pilz-Schamane mit einem psychedelischen Pilz in der Hand, zu dem offensichtlich eine psychische Beziehung besteht; etwa 9000 Jahre alte Felszeichnung aus der Tassiliebene.

Erfahrungen, die durch den Verzehr ungewöhnlicher Kräuter oder Pilze entstanden. Nach der Theorie von Terence McKenna (1992) begann die Menschwerdung in dem Augenblick, als der Vormensch zum erstenmal bei der Nahrungssuche den psychedelischen oder entheogenen Pilz *Stropharia cubensis* zu sich nahm und von den dadurch erzeugten Visionen einen geistigen Quantensprung vollzog. Das geschah in den Steppen Afrikas. Davon zeugen noch die über 9000 Jahre alten Pilz-Petroglyphen in der Ebene von Tassili. Aus der psychedelischen Urerfahrung heraus entstanden kollektive mystische Pilzrituale bei Vollmondnächten, aus denen heraus sich wiederum der psychedelische Schamanismus entwickelte. Als sich von Afrika aus der Mensch in alle Welt verbreitete, nahm er entweder die Pilze, die Rituale, die Erinnerung an die Pilze und das Geheimnis um den Schamanismus mit. Alle Menschen der Mutter Erde tragen dieses paläolithische Wissen in sich, meist tief ver-

Der afrikanische Gewittergott So in Widdergestalt mit pilzförmigen Gewitteräxten. Überall auf der Welt sind Pilze mit Blitz und Donner mythologisch assoziiert. Wo der Blitz die Erde befruchtet, wächst später ein Pilz. Wenn der Pilz das Gehirn befruchtet, erwacht er wiederum als Lichtblitz (Erleuchtung) zu neuem Leben. Der afrikanische So ist ein Urverwandter des Ammon, der aus dem Ur-Ei phallisch aufgewachsene Donnergott (nach BELLINGER).

borgen in ihrem Unterbewußtsein. Naturgemäß hat dieses schamanische Urerlebnis deutliche Spuren in den Mythen, Ritualen und Kulten der alten Völker hinterlassen.

Der Prototyp des Schamanen in der Antike war der Gott des Rausches, Dionysos. In seiner Mythologie geht es um Leben und Tod, Heil, Ekstase und Raserei. Er wurde zweimal geboren und einmal durch die Titanen durch Zerstükkeln getötet. Da er aber ein Gott und *per definitionem* unsterblich ist, wurde er wissend wiedergeboren. Die Erfahrung der Zerstückelung verleiht ihm die Erkenntnis von der Unendlichkeit des Lebens. Der zerstückelte Gott zeigt, daß – ganz gleich was passiert – eigentlich nichts zu befürchten ist. Am Ende jedes Grauens leuchtet das Heil. Dionysos gebärdet sich auch sonst als Schamane. Er hat wie der Schamane Tierhilfsgeister, verfügt über ekstatische Musik, die ihn und andere in Verzückung versetzt, kleidet sich oft – wie die sibirischen Schamanen – in Frauenkleider und huldigt transsexuellen Ausschweifungen. Er ist ein Maskenträger, ein Sänger, berühmt ist sein Bocksgesang *(tragödia)*, der Stifter des Theaters und Stifter der bacchantischen Mysterien. Zudem ist er ein Kräuterkundiger und Heiler:

»Den Sterblichen zeigtest du
Das leidenbeendende
Heilmittel, die heilige Blume,
Schenkest den Menschen leidlindernde Wonne,
Schöpfer des Tranks im Schmucke des Haares!
Erlösender Gott!
Rasender mit dem Thyrsosstab,
Lärmender, Jubelnder,
Allen gnädig gesinnt,
Der du begehrst,
Lodern zu lassen dein Licht
Menschen und ewigen Göttern:
Nun, so rufe ich dich!
Komm in den Kreis der Geweihten,
Du holder Bringer der Früchte!«

(Orphische Hymne an Dionysos, den Lysios Lenaios)

Noch im 6. Jh. v. Chr. gab es in Griechenland die *aiodos*, wahrsagende und heilkundige Sänger, die durch die Lande zogen und ihre Dienste anboten. Ein derartiger *aiodos* war auch der berühmte Orpheus. Er war ein Musiker und Heilkundiger, er bezauberte Menschen gleichermaßen wie wilde

Tiere. Er konnte in die Unterwelt herabsteigen und Seelen geleiten. Er gilt als Stifter der orphischen Mysterien, die in erster Linie dem Dionysos geweiht waren. Sein abgetrennter Kopf wurde aufbewahrt und als Orakel verwendet. Aber auch andere »Schamanen« brachten es zu gewissem Ruhm. Aristeas von Prokonnesos war bekannt für seine Ekstasen, die von außen betrachtet mit dem Zustand des Todes verwechselt werden konnten. Es hieß, daß er sich an zwei Orten gleichzeitig aufhalten konnte und sich gelegentlich in einen Raben verwandelte (vgl. ELIADE 1992). Auch die Seherinnen, Pythias und Sibyllen waren wahrsagende Frauen, die mit magischen oder pharmakologischen Techniken in Trance verfielen und wie Schamaninnen wirkten:

> »Die Sibylle mit rasendem Munde Ungelachtes und Ungeschminktes und Ungesalbtes hinausrufend dringt durch Jahrtausende mit ihrer Stimme, getrieben vom Gott.« (HERAKLIT 28)

Auch die ägyptische Kultur war von der Erinnerung an den Schamanismus durchdrungen. Thot, ursprünglich ein Schamane, später mit Hermes Trismegistos zum Gott der Alchemie verschmolzen, galt als Herr der Erkenntnis, als Autor des *Totenbuches*, er wurde »der Mysteriöse« oder »der Unbekannte« genannt, er hatte magische Kräfte, konnte heilen und führte die Seelen der Verstorbenen in die Reiche der Götter. Thot war der Gott der Zauberei, der Vermittler zwischen den Welten – ganz wie der griechische Hermes (FOWDEN 1993: 22f). Als Hermes Trismegistos war er der Gott, der alles, was sich unter Himmel und Erde verbirgt, erkennen konnte. Er war der Herr der Gnosis, der Überwindung der Dualität. Auf Geheiß des Sonnengottes Re brachte Thot den Menschen das Wissen vom »heiligen Wort«, von den Hieroglyphen, in denen alle mystischen und wissenschaftlichen Erkenntnisse sowie die Heilkunde

Der ibisköpfige Mondgott Thot.

und Mathematik enthalten sind. Nach GALEN hat er sogar Bücher über astrologische Botanik verfaßt. Auch werden ihm Bücher zur astrologischen Medizin, der *iatromathematik*, »ärztliche Berechnung«, zugeschrieben.

Thot, der ägyptische Schutzgott der Ärzte, offenbart seine schamanische Seite in einem Text des *Totenbuches:*

»Ich bin Thot, der Wissende,
der das Morgen verkündet und die Zukunft ausspäht,
ohne sich irren zu können;
der Himmel, Erde und Unterwelt leitet
und die Himmelsbewohner leben läßt.
Ich gebe Atem dem, der im Geheimen ist,
durch die Zaubersprüche, die in meinem Mund sind,
damit Osiris über seine Feinde triumphiert.«

(*Ägyptisches Totenbuch*, Spruch 182, 33-40)

Viele Krankheitsursachen, die im alten Ägypten bekannt waren, erinnern an schamanische Konzepte. Krankheiten wurden durch Götter, die in Ägypten durchaus ambivalent waren, durch besondere Dämonen oder die ruhelosen Totengeister erzeugt. Es gab regelrechte »Schmerzstoff-Dämonen«, die in die Körper der Menschen einfahren konnten und sich durch starke Schmerzen darin bemerkbar machten. Unter den Göttern besonders gefürchtet war Seth, der als Incubus in Eselsgestalt die Menschen mit seinem Krankheitsstoff schwängert, indem er sie im Schlaf oder Traumreich anal vergewaltigt (WESTENDORF 1992: 23).

Pflanzen und die Metamorphosen der Seele

> »Als ich reiste, um den glückseligen Ort in der Einsamkeit zu erblicken und den sehnsuchtsvollen Atem meiner Seele in die Luft zu schicken, da schwirrte mir von allen Seiten alles fremd um meinen Sinn...«
>
> *Vision des Maximus* (Tempelwandinschrift von Kalabscha)

In der griechisch-römischen Mythologie haben sich viele schamanische Elemente erhalten. Zu allen Zeiten und überall auf der Welt haben Schamanen bestimmte Pflanzen, die »Pflanzen der Götter«, benutzt, um dadurch in andere Wirklichkeiten reisen zu können, um sich selbst verwandeln zu können und um heiliges Wissen aus den Tiefen der Natur mitzubringen (vgl. SCHULTES & HOFMANN 1987). Die Geschichte von Glaukos/Glaucus, einem Fischer aus Anthedon in Böotien, erinnert an eine derartige schamanische Verwandlung.* Glaucus berichtet über seine

* Nach APOLLODORUS (*Bibliotheke* II, 3) war Glaukos der Sohn des Königs Minos, der als Kind gestorben, durch ein Zauberkraut

psychedelisch wirkende Metamorphose zu einem Meergott:

»Hat ein Gott dies bewirkt oder der Saft des Grases? Und ich sage: ›Welches Kraut hat denn solche Kraft?‹ Schon hat meine Hand Gras* abgerupft und mein Zahn das Abgerupfte gekaut. Kaum hatte die Kehle die unbekannten Säfte so recht geschluckt, als ich plötzlich ein Beben in der Brust fühlte; Sehnsucht nach einem anderen Lebensbereich riß mich mit sich fort. Ich konnte nicht lange widerstehen: ›Leb wohl, Erde, auf Nimmerwiedersehen!‹ Ich sprach's und tauchte in die Meerestiefe. Da nehmen mich die Meergötter auf, ehren mich als Mitregenten und bitten Oceanus und Tethys, alles Sterbliche, das ich an mir trage, von mir zu nehmen. Ich werde von ihnen geläutert, muß neunmal einen Spruch wiederholen, der mich von Frevel reinigt, und dann meine Brust unter hundert Flüsse halten. Und alsbald winden sich von verschiedenen Seiten Ströme heran, und das ganze Meer ergießt sich über mein Haupt. Soweit kann ich dir die denkwürdige Begebenheit erzählen, soweit ich mich erinnere; mein Bewußtsein hat das Weitere nicht mehr wahrgenommen. Kaum war es zurückgekehrt, war ich mir neu geschenkt, doch am ganzen Leibe ein anderer als zuvor, und auch mein Bewußtsein war nicht mehr dasselbe. Damals sah ich zum erstenmal diesen grünspanfarbenen

---

wieder zum Leben erweckt wurde. Glaukos bedeutet »blauglänzend«; Terence McKenna (1992: 127) sieht in Glaukos eine anthropomorphe Gestalt des sich blau verfärbenden Pilzes *Stropharia cubensis*.

* Leider ist dieses »Gras« botanisch nicht näher zu bestimmen. An anderer Stelle bemerkt Ovid lediglich, daß das »lebenspendende Gras«, das Glaucus verzehrt hatte, in Anthedon bei Euboea gedeiht (*Metamorphosen* VII 231ff).

Bart und mein Haar, das ich im Meer lang hinter mir herziehe, die mächtigen Schultern, die bläulichen Arme und die Schenkel, die sich am Ende zu einer Fischflosse krümmen.« (Ovid, *Metamorphosen* XIII 940ff.)

Im Schamanismus der küstennahen Kulturen spielen die Meergötter und -göttinnen oft eine wichtige Rolle als Verursacher oder Heiler von Krankheiten, die durch den Verlust einer Seele bedingt sind. Bei seefahrenden Völkern, wie den verschiedenen mediterranen Völkern, ist die Beziehung zu diesen Gottheiten von großer Bedeutung. Immerhin ist es den Meeresgöttern ein Leichtes, einen Nachen, eine Galeere oder ein Kriegsschiff zum Kentern zu bringen. Da die antiken Götter ambivalent waren, konnten sie den Menschen helfen oder ihnen Schaden zufügen. Es wundert wenig, daß Neptun/Poseidon selbst als Attribut den schamanischen Dreizack trägt. Der Dreizack, der wahrscheinlich aus dem alten Indien – dort ein Symbol des schamanischen Ekstasegottes Shiva – ins antike Griechenland gelangt ist, stellt die Einheit der drei Zeiten, Vergangenheit, Gegenwart und Zukunft, sowie die Einheit der drei Welten, Unterwelt, Erde und Himmel, dar. Tatsächlich repräsentiert auch Neptun die Verbindung zwischen den drei Reichen (vgl. Danielou 1992). Sein Fischleib verbindet ihn mit dem Meer (und damit auch mit der Unterwelt), sein Menschenkörper mit der Erde, sein fliegendes Roß mit dem Himmel. Der Neptun-Schamane kann so beliebig zwischen den Reichen umherreisen. Es war in der Antike allgemein bekannt, daß »allzu zauberkräftige Kräuter« Menschen in Fische verwandeln konnten (Ovid, *Metamorphosen* IV 49f). Schließlich gelangt man zu den Meeresgöttern am einfachsten in der Gestalt eines Fisches.

Die Metamorphosen von Menschen in Pflanzen*, von der die antike Mythologie wimmelt, haben deutlich schamanische Züge. Darin lebt das Konzept des anthropomorphen Pflanzengeistes weiter. Im schamanischen Weltbild sprechen die Pflanzen zu den Menschen und vermitteln ihnen Lehren. Ganz wie die Götter in ihren Mysterien.

Die Mysterien der Isis

»Ich habe das geheimnisvolle Mysterium gesehen
und bin geführt worden zum verborgenen Mysterium,
denn es wurde veranlaßt, daß ich die Geburt der großen
Götter schaue.« *Ägyptisches Totenbuch* (Spruch 78, 95-97)

»Ich bin Isis, die Herrscherin aller Länder...
Ich habe die Erde vom Himmel getrennt.
Ich habe den Sternen ihren Weg gezeigt.
Ich habe die Bahnen von Sonne und Mond bestimmt...«
Inschrift von Cyme *(I. Cyme 41)*

»Ich habe es gesehen! Sprache ist nicht geeignet, dieses zu enthüllen...«
Der Ogdoad verkündet die Enneade (N.H.C. VI.6.58.16ff)

Im Altertum gab es verschiedene Staatsreligionen, aber vor allem lokale Kulte, die an alte Heiligtümer gebunden waren. Neben diesen beiden Strömen lagen wie auf unendliche Inseln verteilt die blühenden Mysterienkulte. Die antiken Mysterienkulte waren Initiationsgemeinden, bei denen es um die Geheimnisse von Leben, Tod und Gesundheit ging.

* Viele Pflanzen sind verwandelte Nymphen oder Jünglinge: Lorbeer, Seerose, Bernstein[-Baum], Seerose, Zypresse, Minze, Myrte, Safran, Anemone, Orchideen, Myrrhe usw.

Die ägyptische Göttin Isis wurde die »Zaubermächtige«, »die Zauberreiche«, die »Große Zauberin« genannt. Sie war »groß an Zauberkraft«, stand im Ruf außergewöhnlicher Klugheit, List und Ausdauer. Ihre astrale Seele wurde mit dem Sirius (ägyptisch *sopdet*) identifiziert, so wie die Astralseele des Osiris der Orion war. Es gab eine Pflanze, die leider noch nicht botanisch bestimmt werden konnte, die »Schutz der Isis« genannt wurde. Gelegentlich wurde sie als Schlange (Kobra) dargestellt und symbolisiert so die mystische Schlangenkraft. Isis war allwissend. Selbst den geheimen Namen des Sonnengottes, d.h. das innerste Geheimnis der Lebenskraft, hat sie – dank ihrer Zauberkraft und List – ergründet. Deshalb war sie die Mysteriengöttin schlechthin. Viele Gebete an die große Göttin und Heilerin sind erhalten geblieben:

> »O Isis, groß in der Kunst des Zauberns! Mögest du mich erlösen, mögest du mich befreien von allem Schlechten, Bösen und Lasterhaften, von Heimsuchungen durch einen Gott oder eine Göttin, von einem toten Mann oder einer toten Frau, von einem Feind oder einer Feindin, die mich bekämpfen wollen, so wie du deinen Sohn Horus erlöst und befreit hast. Denn ich bin in das Feuer gegangen und bin aus dem Wasser hervorgekommen, und ich will nicht in die Schlingen dieses Tages fallen. Ich habe gesprochen, (und nun) bin ich jung …« *(Payrus Ebers)*

Der Isiskult war ein mystischer Heilkult. An der Spitze stand Isis, die göttliche Zauberin, schützende Mutter* und Herrin der Heilpflanzen. Neben ihr thronte Osiris/Sarapis als schamanischer Gott, der später mit Asklepios, dem Götterarzt und dem Herrn des Tempelschlafes, identifiziert

* Isis lebt in dem Bild der Muttergottes Maria mit dem Jesusbaby fort.

wurde. In der Priesterschaft gab es einen *Hieros Iatros*, einen »göttlichen Arzt«, und die Gläubigen hießen Therapeuten. Die meisten Inschriften und Papyri sind Aretalogien, Lobpreisungen dieser Heilgötter (VIDMAN 1970).

In den *Metamorphosen* des APULEIUS enthüllt sich Isis vor Lucius, dem Helden des Schelmenromans, in ihrer ganzen kosmischen Pracht und spricht zu dem Mysten:

> »Dein Gebet hat mich gerührt. Ich, Allmutter Natur, Beherrscherin der Elemente, erstgeborenes Kind der Zeit, Höchste der Gottheiten, Königin der Geister, Erste der Himmlischen; ich, die ich in mir allein die Gestalt aller Götter und Göttinnen vereine, mit einem Wink über des Himmels Gewölbe, die heilsamen Lüfte des Meeres und der Unterwelt vielbeklagtes Schweigen gebiete. Die alleinige Gottheit, welche unter so mancherlei Gestalt, so verschiedenen Bräuchen und vielerlei Namen den ganzen Erdkreis verehrt: mich nennen die Erstgeborenen aller Menschen, die Phrygier, pessinuntische Göttermutter; ich heiße den Athenern, den Ureinwohnern Attikas, kekropische Minerva, den eiländischen Kypriern paphische Venus, den pfeilführenden Kretern dictynnische Diana, den dreizüngigen Siziliern stygische Proserpina, den Eleusiniern Altgöttin Ceres. Andere nennen mich Juno, andere Bellona, andere Hekate, Rhamnusia andere. Sie aber, welche die aufgehende Sonne mit ihren ersten Strahlen beleuchtet, die Äthiopier beider Länder, und die Besitzer der ältesten Weisheit, die Ägypter, mit den angemessensten eigensten Gebräuchen mich verehrend, geben meinen wahren Namen mir: Königin Isis.«
>
> (APULEIUS, *Metamorphosen* 11, 5)

Der von mystischer Schau überwältigte Lucius berichtet von seiner Initiation, seiner Einweihung:

> »Ich kam an die Grenzscheide von Leben und Tod. Ich übertrat in der Unterwelt die Schwelle der Proserpina, und nachdem ich durch alle Elemente gefahren, kehrte ich wieder zurück. Zur Mitternacht sah ich die Sonne in hellem Lichte strahlen. Ich trat den Göttern der Tiefe wie den Göttern der Höhe von Angesicht zu Angesicht gegenüber und betete sie aus nächster Nähe an.«
>
> (APULEIUS, *Metamorphosen* 11, 23)

Tod und Wiedergeburt sind ein Symbol der Heilung. Der kranke Zustand stirbt, der Mensch wird gesund wiedergeboren. Oft muß der Myste, der Initiant den Tod erleben, sich durch die grauenhafte Mühle der schamanischen Zerstückelung hindurchquälen, wie dereinst der Gott Dionysos. Er hieß deswegen auch der »Zweimalgeborene«. Nur wer den Tod kennt, weiß um die Geheimnisse von Leben und Gesundheit:

> »Das Herz des Dionysos nahm nun Athene heimlich weg und erhielt den Namen Pallas von dem Schlagen des Herzens. Die Titanen aber, die ihn zerrissen hatten, stellten einen Kessel auf einen Dreifuß, warfen die Glieder des Dionysos hinein und ließen sie zunächst kochen; dann aber steckten sie sie an Spieße und ›hielten sie übers Feuer‹. Hernach aber erscheint Zeus, erschlägt die Titanen mit dem Blitzstrahl und übergibt seinem Sohne Apollon die Glieder des Dionysos zur Bestattung; der aber gehorcht dem Zeus, trägt den zerstückelten Leichnam auf den Parnaß und bestattet ihn daselbst ... Und darum handelt es sich, um es ein für allemal zu sagen, bei allen Mysterien, um Tod und Begräbnis.«
>
> (KLEMENS VON ALEXANDRIA, *Mahnrede an die Heiden* II 18, 1; 19,2)

Die meisten Mysterienkulte waren den Vegetationsgöttern im Jahreslauf, nämlich Aphrodite, Demeter und Dionysos, geweiht. Denn die ihnen heiligen Pflanzen leben jedes Jahr wieder den Kreislauf von Erblühen, Reifen, Früchtetragen, Absterben durch.

Heilgötter und Heilkulte

»Arzt Aller, Asklepios, herrschender Paian,
tausend schmerzliche Leiden
der Krankheit heilst du den Sterblichen.«

Orphische Hymne an Asklepios

Die Suche nach dem Lebenssinn, der Frust mit der entseelten Staatsreligion und die Enttäuschungen mit der rationalen Medizin ließen die spätantiken Mysterienkulte entstehen. In ihnen wurden vor allem verschiedene Heilgottheiten verehrt.

Im Altertum sowie zu anderen Zeiten und an anderen Orten glaubte man, daß Krankheiten außer von Geistern und Dämonen auch von Göttern bewirkt werden können. Besonders im alten Ägypten herrschte der Glaube, daß die Götter, die auch heilen können, zur Bestrafung Krankheiten schicken. Außerägyptische Götter, wie der syrische Wettergott Reschef oder die phönikische Astarte wurden gerne als Schuldige bei der Diagnose merkwürdiger Krankheiten erkannt.

Bei den Ägyptern waren alle Gottheiten neben ihren Spezialbereichen auch für die Heilung von Krankheiten zuständig. Die Menschen sahen sich körperlich mit allen Göttern und Göttinnen ihres Pantheons verbunden, wie aus dem Totenbuch bekannt ist:

»Mein Haar ist der Gott Nun, mein Gesicht ist Re.
Meine Augen sind Hathor, meine Ohren sind Upuaut.
Meine Nase ist der Gebieter von Letopolis,
Meine Lippen sind Anubis.
Meine Zähne sind Selket, mein Nacken ist die göttliche Isis.
Meine Arme sind der Widder von Mendes,
meine Brust ist Neith, die Herrin von Sais.
Mein Rücken ist Seth, mein Penis Osiris.
Mein Fleisch sind die Götter von Cheri-aha.
Mein Leib und mein Rückgrat sind Sachmet,
mein Hintern ist das Horus-Auge.
Meine Schenkel und meine Waden sind Nut, meine Füße sind Ptah.
Meine Finger und Zehen sind die lebendigen Uräen,
kein Glied an mir ist ohne einen Gott.« (*Totenbuch* 42)

So ist jede dieser Gottheiten in der Heilung des Menschen besonders für die hier benannten Körperteile zuständig. Neben diesen Körpergottheiten gab es noch Götter, die für spezifische Krankheiten oder Leiden zuständig waren. Die skorpiongestaltige Göttin Selket heilt Skorpionsstiche. Gegen Seuchen half die löwenköpfige Sachmet. Der Sohn des Götterkönigs Amun und der Göttin Mut galt als Bezwinger der Krankheit, da er den Sieg der göttlichen Ordnung über die finsteren Mächte des Chaos darstellte. Ein besonders beliebter Heilgott war der falkenköpfige Horus. Als Kind von Isis und Osiris ist er das Idealbild des göttlich beschützten Kindes. Dadurch repräsentiert er den göttlichen Schutz vor Verfolgung und Krankheit.

Ägyptische Götter waren auch in Griechenland und Rom wegen ihrer Heilkraft berühmt; ihre Statuen waren sehr begehrt. Manche ägyptische Statue fand ihren Weg in griechische und römische Gebiete, um dort für heilende Zwecke verwendet zu werden. In Griechenland galt allerdings der Sonnengott Apollon als Erfinder der Heilkunst. Der sagt von sich selbst:

> »Ich erfand die heilende Kunst, Heilbringer und Retter nennt mich die Welt, und die Kraft der Genesungskräuter gehorcht mir.«
>
> (OVID, *Metamorphosen* I, V, 70)

Imhotep war zu Lebzeiten ein Mensch, der als Arzt des Pharaonen die erste Pyramide (die Stufenpyramide in Saqqarah, die die Treppe zum Himmel repräsentiert) erbaute. Er lebte zur Zeit des Königs Djoser im frühen Alten Reich (2686-2613 v. Chr.). Er wurde vergöttlicht zum wichtigsten Heilgott der Ägypter. Schon im Mittleren Reich wurde ihm die Autorenschaft zahlreicher *Weisheitsbücher* zugeschrieben. In der Spätzeit galt er als Sohn des »uralten« Ptah, des Stadtgotts von Memphis, des »Bildners der Erde« und Erfinders der Künste. Von den Griechen wurde Imhotep mit Asklepios, von den Römern mit Aesculap identifiziert (vgl. SETHE 1964, WILDUNG 1977). Eine Tempelinschrift des PTOLEMÄUS V. PIPHANES auf der Insel Philae vermittelt das Gefühl, daß hier ein Schamane angerufen wird:

> »Imhotep, du großer, du Sohn des Ptah, du fliegst zum Himmel als ein Sperber, du gehst als ehrwürdige Seele, du kommst als göttlicher Sperber in Gesellschaft der Ruhelosen (Sterne), du empfängst da ... in der Sonnenbarke in Gesellschaft der Wandellosen (Sterne), dein Gesicht wird schön geöffnet auf deinem Wege, die Schlange ... bereitet dir Licht, sie öffnet dir die Türen beim Durchschreiten der *imh-t*-Halle (in der Unterwelt), indem du eintrittst ..., Osiris freut sich ...« (zit. n. SETHE 1964: 98)

Asklepios war ursprünglich ebenso wie der ägyptische Heilgott ein Mensch, allerdings war sein Vater der Gott

Apollon.* Sein Wirken wurde gerühmt und besungen:

> »Alle nun, die da kamen, behaftet mit Gebrechen, die von selbst
> entstehen, oder von grauem Erz an den Gliedern verwundet
> oder von ferngeschleudertem Stein,
> oder von Sommerhitze zerstört die Gestalt oder vom Winter,
> erlöste er [Asklepios] und machte den einen von diesen,
> den anderen von andersartigen Schmerzen frei –
> die einen behandelte er mit sänftigenden Besprechungen,
> andere ließ er Linderndes trinken,
> oder er legte rings um die Glieder
> Heilkräuter überall, andere richtete er durch Schritte auf...« (PINDAR, *Dritte Pythische Ode*, 4-53)

Die erste Tochter des Asklepios war die »segenspendende« Hygieia (wörtl. »Gesundheit«), die Göttin der Reinlichkeit, die zweite Tochter Panakeia (wörtl. »Allheilmittel«), die Göttin des Allheilkrautes. Seine Söhne Machaon und Podalirius wurden berühmte, »unvergleichliche« Wundärzte. Zu ihm gesellten sich noch die Dioskuren, das Brüderpaar Kastor und Polydekes, die ebenfalls als Heilgötter angesehen wurden. Aber auch Artemis, die Schwester des Apollon, war eine gynäkologische Heilgöttin, sie war eine »Helferin der Wehen, selbst aber dem Kindbett fremd« *(Orphische Hymne an Artemis)*. Sogar der keulenschwingende Herakles wurde als heilbringende Gottheit angerufen.

---

* »Asklepios war ein Gott, der ohne Mythos in die klassische Welt eingetreten ist, der sich aber durch sein Wirken selbst einen Mythos schuf, der länger währte als der Glaube an ihn selbst.« (KRUG 1993: 187)

Der griechische Gott Asklepios, Sohn des Apollon, war der Herr der Heilkräuter und der Schutzherr des heilsamen Tempelschlafes; sein schlangenumwundener Stab wurde heute zum Symbol der internationalen Ärzteschaft; Holzschnitt, 16. Jahrhundert.

Die Heiligtümer des Asklepios, die Asklepeion genannt wurden, waren Pilgerorte von Kranken und Hilfesuchenden. Im Asklepeion wirkten Priester und Priesterinnen. Dort wurden Schlangen als heilige Tiere gehalten und die vom Gott verordneten Heilmittel hergestellt. Die wichtigste Heilmethode war der Tempelschlaf (Inkubation), daneben das Handauflegen, Opfergaben, Votivbilder und Theaterbesuche. Noch heute wird das Theater von Epidauros, eines der einflußreichsten und bedeutendsten Asklepios-Heiligtümer der antiken Welt, für Theaterdarbietungen genutzt.

Die Patienten verbrachten oft lange Zeit im Asklepeion. In der Nacht wurden sie von dem Heilgott im Traum besucht und durch Berührung geheilt oder mit einer Verhaltensanweisung in den Tag entlassen. Oft gab der Gott Anweisungen, wie eine Heilbehandlung auszusehen habe. Von einem Blinden ist eine Inschrift in Epidauros erhalten geblieben. Darin heißt es: »er träumte, der Gott habe eine Arznei *(pharmakon)* gekocht, dann seine Lider aufgeschlitzt und die Arznei hineingegossen«; dadurch konnte der Blinde wieder sehen. Der Gott war bekannt dafür, daß er den Hilfesuchenden im Traum Heilmittel und -methoden anempfahl:

> »Und wirklich, es ist vieles befremdlich an den Heilmitteln des Gottes, so wenn einer Kreide, ein anderer Schierlingssaft trinken soll und wenn wieder einer seine Kleider ablegt und sich kalt abwäscht, wenn man denken sollte, daß er der Wärme bedarf. Uns selbst hat er in dieser Weise ausgezeichnet, indem er unsere Katarrhe und Erkältungen durch Bäder in Flüssen und im Meer beseitigte, indem er uns, da wir hoffnungslos daniederlagen, durch lange Märsche heilte und anhaltende Knappheit an Nahrungsaufnahme in Verbindung mit unsagbar vielen Reinigungsbädern verordnete, indem er mir gebot zu sprechen und zu schreiben, wenn ich nur schwer atmen konnte.«
>
> (ARISTIDES, *Rede auf Asklepios* 8)

Die Träume werden von Gaia, Mutter Erde gesendet, deshalb sind sie wertvolle Botschaften (vgl. BÜCHSENSCHÜTZ

Hermes-Mercurius als Herr der Alchemie und Heilkunst; Holzschnitt, 17. Jahrhundert.

1967). Asklepios erscheint in seiner Tiergestalt als Schlange auf dem Baum. Oft wird Asklepios auch mit Hermes/Merkur, dem Seelengeleiter und Götterboten, dem Vermittler zwischen den Welten, identifiziert. So wie Hermes dereinst dem Odysseus das Wunderkraut Moly überreichte, so gibt auch Asklepios den Hilfesuchenden heilsame Kräuter.

Die Quellen

Unser Wissen über die antike Medizin ist leider nach wie vor nur bruchstückhaft. Wir sind weit davon entfernt, ein geschlossenes Bild zu erhalten. Ebenso ist es unmöglich, eine lückenlose Geschichte der antiken Medizin zu erwarten. Die Quellen, die uns überliefert sind, werfen nur Schlaglichter auf eine Kulturentwicklung, die über dreitausend Jahre anhielt. Es sind aus dem alten Ägypten ein paar Pyramidentexte und nur wenige Schriftrollen (Papyri) medizinischen Inhalts überliefert, die letzlich nur mikroskopische Ausschnitte aus Raum und Zeit darstellen.* Aus dem klassischen Griechenland liegen ebensowenig schriftliche Quellen vor. Etwas besser sieht es in der römischen Literatur aus. Aber eines ist sicher: Die meisten antiken Schriften sind verlorengegangen, der größte Teil des Wissenschatzes ist auf Nimmerwiedersehen vom Orcus verschlungen worden. Leider sind durch den Brand und die zweite Zerstörung der berühmten Bibliothek von Alexandria, in der über 500.000 Schriftrollen gelagert wurden, und durch die Geheimhaltung antiker Schriften durch den Vatikan unzählige wertvolle Schriften aus klassischer Zeit verlorengegangen.

Ägyptische Medizin, Flora und Pharmakologie

Es sind bislang etwa zehn Schriftrollen oder Papyri mit medizinischen Inhalten, meist Rezepten und Zaubersprüchen zur Behandlung bestimmter Leidensgruppen, ent-

* »Wir Ägyptologen sind es ja gewohnt, aus verhältnismäßig wenigen Mosaiksteinchen [...] ein gewaltiges Gemälde zu schaffen, das wir ›Ägyptische Medizin‹ nennen, und wenn wir es nur alle glauben, dann auch von seiner Richtigkeit überzeugt zu sein, bis neue Einsichten uns eines Besseren belehren.« (WESTENDORF 1992: 11)

deckt, ediert und übersetzt worden. Dabei handelt es sich im wesentlichen um

- Papyrus Ebers, eine auf sehr alte Quellen zurückreichende Sammelhandschrift
- Papyrus Smith, ein chirurgisches Lehrbuch aus dem Alten Reich (2686-2181 v.Chr.)
- Papyrus Kahun, ein gynäkologisches Lehrbuch aus dem Mittleren Reich (2040-1640 v.Chr.)
- Papyrus Ramessum V, das hauptsächlich Rezepte gegen Versteifungen und Verkrümmungen der Muskelstränge und Gelenke enthält, aus dem Mittleren Reich (2040-1640 v.Chr.)
- Papyrus Betty VI, ein Spezialbuch zum Behandeln von Erkrankungen des Leibes, insbesondere durch Klistiere
- Papyri Brooklyn, zwei Schriftrollen aus dem Ende der Pharaonenzeit (712-332 v.Chr.); die eine ein Buch zur Behandlung von Schlangenbissen, die andere enthält Mittel für Schwangere, Gebärende und zahnende Kinder
- Papyrus Rubensohn, ein Fragment mit Hustenrezepten aus der frühen Ptolemäerzeit (um Christi Geburt)
- Papyrus Wien, eine lückenhafte Sammelhandschrift in demotischer Schrift aus der Römerzeit (3.Jh.n.Chr.)

Es liegt leider kein pharmakologischer oder botanischer Papyrus vor. Fast alle Angaben zu Pflanzen stammen aus den Spezialbüchern, wenige aus dem Totenbuch, einige aus Pyramidentexten. Unglücklicherweise können die meisten Pflanzen- und Drogennamen nicht identifiziert werden.

Durch archäologische Funde konnten recht viele Pflanzen der pharaonischen Flora untersucht, bestimmt und identifiziert werden (vgl. Germer 1986, 1988). Mit Hilfe der Pollenanalyse und der tomographischen Mumienuntersuchungen konnte der medizinische oder rituelle Gebrauch weiterer Pflanzen bewiesen werden (Germer 1991). Die biologisch gebildete Ägyptologin Renate GERMER hat sehr detaillierte Untersuchungen über pharaonischen Heilmittel und Flora veröffentlicht (1979, 1985). Die dänische Ägyptologin Lise MANNICHE hat ein Ägyptisches Kräuterbuch (1989) erarbeitet und zusammengestellt. Zu einzelnen Heilpflanzen liegen zahlreiche Spezialarbeiten vor, z.B. von William EMBODEN. Der Bereich der Aromata wurde u.a. von KASTER (1986) und MARTINETZ et al. (1989) bearbeitet.

Der Corpus der ägyptischen Medizin ist in mehreren Bänden von Hermann GRAPOW (1954–1973) als *Grundriß der Medizin der Alten Ägypter* herausgegeben worden. Eine gute Einführung und kenntnisreiche Darstellung der altägyptischen Medizin hat der bedeutende Ägyptologe Wolfhart WESTENDORF (1992) als Alterswerk herausgebracht. Das kurz davor erschienene journalistische Buch von Cornelius STETTER (1990) bleibt oberflächlich und wimmelt von Fehlern. Zur altägyptischen Psychiatrie siehe OKASHA 1993. Gesamtdarstellungen der magischen Aspekte der ägyptischen Medizin und Religion finden sich bei WALLIS BUDGE (1988; org. 1899), Robert BRIER (1984), Christian JACQ (1985) und László KAKOSY (1989).

Orientalische Quellen

Allgemein wird der orientalische Einfluß auf die griechische Antike unterschätzt. Sumerisches, babylonisches und semitisches Gedankengut übten einen nachhaltigen Einfluß auf die griechische Medizin aus (GOLTZ 1974, JACOB1993). Das liegt zum einen daran, daß viele Pflanzen, die von Griechen und Römern medizinisch verwendet wurden, aus dem Orient stammten (z.B. der Granatapfel, die Feige, der Olivenbaum – Pflanzen, die wir heute für typisch griechisch halten). Zum anderen gab es wichtige hebräische Schriftsteller, die extra in Griechisch schrieben, um ihre Kultur den

Hellenen näherzubringen. Darunter war JOSEPHOS oder JOSEPHUS FLAVIUS (37 bis um 95 n. Chr.) der bedeutendste, denn er hat in seinen Schriften *(Der jüdische Krieg, Jüdische Altertumskunde)* zahlreiche Angaben über Pflanzen und deren Gebrauch eingestreut (KOTTEK 1994). Das Alte Testament wurde schon früh ins Griechische übersetzt. Auch darin finden sich sehr viele Pflanzen und ihre medizinischen Anwendungen. Die *Pflanzen der Bibel* sind in vielen Büchern dargstellt, besonders zu erwähnen sind die Arbeiten von FRIEDREICH 1848 (Reprint 1966), MOLDENKE 1986 und ZOHARY 1986.

Griechische Quellen

Angaben zu Heilpflanzen finden sich fast in der gesamten griechisch-antiken Literatur. Bereits bei HOMER (9./8.Jh. v. Chr.) werden mehrere Pharmaka beschrieben. Hinweise finden sich auch immer wieder bei den Tragödiendichtern, z.B. bei ARISTOPHANES (um 445-386 v. Chr.) und EURIPIDES (ca. 480-406 v. Chr.), sowie bei den Hymnendichtern, z.B. PINDAR (ca. 520-445 v. Chr.), KALLIMACHOS (um 300 bis um 240 v. Chr.) und SAPPHO (um 600 v. Chr.). Selbst bei den Philosophen, z.B. PLATON (427-347 v. Chr.), finden sich Angaben. Die Mythographen haben vor allem den mythologischen Rahmen der Heilpflanzen aufgegriffen. Die Mythologie der Pflanzen wurde von DIERBACH 1833 (Reprint 1981) und BAUMANN 1982 anhand der Quellen aufgearbeitet. Auch bei den Reiseschriftstellern, wie HERODOT (ca. 485-425 v. Chr.) und PAUSANIAS (2. Jh. n. Chr.), finden sich viele Informationen.

Die bedeutendsten Quellen zur antiken Heilkunde in Griechenland sind die botanischen Werke des THEOPHRAST, die naturkundlichen Bücher des ARISTOTELES, die Arzneimittelkunde des DIOSKURIDES, die Hippokratischen Schriften *(Corpus Hippocraticum)* und die alexandrinischen Toxikologien (Nikander, Mithridates).

Theophrast (um 370-287 v. Chr.) aus Lesbos, Schüler des Aristoteles (384-322 v. Chr.), gilt als der Begründer der Botanik. Er hat sich einer regelrechten wissenschaftlichen Methodik bedient, um die antike Pflanzenwelt zu erfassen und darzustellen (vgl. Wöhrle 1985). Seine Schriften, besonders *Historia Plantarum* und *Causae Plantarum*, waren sehr einflußreich und bildeten die Grundlage für alle späteren Bücher.

Der berühmteste Arzt der griechischen Geschichte, Hippokrates (um 460 bis um 370 v. Chr.) aus Kos, hinterließ einige eigene Schriften, hauptsächlich zur Säftelehre, und begründete eine Schule (die Hippokratiker, darunter Diokles von Karystos; vgl. Jaeger 1963), aus der zahlreiche Schriften hervorgegangen sind. Da es oft nicht möglich ist, die Autorenschaft zu bestimmen, sind all diese Schriften als *Corpus Hippocraticum* zusammengefaßt worden. Darin sind 263 Heilmittel aufgelistet (vgl. Berendes 1891).

Das wichtigste und einflußreichste antike Werk zur *Materia medica* bilden die *Fünf Bücher zur Arzneimittellehre* des Pedanius Dioskurides (1. Jh. n. Chr.) aus Kilikien. Dioskurides war Militärarzt und lange Zeit in Rom tätig. Sein Werk, in dem etwa 600 Pflanzen und über 1000 daraus bereitete Heilmittel erläutert werden, bildete praktisch die Grundlage für jede weitere Beschäftigung mit Heilpflanzen und Arzneimitteln bis in die frühe Neuzeit hinein. Noch im 17. Jahrhundert erschienen in Deutschland Übersetzungen, die als Standardwerke der damaligen Pharmazie und Pharmakologie angesehen wurden.

Für die Arzneimittelbereitung sind vor allem die Schriften des in Rom tätigen griechischen Arztes Galen oder Galenos (um 130-199 n. Chr.) aus Pergamon von großer Bedeutung. Galen benutzte viele griechische und ägyptische Quellen, die z.T. nur durch seine Schriften (von etwa 250 Titeln ist lediglich ein Drittel erhalten) bewahrt werden konnten. Er übersetzte auch griechische Schriften ins Lateinische und ebnete ihnen dadurch den Weg ins lateinische Mittelalter.

Die Botanik der Griechen und Römer wurde sehr ausführlich von LENZ 1859 (Reprint 1966a) aus den Quellen zusammengefaßt.

Römische Quellen und Naturwissenschaft

Schon vor der Zeitwende herrschte in Rom ein erhebliches Mißtrauen gegen die alten Götter, Kulte und Orakel (vgl. CICERO). Im 1. Jh. v. Chr. schrieb der dichtende Naturbeobachter LUKREZ (ca. 97-55 v.Chr.) ein langes, hexametrisches Lehrgedicht *(Von der Natur)*, in dem er den Götterglauben verhöhnt und ein für die damalige Zeit erstaunlich modernes physikalisch-biologisches Weltbild entwirft. Überhaupt hat man oft modern klingende Aussagen vor sich, wenn man die antiken Quellen studiert. Daneben wurden aber die ursprünglich wohl griechischen Mythen durch römische Dichter wie OVID (43 v. Chr. bis 17 n. Chr.) und VERGIL (70 bis 19 v. Chr.) gepflegt. In ihren Werken *(Metamorphosen, Aeneis)* finden sich die schönsten Beispiele einer floralen Mythologie.

Die bedeutendste römische Quelle zur Pharmakologie der Alten findet sich in fünf Büchern der 37 Bände umfassenden *Naturgeschichte (Naturalis Historiae)* des PLINIUS (auch PLINIUS DER ÄLTERE oder C. PLINIUS SECUNDUS genannt; 23 bis 79 n. Chr.). Seine Ausführungen bildeten die Grundlage der Naturwissenschaft bis in das 19. Jahrundert hinein.

Auch die Archäologie hat Interessantes über die Heilmittel der Römer zutage befördert. In dem Legionslager Novaesium-Neuss (1. Jh. n. Chr.) wurde ein Heilkräutervorrat eines römischen Militärarztes ausgegraben. Die Analyse zeigte, daß die Wundheilmittel Tausendgüldenkraut *(Centaurium umbellatum)* und Thymian in großen Büscheln aufbewahrt wurden. Ferner fanden sich Samen vom Bilsenkraut, Bockshornklee, Eisenkraut und Johanniskraut sowie Früchte von Erbsen, Linsen, Bohnen, Wicken, Feigen und Pfirsichen (vgl. KRUG 1993: 109).

Ethnomedizin und Volkskunde

Viele antike Vorstellungen und Anwendungen von Pflanzen haben sich bis heute in den Volksmedizinen der Mittelmeerländer erhalten. Aus heute gemachten Beobachtungen läßt sich manchmal auf antikes Gedankengut schließen. Zudem kann die Ethnomedizin der Mittelmeerländer zeigen, welche Traditionen sich erhalten oder verändert haben. In dieser Hinsicht sind die Arbeiten von BAUMANN 1982, GEORGIADES 1987, IATRIDIS 1986, SFIKAS1980, VENZLAFF 1977 von Bedeutung. Ich konnte zum modernen Gebrauch von antiken Heilpflanzen eigene Forschungen in Griechenland, Zypern und der Türkei durchführen.

Botanik, Pharmakologie, Toxikologie, Homöopathie und Aromatherapie

Zur Botanik der antiken Heilpflanzen liegen zahlreiche Werke vor. Für die Erstellung dieses Buches waren von Bedeutung ALIBERTIS 1989, GRANDJOT 1991, SFIKAS 1976 und 1990, STRASSER 1994 und VEDEL 1978. Die meisten in diesem Buch vorgestellten Pflanzen sind pharmakologisch, phytochemisch und toxikologisch untersucht worden. Aus der reichhaltigen Literatur habe ich außer den Standardlexika die Handbücher von WICHTL, *Teedrogen* (2. Aufl.,

1989), Fischer & Krug, *Heilkräuter und Arzneipflanzen* (7.Aufl., 1984), Pahlow, *Das große Buch der Heilpflanzen* (Neuausgabe 1993), Frohne & Pfänder, *Giftpflanzen* (2. Aufl., 1983), Schultes & Hofmann, *Pflanzen der Götter* (2. Aufl., 1987), Ott, *Pharmacotheon* (1993), Mautner & Küllenberg, *Arzneigewürze* (1989) und Schneider, *Arzneidrogen* (1990) verwendet. Spezialartikel sind bei den einzelnen Monographien zitiert.

Zur homöopathischen Anwendung einiger Pflanzen beziehe ich mich hauptsächlich auf Boericke, *Handbuch der homöopathischen Materia medica* (1992), und Mandl, *Arzneipflanzen in der Homöopathie* (1985). Zur Anwendung der Pflanzenessenzen und Aromata habe ich vor allem Fischer-Rizzis Handbuch zur Aromatherapie (2.Aufl. 1989) verwendet.

φαρμακα

Remedia

Die Pharmaka von A-Z

»Wirksam ist der Zauber zusammen mit dem Heilmittel, wirksam ist das Heilmittel zusammen mit dem Zauber.«

Papyrus Ebers

»Die Blumen alle sind Eros' Werk; diese Pflanzen hier sind seine Gebilde.« LONGOS, *Daphnis und Chloe* II

»Unterschätze nicht eine Medizin, die du regelmäßig nimmst.
[...]
Wer immer wieder eine Sache unterschätzt, stirbt daran.«

Ägyptische Weisheit (aus der Spruchsammlung des Anch-Scheschonki)

Das φαρμακον: Heilmittel und Gift

»Alle Dinge sind Gift.
Allein die Dosis macht, daß ein Ding kein Gift ist.
Soviel wie nötig, aber sowenig wie möglich.«
PARACELSUS (1493-1541)

Allein die Dosis macht es, ob ein *Pharmakon* ein Heilmittel oder ein Gift ist. Allein der Umgang damit bestimmt, ob es zum Nutzen oder zum Schaden gereicht. Das griechische Wort *pharmakon* birgt in sich alle Facetten einer Droge – nur der Umgang damit bestimmt die Auswirkung. Die Weisheit der Anwendung macht die Heilkunst, den Heilkünstler aus.

Die Griechen waren sich sehr wohl über die immense Bedeutung der Dosierung einer Substanz im klaren. Darüber finden sich zahlreiche Belege im antiken Schrifttum. Anhand der Wirkung des Weines wurde dieser Zusammenhang oft sehr anschaulich verdeutlicht. In der Komödie *Dionysos oder Semele* des Dichters EUBULOS (aus dem 4. Jh. v. Chr.) heißt es:

»Für vernünftige Leute bereite ich nur drei Mischkrüge vor: einen für die Gesundheit *(hygieia)*, den sie als ersten austrinken; den zweiten für die Liebe und das Vergnügen und den dritten für den Schlaf. Wenn der geleert ist, gehen die Leute, die man weise nennt, nach Hause. Der vierte Mischkrug gehört nicht mehr mir, sondern zur Maßlosigkeit. Der fünfte ist voll von Schreien; der sechste läßt schwärmen und grölen; der siebente bringt blaugeschlagene Augen; der achte ruft den Gerichtsdiener; der neunte ist voll Zorn und Ekel. Der zehnte führt zum Wahnsinn *(mania)* und läßt straucheln. Denn füllt man ihn in ein kleines Gefäß, so schlägt er dem, der es leert, leicht die Beine weg und wirft ihn zu Boden.«

Der Wein ist ein echtes *Pharmakon*, ein Heilmittel, aber auch ein Gift. Die dionysische Wildheit des Weines läßt sich nur durch kühlendes Wasser bezähmen. Der Wein muß je nach Zweck des Gebrauches mit Wasser gemischt werden (vgl. DETIENNE 1992). Noch heute wirkt sich in einer Alkoholiker-Gesellschaft, wie der unseren, die Ambivalenz des Pharmakon' Wein aus. Was für den Wein gilt, gilt eigentlich für alle anderen Pharmaka, für alle uns bekannten Drogen. Nur wer die rechte Dosierung kennt, kann mit ihnen heilen oder Schaden zufügen.

αντιδοτον: Gegengifte

»Laß das Bewußtsein deiner Sterblichkeit zur Regulative all deines Denkens, Fühlens und Handelns werden.«
Delphische Inschrift (nach SCHADEWALDT 1990: 20)

Was aber tun, wenn das Pharmakon überdosiert ist? Wie schützt man sich vor der falschen oder schädlichen Anwendung von Drogen? Diese Frage war für die Ärzte und Pharmakologen der Antike von großer Bedeutung. War ein Pharmakon erst überdosiert, wirkte es sich zwangsläufig schädlich oder giftig aus. Dagegen mußte etwas unternommen werden. Es wurde die Toxikologie, die Lehre von den Giften oder der Giftigkeit der Substanzen, begründet, in deren Zentrum das *antidoton*, das »Gegengift«, stand:

»Gegengifte nennen die Ärzte diejenigen wirksamen Heilmittel, welche nicht außen aufgelegt, sondern im Innern des Körpers angewendet werden. Es sind darunter im ganzen drei Arten zu unterscheiden: Einige werden gegen tödliche Gifte verabreicht, andere gegen die sogenannten giftigen Tiere, dritte helfen bei Leiden, die infolge schlechter Diät entstehen. Einige verheißen Hilfe in allen drei Fällen, wie der sogenannte Theriak.«

(GALEN, *De Antidotis* 1)

Der *Theriak* ist sicherlich das berühmteste Gegengift der Antike. Er wurde von ANDROMACHUS, dem Leibarzt des Kaisers NERO (37-68 n. Chr.), entwickelt. Er enthielt neben Opium und Vipernfleisch verschiedene Würzkräuter, Wurzeln, Honig und Wein. Der Theriak, der sich übrigens in den offiziellen Arzneibüchern bis in unser Jahrhundert erhalten hat *(Electuarium theriaca con opii)*, war eine Weiterentwicklung des *Mithridatium*, des Gegengiftes des tyrannischen Königs MITHRIDATES von Pontos (132-63 v. Chr.). Es wurde vom König selbst entwickelt, weil er in ständiger Angst vor Vergiftungen schwebte.

Das *Mithridatium* war das erste bedeutende universelle Gegengift der Antike. Nach CELSUS (V 23,3) bestand es aus Kostwurz, Kalmus, Hartheu, Gummi, *Sapapenum*, Akaziensaft, Illyrischer Iris, Kardamom, Anis, Gallischer Narde, Enzianwurzel, getrockneten Rosenblättern, Mohnsaft, Petersilie, Kassia, Sil, Taumellolch, Langer Pfeffer, Storax, Castoreum, Turis, *Hypocistis*-Saft, Myrrhe, Opopanax, Malabathron-Blättern, Blüten der Runden Binse, Terebinthenharz, Galbanum, Kretischem Möhrensamen, Narde, Opobalsamum, Hirtentäschel, Rhabarberwurzel, Safran, Ingwer und Zimt.

MITHRIDATES soll auch wesentlich zur Erforschung der Immunität beigetragen haben. Da er über reichlich Sklaven und politische Gefangene verfügte, konnte er alle Gifte, Mischungen und Gegengifte an Lebenden ausprobieren. Hunderte von Opfern müssen grauenhafte Gifttode gestorben sein.

Durch die Beobachtung von Gifttieren wurde das Immunitäts-Prinzip erkannt. Daß sich der Körper an Gifte in kleinen Gaben, regelmäßig verabreicht, gewöhnt, also gegen sie immunisiert hat, hatten die Griechen schon früh entdeckt. Die Gewöhnung an Drogen war am Beispiel von Opium deutlich geworden. Auch stellte man fest, daß man sich an so starke Gifte wie Arsen gewöhnen konnte und bei täglich steigender Dosierung normalerweise tödlich giftige Dosierungen unbeschadet einnehmen konnte.

αφροδισιακα: Aphrodisiaka und Liebesmittel

»Komm denn, Kypris, schmücke dein Haupt mit Kränzen,
um in goldnen Schalen als reiche Gabe
den zu frohem Feste bereiten Nektar
uns zu kredenzen!« Sappho, *Fragmente* 5/6 D. 15-18

»Mein Gatte, mein Bruder, mein Freund!
Werde nicht müde des Essens, des Trinkens, des Rausches, der Wollust.«
Grabinschrift im Tal der Königinnen

Schon Theophrast schrieb in seinem berühmten Kapitel (*Geschichte der Pflanzen* 9,1810-11) über den Weinbau, daß es einen Wein gäbe, der impotent mache. Andere Weine wiederum reizen geradezu den Geschlechtstrieb, können Frauen fruchtbar machen oder ins Delirium stürzen. Auch im alten Ägypten wurden Weine, besonders wenn sie mit anderen Rauschmitteln versetzt wurden, als Aphrodisiaka und Liebestränke verwendet. Sie standen meist mit Hathor, der Göttin der Liebe, des Rausches und der Ekstase, in

Verbindung. Offensichtlich hat es in Ägypten sogar ganze Bücher mit Rezepten für Aphrodisiaka gegeben.

Viele Pflanzen sind der Aphrodite heilig oder stehen mit ihrer Mythologie im Zusammenhang. Meist sind es Pflanzen, die berauschende und/oder erotisierende Wirkungen haben (die eigentlichen Aphrodisiaka), die köstlich duften (Duftstoffe, Aromata) oder deren Erscheinung heftige sexuelle Assoziationen auslösen (Liebessymbole).

Aphrodite liebt nicht nur die lieblichen Düfte der Blüten, sondern auch das harzige Räucherwerk. Aphrodite selbst soll den Gebrauch von orientalischem Räucherwerk in das griechische Opferritual eingeführt haben. Manche Quellen versichern, daß die Lieblingsopfer der Göttin köstliche Parfüms, Balsame und Weihrauch waren.

Viele, wohl eigentlich alle wohlduftenden Pflanzen sind der Aphrodite oder Venus heilig. Ihre Priesterinnen waren mit duftenden Blüten geschmückt, ihre Heiligtümer waren Duftgärten, auf ihren Altären brannte ständig der Weihrauch. Wer ihr Heiligtum besuchte, wandelte in einem Rausch von Düften und Wohlgerüchen, einer »süßen aphrodisischen Brise«. Duftstoffe sind Botenstoffe!* Die Wohlgerüche sind die natürliche Botschaft der großen Liebesgöttin. Wie eine Blüte ihren Duft in sommerlicher Erregung verströmt, so gilt der Duft ihrer Scham als der süßeste im ganzen Universum.

* Die gesamte Sexualität wird maßgeblich durch Sexuallockstoffe (Pheromone) und Gerüche gesteuert; vgl FISCHER-RIZZI 1989: 29f.

Entheogene

»Sahen sie doch in den Träumen, wie Götter so zahlreiche Wunder
Wirkten, wobei sie doch selbst nicht die mindeste Mühe verrieten.«
LUKREZ, *Von der Natur* V, 1181f

»Die ersten Götter waren durch Psychedelika erleuchtete Menschen. Die Erleuchtung ist göttliches Erwachen und eine Vision von zukünftigen, d.h. zu schöpfenden Dingen. Zuerst wurden die Erleuchteten als Kulturheroen und Ahnen, später als Götter verehrt.«
GALAN O. SEID, *Gedanken in Mykene empfangen*

In vielen Teilen der Welt standen Pflanzen, die das Bewußtsein erweitern können und in göttliche Gefilde erheben, im Zentrum des religiösen Lebens. Aus Indien kennen wir die Superdroge Soma (vgl. Pilze), aus Persien das nahe verwandte Haoma (vgl. Steppenraute), aus dem Vorderen Orient den Baum der Erkenntnis (vgl. Granatapfel).

Bewußtseinsverändernde Pflanzen oder Substanzen wurden *Phantastika*, »das Phantastische bewirkend«, *Psychotomimetika*, »Psychosen nachahmend«, *Psychopharmaka*, »Heilmittel der Seele«, *Halluzinogene*, »Halluzinationen/Visionen erzeugend«, *Psychedelika*, »das Bewußtsein offenbarend« oder *Entheogene*, »zu Göttern machend«, genannt. Die Pflanzen dieser Kategorie wurden als geistbewegend, psychoaktiv, psychotrop, bewußtseinserweiternd, visionär, halluzinogen, psychedelisch oder entheogen charakterisiert. Man bezeichnete sie als »Pflanzen der Götter«, »Pflanzen der Propheten«, als »Zauberpflanzen«, aber auch als »Hexenpflanzen« (OTT 1993, RÄTSCH 1988 & 1991a, SCHULTES & HOFMANN 1987).

Entheogen ist ein modernes, gräzifizierendes Kunstwort,

das von dem Altphilologen und Gräzisten Carl RUCK et al. (1979) geprägt wurde. Das griechische Wort *entheos* heißt soviel wie Divinisation oder Vergöttlichung. Wer eine derartige Substanz zu sich nimmt, der wird zu einem göttlichen Wesen, das in die Welt der Götter Einblick erlangt:

> »Wenn du dich nicht Gott gleichmachst, kannst du Gott nicht erkennen. Denn nur vom Gleichen wird das Gleiche erkannt.« (*Corpus Hermeticum*, 11. Traktat, 20f)

Entheogene können die sonnenstrahlende Erkenntnisekstase des Apollon, die leidenschaftliche Raserei des Dionysos, die erotische Lustverzückung der Aphrodite, aber auch die wilden Schrecken der nachtfahrenden Hekate auslösen. Entheogene öffnen die Pforten für schamanische Reisen in die Himmel und in die Unterwelten. Sie sind der Treibstoff des Reisegefährtes des Schamanen, aber sie sind auch das Erkenntnisvehikel des Mystikers. Durch sie wird die Welt der Mythen Wirklichkeit, durch sie öffnet sich der prophetische Blick: Die Entheogene transzendieren die Zeit. Aus dieser eindrucksvollen Erfahrung entstand die Idee, mit Hilfe von Drogen unsterblich zu werden oder Zeitreisen in Vergangenheit und Zukunft zu unternehmen und heiliges Wissen zu erwerben. Durch die Entheogene erfährt der Myste die Einweihung in die Wunder des Universums. Diese Seelen- oder Bewußtseinszustände wurden als *Enthusiasmus*, »Gott-Trunkenheit«, *Ekstase*, »außer-sich-sein«, *Inspiration*, »von Geist erfüllt sein«, *Trance*, »hinübergewechselt sein«, *Mania*, »Wahnsinn/Raserei«, *Besessenheit*, *Verzückung* oder *Rausch* genannt.

Ekstase, Trance, Inspiration, Enthusiasmus, Wahnsinn, kurz: veränderte Bewußtseinszustände sind heute ein vieldiskutiertes Phänomen. Doch schon die Autoren der Antike haben sich in dem Thema ergangen, z.B. VERGIL, PROPHYRIOS, SENECA, LUCAN, PLUTARCH und PLATON. Die

Bewußtseinsveränderung wurde als Beseelung einer Gottheit umschrieben:

> »Unter dem Stachel, dem Wogen der Ekstase zerbricht das Gefüge des menschlichen Organismus, und die Wucht der Götter erschüttert die zarte Seele.«
>
> (LUCAN, *Pharsalia* 5)

> »Es gibt verschiedene Arten von göttlicher Ekstase, und die göttliche Inspiration kommt auf viele verschiedene Weisen zustande. Denn erstens rufen die verschiedenen Götter, von denen wir eine Inspiration empfangen, verschiedenartige Inspirationen hervor. Zweitens ändert eine bestimmte Art von göttlicher Besessenheit in dem Maß, wie sie sich jeweils selber ändert, auch die Natur der göttlichen Inspiration. Denn entweder ergreift der Gott Besitz von uns, oder wir werden ganz ein Teil des Gottes, oder wir bringen unser Tun in Einklang mit dem seinen.«
>
> (IAMBLICHOS, *Über die Mysterien Ägyptens* 3)

PLUTARCH, der selbst über Jahre hinweg Oberpriester in Delphi war und wohl ein Eingeweihter der Isis-Mysterien, beschrieb sehr genau, wie ein Mensch, hier die Pythia, die Wahrsagerin von Delphi, von einem Gott, nämlich Apollon, mit Hilfe eines Entheogens (Bilsenkraut) besessen wird:

> »Auch glaube ich, daß es mit der Ausdünstung nicht immer und durchweg gleich bestellt ist, sondern daß manchmal eine Abnahme und dann wieder eine starke Zunahme stattfindet. Der Beweis, den ich dafür anführe, hat zu Zeugen viele Fremde und alle, die im Dienst des Heiligtums stehen. Denn das Gelaß, in dem man diejenigen, die den Gott befragen, sich niedersetzen läßt, erfüllt sich, nicht häufig und nicht zu bestimmten Zeiten, sondern von ungefähr in längeren Abständen, mit einem

Wohlgeruch und einem Hauch ähnlichen Düften, die die edelsten und kostbarsten Parfüme entsenden und die dem Allerheiligsten wie einer Quelle entströmen; und es ist wahrscheinlich, daß die infolge von Wärme oder irgendeiner anderen wirksam werdenden Kraft aufsteigen. Und wenn das nicht überzeugend klingen sollte, so werdet ihr dies doch zugeben müssen, daß die Pythia selbst in demjenigen Teil ihrer Seele, auf den der Hauch einwirkt, zu verschiedenen Zeiten verschiedene Stimmungen und Eindrücke erfährt und daß sie nicht immer die gleiche Mischung oder gleichsam Harmonie unveränderlich zu aller Zeit bewahrt. Denn viele Verdrießlichkeiten und Störungen erfassen so, daß sie es merkt, und noch mehr, ohne daß sie es merkt, ihren Körper und dringen zu ihrer Seele, und wenn sie davon erfüllt ist, dann ist es nicht gut, daß sie dahin geht und sich dem Gott hingibt, weil sie dann nicht ganz rein ist wie ein wohl gestimmtes, schön klingendes Instrument, sondern von Leidenschaften getrübt und verstört. Denn auch der Wein hat ja nicht immer dieselbe Wirkung auf den zur Trunkenheit Geneigten noch die Flöte auf den Schwärmer, sondern dieselben Menschen geraten einmal weniger, ein andermal mehr in dionysischen Rausch und in Verzückung, wenn ihre innere Stimmung eine andere ist.« (PLUTARCH 50, 437)

PLUTARCH nahm hier die moderne synergetische Theorie zur Erklärung der Wirkung eines Entheogens bzw. einer psychoaktiven Substanz, nämlich die von *Dosierung, Set und Setting*, vorweg. Er sagte, die Trance könne nur dann eintreten, wenn sich »die Wahrsagerin in der rechten Verfassung für die Mischung mit dem Hauch befindet«. Die Trance der Pythia kann also von der Dosis der eingeatmeten bewußtseinsverändernden Dämpfe, von ihrer inneren Einstellung und den äußeren Gegebenheiten, z.B. dem Verhalten der Orakelpriester und Bitt- oder Fragesteller, abhängen (vgl. RÄTSCH 1991a).

Entheogene waren nicht nur die wichtigsten Hilfsmittel der Schamanen, Magier, Hexen, Wahrsagerinnen und Propheten, sondern auch der Mystiker und vieler Mysterienkulte. Sie dienten der Einweihung in die Geheimnisse von Leben, Tod und Wiedergeburt sowie der ekstatischen Verschmelzung mit dem gesamten Universum.

In der Antike waren visionserzeugende Pflanzen gut bekannt (vgl. Alraune, Bilsenkraut, Tollkirsche), wie PLINIUS mehrfach für das alte Griechenland und Indien bezeugt (vgl. Mutterkorn, Pilze), wie aus dem altiranischen *Awesta* hervorgeht (vgl. Steppenraute), wie es HERODOT detailliert für die Skythen beschrieben hat (vgl. Hanf), wie in den *Bakchen* des EURIPIDES zu lesen ist (vgl. Efeu, Oleander, Wein). Auch in Ägypten waren berauschende Pflanzen bekannt. Es gab sogar eine Pflanze, die jedoch nicht botanisch identifiziert werden konnte, die »Rauscherzeugende Pflanze« hieß. In vielen ägyptischen Rezepten wurde dem Arzt geraten, den Patienten mit Wein oder Bier zu berauschen ... Erst dann könne die Arznei richtig wirken. Erst dann könne der Kranke gesunden. Denn: Die Heilkraft liegt im Rausch!

Zaubertränke

> »Mond, schein hell; leise will ich für dich singen, Göttin, und für Hekate in der Uuterwelt – die Hunde zittern vor ihr, wenn sie über die Gräber der Toten und das dunkle Blut kommt. Sei mir gegrüßt, Hekate, Grimmige, und bleib bei mir bis zum Ende. Mach diese Zaubermittel so wirksam wie die der Kirke, der Medea und der blonden Perimede.«
>
> THEOKRIT, 2. *Eidyllion*

Die antike Literatur ist voll von Berichten über Zaubertränke und damit verbundene magische Handlungen. Die Zaubertränke konnten je nach Intention des Herstellers für verschiedene, helle oder dunkle Zwecke gebraucht werden – also genau wie ein *pharmakon*. Es gab Tränke, durch die Menschen in Tiere verwandelt werden konnten, es gab Tränke, die unweigerlich einen grausamen Tod oder elendes Leid bewirkten, und es gab Zaubertränke, die verjüngend wirkten (vgl. LUCK 1962). Die kolchische Hexe Medea war berühmt für ihren Verjüngungstrank. Der war naturgemäß schwer herzustellen. Dazu mußte Medea für neun Tage und neun Nächte mit ihrem Drachengespann durch die Lüfte und Welten eilen um die exotischen Ingredienzien zu sammeln. Überliefert ist die Geschichte des Greisen Aeson, den Medea verjüngen sollte. Nach verschiedenen Opfern an Hekate, die Göttin der Hexen und der Zauberkunst, braute Medea ihre Zutaten zum verjüngenden Tranke:

> »Mit offenem Haar, wie eine Bacchantin, umkreist Medea die brennenden Altäre, taucht die feingespaltenen Fackeln in die schwarze Blutgrube, entzündet sie dann auf den zwei Altären [für die Jugendkraft] und reinigt den Greis dreimal mit Feuer, dreimal mit Wasser und dreimal mit Schwefel. Inzwischen siedet das starke Zaubermittel im aufgesetzten Kessel, brodelt und wird weiß von aufquellendem Schaum. Dort läßt sie Wurzeln, die sie im haemonischen Tal geschnitten hat, Samen, Blüten und schwarze Säfte kochen. Sie gibt noch Steine aus dem fernen Osten hinzu und Sand, über den das zurückströmende Wasser des Ozeans hinspülte. Dazu Rauhreif, gesammelt in einer Nacht, in welcher der Mond nicht unterging, die verrufenen Flügel und das Fleisch der Vampireule und die Eingeweide des Werwolfs, der seine Tiergestalt in die des Mannes zu verwandeln pflegt; auch

fehlte nicht die dünne, schuppige Haut der Schildkrötenschlange vom Syrtenfluß Cinyps, nicht die Leber des langlebigen Hirsches; dazu tat sie noch zum Überfluß Schnabel und Kopf einer Krähe, die neunhundert Jahre erlebt hatte. Nachdem die Barbarin mit diesen und tausend anderen Dingen, die keinen Namen haben, ihr übermenschliches Unterfangen vorbereitet hatte, rührte sie alles mit einem schon längst verdorrten Ast des friedlichen Ölbaums um und mischte das Unterste mit dem Obersten. Siehe, da wird der alte Stock, der sich im heißen Kessel im Kreise bewegt, zuerst grün, bald darauf belaubt er sich und wird plötzlich schwer von schwellenden Oliven; wo immer das Feuer aus dem hohlen Kessel Schaum hervorspritzen ließ und glutheiße Tropfen auf die Erde fielen, wird es am Boden Frühling, Blumen und weicher Rasen sprießen auf. Kaum hat sie dies gesehen, schneidet Medea mit gezücktem Schwert dem Greis die Kehle auf, läßt das alte Blut entweichen und füllt Säfte nach. Nachdem Aeson diese teils durch den Mund, teils durch die Wunde aufgenommen und in sich eingesogen hatte, verloren Bart und Haar die weiße Farbe und wurden im Nu schwarz. Weit entflieht die Magerkeit; Blässe und Altersschwäche verschwinden; was eingefallen und runzelig ist, füllt sich mit nachwachsendem Fleisch, und die Glieder strotzen vor Kraft: Aeson staunt und fühlt sich wieder wie vor vierzig Jahren.« (OVID, *Metamorphosen* VII 257ff.)

Unschwer erkennt man in dieser Geschichte die Bilder der mittelalterlichen Hexe, die allerlei Getier und Gewürm in ihrem Hexenkessel zu üblem Schadenzauber verkocht. Doch der Wunsch nach ewigem Leben, ewiger Jugend, Verjüngung hat sich bis heute erhalten. In Apotheken und Reformhäusern, in Kräuterfachgeschäften und asiatischen Lebensmittelhandlungen wird für Lebenselixiere, meist auf der Basis von Ginseng *(Panax ginseng)*, geworben. Ginseng kann zwar vitalisieren, auch in gewisser Weise die Zellen verjüngen, aber zu ewiger Jugend reicht die Wirkung leider nicht aus. Der verjüngende Trank muß noch eine Utopie bleiben, die in der Antike mythologisch aufbereitet, aber noch lange nicht ausgeträumt ist.

πανακεια: Panazeen und mythische Zauberpflanzen

Noch mehr als die Zaubertränke gehen die antiken Darstellungen von Panazeen oder Allheilmitteln und sagenhaften Zauberpflanzen in den Bereich des Mythischen. Die Allheilmittel hießen im griechischen *panakeia*, »Universalmittel«. Sie trugen denselben Namen wie die Tochter des Heilgottes Asklepios.

In den frühen griechischen Schriften, besonders bei Homer, werden Pflanzen mit geradezu unglaublichen Wirkungen und phantastischen Eigenschaften beschrieben, z.B. Moly. Generationen von Alchemisten, Gräzisten und Ethnobotanikern haben bislang – leider vergeblich – versucht, die botanische Identität der Homerischen Zauberpflanzen zu enthüllen (vgl. Rahner 1957). Es liegt aber nahe, daß es sich bei diesen Pflanzen um mythische Wunschvorstellungen handelte, d.h. daß es diese Pflanzen in der Tat auf der Erde gar nicht gab noch gibt. Der Wunsch des für Krankheiten anfälligen und dem Altern und Sterben ausgesetzten Menschen nach einem göttlichen Nektar, nach lebenserhaltenden und gesundheitswahrenden Mitteln ist nur zu verständlich. Dennoch geizten die Götter mit ihrem Ambrosia. Das einzige, was sie gaben, war das Verlangen danach. Kein Wunder, daß sich der antike Mensch oft als Spielball der Götter, ihrer Launen und Intrigen fühlte.

THEOPHRAST kannte vier Arten von *Panakeia*, wozu er auch die nach Herakles/Hercules benannte Herkulesstaude zählt. Leider ist von all diesen Allheilmitteln keines wirklich erhalten geblieben. Aber die Suche geht weiter!

Alchemistische Elixiere

> »Jenen lasse ein nach oben und ein nach unten wirkendes Pharmakon trinken.«
>
> *Corpus Hippocraticum, Morb.* II 68, 104

Neben der Magie und Naturkunde blühte in der Spätantike eine weitere »Wissenschaft« auf, die Alchemie. Ihr Zentrum lag offenbar in Alexandria. Dort wurden zahllose Schriftrollen verwahrt, von denen manche erhalten geblieben sind und unter dem Namen *Corpus Hermeticum* in die Literatur eingegangen sind (FOWDEN 1993). Die Alchemie wird als Wissenschaft auf den Gott Hermes Trismegistos zurückgeführt, der auf den Schamanen Thot und den Psychopompos Hermes/Mercur zurückgeht, aber auch mit Asklepios und Imhotep identifiziert wurde. Schon damals galt Alchemie als die Kunst, aus niederen Metallen Gold und Silber durch Transmutation zu erzeugen (FOWDEN 1993: 89, GIUMLIA-MAIR & CRADDOCK 1993).

Die alexandrinischen Alchemisten wirkten wie der Gegenpol zu den aufgeklärten griechischen Philosophen und abgeklärten römischen Schriftstellern. Sie verschrieben sich der Magie, vollzogen merkwürdige Rituale, die dem hellenischen Geist ganz zuwider waren. Sie sahen in allen Dingen, in Steinen, Gewürzen, Pflanzen und Tieren verborgene okkulte Kräfte göttlicher Herkunft. Diese Kräfte versuchten sie sich dienlich zu machen und hinterließen ein nur schwer verständliches Schrifttum, die sogenannten *Papyri Graecae magicae* (vgl. PREISENDANZ 1973). Sie hinterließen auch eine Reihe von alchemistischen Rezepturen zur Herstellung von Heilmitteln.

In einem alchemistischen Papyrus wird ein rätselhaftes Rezept angegeben:

> »Herstellung von Smaragd. 1 Teil gebranntes Kupfer, 2 Teile Grünspan und entsprechend pontischen Honig koche eine Stunde.« (zit. nach HENGSTL 1978: 272)

Nimmt man dieses Rezept ernst, so kann man nur mit dem Kopf schütteln. Allerdings scheint es sich – wie bei allen späteren alchemistischen Rezepturen – um eine Geheimanleitung für einen Bewußtseinsprozeß, der mit der Transmutation der Materie einhergehen soll, zu handeln. Der Smaragd stand bei den antiken Alchemisten hoch im Kurs, waren doch die berühmten Grundsätze der alchemistischen Philosophie des Hermes Trismegistos auf Smaragdtafeln eingraviert.

Die Säftelehre

Die Lehre von den Säften, die den Zustand des Menschen ausmachen, wurde schon bei den Vorsokratikern angelegt. ALKMAION, der um 540 v.Chr. in Kroton, einer griechischen Stadt in Unteritalien, geboren wurde, gilt als Verfasser des ersten medizinischen Buches überhaupt. Daraus sind zwar nur Fragmente erhalten, aus denen wird jedoch seine Denkweise deutlich sichtbar:

> »Die Erhaltung der Gesundheit beruht auf der Gleichstellung der Kräfte, d.h. des Feuchten und des Trockenen, des Kalten und des Warmen, des Bitteren und des Süßen usf. Die Alleinherrschaft einer dieser Kräfte bewirkt

Krankheit, denn die Alleinherrschaft je eines der Gegensätze wirkt zerstörerisch. Krankheit entsteht aus dem Übermaß von Wärme oder Kälte, aus Übermaß oder aus Mangel an Nahrung ... manchmal auch aus äußeren Ursachen, durch bestimmte Arten von Trinkwasser oder die geographische Lage oder Überanstrengung oder ihnen eng verwandte Ursachen. Gesundheit dagegen beruht auf der ausgewogenen Mischung der Qualitäten.«

Die Heilmittel der Antike wurden von den Ärzten und Naturkundlern der Humoraltheorie entsprechend ihren Wirkweisen charakterisiert. Mit den Eigenschaften einer Pflanze konnte das Säfteverhältnis im gesunden oder kranken Körper verändert oder ausgeglichen werden.

Schematische Darstellung der Viersäftelehre
(nach STORL 1993: 36, 264, u.a.)

Lebenselement	*Element*	*Geschmack*	*Temperatur*	*Organe*	*Gottheit**
Blut	Luft	süß	warm	Hirn	Hera
Schleim	Wasser	salzig	feucht	Herz	Nestis
gelbe Galle	Feuer	bitter	trocken	Leber	Zeus
schwarze Galle	Erde	sauer	kalt	Milz	Hades

Die Pflanzen enthalten ebenso wie der menschliche Körper verschiedene Säfte von verschiedener Konsistenz. Sie führen in ihren Adern wasserähnliche Flüssigkeiten, Milchsaft (Latex) oder dickflüssige Harze. Die Säfte können im Geschmack neutral, scharf, beißend, adstringierend, bitter, süß

* Die Zuordnung von Göttern zu den vier Elementen stammt von EMPEDOKLES.

oder salzig sein. Sie können lindernd oder ätzend sein. Besonders den Pflanzensäften wurden die medizinischen Qualitäten zugeschrieben. Dabei wurde nicht nur die Säftelehre berücksichtigt, sondern auch die Analogie des entsprechenden Saftes. So gelten milchartige Pflanzensäfte (Latex), z.B. vom Lattich oder Mohn, als samenähnliche Flüssigkeiten, die den Spermafluß anregen und daher als Aphrodisiaka oder Fruchtbarkeitserreger wirken.

> »Feuchtigkeit gehört zu den Pflanzen, und als solche werden sie von manchen ›Säfte‹ genannt – um ihnen einen gemeinsamen Namen zu geben; sie haben besondere Eigenschaften in jeder Pflanze. Diese Feuchtigkeit wird von einem Geschmack begleitet, manchmal von mehreren, manchmal wenig; manchmal haben sie keinen, da er nur schwach und wäßrig ist. Nun haben alle Pflanzen die höchste Feuchtigkeit, wenn sie wachsen, aber sie ist am stärksten, wenn die Pflanze ausgewachsen oder kurz vor der Frucht steht.«
>
> (THEOPHRAST, *Geschichte der Pflanzen* IX, 1)

Zubereitungsformen

Die antike Medizin war weit entfernt vom heutigen Pillenschlucken. Die Rezepturen waren vielseitig, zum Teil sogar aufwendig (vgl. GOLTZ 1974). Der heute in der Alternativ- und Hausmedizin so weit verbreitete Aufguß (Infusion) oder Kräutertee wurde fast gar nicht genutzt.

• Tränke, Suppen und Nahrung

Medizinische Tränke waren die häufigste Art der Arzneimittelzubereitung. Meist wurden eine Heilpflanze oder mehrere Drogen (selten mehr als fünf) zerrieben und in

Bier, Wein, Met oder Wasser mazeriert, aufgeschwemmt oder aufgekocht (vgl. Getreide, Wein). Aus Graupen, Gersten oder Hülsenfrüchten wurden suppenartige Breie gekocht, in die die entsprechenden Pharmaka eingerührt und geschlürft wurden. Gelegentlich wurden die Drogen auch mit ins Brot gebacken und so durch die Nahrung aufgenommen.

• Leckmittel

Unter Leckmitteln verstand man verriebene Heilpflanzen, z.B. Wermut (vgl. Artemisia), und andere Drogen in Honig. Sie waren so eine Art pharmazeutischer Lutschbonbon.

• Klistiere

Im alten Ägypten war das Verabreichen von Heilmitteln mittels des Klistiers eine der wichtigsten Methoden der Krankenbehandlung. Es gab sogar einen Facharzt fürs Klistieren. Er wurde »Hirte des Afters« genannt; bei den Griechen hieß er *Iatroklystes* (daher unser Wort Klistier). Über diese weitverbreitete Praktik berichtete HERODOT:

> »Jeden Monat nehmen sie [die Ägypter] drei Tage hintereinander Abführmittel ein, und sie erhalten sich durch Brechmittel und Klistiere ihre Gesundheit. Denn sie glauben, alle Krankheiten bei den Menschen kämen von den verzehrten Speisen. Die Ägypter sind doch sonst schon nach den Libyern die gesündesten von allen Menschen.«
>
> (II, 35)

Die griechischen und römischen Autoren (z.B. PLUTARCH, PLINIUS, AELIAN) schrieben, daß die Ägypter die Klistiertechnik von ihrem heiligen Ibis *(Ibis religiosa)* gelernt hätten. Dieser Vogel kann dank seines langen krummen Schnabels mit eingesogenem Wasser sein eigenes Gedärm ausspülen. Außerdem ist der Ibis die Inkarnation und der Seelenvogel des Thot. Die Verehrung des Ibis zeigt sich in zahlreichen Ibismumien. In den Rezepten wird oft von »Eingießen in den After« gesprochen (vgl. Kamille, Rizinus).

• Zäpfchen und Tampons

Sowohl bei Ägyptern wie auch Griechen war die Verabreichung von Analzäpfchen, bei Frauen auch von Vaginalzäpfchen weit verbreitet. Es gibt viele Heilmittel, die rectal verabreicht besser bekömmlich sind, z.B. Opium (vgl. Mohn) oder Nachtschattengewächse. Meist werden die Drogen in einer Masse aus Harz und Fett zu den Zäpfchen verknetet. Tampons waren Stoff- oder Leinenstückchen, die mit Drogenextrakten getränkt waren. Man applizierte sie in allen Körperhöhlungen.

• Salben und Öle

Die Ägypter, Griechen und Römer waren groß im Ansetzen von kosmetischen und/oder medizinischen Salben und medizinischen oder wohlduftenden Ölen (vgl. Olivenbaum, Lilie). Dazu wurden die Pflanzen-, Tier- und Mineraldrogen zerrieben oder ausgepreßt mit Gänseschmalz oder anderen Tierfetten verrührt. Manche Öle, z.B. Rizinusöl, wurden auch als simple Heilmittel eingesetzt. Meist jedoch wurden Öle mit duftenden Pflanzen oder Harzen versetzt.

• Gurgelmittel und Niespulver

Gurgelmittel bestanden meist aus drei bis vier Pharmaka, meist Myrrhe und andere Aromata (vgl. Räucherwerk), die in einer Trägersubstanz, z.B. Wein oder Öl, auch Wasser, aufgeschwemmt, aufgekocht oder mazeriert worden waren. Mit ihnen wurden alle Leiden im Mund- und Rachenraum durch Spülungen und Gurgeln behandelt. Das Niesen hatte eine wichtige Funktion. Man sah darin das Wirken eines Krankheitsdämonen. Mit dem Niesen verriet er seine Anwesenheit im Körper. Mächtiges Niesen wurde als Zeichen der Dämonenaustreibung verstanden. Deshalb wurde das Niesen mit Niespulvern stimuliert. Meist wurden dazu Drogen aus den verschiedenen Nieswurzarten verwendet. Die Niespulvertherapie war bei den frühen Griechen sehr weit verbreitet (vgl. Nieswurz).

• Düfte und Räucherungen

Die Aromatherapie hatte ihre Anfänge wohl vor allem im Aphroditekult. Da Wohlgerüche von allen alten Völkern als göttliche Zeichen erachtet wurden, war der Weg vom Kultmittel zum Heilmittel kurz. Praktisch alle duftenden Blumen, etwa die prächtige Madonnenlilie oder der Safran, sowie alle Harze wurden sowohl kultisch als auch pharmazeutisch eingesetzt. Für medizinische Zwecke wurden dem Räucherwerk oft noch pharmakologisch wirksame Heilpflanzen, wie Hanfblüten, Mohnköpfe oder Bilsenkrautsamen zugesetzt.

● Pflaster und Kataplasmen

Das äußerliche Auflegen oder Einreiben mit Drogen gehörte zum wichtigsten Repertoire der hippokratischen Ärzte. Heilpflaster bestanden meist aus frisch zerriebenen Pflanzendrogen, die mit Leintüchern auf die zu behandelnden Stellen gebunden wurden. Das Kataplasma wurde sehr häufig in den Rezepten genannt. Es handelte sich dabei um eine Art Mehlbrei, dem weitere Drogen beigemischt wurden. Gewöhnlich wurde der Brei erhitzt auf den Körper aufgetragen.

Affodill

Asphodelus fistulosus LINNÉ´ – *Liliaceae* (Liliengewächse)
(*Asphodelus ramosus* LINNÉ)
(*Asphodelus microcarpus* LINNÉ)

? (ägyptisch)
ασφοδελος oder ποθος (altgriechisch)
ALBUCIUM oder ASPHODELUS (römisch)

»Der Affodill ist die Pflanze der elysischen Gefilde, der Insel der Seligen, sie grünet im Lande der Träume, umschwebt von den Luftgefilden der Manen [den ›guten Göttern‹, den Totengeistern]... Er war überdem noch ein großes Heilmittel...« (DIERBACH 1933: 143)

Das Elysion oder Elysium war das sagenhafte, im Westen am Rande der Erde oder in der Unterwelt gelegene Land der Seligen, eine Art Paradiesgarten im ewigen Frühling. Dorthin gelangten und dort lebten die Heroen (wie Achilles, Kadmos, Menelaos usw.), die Gerechten und Frommen in ewiger Glückseligkeit. In der *Odyssee* heißt es vom toten Achilles, »langsam schritt zur Asphodeloswiese freudig die Seeles des Aiakides [= Achill], des hurtigen Läufers« (11, 538f). Im Elysion herrschte zunächst Kronos, der Gott der Zeit, alleine, später zusammen mit Rhadamanthys, dem Sohn des Zeus und der Europa, der nach seinem Tod diese Aufgabe erfüllen mußte. Mit dem Elysion verschmolz die Vorstellung von den Inseln der Seligen, »jenseits des Okeanos, am Rande der Welt«. In der römischen Kaiserzeit wurden die Kanarischen Inseln als *fortunate insulae*, »Inseln der Glückseligen«, angesehen. Ein *Akusma* des Philo-

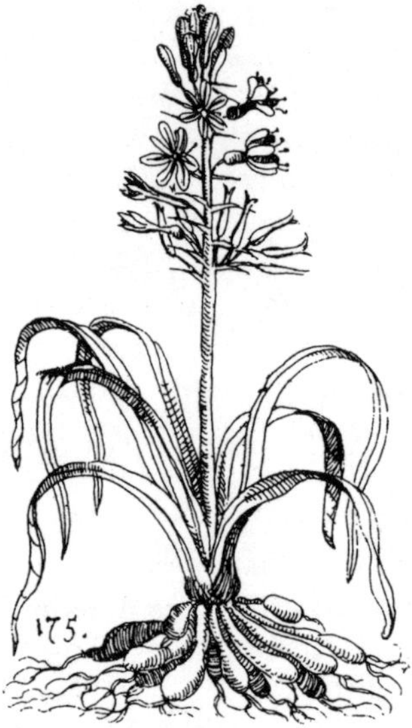

Der im 16./17. Jh. »Heidnische Goldwurz« genannte Affodill; Kupfer aus der deutschen DIOSKURIDES-*Ausgabe von 1610.*

sophen PYTHAGORAS heißt: »Was sind die Inseln der Seligen? – Sonne und Mond!«

Der Affodill, eine der ersten erblühenden Pflanzen im Frühling, war mit den eleusinischen Gefilden assoziiert; er wuchs dort in großer Zahl und Pracht. Seine zwiebelartigen Wurzeln galten als Nahrung der Totengeister. Die Pflanze wurde als Symbol für das Weiterleben nach dem Tode betrachtet. Deshalb wurden und werden heute noch die Blütenrispen als Grabschmuck verwendet.* Die einjährige

* Der nahe verwandte asiatische Affodill (*Asphodelus asiaticus* HAWKINS) wird von den Japanern auch auf Grabhügeln und an Leichensteinen gepflanzt (vgl. DIERBACH 1833: 144).

Pflanze hinterläßt im Winter einen festen trockenen Stengel. Da die Pflanze mitunter ganze Wiesen überzieht, erkannte man in den hohlen Stengeln *(antherikos)* die im Wind klappernden Röhrenknochen der Ahnen. Nach PLINIUS ist der Affodill »eines der berühmtesten Kräuter, weshalb ihn auch einige *heroion* [= ›Heldenkraut‹] genannt haben.« (XXII, 67) Er fügt noch hinzu, daß der Affodill, »vor die Türen der Landhäuser gepflanzt, ein Mittel gegen die schädliche Wirkung von Zauberei sei« (XXI, 108).

Die Blütenrispen des Affodills tauchen auch als Schmuck verschiedener Götter und Göttinnen auf. So wurde Proserpina, die Herrscherin über die Unterwelt, oft mit Affodill bekränzt abgebildet. Auch die wilde Jagdgöttin Diana legte diese schöne Pflanze als Schmuck an. Nach THEOKRIT bekränzten sich auch Selene und Dionysos mit Affodill-Rispen. Archäologisch ist Affodill als Totenschmuck und als Symbol des Weiterlebens in der Unterwelt für Ägypten belegt: Blüten wurden für Girlanden als Mumienschmuck verarbeitet.

Diese heilige Pflanze der Proserpina wurde bei den Griechen, denn sie ist in Griechenland sehr verbreitet, vielfältig medizinisch genutzt:

> »Der Asphodelos, einige nennen ihn *Narthekion* [= ›kleiner Narthex‹; vgl. Fenchel], die Römer *Albucium*, ist ein den meisten bekanntes Gewächs. Er hat dem großen Porree ähnliche Blätter, einen glatten Stengel mit der Blüte an der Spitze, welcher Antherikos heißt. Die Wurzeln darunter sind länglich, rund, den Eicheln ähnlich, von scharfem Geschmack und erwärmender Kraft. Innerlich genommen treiben sie den Urin und befördern die Menstruation. Sie heilen auch Seitenschmerzen, Husten, Krämpfe und innere Rupturen, wenn 1 Drachme der Wurzel mit Wein getrunken wird. In der Größe eines

Würfels [Astragal*] genommen, erleichtert sie das Erbrechen, in der Gabe von 3 Obolen wird sie mit Erfolg denen gegeben, welche von Schlangen gebissen sind; man muß aber die Bißwunde mit den Blättern, der Wurzel und Blüte in Wein bedecken. Ebenso ist sie bei schmutzigen und fressenden Geschwüren, bei Entzündungen der Brüste und Hoden, bei Geschwülsten und Furunkeln angebracht, wenn Weinabsatz mit der Wurzel gekocht wird, bei frischen Entzündungen mit Graupen. Der Saft der Wurzel mit Zusatz von altem süßen Wein, Myrrhe und Safran, dieses miteinander gekocht, gibt eine Augensalbe. Bei eitrigen Ohren hilft er für sich allein und mit Weihrauch, Honig, Wein und Myrrhe erwärmt. Zahnschmerzen lindert der Saft, wenn er für sich allein in das gegenüberliegende Ohr geträufelt wird. Die gebrannte Wurzel bewirkt nach der Fuchskrankheit dichtes Haar, wenn die Asche derselben aufgestrichen wird. Wird Öl in den ausgehöhlten Wurzeln am Feuer erhitzt, so hilft es aufgestrichen bei Brandwunden und geschwürigen Frostbeulen, bei Ohrenleiden, wenn es in das Ohr getröpfelt wird. Weiße Hautflecken, welche vorher in der Sonne mit Leinen gerieben sind, entfernt die eingeriebene Wurzel. Die Frucht und vorzugsweise die Blüte sind, in Wein getrunken, ein Gegenmittel gegen Skolopender- und Skorpionsstiche; sie beruhigen aber auch den Bauch ... Man sagt, daß der Genuß der Wurzel unempfindlich mache gegen Liebesgelüste.« (DIOSKURIDES II, 200)

* »Als Würfel wurden ganz bestimmte Knöchelchen verwendet, die sogenannten Astragale (griech.: *astragaloi*); so bezeichnete man die Verbindungsknöchelchen zwischen dem Waden- und Schienbein des Schafes, das ja als typisches Weissage- und Orakeltier galt.« (GINA 1994: 245)

Die Wurzel des Affodills wurde auch von NIKANDER in seiner Schrift *Theriaca* als gut wirkendes Gegengift bei Vergiftungen gepriesen. Noch heute werden die Wurzelknollen in Marokko als Mittel gegen Geschwüre und Hautausschläge gehandelt. Sie werden meist mit Henna und Hämatit vermischt benutzt. Eine Räucherung mit dem Wurzelpulver wird gegen Gelbsucht empfohlen. Obwohl der Affodill in Italien kaum vorkommt, war er auch den Römern eine gut bekannte Arznei, die, wie von DIOSKURIDES beschrieben, verwendet wurde.

Pharmakologie:
Die Wurzel ist sehr stärkehaltig. Daneben enthält sie reichlich Tannin und Schleim, sowie Aspholedin, Aspholedosid, Saccharose und Harz. Die Knolle ist innerlich zur Behandlung von Magen- und Darmproblemen geeignet. Äußerlich ist sie ein erweichendes Mittel und wird als Umschlag gegen Dermatitis wirksam. Die Asche soll diuretische Eigenschaften haben. Bis ins 19. Jahrundert hinein war die Affodillwurzel *(Radix Asphodeli albi)* officinell.

Anwendung:
Die frische Wurzel kann, mit zerkleinerten Feigen vermischt, als Nahrung gegessen werden. Wurzelextrakte werden als Hautpflegemittel in der Kosmetikindustrie verarbeitet. Aus den Wurzelknollen des *Asphodelus microcarpus* wurde früher in Griechenland ein Klebestoff gewonnen, der in der Buchbinderei und Lederindustrie verwendet wurde.

Literatur:
BAUMANN 1982, BERENDES 1891, DELIKOTOPOULOS 1985, DIERBACH 1833, GEORGIADES 1987, GERMER 1985, GRANDJOT 1991, IATRIDIS 1986, VENZLAFF 1977.

Alraune

Mandragora officinarum Linné *Solanaceae* (Nachtschattengewächse)*
(*Mandragora autumnalis* Linné)

rrm.t oder $m^{c}ntr^{c}gwrw$ (ägyptisch)
μανδραγορας (altgriechisch)
mala canina (römisch)

Auf der Märcheninsel Hypnos (»Schlaf«), dem Eiland der dunkel aufsteigenden Träume, ist der Ort, »wo nur hoch aufgeschossener Mohn wuchert und Mandragoren blühen, umflattert von stillen Schmetterlingen, den einzigen Vögeln dieses Landes«. (Lukian, *Verae historiae* II, 33).

Die geheimnisvolle Alraune oder Mandragore ist keine Märchenfigur, sondern eine echte Pflanze, die besonders im östlichen Mittelmeerraum verbreitet ist. Sie gehört zu den ältesten verwendeten Heilpflanzen in Kleinasien. Von dort hat sich ihr Gebrauch nach Ägypten ausgedehnt. Im Grab des Tutenchamun ist ein Halskragen geborgen worden, der halbierte Mandragorenfrüchte enthielt. Die gelben Früchte (Liebesäpfel) treten häufig in der Kunst auf. In den Liebesliedern des Neuen Reiches werden die Früchte oft im Zusammenhang mit Lotusblüten (vgl. Seerose) erwähnt:

»Feiere einen schönen Tag!
Gib Balsam und Wohlgeruch zusammen an deine Nase,

---

* Ein altes Synonym, das in der botanischen, ethnobotanischen und medizinhistorischen Literatur viel Verwirrung gestiftet hat, lautet *Atropa mandragora* L.

Gärtner beim Pflücken von Alraunenfrüchten in el-Amarna; nach einer Elfenbeinschnitzerei des Tutenchamun.

> Kränze von Lotus [= Seerosenblüten] und Liebesäpfeln [= Alraunenfrüchte] auf deine Brust,
> während deine Frau, die in deinem Herzen ist, bei dir sitzt.« (zit. n. SCHOSKE 1990: 36)

Die Alraune und ihre Früchte waren Symbole der Liebe und galten als Aphrodisiaka. Sie waren vermutlich der rauschhaften Liebesgöttin Hathor heilig und wurden zermahlen mit Bier vermischt getrunken. Vermutlich wurde sie auch als Schlafmittel verwendet. Die Alraune wurde sicherlich auch bei den Ägyptern medizinisch verwendet, aber sie gehört zu den bedeutendsten altgriechischen Heilmitteln:

> »Es wurde gesagt, daß von einigen Pflanzen die Wurzeln, Früchte und Säfte brauchbar sind, wie bei dem Allheilkraut [panakefs]; bei anderen die Wurzel und der Saft, wie beim Skammonium *(Convolvulus scammonia)*, Veilchen *(Cyclamen)*, *Thapsia garganica* und weiteren, wie etwa bei der Alraune. Ihre Blätter, so sagen sie, wenn sie mit Mehl zusammen, sind gut für Wunden, ihre Wurzel ist gut für Erysipel [= (Wund-)Rose], wenn sie geschält

> und in Essig eingelegt wurden, und ebenso bei Gicht, bei Schlaflosigkeit und für Liebestränke. Sie soll in Wein oder Essig gegeben werden; sie schneiden kleine Bälle daraus, so wie von Radieschen, und ziehen sie auf ein Band und hängen es in den Rauch über dem Most.«
> (THEOPHRAST, *Geschichte der Pflanzen* IX, 9)

Auch nach dem *Corpus Hippocraticum* wurde die Alraunenwurzel als Schlaf- und Betäubungsmittel, aber auch als Heilmittel bei psychischen Beklemmungen und Niedergeschlagenheit (Depressionen) verordnet. Der Gebrauch von Alraunenwurzeln als Schlafmittel war weit verbreitet. Das Wort *hypo mandragora katheudein*, wörtl. »unter Alraune schlafen« wurde synonym für »schläfrig, schlafmützig« verwendet. Nach ARISTOTELES zählt die Alraune neben Mohnsaft, Wein und Taumellolch *(Lolium temulentum)* zu den Hypnotika. Ein derariges Rezept ist aus dem spätantiken *Leidener Zauberpapyrus* überliefert:

> »Alraunenwurzel, eine Unze, Süßholz, eine Unze, Bilsenkraut, eine Unze, Efeu, eine Unze, du zerstößt sie zusammen ... Wenn du es geschickt anstellen möchtest, gibst du zu jedem Teil die vierfache Menge Wein, du benetzt alles am Morgen bis zum Abend, du schüttest es ab, du läßt es trinken; sehr gut.«

Schon früh wurde in der Alraunenwurzel ein menschengestaltiges Geistwesen gesehen. Die Pythagoräer nannten die Pflanze deshalb *Anthropomorphon*, die »Menschengestaltige«; daher auch unser Adjektiv *anthropomorph*, »in menschlicher Gestalt«. Daher ist es gefährlich, die Wurzel zu ernten:

> »Man soll, so wird gesagt, drei Kreise mit dem Schwert um die Alraune ziehen und sie, mit dem Gesicht nach Westen gewandt, schneiden. Und beim Schneiden des

zweiten Stückes soll man um die Pflanze herumtanzen und soviel wie möglich über die Mysterien der Liebe sprechen.« (Theophrast, *Geschichte der Pflanzen* IX, 8)

Dioskurides beschreibt die Pflanze, die seither *das* Symbol der Pharmakologie ist, und ihre Kraft ungewöhnlich ausführlich:

»Die Mandragora. Einige nennen sie *Antimelon* [= ›an Apfels Stelle‹], andere *Dirkaia*, auch *Kirkaia* [= ›Pflanze der Kirke‹], da die Wurzel als Liebesmittel wirksam zu sein scheint; auch *Antimenion* [= ›dem Zorn entgegen‹], *Bombochylos* [= ›ein Saft, der dumpfes Rauschen erzeugt‹], *Minos*, die Ägypter *Apemum*, Pythagoras *Anthropomorphon* [= ›menschengestaltig‹], andere *Althergis, Thridakias, Kammaros* [= ›dem Schicksal unterworfen‹], Zoroaster *Diamonon* oder *Archine*, die Propheten *Hemionus*, auch *Gonogeonas*, die Römer *Mala canina* [= ›Hundeapfel‹], auch *Mala terrestria* [= ›Erdapfel‹]. Eine Art davon ist weichlich, schwarz, *Thridakias* genannt, sie hat schmalere und kleinere Blätter mit häßlichem und scharfem Geruch, über die Erde ausgebreitet, daneben Äpfel wie Speyerlingsbeeren, gelb, wohlriechend, darunter auch eine Frucht wie die Birne, die Wurzeln sind sehr groß, zwei oder drei, miteinander verwachsen, außen schwarz, innen weiß und mit einer dicken Rinde. Einen Stengel treibt sie nicht. Die Blätter der männlichen, welche einige *Norion* [*morion*?; vgl. Tollkirsche] nennen, sind groß, weiß, breit, glatt wie bei der [Roten] Bete. Die Äpfel sind doppelt so groß, von safrangelber Farbe, mit einer gewissen Schärfe wohlriechend. Wenn die Hirten dieselben essen, werden sie wie leicht betäubt. Die Wurzel ist der der vorigen ähnlich, aber größer und weißer; auch diese ist stengellos.

Aus der Rinde der Wurzel wird Saft bereitet, indem sie frisch zerstoßen und unter die Presse gebracht wird; man muß ihn dann in die Sonne setzen und nach dem Eindicken in einem irdenen Gefäß aufbewahren. In ähnlicher Weise wird auch aus den Äpfeln der Saft bereitet, aber es wird aus ihnen ein schwächerer Saft gewonnen. Auch wird die ringsum abgezogene Rinde der Wurzel auf eine Schnur gereiht und zum Aufbewahren aufgehängt. Einige kochen die Wurzeln mit Wein bis auf den dritten Teil ein, klären es und setzen es dann weg, um einen Becher davon bei Schlaflosigkeit und übermäßigem Schmerzgefühl anzuwenden, ebenso bei solchen, bei denen sie, um sie zu schneiden oder zu brennen, Gefühllosigkeit bewirken wollen. Der Saft, in der Gewichtsmenge von zwei Obolen mit Honigmet getrunken, führt den Schleim und die schwarze Galle nach oben ab wie die Nieswurz; ein Genuß von mehr nimmt das Leben weg. Er wird auch den Augenarzneien und den schmerzstillenden Mitteln wie auch erweichenden Zäpfchen zugesetzt. Für sich allein soviel wie eine Obole im Zäpfchen eingelegt, treibt er die Menstruation und den Embryo aus, in den After als Zäpfchen gebracht, macht er Schlaf. Man sagt auch, daß die Wurzel das Elfenbein, wenn es damit sechs Stunden gekocht werde, erweiche und plastisch mache, um in jede beliebige Form gebracht zu werden. Die frischen Blätter sind mit Graupen als Umschlag ein gutes Mittel bei Entzündungen an den Augen und bei Geschwüren; sie zerteilen auch alle Verhärtungen und Abszesse, Drüsen und Geschwülste; sie bringen ferner Male ohne Eiterung weg, wenn sie fünf bis sechs Tage sanft aufgerieben werden. Zu demselben Zwecke werden die Blätter in Salzlake eingemacht und aufbewahrt. Die Wurzel, mit Essig fein zerrieben, heilt Rose, mit Honig oder Öl dient sie gegen Schlangenbisse, mit Wasser verteilt sie Drüsen und Tuberkeln, mit Graupen lindert sie auch Gelenkschmerzen. Aus der Wurzelrinde wird ferner ohne Kochen ein Wein bereitet; man muß dann 3 Minen [ca. 1,5 kg] in 1 Metretes [36,4 Liter] süßen Weines geben und davon 3 Becher denen reichen, welche geschnitten oder gebrannt werden sollen, wie oben gesagt ist, denn sie empfinden wegen des Verfallens in tiefen Schlaf keine Schmerzen. Die Äpfel aber sind durch den Geruch und den Genuß betäubend, ebenso der aus ihnen gewonnene Saft, im Übermaß aber genossen, nehmen sie die Sprache weg. Der Same der Äpfel, getrunken, reinigt die Gebärmutter, mit Jungfernschwefel im Zäpfchen eingelegt, stillt er den roten Fluß. Aus der Wurzel wird aber der Saft gezogen, indem sie mehrfach eingeschnitten und er in einer Höhlung aufgefangen wird; der ausgepreßte Saft ist aber kräftiger als der so ausfließende. Die Wurzeln liefern übrigens nicht in jeder Gegend (natürlichen) Saft, dies zeigt die Erfahrung.

Man berichtet, es gäbe noch eine andere, *Morion* [von *moria* = ›Stumpfheit der Sinne‹ oder *morion* = ›männliches Glied‹; vgl. Tollkirsche] genannte Art, welche an schattigen Plätzen und um Felsenhöhlen wächst; sie hat Blätter wie die weiße Mandragora, aber kleiner und etwa spannenlang, weiß, kreisförmig um die Wurzel gestellt, welche zart, weiß, etwas größer wie eine Spanne und daumendick ist. Diese, in der Gabe von einer Drachme getrunken oder mit Graupen im Brot oder in der Zukost genossen, soll tiefen Schlaf bewirken; es schläft nämlich der Mensch in derselben Stellung, in welcher er sie genossen hat, ohne jede Empfindung drei bis vier Stunden von da ab, wo sie eingenommen ist. Auch diese gebrauchen die Ärzte, wenn sie schneiden oder brennen wollen. Die Wurzel soll auch ein Gegenmittel (gegen Gifte) sein,

Quasi-botanische Darstellung der Alraunenwurzel (Mandragora), *Holzschnitt 18. Jahrhundert.*

»Alraunenmännchen«, aus der anthropomorphen Wurzel der Mandragora *hergestellt; Holzschnitt 18. Jahrhundert.*

wenn sie mit dem sogenannten *Strychnos manikos** genommen wird.« (DIOSKURIDES IV, 76)

Die getrocknete Wurzel wurde in der Antike in Wein eingelegt und als Liebestrank genossen (Aphrodite und Dionysos!). Überhaupt hatte die Mandragora eine innige Beziehung zur Liebesgöttin: Aphrodite trägt auch den Beinamen Mandragoritis. Es gibt verschiedene antike Überlieferungen

* Diese bisher nicht sicher identifizierte Pflanze wird von vielen Autoren als Gemeiner Stechapfel *(Datura stramonium)* gedeutet. Diese vermutlich aus Indien oder vom Kaspischen Meer stammende Pflanze wurde verschiedentlich als das tranceinduzierende Rauschmittel der Pythia angesehen (MEHRA 1979: 167; vgl. Bilsenkraut).

von den »Äpfeln der Aphrodite«* (vgl. Apfelbaum, Granatapfel, Mohn). Warum aber sind die Äpfel, die zwar eine köstliche Nahrung liefern, der Göttin, die so mächtigen Liebeszauber bewirken kann, heilig? Auf Zypern gibt es nur wenige Apfelbäume, und der Apfel hat, pharmakologisch gesehen, keinerlei erotisierende Wirkung. Aber die goldgelben Früchte der Alraune können etwas bewirken, das ganz im Sinne der Aphrodite liegt: sie erzeugen eine rauschhafte erotische Lust. Die Früchte werden im Hohelied Salomos als *dudaim* oder »Liebesäpfel« bezeichnet, ein Name, der sich bis in die Kräuterbücher der frühen Neuzeit gehalten hat. Die Früchte haben ein durchaus fruchtiges Aroma, schmecken aber ähnlich wie Tomaten, die ja auch zu den Nachtschattengewächsen zählen. Die frischen Blätter riechen etwas nach Tabak (auch ein Nachtschattengewächs). Wenn die Früchte gereift sind, vertrocknen die Blätter. Bald bleibt keine sichtbare Spur der Pflanze zurück. Nur die oft meterlange, fleischige Wurzel birgt noch Leben in sich. Sie wird erst im folgenden Jahr wieder Blätter und Blüten austreiben. Im Land der Aphrodite ist die Alraune seit dem Altertum als Aphrodisiakum bekannt und wurde unfruchtbaren Frauen als Fruchtbarkeitsspender eingeflößt (GEORGIADES 1987 I: 50). Die Alraunenwurzel wird noch heute im Orient und in Nordafrika als Liebesmittel gehandelt.

* »der Apfelbaum... wurde schon in den frühesten Zeiten in den Gärten kultiviert... aber die Nachrichten der Alten von seinen Früchten sind vielfach verwirrt und vermengt worden, und das um so leichter, da bei ihnen alles, was eine apfelförmige Frucht hat, Malum hieß, und keineswegs immer die eigenen Arten durch Beiworte kenntlich gemacht werden; daher so viele Widersprüche von dem, was auf die wahren Äpfel, was auf die Quitten, was auf die Pomeranzen, was auf die Granaten zu beziehen ist, die oft alle bloß Apfel genannt werden. Nur der Zusammenhang und Sinn des Ganzen kann hier genügenden Aufschluß geben.« (DIERBACH 1981: 101)

Pharmakologie:
Die Alraune enthält besonders in der Wurzel, aber auch in den Blättern die psychoaktiven und anticholinergen Tropan-Alkaloide Scopolamin, Atropin (vgl. Tollkirsche), Apotropin, Hyoscyamin, Hyoscin, Cuskhygrin, Solandrin, Mandragorin u.a. Die Alkaloide können psychedelische oder hypnotische Zustände auslösen, aber auch Raserei, Tanzwut, Delirien, sogar durch Atemlähmung den Tod bewirken. Früher glaubte man, die Früchte seien giftig und daher ungenießbar; jedoch ist der Verzehr unbedenklich. Sie enthalten nur Spuren von Alkaloiden.

Anwendung:
Die getrockneten Blätter können als Tabakersatz geraucht werden. Zur Herstellung von Madragorenwein – μανδραγοριτον – nehme man eine Handvoll (ca. 23 g) zerkleinerter Alraunenwurzeln *(Mandragorae Radix conc.)* und gebe darauf eine Flasche Retsina (0,7 l). Das Gemisch lasse man eine Woche stehen. Nicht abseihen, die Wurzelstücke verbleiben im Wein, bis er geleert wurde. Man kann auch ein paar Zimtstangen (2-3) und einen Eßlöffel Safran hinzufügen; dadurch wird der Geschmack deutlich verbessert. Die wirksame Dosis liegt bei einem Likörgläschen (20-40 ml). Vorsicht! Nicht überdosieren!

Die *Mandragora* kann auch als homöopathische Potenz (∅, D4, D6, D12, D30) bei Depressionen, Kopfschmerzen, Reisekrankheit und Neuralgien verwendet werden.

Literatur:
Brosse 1992, Brugsch 1918, Dierbach 1833, Georgiades 1987, Germer 1985, Grover 1965, Hansen 1981, Kottek 1994, Mandl 1985, Manniche 1988 & 1989, Mehra 1979, Rätsch 1988 & 1993, Schmidbauer 1969b, Schmitz & Kuhlen 1989, Tercinet 1950, Venzlaff 1977.

Apfelbaum

Malus sylvestris MILL. – *Rosaceae* (Rosengewächse)
(syn. *Pyrus malus* LINNÉ)

dph (ägyptisch)
μηλεα (altgriechisch)
MALUM (römisch)

Die Ägypter kannten Äpfel hauptsächlich als importierte Früchte, die aus Palästina kamen. Der ägyptische Name *dph* ist ein palästinensisches Lehnwort. Die Texte kennen den Apfel nur als Obst. Die verbotenen Früchte im Garten Eden waren im Gegensatz zu der allgemein verbreiteten Vorstellung gar keine Äpfel. Die Bibel erwähnt den Apfel in diesem Zusammenhang nicht.

Der Apfelbaum war in Griechenland und Rom ein beliebter Fruchtlieferant. Neben seinen ernährenden Qualitäten war der Baum mit der runden prallen Frucht in einen zwielichtigen Mantel von Symbolen gehüllt. »Der Apfelbaum als Baum der Erkenntnis kann auch blenden; als Lebensbaum ist er auch Todesbaum.« (BROSSE 1990: 253). Andererseits war der Apfel ein Symbol der Sonne und verband sich so mit dem Sonnengott Apollon. In Delphi gehörte der Apfel zu den Preisen der pythischen Spiele. THEOKRIT spricht sogar von »Dionysos-Äpfeln« *(2. Eidyllion)*.

Die Meliaden sind die Nymphen der Apfelbäume. Sie stehen naturgemäß mit der Aphrodite im Zusammenhang. Die zypriotische Liebesgöttin hat auf Zypern im tamasenischen Feld einen ihr geweihten Tempel. Dort »mitten im Gelände schimmert ein Baum, rötlich belaubt; rötliches Gold raschelt an den Ästen«. (OVID, *Metamorphosen* X,

Der Apfelbaum als »Baum der Erkenntnis«; Holzschnitt aus dem Kräuterbuch *von* LONICERUS*, 1976.*

647f) – Dort pflückte Aphrodite ihre berühmten goldenen Äpfel (vgl. Alraune, Granatapfel).

In der Antike war der Sagenkreis um den Supermann Herakles/ Hercules sehr beliebt. Eine seiner Prüfungen bestand darin, dem König Eurystheus ein paar goldene Früchte, die Äpfel der Hesperiden, zu beschaffen. Diesen wunderbaren Baum erhielt Hera von Gaia, der Mutter Erde, als Hochzeitsgeschenk. Sie pflanzte ihn in einem göttlichen Garten an den Abhängen des Atlasgebirges, dort wo Atlas die Säulen des Himmels tragen mußte. Sie befahl seinen schönen und glänzenden Töchtern, den drei Hesperiden, den Baum zu behüten. Sie hingegen genossen von den köstlichen Früchten und machten sich einen freudigen Lenz. Daraufhin befahl Hera dem Drachen Ladon, sich um den Stamm zu winden und so die kostbaren Äpfel zu schützen:

> »... der schuppige Drachen mit stechendem Blicke, der Hüter
> Golden erstrahlender Äpfel im Garten der Hesperiden,
> Der mit riesigen Ringeln die Stämme des Baumes umwindet.« (LUKREZ, *Von der Natur* V, 32ff)

Im Altertum bezeichneten die Goldenen Äpfel nicht die Früchte des im Garten angepflanzen Apfelbaumes, sondern die mythischen »Früchte der Unsterblichkeit« (vgl. Alraune, Granatapfel). Allerdings wurden die »Äpfel der Hesperiden« immer wieder botanisch interpretiert:

> »Der Apfel der Hesperiden war nicht etwa, wie vielfach angenommen wird, mit der Apfelsine identisch, sondern es handelt sich bei ihm um den sogenannten ›Kydonischen Apfel‹, nämlich die Quitte [*Cydonia oblonga*], wobei der Beiname auf die Kydonen oder Kreter bezogen wird. Sie war der Aphrodite geweiht. Aus ihrem Fruchtfleisch wird eine schmackhafte Marmelade bereitet. Der Ausdruck Marmelade geht sogar auf sie zurück; denn das portugiesische ›marmelo‹ bedeutet soviel wie Quittenkäse oder Quittenmus.« (GRANDJOT 1991: 53)

Pharmakologie:
Äpfel enthalten Fruchtsäuren (Apfel- und Zitronensäure), Mineralstoffe (Kalzium, Phosphor, Eisen), Vitamine (A, C, Thiamin, Riboflavin, Niacin), ätherische Öle, Fruchtzukker, Pentosan, Pektin. Die Samen enthalten Amygdalin.

Anwendung:
Der Redensart entsprechend »Ein Apfel am Tag hält gesund« können frische oder getrocknete Äpfel die Grundlage einer gesunden Ernährung bilden. Man sollte immer ungeschälte Äpfel essen, da die wertvollen Fruchtsäuren und Mineralsalze direkt unter der Haut liegen. Apfelessig ist bei Menschen mit übermäßiger Magensäureproduktion besser geeignet als andere Essigsorten.

Literatur:
Brosse 1990, Dierbach 1833, Germer 1985, Grandjot 1991, Manniche 1989, Udapa & Tripathi 1983, Zohary 1986.

Artemisia

Artemisia spp. – *Compositae* (Korbblütler)
Artemisia absinthium LINNÉ – Wermut, Absinth
Artemisia vulgaris LINNÉ – Beifuß
Artemisia abrotanum LINNÉ - Eberraute
Artemis dracunculus LINNÉ – Estragon

s^cm (altägyptisch) – Wermut, Beifuß
αψινδον oder αψινϑιου (altgriechisch) – Wermut und andere *Artemisia* sp.
αρτεμισιας (altgriechisch) – Beifuß
ABSINTHIA (römisch) – Wermut

Es gibt eine Reihe von Pflanzen, die zu der Gattung *Artemisia* gehören. Im Altertum waren besonders der Beifuß und der Wermut unter diesem Namen, der sich von der Göttin Artemis, der Schwester des Heilgottes Apollon, ableitet, bekannt*. Leider sind kaum antike Texte erhalten geblieben, die den Zusammenhang zwischen diesen Pflanzen und der jungfräulichen Göttin erhellen. Allerdings bedeutet das griechische Wort *artemisia* »Unversehrtheit« – ein deutlicher Hinweis auf die Keuschheit der Göttin, die als Herrin der wilden Tiere wie ein Destillat aus Amazone, Hexe und Schamanin wirkt. In der Tat wurde Artemis in Griechenland als Schutzgöttin der Jungfrauen verehrt, im Orient als Herrin der Amazonen betrachtet, in Italien zur Hexengöttin Diana gemacht und in der Moderne zur Göttin der Frauenbewegung erklärt. Allerdings gab es im Frühjahr zur

* Nach PLINIUS (XXV, 73) leitet sich der Name von Artemisia, der Gattin des Königs Mausolus von Karien, ab.

Die Göttin Artemis als »Herrin der Tiere«; Böotische Vase, 7. Jh. v. Chr.

Zeit des Vollmonds ekstatisch-orgiastische Artemisia-Feste, die zu Ehren der Göttin gehalten wurden. Dabei wurde die Göttin in Form von Wermut und Beifuß verspeist. In Lakonien wurden Artemisfeste mit obszönen Riten, wilden Tänzen, Travestien und Masken begangen. Dabei trugen die Männer Frauenmasken, die Frauen aber schnallten sich Phallen um (Gina 1994: 89).

Es gab eine Artemis Ilithya (die römische Lucina), die von den Wöchnerinnen angerufen wurde. Sie hat nach Macer Floridus die Heilkraft ihrer heiligen Pflanzen gegen gynäkologische Leiden entdeckt. Beifuß und Wermut gelten als Geschenke der Göttin an die Menschen, genauer an die Frauen. Der Beifuß diente der Erleichterung von Geburten und zur Harmonisierung der Regel. Der Wermut wurde als Emmenagogum, also als menstruationsauslösendes Mittel, verwendet. Aus beiden Pflanzen wurden auch abortative Mixturen bereitet. Es waren ausgesprochene Frauenpflanzen.

Der Beifuß ist vielleicht eine der ältesten Heilpflanzen der Menschheit. Er wurde in großen Mengen in den 17.000 Jahre alten Ablagerungen der Rentierjäger von Lascaux gefunden. Der Beifuß war in Ägypten der Isis geweiht. Ursprünglich soll die Pflanze *parthenis*, »Jungfrauenkraut«, geheißen haben. In dem griechischen Zauberpapyrus Lugduensis wird die Artemisia als ein Mittel, um Freundschaft und Liebe zu wecken, angeführt. STRABON sah in ihr die »Mutter der Kräuter«. In der astrologischen Medizin wurde sie der Venus zugeordnet und später *Dianaria*, die »Pflanze der Diana«, genannt. Der Beifuß war eine heidnische Zauberpflanze, die mit den jährlichen sommerlichen Sonnenwendritualen verbunden war. Die Teilnehmer trugen Girlanden aus Beifuß, die anschließend im Sonnenwendfeuer verbrannt wurden, um die Dämonen des alten Jahres zu vertreiben und die Menschen vor Krankheiten des kommenden Jahres zu schützen. Der Beifuß hatte im alten Europa eine ähnliche Bedeutung als rituelles Räuchermittel wie *Sage* oder Steppenbeifuß *(Artemisia ludviciana)* bei den nordamerikanischen Indianern.

Der Beifuß wurde von den Hippokratikern als gute Medizin gelobt. Sie galt sogar als ein Symbol der Gesundheit. Sie wurde hauptsächlich zur Geburtenkontrolle verwendet:

> »Die Artemisia, es gibt eine vielverzweigte und eine einfache, einige nennen sie *Toxetesia* [= ›Die mit dem Bogen Schießende‹, das ist die Göttin Artemis], andere *Ephesia* [= ›schleudern, schießen‹]*, *Anaktorios* [= ›Herrscherin‹], *Sozusa* [= ›Retterin, Helferin‹], *Leia* [= ›Zarte‹], *Lykophrys* [= ›Dämmerlicht‹], die Propheten Menschenblut, andere *Chrysanthemon*, die Römer *Valentia* [= ›Vermö-

* Dieser Name ist möglicherweise eine Anspielung auf die vielbrüstige Artemis von Ephesus.

gende, Gewaltige‹], *Serpyllum*, *Herba regia* [= ›Königliches Kraut‹], *Rapium*, *Tertanageta*, die Gallier *Ponem*, die Dakier *Zuste*. Die vielverzweigte wächst meist in der Nähe des Meeres als strauchartige Pflanze, ähnlich dem Wermut, ist aber größer und hat glänzendere Blätter. Eine Art davon ist üppig, hat breitere Blätter und Zweige, eine andere dünnere, dabei kleine, weiße, zarte Blüten mit durchdringendem Geruch. Sie blüht im Sommer. Einige nennen auch die im Binnenland wachsende Pflanze mit dünnem und einfachem Stengel, dabei klein und voll von wachsfarbigen zarten Blüten, die einfache Artemisia; sie ist wohlriechender als die vorige. Beide erwärmen und verdünnen. Abgekocht sind sie ein gutes Mittel zu Sitzbädern für Frauen zur Beförderung der Katamenien, der Nachgeburt und des Embryos, ebenso auch gegen Verschluß und Entzündung der Gebärmutter wie zum Zertrümmern des Steins und gegen Urinverhalt. Das Kraut, reichlich auf den Unterleib gelegt, treibt die Menstruation. Der ausgepreßte Saft, mit Myrrhe gemischt und als Zäpfchen eingelegt, zieht alles aus der Gebärmutter wie das Sitzbad. Auch der Blütenstand wird in der Menge von drei Drachmen zur Wegschaffung desselben getrunken.«

(DIOSKURIDES III, 117)

Der Wermut wurde im alten Ägypten vielfach als Heilmittel, zum Aromatisieren und Aufputschen des Weines (auch zum Bierbrauen) sowie als Opfer verwendet. Wermut wurde zum Wurmaustreiben, aber auch für Schmerzen im Analbereich verschrieben:

»Wenn du einen Mann untersuchst, der an seinem Magen leidet; er erbricht sich oft. Wenn du die (Krankheit) findest, indem sie vorn an seiner Vorderseite ist; seine Augen sind gerötet; seine Nase schwillt an; dann sollst du dazu sagen: Es sind Fäulnisprodukte seiner Schleimstoffe; nicht konnten sie herabsteigen in seinen Beckenraum als seine Schleimstoffe. Dann sollst du ihm machen: Gebäck von Weizen; Absinth, sehr viel; werde ein Maß, gefüllt mit Zwiebeln, darauf gegeben, und du sollst ihn berauschen mit Bier; (dazu) fettes Fleisch vom Rind; werde gegessen vom Manne; werde heruntergespült mit Bier des Zusatzopfers, so daß sich seine Augen wieder öffnen, so daß seine Chent-Krankheit verschwindet, indem sie abgestiegen ist als Schleimstoffe.« *(Papyrus Ebers)*

Plinius beschreibt einen in Ägypten gedeihenden *absinthium marinum*, »Meer-Wermut« (*Artemisia maritima* L.), von dem die Priester der Isis bei Feierlichkeiten einen Zweig vor sich hertragen (XXVII, 53).

Der Wermut wurde von den Hippokratikern gelobt und vielseitig eingesetzt:

»Das Absinthion, das sehr bittere, die Ägypter nennen es *Somi*, die Römer *Absinthium rusticum* [= ›Bauern-Wermut‹], ist ein bekanntes Kraut. Das beste davon ist das in Pontus und Kappadokien an dem Gebirge wachsende, welches der Taurus heißt. Es hat die Kraft zu erwärmen, zu adstringieren, die Verdauung zu befördern, und Magen und Bauch von hineingedrungenen galligen Stoffen zu reinigen. Es treibt den Harn und verhindert, wenn es vorher genommen wird, den Rausch ... Mit Essig getrunken, ist es ein gutes Mittel gegen die verderbliche Wirkung von [giftigen] Pilzen, mit Wein aber gegen Ixia [*Loranthus* sp.] und Schierling, gegen den Biß der Spitzmaus und den Meerdrachen ... Es wird auch ein Wein daraus bereitet, der sogenannte Wermutwein, vorzüglich in der Propontis und in Thrakien, wo man ihn ... bei Fieberfreiheit anwendet. Auch sonst trinken sie ihn im

Sommer vorher, indem sie glauben, daß es der Gesundheit zuträglich sei. [Der Wermut] scheint auch, in den Schränken aufgehängt, die Kleider vor Mottenfraß zu schützen und mit Öl zusammen als Salbe die Mücken abzuhalten, so daß sie den Körper nicht belästigen. Wird die Schreibtinte mit einem Aufguß desselben versetzt, so bewahrt es die Schriftstücke vor Mäusefraß. Der Saft des Absinths scheint aber dieselbe Wirkung auszuüben, außer daß wir ihn nicht zu Tränken für gut halten, da er dem Magen zuwider ist und Kopfschmerzen verursacht.«

(DIOSKURIDES III, 23)

Ein interessanter römischer Brauch wird von PLINIUS beschrieben:

»Über die Brauchbarkeit des Wermuts, dieser sehr leicht aufzufindenden und wie wenige äußerst nützlichen Pflanze, ist man sich einig; außerdem ist sie bei den feierlichen Anlässen des römischen Volkes besonders berühmt geworden; denn beim Latinerfest fahren die Viergespanne am Kapitol um die Wette, und der Sieger erhält einen Wermuttrank, weil, nach meiner Meinung, unsere Vorfahren glaubten, es sei eine Ehrung, Gesundheit als Belohnung zu geben.« (XXVII, 45)

Wegen seiner sprichwörtlichen Bitterkeit war der »Wermutstropfen« schon in der Antike berühmt:

»... wenn die Ärzte den Kindern die widrigen Wermutstropfen
Reichen, sie erst ringsum die Ränder des Bechers bestreichen
Mit süßschmeckendem Seime des goldigfarbenen Honigs,

Um die Jugend des Kindes, die ahnungslose, zu
täuschen:
Während die Lippen ihn kosten, verschluckt es indessen
den bittern
Wermutstropfen. So wird es getäuscht wohl, doch nicht
betrogen,
Da es vielmehr nur so sich erholt und Genesung
ermöglicht.« (LUKREZ, *Von der Natur* I, 936-942)

Die Eberraute, eine nahe Verwandte des Beifuß, hieß auf griechisch *abroton*, von *abrotes*, »Glück, Wohlstand, Überfluß«, das wiederum auf *abrotos*, »unsterblich, göttlich«, zurückgeht. Bei den Griechen stand diese heilige Pflanze im Ruf, Schlangen zu vertreiben, Kahlköpfigkeit zu verhindern (bzw. die Haare wieder sprießen zu lassen), Erkältungen zu heilen und als mächtiges Aphrodisiakum zu wirken. Die Eberraute galt als »männliche« Pflanze, im Gegensatz zum Beifuß, der natürlich eine »weibliche« Pflanze war.

Das Estragonkraut, römisch *dracunculus*, »kleiner Drache«, wurde in der Antike als Giftbezwinger betrachtet. Man hängte Estragonbüschel im Hause auf, um die Schlangen fern zu halten. Die Bedeutung als Heilmittel blieb aber weit hinter der kulinarischen Seite zurück.

Pharmakologie:
Wermut enthält viele Bitterstoffe und ein ätherisches Öl, das reich an Thujon ist. Thujon hat in höheren Dosierungen berauschende, z.T. sogar psychedelische Wirkungen. Deswegen wurde Wermut früher als Rauschmittel verwendet. Das ätherische Öl, auch Absinthöl genannt, wurde aus dem Kraut destilliert und mit Schnaps vermischt. Dieses Getränk namens Absinth war besonders im 19. Jahrhundert in Künstlerkreisen eine Modedroge, die jedoch bei chronischer Anwendung zu schrecklichen Nebenwirkungen (Ge-

hirnschäden, sogenannter Absinthismus) führen konnte. Der Absinth wurde verboten und ist heute nirgends mehr (offiziell) erhältlich. Es ist allerdings nicht geklärt, ob der Absinthismus wirklich dem Thujon oder anderen Ingredienzien (Schwermetallsalze) zuzuschreiben ist. Bei normal zubereitetem Wermuttee braucht man sich jedoch keine Sorgen zu machen; der Thujongehalt ist sehr gering. Neben seiner berauschenden Wirkung hat Thujon auch wurmtötende und abortative Eigenschaften. Es wird auch als Gegengift bei Überdosierungen von Opium verwendet. Thujon kommt in vielen Pflanzen vor (z.B. im Rainfarn, *Tanacetum vulgare*, jenem Kraut, durch das Ganymed unsterblich wurde; Salbei, *Salvia officinalis*, und im Lebensbaum, *Thuja occidentalis*). Wermuttee ist bei allen Magen- und Darmverstimmungen ein sehr gut wirksames Mittel (1 Teelöffel auf eine Tasse, 5 Minuten ziehen lassen). Wermutkraut kann auch geraucht oder geräuchert werden. Die Berichte über eine Rauschwirkung beim Rauchen des Krautes sind sehr unterschiedlich.

Beifuß enthält neben verschiedenen Bitterstoffen ein ätherisches Öl mit Cineol, Thujon und Pinen. Es wirkt fäulniswidrig, appetitanregend, verbessert die Magendurchblutung, regt die Sekretion von Magensäure und Galle an.

Estragon enthält ein ätherisches Öl mit Estragol, Ocimen, p-Methoxyzimtaldehyd, Terpenen und Linalylacetat, sowie Kumarine, Flavonoide, Bitter- und Gerbstoffe. Die ätherischen Öle und Bitterstoffe sind appetitanregend.

Die Eberraute enthält das Alkaloid Abrotin mit chininartiger Wirkung, Bitterstoffe, ätherisches Öl. Starke Dosen wirken wurmtreibend.

Anwendung:

Bei fetten Speisen ist es von Vorteil, wenn man sie mit Beifuß würzt. Beifußtee (ein Teelöffel auf eine Tasse Wasser) kann man bei Verdauungsschwäche, flauem Magen und Appetitlosigkeit vor den Mahlzeiten trinken. Vor Überdosierungen sollte man/frau sich hüten.

Wermuttee kann aus dem frischen oder getrockneten Kraut zubereitet werden. Dazu wird ein halber Teelöffel des getrockneten Krautes mit ca. 150 ml heißem Wasser aufgegossen und zehn Minuten ziehen gelassen. Der Wermuttee kann bei Magen- und Darmbeschwerden (nicht aber bei Magen- und Darmgeschwüren), bei mangelnder Magensaftbildung und Appetitlosigkeit getrunken werden (am besten ein halbe Stunde vor dem Essen). Bei Überdosierungen kann es zu Erbrechen, Durchfällen, Harnverhalt, Benommenheit und Krämpfen kommen; jedoch bei bestimmungsgemäßer Anwendung sind keine Nebenwirkungen zu befürchten. In der griechischen Volksmedizin wird Wermut als Malariamittel eingesetzt.

Einen appetitanregenden Estragontee brüht man aus einem Teelöffel des getrockneten Krautes mit einer Tasse kochendem Wasser auf. Täglich eine Tasse oder nach Bedarf trinken. Für die Küche ist der Estragonessig zu empfehlen.

Literatur:

Albert-Puelo 1978, Beckmann & Beckmann 1990, Brøndegard 1972 & 1985, Brosse 1992, Dierbach 1833, Germer 1985, Manniche 1989, Mautner & Küllenberg 1989, Ott 1993, Rätsch 1988, Vernant 1988, Wichtl 1989.

Artischocke

Cynara scolymus Linné – *Asteraceae (Compositae;* Korbblütengewächse)
(syn. *Cyanara cardunculus*)

κακτος (altgriechisch)
cactos (römisch)

Die Artischocke sieht wie eine große Distel aus und ist besonders in Griechenland und im südlichen Italien weit verbreitet, sowohl kultiviert als auch wildwachsend. Schon Theophrast hat sie als Kulturpflanze mit medizinischen Qualitäten erwähnt. Die unreifen Knospen (Blütenköpfe) waren bereits im Altertum ein geschätztes Gemüse:

> »Die Artischocke gedeiht nur auf Sizilien und hat ebenfalls ihre Besonderheit. Die von der Wurzel ausgehenden Stengel kriechen am Boden und haben ein breites und dorniges Blatt. Die Stengel nennt man *Cactos**, und sie sind unter den Speisen nicht zu verachten, auch wenn sie alt geworden sind. Sie hat aber nur einen einzigen aufrecht stehenden Stengel, den man *Pternica* nennt und der den gleichen angenehmen Geschmack hat, aber nicht alt werden darf. Ihr Same hat einen Flaum, den man *Pappus* nennt. Zieht man diesen und die Schale ab, so erhält man eine dem Palmenmark ähnliche zarte Masse. Man nennt sie Askalia.« (Plinius XXI, 97)

* *Cactos, Pternica* und *Pappus* sind Lehnwörter aus dem Griechischen, ein Hinweis darauf, daß die Römer die Pflanze von den Griechen haben.

Obwohl die Artischocke sehr gesund ist und ein heute weit verbreitetes Gemüse, sind die antiken Quellen zu dieser hervorragenden Pflanze sehr dürftig.

Pharmakologie:
Artischocken enthalten Cynaropikrin, Cynarin, Flavonoide, Gerbstoffe sowie die wichtigen Spurenelemente Kalzium und Phosphor sowie die Vitamine A (reichlich), B und C und Enzyme. Die Wurzeltinktur (als galenisches Präparat) fördert den Gallefluß.

Anwendung:
Am besten sind Artischocken als Gemüse zu essen. Dazu sollte man möglichst frische Artischocken (Blütenköpfe) ca. 30-40 Minuten kochen (auch mit Olivenöl, Rotwein und Koriander dünsten). Besonders wertvoll und wohlschmekkend ist der Blütenboden. Bei Leberleiden ist man gut beraten, viele Artischocken zu essen. Auch Artischockenbonbons sind geeignet, z.B. zur Nachbehandlung einer Gelbsucht (Hepatitis). Nebenwirkungen sind unbekannt.

Literatur:
PAHLOW 1993, SFIKAS 1980, UDAPA & TRIPATHI 1983.

Basilikum

Ocimum basilicum LINNÉ – *Lamiaceae (Labiatae;* Lippenblütengewächse)

acinon (ägyptisch)
ωκιμον, später auch βασιλικον (altgriechisch)
OCIMUM (römisch)

Basilikum stammt aus Indien, wurde aber schon zur Zeit der Pharaonen nach Ägypten und Europa eingeführt. Der heute gebräuchliche Name bedeutet »Königskraut«, von griechisch *basilikon*, »königlich«. Das Indische Basilikum heißt Tulasi *(Ocimum sanctum)* und ist die heilige Pflanze des Hindugottes Vishnu, der die Schöpfung erhält und die Wirklichkeit erträumt. Dieser Götterpflanze werden allheilende, tonisierende, verjüngende und aphrodisierende Kräfte zugeschrieben. Noch heute werden Tulasibeete an den Vishnutempeln angelegt und zu Ehren des Gottes kultisch verehrt. Sie werden als apotropäische Pflanzen betrachtet (RÄTSCH 1988: 161).

Im Altertum genoß das Basilikum kein so hohes Ansehen als Ritual- und Medizinalpflanze. Außer DIOSKURIDES rieten andere griechische Autoren von dem Kraut ab. Leider verschwiegen sie ihre Gründe. Möglicherweise diente es zum Schadenzauber und war deshalb verpönt:

> »Das Basilikum ist bekannt, sein häufiger Genuß bewirkt Stumpfsichtigkeit; es erweicht den Bauch, treibt die Winde und den Harn und befördert die Milchabsonderung, ist aber schwer zu verdauen. Mit dem feinen von den Graupen abgesiebten Mehl, Rosenöl und Essig als

Kataplasma heilt es Lungenentzündung und den Biß des Meerdrachen und des Skorpions. Für sich alleine mit Wein von Chios [eine Kykladen-Insel] dient es gegen Augenleiden. Sein Saft entfernt Nebelflecken auf den Augen und trocknet die Flüsse. Der Same, getrunken, ist ein gutes Mittel bei Melancholie, Harnverhalt und Blähungen. Beim Riechen aufgesogen, verursacht er vieles Niesen; dasselbe bewirkt auch das Kraut. Man muß aber die Augen fest schließen, während das Niesen vor sich geht. Einige hüten sich aber davor und essen es nicht, weil es, gekaut und an die Sonne gelegt, Würmer erzeugt. Die Lybier fügen noch hinzu, daß die, welche es gegessen haben und vom Skorpion gestochen werden, ohne Rettung verloren sind.« (Dioskurides II, 170)

Plinius (XX, 128) bestätigt diese Aussagen, sieht aber im Basilikum – wie fast in allen duftenden Gewürzpflanzen – ein Aphrodisiakum und ein leibstärkendes Kraut. Im Mittelalter benutzte man das königliche Kraut zum Vertreiben von Dämonen und Drachen.

Pharmakologie:
Die Pflanze enthält besonders in den Blättern ein charakteristisch duftendes ätherisches Öl mit Estragol, Linalool, Cineol, Campher, Ocimen und Pinen sowie Gerbstoffe, Flavonoide und Saponine. Das Öl hat antiseptische, magenstärkende, blähungstreibende Wirkungen. Es soll auch die Milchsekretion und die Libido anregen.

Anwendung:
Zur Anregung der Verdauung, bei Appetitlosigkeit und Blähungen können die Blätter gegessen werden; natürlich als Gewürz (griechischer Salat!), aber auch als Tee (Dekokt) bei Magenverstimmungen und als Infusion bei Migräne und

Gedächtnisschwäche. Man kann auch einige Basilikumblätter in Wasser legen, damit dieses nicht brackig wird. Nebenwirkungen sind nicht zu befürchten. Frische Basilikumblätter können, mit Olivenöl angesetzt, für Salate verwendet werden. Dazu nimmt man eine Handvoll frischer Blätter auf einen halben Liter Öl.

Literatur:

D'Andrea 1982, Germer 1985, Manniche 1989, Mautner & Küllenberg 1989, Pahlow 1993, Rätsch 1988, Sfikas 1980, Wichtl 1989.

Bernstein

Succinum, Succinit

sacal (altägyptisch)
ηλεκτρον (altgriechisch)
SUCCINUM (römisch)

Bernstein ist das fossile Harz von verschiedenen Nadelbäumen *(Pinus, Glyptostrobus, Sequoia, Widdrigtonia, Libocedrus, Thuja)*, die vor 50 bis 15 Millionen Jahren im Tertiär in üppigen, subtropischen oder tropischen Wäldern (»Bernsteinwälder«) wuchsen. Besonders die sogenannte Bernsteinkiefer *(Pinus succinifera* SCHUBERT 1961) produzierte sehr große Mengen Harz, die aus Wunden in der Rinde herausquollen und zu Boden tropften.* Dabei wurden oft Insekten und andere kleine Tiere, sowie Pflanzenteile mitgerissen und eingebettet. Die Harzklumpen wurden von Bächen und Flüssen ins Meer getrieben und dort unter dem Sediment vergraben. Nach Millionen von Jahren wurden diese Sedimente wiederum abgetragen und gaben den »versteinerten« Bernstein wieder frei. Der Bernstein des Altertums wurde ausschließlich im Baltikum, an der germanischen Ostseeküste, gefunden. Von dort wurde der bei vornehmen Römern und Griechen sehr beliebte »Stein«, das »baltische Gold«, über die sogenannte Bernsteinstraße nach Latium gebracht. Der Bernsteinhandel war in der Antike sehr lebhaft und schwungvoll. Das fossile Harz wurde

* Kürzlich konnte festgestellt werden, daß das Harz einer rezenten Zeder *(Cedrus atlantica)* aus dem marokkanischen Atlasgebirge dem baltischen Bernstein chemisch sehr nahesteht (vgl. KRUMBIEGEL 1994: 74f.)

hauptsächlich für den Gebrauch als Schmuck, aber auch für medizinische Zwecke importiert.

Der Bernstein hieß bei den Griechen *Elektron*, »Strom/Saft«; da der Bernstein sich durch Reibung elektrisch auflädt (elektrostatische Aufladung), wurde die Spannung Elektrizität genannt. Der Bernstein wurde erstmals bei HOMER (*Odyssee* 4, 72f) und bei HESIOD (*Scut. Herculis* 141f) erwähnt. Man findet ihn bei den Tragödiendichtern SOPHOKLES, ARISTOPHANES und EURIPIDES genauso wie bei HIPPOKRATES, PLATON, ARISTOTELES, KALLIMACHOS, THEOPHRAST usw. Die vielleicht älteste Erwähnung des Bernsteins als Elektron findet sich im ägyptischen *Totenbuch*, das auf die Pyramidentexte zurückgeht und möglicherweise 5000 Jahre alte Inhalte repräsentiert:

> »Dein Hals ist mit Gold geschmückt,
> dazu noch mit Elektron.
> Groß ist dein Halskragen, und deine Kehle ist Anubis.
> Diese deine Wirbel sind die beiden Kobra-Schlangen,
> dein Rückgrat ist mit Gold überzogen,
> dazu noch mit Elektron.« (*Totenbuch*, Spruch 172, 64-69)

Daß es sich bei dem Elektron der Ägypter um baltischen Bernstein handelt, zeigt eine assyrische Inschrift auf einem ägyptischen Obelisken aus dem 10. Jh. v. Chr.:

> »In den Meeren der Polarwinde fischten Karawanen Perlen, in den Meeren, wo der Polarstern im Zenith steht, Bernstein.« (nach KRUMBIEGEL 1994: 5)

Schon im alten Ägypten war Bernstein Heilmittel:

> »Ein anderes Heilmittel für das Beseitigen der weißen Stellen einer Verbrennung: Bernstein 1; Honig 1; Koloquinthe (?)1; werde mit einem Dorn (die Brandblase) aufgestoßen und gesalbt.« (*Papyrus Ebers*)

Während man im Mittelalter und der frühen Neuzeit die wahre Natur des Bernsteins nicht erkannte, wußten die Alten bereits um den eigentlichen Ursprung des »Steins«. So heißt es bei ARISTOTELES:

> »Dort am Po seien viele Pappeln, aus welchen der sogenannte Bernstein komme; dieser soll harzähnlich sein, wie Stein hart werden und von den Einheimischen gesammelt zu den Griechen gebracht werden.
> (KTESIAS behauptet), daß das Sperma der Elefanten beim Eintrocknen so hart werde, daß es dem Bernstein gleichkomme.
> Denn auch der Bernstein und alle von Pflanzen ausgeschwitzten Stoffe entstehen durch Kälte, so z. B. Myrrhe, Weihrauch, Gummi; auch der Bernstein ist derartig und verhärtet sich; wenigstens kommen in ihm eingeschlossene Tierchen vor.« (in DIDOT IV, 87)

Obschon der Harzcharakter des Bernsteins deutlich erkannt wurde, haben Griechen und Römer gleichermaßen seinen Ursprung mythologisiert. Phaeton, der ungestüme Sohn des Sonnengottes Helios, durfte einmal den Sonnenwagen seines Vaters führen. Dabei geriet er zu nah an die Erde und entfachte eine verheherende Feuersbrunst. Zeus war darüber so erzürnt, daß er Phaeton mit seinen Blitzen erschlug:

> »Nicht weniger trauern die Sonnentöchter [= Heliaden] und bringen dem Tod als sinnlose Gaben ihre Tränen dar. Mit der flachen Hand schlagen sie sich an die Brust, rufen Tag und Nacht nach Phaeton, der ihre unglücklichen Klagen nicht hören kann, und werfen sich am Grabe nieder. Viermal hatte Luna ihre Hörner zum Vollmond ergänzt: Die Mädchen hatten nach ihrem Brauch ... ihre Klage ausgestoßen; als eine von ihnen, Phaethusa, die

älteste der Schwestern, sich auf die Erde niederlassen wollte, klagte sie, ihre Füße seien erstarrt. Zu ihr versuchte die strahlende Lampetie zu kommen und wurde von einer plötzlich gewachsenen Wurzel festgehalten. Die dritte wollte sich mit den Händen die Haare raufen und riß Blätter ab. Diese empfindet Schmerz, weil ein Baumstamm ihre Beine umschließt, jene, weil ihre Arme zu langen Ästen werden; und während sie sich noch darüber verwundern, umfaßt Rinde ihre Weichen und legt sich Schritt für Schritt um den Leib, die Brust, die Schultern, die Hände. Nur noch die Gesichter blickten hervor und der Mund, der nach der Mutter rief.
Was sonst soll die Mutter tun als hierhin und dorthin gehen, wohin sie ihr Gefühl treibt, und Küsse geben, solange sie noch darf? Das genügt ihr nicht; sie versucht die Leiber aus den Stämmen zu reißen und bricht mit den Händen die zarten Zweige ab; doch da quellen blutige Tropfen wie aus einer Wunde hervor. »Bitte, schone mich, Mutter«, ruft eine jede, sobald sie verletzt ist, »schone mich, bitte! Im Baum verwundest du meinen Leib. Leb wohl!«, und Rinde wuchs über die letzten Worte. Daraus fließen Tränen; was von den neuentstandenen Zweigen herabtropft, wird an der Sonne hart: Bernstein, den der klare Strom aufnimmt und den Latinerfrauen als Schmuck schickt.«

(Ovid, *Metamorphosen* II, 349-366)

Die ausführlichste Beschreibung des Bernsteins stammt von Plinius:

»Das steht fest, daß der Bernstein auf den Inseln des nördlichen Meeres entsteht und von den Germanen *glaesum* genannt wird; daher ist auch von unsern Soldaten auf der dortigen Expedition des Germanicus Caesar eine dieser Inseln, die bei den Barbaren *Austeravia* hieß, *Glaesaria* genannt worden. Er entsteht aus dem von fichtenartigen Bäumen herabfließenden Mark wie das Harz an den Kirschbäumen und Fichten. Durch das Überquellen der Feuchtigkeit herausgedrängt, erstarrt er durch die Kälte und mit der Zeit oder durch das Meerwasser, wenn die aufgeregte Flut ihn von den Inseln weggerissen hat. Jedenfalls wird er an den Strand getrieben und bewegt sich so leicht, daß er im Wasser zu schweben scheint.

Daß er ein Saft eines Baumes sei, haben sogar schon unsere Väter erkannt und ihn deshalb Saftstein genannt. Daß dieser Baum aber zum Fichtengeschlecht gehöre, zeigt der Fichtengeruch beim Reiben; auch brennt er wie ein Kienspan mit Qualm. Er wird von den Germanen besonders nach Pannonien gebracht, und von da haben die Vencter, die nächsten Nachbarn Pannoniens am adriatischen Meer, ihn in Ruf gebracht.

Mit dem Po jedoch ist die Fabel [von seinem Ursprung] auf leicht erklärliche Weise verknüpft; tragen doch heutzutage noch die Bauernweiber jenseits des Po Bernsteinschmuck als Halsbänder. Hauptsächlich der Zierde wegen, aber auch für die Gesundheit, da man nämlich glaubt, er sei gut für die Mandeln und Halskrankheiten, welche durch das Wasser der Alpen hervorgerufen werden.

[...]

Den Bernstein Kindern als Amulett umzubinden ist ganz gut. Callistratus versichert sogar, daß er in jedem Alter gegen den Wahnsinn helfe sowie gegen Harnbeschwerden, mag er nun getrunken oder als Amulett getragen werden. Dieser hat auch eine neue Nuancierung aufgebracht, die er *Chryselektrum* nennt, weil es goldfarbig und beim Frühlicht von höchst angenehmen Anblick sei, auch sehr feuergefährlich und leicht entzündlich. Dieses, um den Hals gebunden, helfe gegen Fieber und Krankheiten, mit Honig und Rosenöl zerrieben, gegen Ohrenkrankheiten, und wenn es mit attischem Honig zerrieben werde, auch gegen Augenschwäche, ja sogar gegen Magenbeschwerden sowohl sein Reibmehl allein als auch mit Mastix in Wasser getrunken. Der Bernstein findet auch vielfach Verwendung zum Fälschen durchsichtiger Edelsteine, besonders des Amethysts; indes kann er, wie gesagt, in allen Farben gefärbt werden.« (PLINIUS XXXVII, 11-14)

Bei den Griechen und Römern wurde der »Sonnenstein« oder »Saftstein« wie ein medizinisches Harz eingesetzt (vgl. Räucherwerk). Bernsteinpulver wurde alleine oder mit weiteren Zutaten vermischt bei allerlei Schmerzen eingenommen. Es fand sogar Verwendung in der Geburtshilfe und sollte die Sehkraft des Auges verbessern. Der aromatische Rauch wurde zur Behandlung der Atemwege inhaliert.

Pharmakologie:
Bernstein ist ein Liptobiolith und besteht fast ausschließlich aus organischen Harzen und anderen organischen Substanzen (Bernsteinsäure). Bernstein brennt und verströmt dabei einen angenehmen Geruch. Die Bersteinharze sind nicht wasser-, wohl aber alkohollöslich. Bernsteintinktur wirkt als Expectorans. Bernsteinsäure hat diuretische Eigenschaften.

Anwendung:
Noch bis in dieses Jahrhundert hinein führte jede Apotheke Bernsteinpulver, Bernsteinöl und Bernsteinsäure. Meist wurden diese Ingredienzien zur Herstellung von Salben und Pasten benutzt. Heute ist der Bernstein aus den Apotheken verschwunden. Hingegen in der Alternativmedizin und im Volksglauben gewinnt er wieder an Bedeutung. Frauen tragen oft Bernsteinketten aus medizinischen Gründen, z.B.

gegen den Kropf und zur Verhütung von Halskrankheiten. Der Gebrauch von Bernsteinamuletten zum Schutz vor Schmerzen bei zahnenden Kindern ist wieder verbreitet.

Noch heute stellen die Polen aus Weingeist und zerstoßenem Bernstein ein Elixier her. Der zerstoßene Bernstein wird mit dem Alkohol bedeckt stehen gelassen; ab und zu schütteln. Nach ein bis zwei Wochen kann abgeseiht werden. Das Elixier kann tropfen- oder teelöffelweise in ein heißes Getränk gegeben oder auf Zucker geschluckt werden. Dieses Elixier wird von den Polen bei allen Erkältungskrankheiten sowie als Aphrodisiakum empfohlen. Schließlich hat der Bernstein wieder als Räucherwerk oder Zusatz zu Weihrauchmischungen an Bedeutung gewonnen. Bernsteinöl *(Oleum succini rectificatum)* ist in der Apotheke erhältlich. Bernsteinlacke können als umweltfreundliche und gesundheitsfördernde Materialien einsetzt werden.

Literatur:

Barfod 1989, Krumbiegel 1994, Ludwig 1984, Rudat 1985, Waldmann 1883.

Bilsenkraut

Hyoscyamus spp. – *Solanaceae* (Nachtschattengewächse)
Hyoscyamus albus LINNÉ – Weißes Bilsenkraut
Hyoscyamus muticus LINNÉ – Ägyptisches Bilsenkraut
Hyoscyamus niger LINNÉ – Schwarzes Bilsenkraut

? (ägyptisch)
υοσκυαμος (altgriechisch)
APOLLINARIS (römisch)

Das Bilsenkraut war eines der meistbenutzten Pharmaka und eine der wichtigsten Zauberpflanzen der Antike überhaupt. Die Entdeckung des Bilsenkrautes, der sogenannten »Saubohne«, wird dem Herakles/Hercules zugeschrieben (PLINIUS XXV, 4). Man nennt es auch »Bohnen des Arkadischen Schweines« – eine Anspielung auf die Geschichte, nach der Herakles einen arkadischen Eber getötet hat. Nach anderen Überlieferungen hat Herakles das Bilsenkraut aus der Unterwelt mitgebracht und den Menschen geschenkt.

Das magische Bilsenkraut war schon früh eine Pflanze der Götter. Sogar der Turban des Höchsten Priesters der Hebräer war laut JOSEPHUS FLAVIUS mit einem Bilsenkrautzweig geschmückt. Die Assyrer brauten ihr Bier u.a. mit Bilsenkrautzusatz (THOMPSON 1949: 230). Nach AELIAN (um 170 bis um 240 n. Chr.) mußten beim Graben des Bilsenkrautes ähnliche Vorkehrungen getroffen werden wie bei der Alraune. Allerdings sollte man zum Herausziehen der Pflanze anstelle eines Hundes einen Vogel am Kraut festbinden (II, 251).

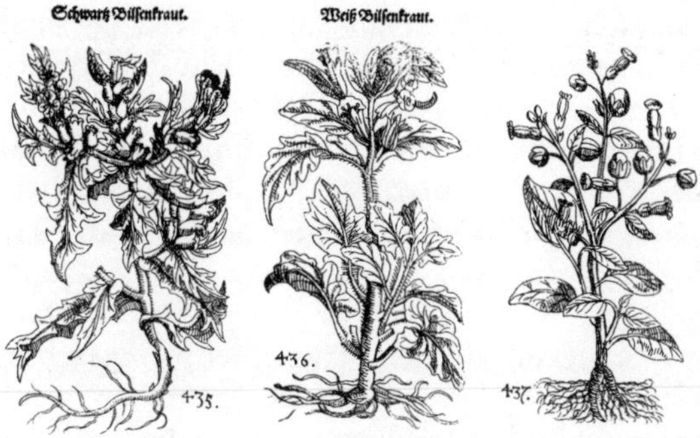

Die drei Bilsenkraut-Arten des DIOSKURIDES; Kupfer aus der deutschen DIOSKURIDES-Ausgabe von 1610.

Der medizinische Gebrauch des Bilsenkrautes wurde schon von HIPPOKRATES gerühmt. Die Hippokratiker gaben den Samen zusammen mit Wein bei Quartanfieber, bei Tetanus und Frauenleiden. Als Gegenmittel bei Überdosierungen wurde Eselsmilch angegeben. Es gehörte zu den bedeutendsten Schmerzmitteln der Antike. Nach GALEN ist das Bilsenkraut der Hauptbestandteil eines Schlaf- und Betäubungsmittels namens *philonion*. Es bestand aus 5 Teilen Safran, je einem Teil *Pyrethrum*, *Euphorbium*, *Spica nardi*, je 20 Teilen weißem Pfeffer *(Piper album)* und Bilsenkraut und 10 Teilen Opium (vgl. Mohn). Am ausführlichsten berichtet DIOSKURIDES über die aufschlußreichen Namen des Krautes und die vielseitige Verwendung als Pharmakon:

»Bilsenkraut. Der *Hyoskyamos* [= ›Schweine-Bohne‹], einige nennen ihn *Dioskyamos* [= ›Zeusbohne‹], andere *Pythonion* [= › Drachenpflanze‹], *Adamanta* [= ›die Unbezwingliche‹]*, *Adamenon, Hypnotikon* [= ›schlafmachend‹], *Emmanes* [= ›rasendmachend‹], ATOMON *Dithiambrion*, PYTHAGORAS und OSTHANES *Xeleon*, ZOROASTER *Typhonion*, die Römer *Insana* [= ›Wahnsinn], *Dentaria*, auch *Apollinaris* [= ›Apollonpflanze‹], die Propheten *Rhapontika*, die Ägypter *Saphtho*, die Thuskier *Phabulonia*, die Gallier *Bilinuntia* [= ›die Pflanze des Orakelgottes Bel‹], die Dakier *Dieleia*, ist ein Strauch mit dicken Stengeln, breiten, länglichen, eingeschnittenen dunklen, rauhen Blättern. Am Stengel stehen in geordneter Reihe Gebilde wie Granatapfelkelche, umgeben von Schildchen, welche mit Samen gefüllt sind, wie beim Mohn. Es gibt davon drei Arten: Der eine hat fast purpurfarbene Blüten, Blätter wie Smilax, schwarze Samen und stachelige Kelche; der andere hat quittengelbe Blüten, weichere Blätter und Kapseln und gelblichen Samen wie die Rauke. Diese beiden bewirken Wahnsinn und Lethargie, sie sind zum Gebrauch untauglich. Zum arzneilichen Gebrauch geeignet und sehr milde ist der dritte, er ist fett, zart und flaumhaarig, hat eine weiße Blüte und weißen Samen; er wächst am Meere und auf Trümmerhaufen. Wenn dieser nicht zur Hand sein sollte, muß man den gelben gebrauchen, den schwarzen als schlechtesten verwerfen. Zur Saftbereitung dienen die weiche Frucht, die Blätter und Stengel, welche zerstoßen und ausgepreßt werden, worauf die Flüssigkeit in der Sonne eingetrocknet wird. Seine Verwendung ist auf ein Jahr beschränkt wegen der leichten Verderbnis. Sein Same wird noch besonders zur Saftbereitung gebraucht, indem er trocken zerstoßen, mit warmem Wasser übergossen und ausgepreßt wird. Es ist aber der ausgepreßte Saft besser als der

* Vielleicht leitet sich dieser Name von *adamas*, »Diamant«, ab und meint den Edelstein der Erleuchtung.

natürliche und auch schmerzstillender. Der junge Trieb wird zerstoßen, mit Weizenmehl gemischt, zu Brötchen geformt und aufbewahrt. Der erstere Saft und der aus dem Samen hergestellte eignen sich am besten zu schmerzstillenden Kollyrien*, sowie gegen heftigen und heißen Fluß, gegen Ohrenschmerzen und Gebärmutterleiden, mit Mehl ober Graupen gegen Augen-, Fuß- und sonstige Entzündungen. Der Same leistet dasselbe, wie er auch wirksam ist bei Husten, Erkältung, Fluß und heftigen Schmerzen der Augen, bei Fluß der Frauen und sonstigem Blutverlust, wenn er in der Gabe von einer Obole [= 0,568 g] mit Mohnsamen in Honigmet getrunken wird. Er ist ferner ein gutes Mittel bei Podagra, angeschwollenen Hoden und nach der Niederkunft entzündeten Brüsten, wenn er, fein gestoßen, mit Wein umgeschlagen wird; ebenso wird er den sonstigen schmerzstillenden Kathaplasmen mit Vorteil zugemischt. Auch die (zu Pillen) geformten Blätter sind zu allen schmerzstillenden Arzneien sehr geeignet, wenn sie mit Graupen vermischt oder für sich allein aufgelegt werden. Die frischen Blätter aber sind als Umschlag am meisten schmerzlindernd bei jeglichem Leiden. Drei oder vier mit Wein getrunken heilen bösartige Fieber. Wie Gemüse gekocht und in der Menge von einer Tryblion gegessen, bewirken sie gelinden Wahnsinn. Man sagt aber, daß wenn man sie einem, der ein Geschwür im Kolon hat, im Klistier beibringt, dieselbe Wirkung eintritt. Die Wurzel, mit Essig gekocht, lindert als Mundspülwasser Zahnschmerzen.«

(DIOSKURIDES IV, 69)

---

* Wörtl. »Brötchen«: Gemeint ist ein zusammengesetztes Heilmittel, das in Stangenform in den Handel kam, zerkleinert und als Pulver, Salbe oder Tinktur verwendet wurde (vgl. MÜRI 1986: 479). Vgl. Schierling.

Die psychoaktive Wirkung des Bilsenkrautes war sehr gut bekannt und wurde als *mania* oder »Wahnsinn« klassifiziert. Dabei muß betont werden, daß mit »Wahnsinn« bei den Griechen kein pathologischer Zustand, sondern eine dramatische Bewußtseinswandlung bezeichnet wurde:

> »Wahnsinn (μανια): Der Gattung nach gibt es nur einen Wahnsinn; aber seine Formen sind tausendfältig. Er ist seinem Wesen nach ein dauerndes Außersichsein, ohne Fieber. Sollte sich nämlich je Fieber einstellen, so wäre es nicht unmittelbar die Folge des Wahnsinns, sondern irgendeines andern Einflusses. Auch der Wein kann ja im Rausch bis zur Verrücktheit erhitzen; sogar Eßbares erzeugt Raserei, wie Alraun oder Bilsenkraut. Aber all das fällt noch nicht unter den Namen Wahnsinn; so plötzlich, wie es gekommen ist, so schnell verschwindet es wieder.«
> (ARETAEUS, *De causis et signis morborum chronicorum* I, 6)

Der »Wahnsinn« galt als eine »göttliche Veränderung des gewöhnlichen, ordentlichen Zustandes«:

> »Den göttlichen Wahnsinn aber teilten wir nach vier Göttern in vier Teile und eigneten den weissagenden Wahnsinn dem Apollon zu, den der Weihen dem Dionysos, den dichterischen den Musen, den vierten aber der Aphrodite und dem Eros, und den Wahnsinn der Liebe nannten wir den besten.« (SOKRATES in PLATON, *Phaidros* 48)

Da das Bilsenkraut das periphere Bewußtsein betäubt, öffnet er sich für das Göttliche:

> »Wenn der göttliche Wahnsinn prophetischer Begeisterung über den Menschen kommen soll, so muß die Sonne des Bewußtseins in ihm untergehen; das menschliche Licht muß in dem göttlichen verschwinden.«
> (PHILON VON ALEXANDRIA)

Genau der »weissagende Wahnsinn«, eine Art prophetisch-hellsichtiger Bewußtseinszustand, wurde durch *Apollinaris*, die heilige »Pflanze des Apollon« (vgl. PLINIUS XXVI, 140), das Bilsenkraut, ausgelöst. Jede antike Beschreibung der schamanischen Trance der Pythia (vgl. Lorbeer) wirkt wie eine Darstellung der Bilsenkrautwirkung:

> »Die Prophetin, die Phoibos [= Apollon] noch nicht erträgt, tobt mächtig in der Höhle und will den großen Gott von sich abschütteln; er aber zwingt um so härter ihren rasenden Mund, zähmt ihr unbändiges Herz und formt es, indem er es drückt. Nun öffnen sich von selber die tausend Tore des Hauses und tragen durch die Luft die Antwort der Seherin ...« (VERGIL, *Aeneis* 6, 77f)

Das Bilsenkraut war sicherlich das wichtigste antike Mittel zur Erzeugung einer Trance und wurde offensichtlich von vielen Orakeln eingenommen. Als Drachenkraut im alten Erdorakel der Gaia, als Rasendmachende dem kolchischen Orakel der Hexengöttin Hekate, als Zeusbohne beim Orakel des Zeus-Ammon und Jupiter und eben als Apollonpflanze in Delphi und anderen Orakeln des Gottes des prophetischen Wahnsinns. Als Orakelpflanze diente das Bilsenkraut den Kolchern und Thrakern, den Kelten wie den Germanen. In der frühen Neuzeit wurden Hexen noch angeklagt, Bilsenköpfe zur Divination gebraucht zu haben.

Im alten Ägypten wurde das Ägyptische Bilsenkraut als Rausch- und Heilpflanze verwendet. Man hat sogar Bilsenkrautreste in der Tiergalerie von Saqqarah gefunden. Eine Identifizierung mit einem Hieroglyphen-Namen ist bisher nicht gelungen. Daher ist der Gebrauch des ägyptischen Bilsenkrautes lediglich aus der griechischen Literatur bekannt. Auf einem griechischen Papyrus aus dem ägyptischen Arsinoites (3. Jh. v. Chr.) erscheint ein recht interessantes Rezept, leider ohne Anwendungsangabe:

»Anderes (Rezept): Für das Pflaster mischte er zusammen drei Teile weißen Gummis, ein Teil (Kupfer-)Oxyd, ein halbes Teil gebrannten Kupfers, gleichviel Bilsenkrautsaft *(Hyoscyamus niger)* wie Kupfer. Diese (Dinge) glatt rühren und in Wasser auflösen, anwenden.«
(zit. nach HENGSTL 1978: 272)

Der antike Gebrauch des Bilsenkrautes hat sich bis heute in Zypern, Nordafrika, besonders in Marokko und Ägypten erhalten. Dort wird das Bilsenkraut, oft mit Spanischen Fliegen (Canthariden) vermischt, gegen Erkrankungen der weiblichen Geschlechtsorgane, aber auch als Schmerzmittel, Aphrodisiakum und Rauschmittel (dann noch mit Haschisch versetzt; vgl. Hanf) verwendet. Die Araber würzen ihren Kaffee gerne mit zerquetschten Bilsenkrautsamen.

Pharmakologie:
Im ganzen Kraut, besonders in den Samen, aber auch in der Wurzel aller drei Bilsenkrautarten sind die stark psychoaktiven Tropan-Alkaloide Hysocyamin, Skopolamin und einige Nebenalkaloide enthalten (vgl. Alraune, Tollkirsche). »Nun entspricht die im Altertum wohlbekannte Wirkung des Bilsenkrautes dem, was wir von der dionysischen Besessenheit wissen. Das Bilsenkraut verursacht Delirien, die mit Visionen und Halluzinationen durchsetzt sind und sich bis zu heftigen Wahnsinnsanfällen steigern können; anschließend stellt sich ein unwiderstehliches Schlafbedürfnis ein, das zu sehr tiefem Schlummer führt.« (BROSSE 1990: 108) Hohe Dosen können den Tod durch Atemlähmung bewirken. Der isolierte Hauptwirkstoff, das Scopolamin, wird in der Psychiatrie als »chemische Zwangsjacke« zur Beruhigung von Tobsüchtigen injiziert. Es hat stark muskelerschlaffende Eigenschaften.

Anwendung:
Das getrocknete Kraut kann bei Asthma, Bronchitis und Husten geraucht werden. Mit Hanfblüten und getrockneten Fliegenpilzen kann man eine aphrodisierende Rauchmischung herstellen. Einen »prophetischen Wahnsinn« kann man durch das Inhalieren glosender Bilsenkrautsamen erzeugen. Das frische oder getrocknete Kraut kann, in Wein eingelegt, als Mittel gegen Schmerzen und Krämpfe dienen. Mit Bilsenkraut kann auch Bier (echtes Pilsener!) gebraut werden (40 g getrocknetes Bilsenkraut auf 20 Liter Bier). Wenn man Bilsenkrautzubereitungen innerlich nimmt, sollte man mit sehr geringen Dosen beginnen und sich langsam an die individuell richtige Dosis herantasten. Überdosierungen führen zu sehr unangenehmen Halluzinationen, die als solche nicht mehr erkannt werden können. Das in der Apotheke erhältliche Bilsenkrautöl kann bei rheumatischen Beschwerden auf die entsprechenden Hautpartien gerieben oder zu erotischen Massagen einmassiert werden (auch als Gleitmittel).

Hyoscyamus kann auch als homoöpatische Potenz (∅, D1, D2) bei Kitzelhusten als D4, D6, D12, D200 bei Hysterie, Folgen von Liebesdramen, Delirium tremens, Nymphomanie, Verfolgungswahn, Neurosen, Psychosen, Krämpfen verwendet werden.

Literatur:
Baumann 1982, Berendes 1891, Dierbach 1833, Georgiades 1987, Germer 1985, Hansen 1981, Iatridis 1986, Kottek 1994, Mandl 1985, Pahlow 1993, Rätsch 1987, 1988 & 1991a, Venzlaff 1977.

Bockshornklee

Trigonella foenum-graecum LINNÉ – *Fabaceae (Leguminosae;* Schmetterlingsblütengewächse)

hm3j.t oder *snj-t3* (ägyptisch)
βουκερας oder τηλις oder επικερα (altgriechisch)
SILICIA, TRIFOLIUM oder FOENUM GRAECUM (römisch)

Der Bockshornklee oder »Griechisch Heu« ist eine uralte Kulturpflanze, deren Herkunft ungewiß ist. Die nach Ziegenbock duftenden Samen dieser Kleeart wurden schon im Grab des Tutenchamun und in Maadi (3000 v. Chr.) gefunden. Leider ist die Identifizierung der vorgeschlagenen ägyptischen Namen ungewiß. Sicherlich wurden die Samen in der ägyptischen Medizin genutzt.*

THEOPHRAST behauptete, die Pflanze stamme aus Indien. Der Same in Wein wurde unter den Hippokratikern sehr empfohlen. Der Same, in Öl mazeriert, wurde von NIKANDER als Gegenmittel bei Bilsenkrautvergiftung bzw. -überdosierung angeführt. Medizinisch wurde hauptsächlich das Bockshornmehl verwendet:

> »Das Bockshorn, einige nennen es die Frucht des Bockshorns, andere *Bukeros* [= ›Ochsenhorn‹], *Aigokeros* [= ›Ziegenhorn‹], *Keraitis* [= ›hornähnlich‹], *Lotos* [= ›Klee‹], die Römer *Foenum graecum*, die Ägypter *Ita-*

* In der arabischen Medizin, die von der altägyptischen und koptischen Medizin stark beeinflußt wurde, werden die Bockshornkleesamen bei allen Frauenkrankheiten sowie zur Förderung des Milchflusses und der Fruchtbarkeit eingenommen. Aus den zermahlenen Samen werden auch Kosmetika gefertigt (vgl. VENZLAFF 1977: 70f).

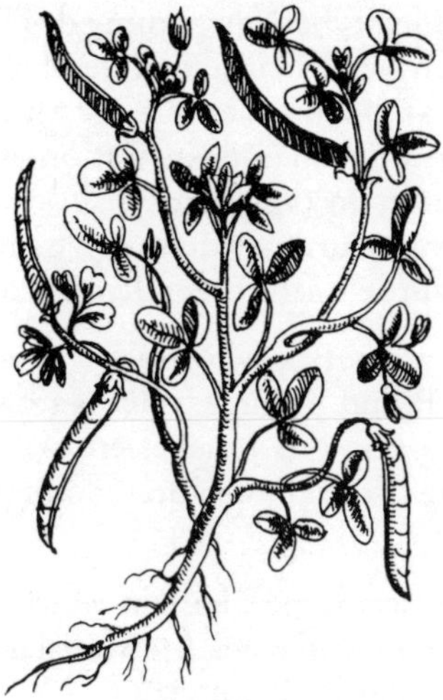

Der Bockshornklee oder Fenugreck; Kupfer aus der deutschen DIOSKURIDES*-Ausgabe von 1610.*

sin, und das aus ihm gemachte Mehl hat erweichende und verteilende Kräfte. Fein gerieben mit Honigmet gekocht, wirkt es als Umschlag bei inneren und äußeren Geschwülsten. Mit Natron und Essig fein zerrieben und aufgelegt, verkleinert es die Milz. Die Abkochung desselben ist als Sitzbad bei Frauenleiden angezeigt, wo es sich um Entzündungen oder Verstopfung des Muttermundes handelt. Die Abpressung von einer Abkochung desselben bringt Haare weg sowie Schorf und bösen Grind. Mit Gänsefett als Zäpfchen eingelegt, erweicht und erweitert es das Perimetrium. Grün aber mit Essig eignet es sich für schlaffe und geschwürige Stellen. Die Abkochung hilft gegen Stuhlzwang und übelriechenden Stuhlgang bei Dysenterie. Das Öl daraus mit Myrrhe entfernt die Haare und an den Schamteilen die Narben.« (DIOSKURIDES II, 124)

Merkwürdig erscheint die Anwendung des Bockshornmehles zur Behandlung von Narben an den Schamteilen. Vielleicht spielt DIOSKURIDES hier auf die rituellen Praktiken der Selbstbeschneidungen und Kastrationen der Gallen, der Priester der Kybele, an (vgl. Pinie).

Das Bockshornöl wurde medizinisch genau wie das Mehl verwendet. Es wurde nach folgendem Rezept hergestellt:

> »Die Bereitung des Bockshornöls. 9 Pfund Bockshorn, 5 Pfund Öl, 1 Pfund Kalmus [oder Kardamom], 2 Pfund Zyperngras [*Cyperus* sp.] mazeriere sieben Tage, indem du es jeden Tag dreimal umrührst, dann preß es aus, und bewahre es auf.« (DIOSKURIDES I, 57)

Früher war das griechische Heu ein weitverbreitetes Heilmittel, stand sogar im Ruf eines Aphrodisiakums und wurde auch als Nahrungsmittel benutzt:

> »Für ein vortreffliches Wurmmittel galt und gilt noch heute [im 19.Jh.] *Trigonella Foenum graecum*. Die ganze Pflanze wird nicht allein den Thieren als Futter gegeben, sondern auch von den Menschen mit Vorliebe verzehrt; man lässt die Körner schiessen und isst die bitteren Schösslinge, welche in Bündeln auf der Strasse verkauft werden; auch werden die Früchte geröstet und im Aufguss mit Limonensaft genossen.« (BERENDES 1891: 69f.)

Pharmakologie:
Die Samen enthalten das Alkaloid Trigonellin, Steroidsaponine, Flavonoide, Bitterstoffe, ätherisches Öl, Schleimstoffe, fettes Öl, Proteine und Kohlenhydrate. Der typische Bocksgeruch geht auf das ätherische Öl zurück. Das aus den Samen gepreßte Öl hat ähnliche Qualitäten wie der Lebertran (Dorschleberöl). Die Inhaltsstoffe sind entzündungshemmend, antibakteriell und schleimlösend; außerdem sol-

len sie den Cholesterinspiegel senken und die Milchproduktion fördern.

Anwendung:
Das mit Öl vermischte Bockshornmehl wird für heiße Umschläge bei Furunkeln und Geschwüren verwendet. Für die äußerliche Anwendung bei Hautunreinheiten wird ein Eßlöffel der zermahlenen Samen mit einem Viertelliter Wasser zu einem Brei verkocht, der auf ein Leinentuch gestrichen und aufgelegt wird.

Innerlich wird es zur Appetitanregung genommen. Als Gewürz kann es in Currymischungen verwendet werden (aber nur geringe Mengen nehmen!). Für die innerliche Anwendung bei allgemeinen Schwächezuständen werden ein Teelöffel gemahlene Samen auf eine Tasse, mit kochendem Wasser überbrüht und einige Minuten ziehen gelassen; täglich ein bis zwei Tassen trinken.

Literatur:
Beckmann & Beckmann 1990, Berendes 1891, Germer 1985, Manniche 1989, Mautner & Küllenberg 1989, Pahlow 1993, Udapa & Tripathi 1983, Venzlaff 1977, Wichtl 1989.

Bohnenkraut

Satureja hortensis LINNÉ – *Lamiaceae (Labiatae;* Lippenblütengewächse)

θυμβρα (altgriechisch)
SATUREI (römisch)

Das Bohnenkraut stammt aus der Gegend des Schwarzen Meeres und war wohl ursprünglich eine Pflanze aus dem Zaubergarten der kolchischen Medea. Die Römer verwendeten das Bohnenkraut hauptsächlich als Gewürz für Gerichte aus Hülsenfrüchten; daher auch der deutsche Name. Aber es stand auch im Ruf eines Aphrodisiakums:

> »Doch nie schone die Kraft! Nur eines bringt Fried und Versöhnung:
> Liebesumarmung: damit leugne gehabten Genuß!
> Einige schlagen nun vor, man solle die schädliche Pflanze
> Saturei essen. Das ist meines Erachtens Gift.«
>
> (OVID, *Ars amatoria* III, 413f)

Trotzdem wurde dieses »Gift« von den römischen Kräuterfrauen gerne zum Liebestrank *(amatoria)* benutzt, besonders dann, wenn es an einer Herme, einer ithyphallischen Statue des lüsternen und potenten Priapos, wuchs. Unfruchtbare Frauen, impotente Männer und an Liebeskummer Leidende beteten an diesen obszönen Götterbildern um Liebe, Lust und Fruchtbarkeit. Als Dank wurden dort die venerischen Liebeskräuter, wie das Bohnenkraut, angepflanzt.

NIKANDER (ca. 135 v. Chr. geboren), der wegen seiner toxikologischen Schriften im Altertum zu Ruhm gelangte, empfahl das Bohnenkraut als Gegengift. Es war Bestandteil eines zusammengesetzten Mittels, das neben Bohnenkrautzweigen Thapsus-Wurzel, Keuschlammsamen, Oleander, Rauten, Affodillwurzeln, -stengel oder -samen und die Helxine enthielt.

Im Volksglauben galt das Bohnenkraut lange als eine »Pflanze des Glücks«. Mönchen war Anbau und Genuß der Glückspflanze verboten, da sie den unterdrückten Sexualtrieb erweckte und reizte.

Pharmakologie:
Das ganze Kraut enthält ein ätherisches Öl mit Cymol, Thymol und Carvacrol (ähnlich dem Thymianöl) sowie Gerb- und Bitterstoffe. Das Kraut ist blähungstreibend, antibakteriell, desinfizierend und fäulniswidrig. Es fördert die Verdauung fetter Speisen und trägt zur allgemeinen Bekömmlichkeit bei.

Anwendung:
Das Bohnenkraut eignet sich hervorragend als Gewürz für Gerichte, die leicht Blähungen erzeugen. Es hat auch, als Tee getrunken, gute Wirkungen bei Verdauungsstörungen aller Art.

Literatur:
BERENDES 1891, MAUTNER & KÜLLENBERG 1989, MÜLLER-EBELING & RÄTSCH 1986, PAHLOW 1993.

Brennessel

Urtica dioica LINNÉ – *Urticaceae* (Brennesselgewächse)

ακαλυφη (altgriechisch)
URTICA (römisch)

Die weitverbreitete Brennessel, deren junge Triebe als Nahrung dienen, wurde wegen ihrer »brennenden Kraft« im Altertum als Medizin und Aphrodisiakum betrachtet. Brennesselsamen werden vielfach in den Hippokratischen Schriften zur Bereitung eines heilsamen Trankes als auch für erwärmende Umschläge erwähnt:

> »Nessel. Die Akalyphe, einige nennen sie *Knide* [= Nessel], andere *Adike* [= Unschicklich, Juckend], die Römer *Urtica*, die Ägypter *Selepsion*, die Dakier *Dyn*, kommt in zwei Arten vor. Die eine nämlich ist wilder, hat rauhere, breitere und dunklere Blätter und eine dem Leinsamen ähnliche, nur kleinere Frucht. Die andere [*Urtica mollis* der Römer] hat feinen Samen und ist nicht so rauh. Die Blätter beider, mit Salz als Kataplasma, heilen Hundebisse [= Tollwut] und Gangrän, böse, krebsartige und schmutzige Geschwüre sowie Verrenkungen, Skrofeln, Drüsen an den Ohren und an den Schamteilen und Abszesse. Milzkranken werden sie mit Wachssalbe aufgelegt. Die Blätter, mit dem Saft zerrieben und eingelegt, helfen auch gegen Nasenbluten. Ferner befördern sie mit Myrrhe im Zäpfchen die Menstruation; die frischen Blätter, eingelegt, bringen Gebärmuttervorfälle in Ordnung. Der Same, mit Rosinenwein getrunken, reizt zum Beischlaf und öffnet die Gebärmutter; mit Honig als Leck-

mittel hilft er bei Orthopnöe, Lungen- und Brustfellentzündungen, führt die Unreinigkeiten aus der Brust und wird den fäulniswidrigen Mitteln zugesetzt. Mit Muscheln zusammengekocht, erweichen die Blätter den Bauch, vertreiben Blähungen und treiben den Harn. ... Die Abkochung der Blätter mit etwas Myrrhe getrunken, befördert die Katamenien. Der Saft als Gurgelmittel beseitigt die Entzündung des Zäpfchens.«

(DIOSKURIDES IV, 92)

In Rom war die Brennessel ein beliebtes Aphrodisiakum. Das Rezept dazu ist von OVID überliefert:

»Pfeffer auch mischen sie wohl mit dem Samen der brennenden Nessel« (*Ars amatoria* III, 417)

Die frischen Brennesseln wurden zu Sträußen gebunden und zur sadomasochistischen Brennessel-Flagellation benutzt. Die Sexualpartner peitschten sich bei ihren Orgien damit aus, bis sie stark gerötete Haut an den Brüsten, Schenkeln und Geschlechtsteilen hatten. Eine ähnliche Anwendung beschreibt der Satiriker PETRONIUS in seinem frechen Roman *Satyricon*. Der Held, der an Impotenz leidet, sucht zunächst Hilfe bei den Ärzten. Da sie ihn nicht weiterbringen, sucht er Hilfe bei einer Priesterin des Priapos. Sie behandelt ihn zunächst mit Zaubersprüchen – leider erfolglos. Da greift sie zu dem letzten Mittel, den »geheimen Rites« des Gottes – wie der entsetzte Held berichtet:

»Dabei holte sie einen ledernen Phallus hervor. Den rieb sie mit Öl, feingestoßenem Pfeffer und gemahlenen Brennesselsamen ab und führte ihn darauf langsam in meinen After ein. Gleichzeitig begoß die grausame Alte meine Oberschenkel mit derselben Flüssigkeit. Fernerhin mischte sie Kressesamen mit Stabwurz und goß dies über

> meine Geschlechtsteile; dann ergriff sie eine Rute aus grünen Brennesseln und begann, meine ganze untere Bauchpartie damit zu schlagen.« (PETRONIUS, *Satyricon* 137)

Der abgeklärte Naturforscher PLINIUS fügt trocken hinzu:

> »Wenn ein Vierfüßler es nicht zur Zeugung kommen läßt, rät man, das Geschlechtsteil mit einer Nessel einzureiben.« (XXII, 36)

Pharmakologie:
In der Brennessel ist reichlich Histamin, aber noch Chlorophyll, Zanthophyll, Karotin, Kaliumnitrat, viel Vitamin C, Eisen, Enzyme, Glykosit, Pyridinsäure enthalten. Das Histamin hat stark hautreizende Eigenschaften.

Anwendung:
In der griechischen Volksmedizin wird Brennesseltee aus einem getrockneten oder frischen Zweig und einem Glas Wasser bei allgemeiner Schwäche kurmäßig getrunken. Bei Arthritis soll das frische Kraut über die betreffende Stelle gerieben werden, bis die Haut brennt. Brennesseltee oder aus den frischen Brennesseln gepreßter Saft ist sehr gut für »blutreinigende« Frühjahrskuren verwendbar. Junge Brennesseln können auch als Salat gegessen oder als Suppe gekocht werden.

Literatur:
BERENDES 1891, MÜLLER-EBELING & RÄTSCH 1986, PAHLOW 1993, SFIKAS 1980, WICHTL 1989.

Dattelpalme

Phoenix dactylifera LINNÉ – *Palmae* (Palmen)

bnr.t (ägyptisch)
φοινιξ oder φοινικος (altgriechisch)
PALMA (römisch)

Die bis 20 m hohe majestätische Dattelpalme, wahrscheinlich der erste von Menschen kultivierte Fruchtlieferant, stammt aus Mesopotamien und wurde dort schon vor 8000 Jahren kultisch verehrt. GALEN sagte, die besten Palmen kämen aus Jericho, der Stadt, die Palmyra, »Dattelstadt«, hieß. Die Völker des Zweistromlandes sowie die Ägypter hielten die Dattelpalme, auch »Dorflinde Arabiens« genannt, für einen heiligen Baum von göttlicher Herkunft und gebrauchten alle Pflanzenteile. Die Dattelpalme war »die Königin der Bäume« – ein kosmischer Baum, ein Lebensbaum. Die Datteln wurden gegessen oder ausgepreßt, die Kerne zermahlen und als »Dattelkaffee« getrunken. Die Sumerer benutzten Wurzeln, Rinde, Blätter und Samen in der Medizin. Die Rispen wurden als Amulette und Zauberwaffen eingesetzt. Die Zauberpriester bedienten sich der Dattelrispen als magische Waffen (vgl. Tamariske).

Ganz ähnlich wurde die Dattel von den Ägyptern genutzt. In Gräbern wurden Dattelkerne gefunden. In Buto, Achmim, Denderah und Heliopolis gab es heilige Dattelhaine. Dort war die Dattelpalme der heilige Baum des Sonnengottes Re.*

* Der heilige Vogel des Re war der Benu oder Phönix. Dieser Vogel, ursprünglich mit der Bachstelze oder dem Reiher identifiziert, war auch der *ba* (Seelenvogel) des Sonnengottes; vgl. LURKER 1987: 156f.

Die sumerische Fruchtbarkeits- und Getreidegöttin Nisaba hält in der Hand eine magische Dattelrispe; aus ihren Schultern wachsen pilzartige Gebilde

Schon die Ägypter nutzten die Dattelpalme zur Weinerzeugung, wie PLINIUS bemerkte. Vom Stamm der älteren Dattelpalmen wird ein Saft gezapft, der sich sogleich im Gärungsprozeß befindet und als Palmwein bekannt war. Er wurde besonders wegen seiner aphrodisierenden Eigenschaften gelobt. Er diente aber auch als ritueller Rauschtrank. Dazu wurde er mit verschiedenen anderen Zauberpflanzen, vermutlich Bilsenkraut, Alraune oder Hanf gewürzt. Ein in Keilschrift verfaßter Text über die Rauschwirkung eines solchen Weines ist überliefert worden:

»Wenn ein Mensch Rauschtrank getrunken hat und sein Kopf ihm gepackt ist, er seine Worte vergißt, während seines Redens sie auswischt, seinen Verstand nicht festhält, dem betreffenden Menschen seine Augen starr sind, sollst du zu seiner Genesung Süßholzsaft ... Bohnen, Ole-

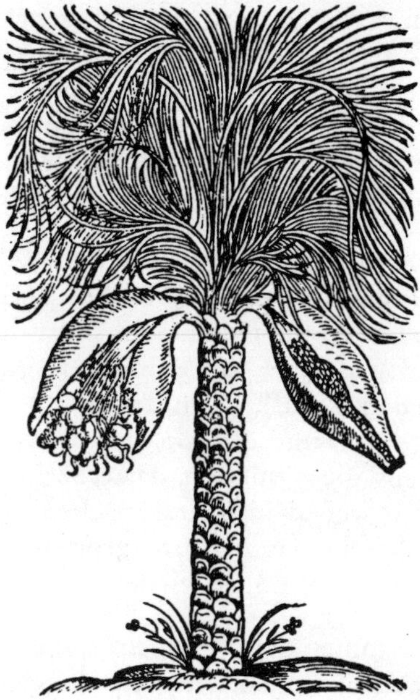

Die Dattelpalme (Phoenix dactylifera); *Holzschnitt aus dem* Kräuterbuch *von* LONICERUS, *1679.*

> ander … in eins zerreiben, er soll es mit Öl und Rauschtrank vor dem Herabkommen der Gula [= ›am Abend, bevor die Sterne aufgehen‹], am Morgen, ehe die Sonne aufgeht und ehe jemand ihn geküßt hat, trinken, so wird er genesen.« (SIGERIST 1963: 30)*

Aber auch aus den Früchten wurde ein berauschendes Getränk hergestellt, das bei den Ägyptern *srm.t* hieß. Mög-

* Die hier beschriebenen Symptome deuten auf die Wirkungsprofile der Nachtschattengewächse hin.

licherweise war es ein mit Dattelmus versetztes Bier. Sowohl dieses Getränk als auch andere Dattelprodukte wurden oft den verschiedensten Heilmitteln beigegeben. Frische, d.h. unreife Datteln waren ein beliebtes Abführmittel. Frischer Dattelsaft wurde als Schnupfenarznei in die Nase geträufelt. Meist wurde die Dattel als Magenmittel eingeführt:

> »Wenn du einen Mann untersuchst, der an seinem Magen leidet; alle seine Körperteile drücken gegen ihn wie bei einem Anfall von Müdigkeit, dann sollst du deine Hand auf seinen Magen legen, und dann findest du seinen Magen paukenartig (straff), indem er geht und kommt unter deinen Fingern. Dann sollst du sagen: Das ist eine Trägheit des Essens, die verhindert, daß er weiterhin ißt. Dann sollst du ihm irgendein Mittel machen, das ihn öffne: Kerne von Datteln; werden durchgepreßt in überaltertem Bier. Es kommt seine Eßlust wieder.« *(Papyrus Ebers)*

Die Griechen nannten die Dattelpalme, die bei ihnen nicht wuchs, *phoinix*. Mit diesem Wort bezeichneten sie ebenfalls die Phöniker, den Purpur* und den mythischen Vogel Phönix.** In der Tat wurde der Vogel Phönix mit der Dattelpalme gleichgesetzt, denn auch sie hatte die Eigenschaft, sich aus sich selbst heraus zu erneuern. Damals wie heute wurde die Dattelpalme durch Schößlinge, die an der Wurzel wuchsen, vermehrt. D. h. der Baum brauchte nicht aus einem Samen gezogen zu werden. Starb ein Baum, so wuchs – wie der Phönix aus seiner Asche – aus dem sterbendem Holz eine neue Palme hervor.

---

* Der aus der Purpurschnecke *(Murex brandaris, Murex trunculus)* gewonnene kostbare Farbstoff.

** »Nach griechischer Überlieferung war der Phönix ein Symbol des sich durch den Flammentod erneuernden Lebens – ein Bild der aus der Morgenröte emporsteigenden Sonne.« (LURKER 1987: 157)

Die Dattelpalme wurde als anthropomorphes Wesen gedeutet. Die Datteln, die Früchte, wurden im Griechischen *dactylos*, »Finger«, genannt; die Wedel hießen *palma*, »Handfläche«. Das süße Mark wurde als »Gehirn bezeichnet; das »Palmenherz« wurde als Palmenkohl verzehrt. In der ganzen Palme erkannte man einen zottigen, aufgerichteten Riesenphallus. In dieser Betrachtung wird deutlich, warum die Dattelpalme dem Osiris heilig war, denn sie verkörperte den Phallus des zerstückelten Gottes:

> »Die Dattelpalme wächst in Ägypten. Die Frucht wird um die Mitte des Herbstes gesammelt, wenn die Reifezeit den höchsten Punkt erreicht hat... Sie ist von grüner Farbe, im Geschmack ähnlich der Quitte. Wenn man sie aber ausreifen läß, wird sie die Dattel. Sie ist herb, adstringierend und dient, mit herbem Wein getrunken, gegen Durchfall und Ausfluß. Sie beruhigt die Hämorrhoiden und verklebt als Umschlag Wunden. Die frischen Datteln sind mehr zusammenziehend als die trockenen, sie verursachen aber Kopfschmerzen und machen, im Übermaß genossen, trunken. Die trockenen aber helfen denen, die an Blutspeien, am Magen, an Dysenterie und an der Blase leiden, wenn sie feingestoßen mit Quitten und Weinblüten-Wachssalbe aufgelegt werden.« (DIOSKURIDES I, 148)

Auf Kreta wächst die nahe verwandte Kretische Palme *(Phoenix theophrastii)*, die möglicherweise von der Dattelpalme abstammt und in der minoischen Zeit aus Afrika nach Kreta gebracht wurde. In Kreta galt sie als Baum der Geburt. Da sie in Meeresnähe wächst und ihre Wurzeln von Salzwasser gespeist werden, wurde sie mit Aphrodite, die aus dem Schaum des Meeres geboren wurde, geweiht.

Pharmakologie:
In den Datteln sind bis zu 50% Zucker enthalten; daher können sie durch einfaches Trocknen haltbar gemacht werden. Außer Ribloflavin (Vitamin B2), Vitamin A und C und Mineralstoffen sind in der Dattelpalme keine weiteren Wirkstoffe, außer Sexualhormonen, enthalten. Die berauschende Wirkung des Palmweins geht auf den Alkoholgehalt zurück, die aphrodisische Wirkung wohl eher auf die Sexualhormone. Unreife Datteln enthalten Gerbstoffe, die adstringierend wirken.

Anwendung:
Da die Herstellung von Dattelwein nur möglich ist, wenn man lebende Palmen anzapfen kann, ist es besser, sich mit den Dattelfrüchten zu begnügen. Sie sind ein vorzügliches, gesundes Nahrungsmittel, z.B. im Müsli. Frische, unreife Datteln sind in den Erzeugerländern noch heute ein bewährtes sanftes Abführmittel.

Literatur:
BROSSE 1990, GERMER 1979 & 1985, IATRIDIS 1986, SIGERIST 1963, THORWALD 1985, WESTENDORF 1992.

Diktam

Origanum dictamus LINNÉ – *Lamiaceae* (Lippenblütler)*

δικταμνον (altgriechisch)
DICTAMNUS (römisch)

Das minoische, also vorhellenische Kreta wurde von den Griechen als Land der Magier, Exorzisten, Sühnerituale und mystischer Praktiken betrachtet. Das Kreta der Minoer gilt als der Ursprung der europäischen Zivilisation. Dort herrschte eine liebliche, friedliebende und künstlerische Kultur, die man als eine »erste Hippiekultur der Geschichte« bezeichnen könnte. Die Menschen lebten in Wohnkomplexen wie in Kommunen zusammen. Frauen wurde als Göttinnen betrachtet und als solche verehrt. Genauso galt die Natur als heilig. Kriege waren so gut wie unbekannt. Die Menschen beschäftigten sich lieber mit sportlichen Spielen (Stiertänzer), mit dem Herstellen von Duftstoffen und den Mysterien des Lebens. Das Symbol der minoischen Kultur war die zweischneidige Doppelaxt, die *labrys*, von der das Wort Labyrinth abgeleitet wurde. Das Labyrinth war das Symbol der Bewußtseinsfindung und der mystischen Erkenntnis. Es ist kein Wunder, daß kretische Heilpflanzen im Altertum ein hohes Ansehen hatten.

Der Diktam ist auf Kreta einheimisch und gilt als »König unter den kretischen Kräutern«. Das Allheilmittel ist tief verwurzelt mit der minoischen Kultur. Ursprünglich war Kreta nicht so trocken und staubig wie heute. Die südlichste

---

* Nicht mit der in Süddeutschland vorkommenden Heilpflanze Diptam *(Dictamnus albus* LINNÉ) zu verwechseln!

Der echte Diptam oder Diktamus von Kreta; Kupfer aus der deutschen DIOSKURIDES-*Ausgabe von 1610.*

Insel Europas war dicht bewaldet. Selbst die Kalkmassive waren von üppiger Flora überzogen. Der Diktam kommt bis in die höchsten Gebirgsregionen der Insel vor. Der Diktam erhielt seinen Namen nach Diktynna, der Tochter des kretischen Zeus:

»Der Diktamus ist Kreta zu eigen. Diese Pflanze ist wunderbar in ihrer Tugend und kann für viele Zwecke genutzt werden, aber ist besonders für gebärende Frauen. Ihre Blätter ähneln denen der Poleiminze *(Mentha pulegium)*, der es auch im Geschmack ähnelt. Aber die Stengel sind dünner. Sie benutzen die Blätter, nicht die Stengel oder

Früchte: Die Blätter sind für viele andere Zwecke brauchbar, aber vor allem sind sie gut bei Schwierigkeiten niederkommender Frauen. Es wird gesagt, dadurch würde die Geburt erleichtert und es würden dadurch die Schmerzen erträglicher. Sie werden als (Kalt-)Wasserauszug gegeben. Es ist eine seltene Pflanze. Das Gebiet, in dem sie gedeiht, ist recht klein; zudem wird sie von den Ziegen, die sie gerne mögen, abgefressen. Die Geschichte von den Pfeilen soll auch wahr sein: Wenn die Ziegen sie essen, wenn sie getroffen wurden, werden sie davon geheilt. So steht es um den Diktamus und um dessen Eigenschaften.

Der ›falsche Diktamus‹ hat ähnliche Blätter, aber andere Stengel, und die Tugenden sind minder. Aber er wird genauso benutzt, obwohl er schwächer und nicht so kräftig ist. Die Tugend des Diktamus kann man erkennen, wenn man ihn in den Mund nimmt: Schon ein kleines bißchen hat einen sehr erwärmenden Effekt. Büschel davon werden in die hohlen Stiele des Stinkasants *(Ferula)* oder des Schilfrohrs gestopft, damit sie ihre Kräfte bewahren. Denn wäre es nicht so, würden sie kraftlos werden. Einige sagen, daß Diktamus und Falscher Diktamus ein und dieselbe Pflanze seien, daß aber letzere eine minderwertigere Form ist, die auf reicherem Boden wächst. Ganz so wie viele andere Pflanzen dadurch schwächer werden. Denn der Diktamus liebt einen rauhen Untergrund.« (THEOPHRAST, *Geschichte der Pflanzen* IX, 16)

Die lavinische Venus wurde nicht nur als Liebesgöttin, sondern auch als Garten- und Vegetationsgöttin, als Herrin der Weingärten und als Heilgöttin verehrt. In der *Aeneis* von dem römischen Dichter VERGIL erscheint sie als göttliche Heilerin und behandelt ihren geliebten Sohn Aeneas selbst:

»Heftig erschütterte der grausame Schmerz des Sohnes die Mutter
Venus. Sie eilt nach Kreta, am Gipfel des Ida zu pflücken
Diktam mit wolligen Blättern am Stiel und purpurner Blüte,
Jenes Kraut, nicht unbekannt im Gebirge den wilden
Ziegen [d.h. Kretische Wildgemse, Agrimi], sobald
ihnen haften im Rücken gefiederte Pfeile.
Diese holt Venus herbei, verborgen in düsterer Wolke,
Mischt es heimlich ins fließende Wasser des glänzenden Beckens
Als Medizin; ambrosische Säfte sprengt sie darüber,
Heilende und den Extrakt voll Duft der Asklepiospflanze.
Japyx, der Greis, dem dies entgangen, nahm von dem Wasser,
Badete drin die Wunde. Da wich auf der Stelle vom Körper
Jeglicher Schmerz, und alles Blut blieb stehn in der Wunde;
Ohne Gewalt entfiel ihr der Pfeil in die Hände des Arztes,
Und es kehrten zurück dem Helden die früheren Kräfte.« (12, 411ff)

Daß sich die von Pfeilen getroffenen Agrimis oder kretischen Wildziegen mit Diktamus selbst heilen, hat zuerst Aristoteles geschrieben. Er sagte, die in den Körper eingedrungenen Pfeilspitzen würden durch die Kraft des Diktamus wieder ausgeschieden werden. Dieses wird auch von Dioskurides bestätigt, der noch einige aufschlußreiche Namen des heiligen Krautes aufzählt:

»Der Diktamnos, welche einige wilden Polei nennen, andere *Embaktron, Beluakos* [= ›Heilmittel gegen Pfeile‹], *Artemidion* [= ›Artemispflanze‹], den Kretischen *Ephemeron, Eldia, Belotokos* [= ›pfeilrasch die Geburt machend‹], *Dorkidion* [= ›Rehkitz‹], *Elbunion*, die Römer *Ustilago rustica* [= ›Bauern-Wegerich‹].« (III, 34)

Der Diktam hieß auch *Labrum Veneris*, »Venus-Lippe«. Der Name *artemidion* war eine Anspielung auf die jägerische Artemis, die mit ihren vergifteten Pfeilen verwunden, aber auch Wunden heilen konnte (vgl. Artemisia).

In der hippokratischen Medizin wurde der Diktam wegen seiner spezifischen Wirkung auf den Uterus geschätzt. Ein Mittel, um die Geburt zu beschleunigen, wurde aus je einer Obole (= 0,568 g) Diktamkraut und Myrrhe mit zwei Obolen Anis in Wasser zerrieben, hergestellt. Ein anderes, offensichtlich kretisches Rezept lautet:

»Zu trinken geben Frucht von Agnus [vgl. Keuschlamm] und kretischen Diktam, von jedem das gleiche, in weißem Wein oder Wasser.« (zit. n. GOLTZ 1974: 195)

Zudem wird der Diktam im Corpus Hippocraticum gegen Gallenleiden, Lungenschwindsucht und als Kataplasma bei Wundgeschwüren genannt. Der Diktam gehört noch heute zu den beliebtesten Heilpflanzen der Kreter. Das kostbare Kraut gilt als Allheilmittel, Tonikum und Aphrodisiakum. Es wird entweder alleine als Tee aufgebrüht getrunken oder kommt in der Kräuterteemischung *faskomilo* vor. Diese Mischung besteht aus zehn Kräutern (u.a. *Thriba* [Bohnenkraut; *Satureia thybra*], Minzen, Thymian, Salbei [*Salvia triloba*]) und wird bei Lentas gemischt. Diese Kräutermischung hat vermutlich ihre Wurzeln in dem antiken Asklepeion von Lentas.

Im Mittelalter wurde aus dem Diktamus der Benediktinerlikör hergestellt. Noch heute werden Kräuterweine oder Liköre mit dem duftenden Kraut gewürzt.

Pharmakologie:
Die ganze Pflanze enthält ein ätherisches Öl mit Carvacrol, Pinen, Cedrol, p-Cymol und anderen Phenolen, Bitterstoffe und Gerbstoffe.

Anwendung:
Den kretischen Diktam erhält man fast nur auf der Insel selbst. Er wird dort getrocknet als Kräutertee angeboten. »Er wird als Allheilmittel betrachtet und wird häufig angewandt bei Erkältungen, Beschwerden im Magen- und Darmtrakt, bei Milzkrankheiten, gegen Rheumatismus und bei Entbindungen. Diktamus ist ein Beruhigungstee und Wundheilmittel.« (IATRIDIS 1986: 92)

Literatur:
BAUMANN 1982, BERENDES 1891, DIERBACH 1833, GOLTZ 1974, IATRIDIS 1986, SIMON 1990.

Efeu

Hedera helix LINNÉ – *Araliaceae* (Araliengewächse)

? (ägyptisch)
κισσος oder ελιξ (altgriechisch)
HEDERA (römisch)

Der Efeu ist weder Kraut noch Baum. Der immergrüne Efeu wächst zuerst auf der Erde, klettert aber spiralförmig, daher der griechische Name *helix*, »Spirale«, an dem nächstgelegenen Baumstamm empor. Der sich um den Stamm windende Efeu kann so übermächtig werden, daß der Baum abstirbt und unter dem Laub des Efeu begraben wird. Efeu galt als die Lieblingspflanze des Dionysos – der den Beinamen Kissos, »Efeugott«, trug, denn sie barg in sich chthonische Elemente und erinnerte an die kultisch verehrten Schlangen:

> »Die Schlangen, die die Mänaden auf einen Baumstumpf geworfen hatten, wanden sich um ihn und verwandelten sich in Efeuranken.« (NONNOS, *Dionysiska*)*

Die Mänaden oder Bacchantinnen waren dem Dionysos ergebene Frauen, die temporär einer Art Wahsinn *(mania)* verfielen, bei dem sie wild schreiend, nackt oder nur mit Efeuranken umschlungen durch die Wälder streiften, in der Raserei Tiere und Menschen bei lebendigem Leibe zer-

* Nach einer anderen Mythe wurde ein Sohn des Dionysos namens Kissos, der einen Fehler in der Anwendung der Künste seines Vaters machte und verunglückte, von Gaia in die Efeuranke verwandelt (vgl. DIERBACH 1833: 65).

Darstellung der Efeuranke auf dem Sarkophag der Isis; Zeit des Ramses II.

fleischten, aber in diesem entrückten Zustand auch die Gabe der Weissagung erhielten.

Offensichtlich benutzten die Mänaden einen Trank, der den göttlichen Nektar nachahmte, um durch ihn in den Zustand dionysischer Besessenheit zu geraten. Das Getränk der Mänaden war wahrscheinlich eine Art Kiefernbier oder Met, der mit Efeublättern versetzt wurde. Man glaubte, daß der Efeu unfruchtbar machen kann und daß er eine Art von Wahnsinn hervorruft. PLUTARCH sagte, daß der Efeu gewalttätige Geister enthalte, die wahnsinnige Ausbrüche und Krämpfe erzeugen. Efeu könne einen Rausch ohne Weingenuß, eine Besessenheit in denjenigen erzeugen, die einen natürlichen Hang zur Ekstase hatten. Wenn dem Wein Efeu zugesetzt wird, so erzeuge dieser ein Delirium, eine Verwirrung wie sie sonst nur durch Bilsenkraut hervorgerufen werden könne (PLUTARCH, *Römische Fragen* 112). Die Verwendung von Efeu als Rauschmittel ist heutzutage vollkommen in Vergessenheit geraten, ist aber vermutlich älter als der Gebrauch des Weins:

> »[Der Efeu] verwirrt den Sinn, reinigt, zu reichlich getrunken, den Kopf; innerlich genommen schadet er den Nerven, ist aber bei äußerlicher Anwendung eben diesen Nerven zuträglich ... Als Getränk wirken [alle Efeuarten] harntreibend, lindern den Kopfschmerz, besonders im Gehirn ... Die Beeren, die einen safranfarbenen Saft haben, geben, als Trank vorher genommen, sicheren Schutz vor einem Rausch.« (PLINIUS XXIV, 75/78)

Der Efeu galt als sicheres Zeichen der Anwesenheit des Dionysos. Es hieß, daß überall dort, wo Efeu gedeiht, von Europa bis zum Himalaya, der Gott den Boden mit seinen Füßen befruchtet hat und Efeuranken emporwuchsen. Der Efeu war auch dem grünen Osiris, dem ägyptischen Ebenbild des Dionysos, geweiht.

Im Neuen Reich, ab der 19. Dynastie, treten Efeuranken häufig als Schmuck der Sarkophage und in Gräbern auf. Aus der Zeit von Ramses II. ist ein Sarkophag der Isis bekannt geworden, der über und über mit Efeuranken verziert ist. In Griechenland wurde die heilige Pflanze vielfältig genutzt:

> »Der Efeu, einige nennen ihn *Kitharos*, andere *Kissaros*, *Chrysokarpos* [= ›goldgelbe Frucht‹], *Poitika* [= ›die Poetische‹], *Korymbethra* [= ›die *Corymbus*-artige‹], der gemeine Mann *Nysios* [= ›die von Nysia‹*], auch *Dionysios*, noch andere *Ithytherion* [= ›wild aufrecht strebend‹], *Persis*, *Kemos* [= ›Bergwald‹], *Asplenos* [= ›die Milz min-

* Nysia ist eine Stadt am Indus. An dem dort gelegenen Berg soll Dionysos selbst Wein und Efeu gepflanzt haben.

dernd‹], die Römer *Silva mater* [= ›Waldmutter‹], *Hedera*, die Gallier *Subites*, hat nach der Gestalt viele Varietäten, überhaupt aber drei Arten, nämlich die weiße, die schwarze und die gewundene. Der weiße trägt eine weiße, der schwarze eine schwarze oder safranfarbige Frucht*, diese nennt der gemeine Mann auch *Dionysios* [= ›die des Dionysos‹]. Der gewundene [*helix*] ist unfruchtbar, hat zarte Stengel und kleine kantige rote Blätter. Jeder Efeu ist scharf, adstringierend und greift die Nerven an. Von seiner Blüte soviel, als man mit drei Fingern greifen kann, in Wein genossen und zweimal am Tag getrunken, ist wirksam gegen Dysenterie; mit Wachssalbe fein zerrieben, ist sie auch ein gutes Mittel bei Brandwunden. Die zarten Blätter, mit Essig gekocht oder auch roh mit Brot zusammen fein zerrieben, sind für die Milz heilsam. Der Saft der Blätter und der Fruchtdolde wird mit Iris- und Salböl, oder mit Honig oder Natron in die Nase gebracht, er hilft dann gegen chronische Kopfschmerzen, wird aber auch mit Essig und Rosenöl zum Begießen des Kopfes angewandt. Ohrenschmerzen und eiternde Ohren heilt er mit Öl. Der Genuß des Saftes und der Fruchtdolde vom schwarzen bewirkt Unfruchtbarkeit und, im Übermaß genossen, Erschütterung des Verstandes. Werden fünf Beeren der Fruchtdolde, fein zerrieben mit Rosenöl, in der Granatapfelschale erwärmt und in das dem leidenden Zahn gegenüberliegende Ohr geträufelt, so lindern sie die Zahnschmerzen. Als Umschlag angewandt, färben die Fruchtdolden die Haare schwarz. Die Blätter, mit Wein gekocht, dienen als Umschlag auf jedes Geschwür; böse Brandwunden und Sonnenbrandflecken heilen sie, wenn sie, wie vorher angegeben, gekocht werden. Die feinge-

* Diese Art wird als *Hedera poetarum* BERTEL. gedeutet. Die anderen sind nur Varietäten von *Hedera helix*.

stoßenen Fruchtdolden befördern die Katamenien, wenn sie als Zäpfchen eingelegt werden. In der Gabe von einer Drachme nach der Reinigung getrunken, bewirken sie Unfruchtbarkeit. Die Blattknospe, mit Honig bestrichen und in die Gebärmutter gelegt, befördert die Menstruation und treibt den Embryo aus.« (DIOSKURIDES II, 210)

Im Gegensatz zu den impotent machenden und abortativen Kräften des schwarzen Efeus hieß es bei den alten Griechen, daß, gegessen, die Früchte des weißen Efeus Fruchtbarkeit bewirken können und ein Aphrodisiakum abgeben.

Pharmakologie:
Efeu enthält Glykoside, Inosit, Chlorogen-, Hederagerb-, Apfel- und Ameisensäure, Saponine vom Triterpentyp, Spurenelemente (Arsen, Zink, Kupfer, Mangan, Jod, Lithium, Aluminium). Die Efeuwirkstoffe (Hederasaponine) sind bei weitem nicht so giftig, wie der Volksmund glauben macht. Sie haben sogar medizinische Wirkung bei Keuchhusten. Berauschende Wirkstoffe sind nicht beschrieben worden.

Anwendung:
Als homöopathische Potenz (D3, D4, D6, D12, D30) bei Nasennebenhöhlenentzündungen, Muskel- und Gelenkrheumatismus, Bronchitis, Keuchhusten. Blätterextrakte werden zu Keuchhustenmitteln verarbeitet. Obwohl die Bereitung von Efeutee kaum gebräuchlich ist, kann er aus einem Teelöffel Efeukraut (ca. 05-0,8 g) und einer Tasse Wasser aufgebrüht werden. 10 Minuten ziehen lassen. Bei Husten und Erkältungen mit Honig gesüßt 1-3 mal täglich trinken. Es ist jedoch geraten, eine fertige Bronchialteemischung mit Efeu zu kaufen.

Literatur:

Berendes 1891, Brosse 1990, Camporesi 1991, Dierbach 1833, Frohne & Pfänder 1983, Georgiades 1987, Germer 1985, Pahlow 1993, Wichtl 1989.

Eiche

Quercus spp. – *Fagaceae* (Buchengewächse)
Quercus robur LINNÉ – Sommereiche
Quercus petraea (MATT.) LIEBL – Wintereiche
Quercus esculus LINNÉ – Speise-Eiche
Quercus farnetto TEN.

δρυς (altgriechisch)
AESCULUS (römisch)

Viele Götter wurden im Altertum in heiligen Gärten oder heiligen Hainen verehrt. OVID beschrieb den heiligen Hain der Ceres, der Korngöttin, und ihren heiligen Baum:

> »Dort stand eine gewaltige Eiche, ihr Kernholz war reich an Jahresringen, sie allein war schon ein Wald. Ihre Mitte umgaben Priesterbinden, Gedenktafeln und Blumengewinde, die von erfüllten Gelübden kündeten. Oft tanzten unter ihr die Dryaden [= Waldnymphen] den festlichen Reigen, oft faßten sich alle nebeneinander an den Händen und maßen so den Umfang des Stammes, und das Holz war volle fünfzehn Ellen mächtig. Ja, der übrige Wald lag so tief unter dieser Eiche wie das Gras unter dem Walde.«
>
> (*Metamorphosen* VIII, 743ff.)

Es heißt, in der Eiche der Ceres fließt Blut unter ihrer Rinde. Unter der Rinde leben die Dryaden, die Eichennymphen, sowie die Hamadryaden, die nach antiker Auffassung 932120 Jahre alt werden konnten. Unter der Wurzel lebt eine weissagende, Ceres' liebste Nymphe. Der Kult der Eiche, jenes mächtigen Baumes, der Jahrtausende überdauern kann, scheint sehr alt zu sein, reicht womöglich bis in die

Steinzeit. Ursprünglich war die Eiche ein schamanischer Weltenbaum, der die drei Weltgegenden und Zeiten miteinander verband und der deshalb weissagende Kräfte hatte. Dieser Aspekt hat sich bis in die hellenische Zeit hinein erhalten.

Die Eiche *(Quercus robur)* war aber in der Antike in erster Linie der Baum des Zeus oder Iuppiter. Die Eichel war eines seiner Symbole. Sein ältestes Orakelheiligtum lag im Epirus, im Nordosten Griechenlands. Es war die heilige Eiche von Dodona, die über Jahrtausende hinweg kultisch verehrt wurde, weil sie als zuverlässiger Orakelbaum galt. Sie war der Baum, der direkt »aus dem Schoße der Erdgöttin gewachsen kam«, war mit ihrem Geiste erfüllt und deshalb prophetisch:

> »In Dodona stand eine dem Zeus geweihte Eiche, und darin war ein Orakel, dessen Prophetinnen Frauen waren. Die Ratsuchenden näherten sich der Eiche; der Baum regte sich einen Augenblick, worauf die Frauen sprachen und sagten: ›Zeus verkündet dies und jenes‹.«
>
> (PAUSANIAS X 12,10)

Die Prophetinnen von Dodona wurden Pleiaden oder Peristeren, »Tauben«, genannt. PLATON zufolge empfingen diese »Tauben« die Botschaften des Gottes in der Ekstase, ganz ähnlich wie die delphische Pythia (vgl. Bilsenkraut). HERODOT hat Ursprung und Bedeutung dieses Baumorakels bei seinem Besuch in Dodona von einer verzückten Pleiade erfahren:

> »Zwei schwarze Tauben seien einst im ägyptischen Theben aufgeflogen, und die eine sei nach Libyen, die andere zu ihnen nach Dodona geflogen; sie habe sich auf einer Eiche niedergelassen und wie ein Mensch gesprochen: An diesem Ort solle man ein Orakel des Zeus gründen. Darin

hätten die Bewohner von Dodona ein göttliches Verheiß erkannt und hätten danach gehandelt. Die andere Taube, die nach Libyen geflogen sei, habe dort verheißen, ein Orakel des Ammon zu gründen. Das ist ebenfalls ein Orakel des Zeus.« (HERODOT II, 25)

HERODOT erwähnt hier das Orakel in der Oase Siwa, die weitab inmitten der libyschen Wüste liegt. Dort hat es einen Omphalos gegeben, der mit dem delphischen zusammengehörte (vgl. Lorbeer). In Siwa wurde Alexander der Große in die Mysterien eingeweiht.

Neben dem Orakel war Dodona auch eine Stätte der Heilung. Als Dionysos von einer mysteriösen Krankheit (heute würde man wohl von einer Schamanenkrankheit sprechen) befallen war, reiste er nach Dodona und wurde dort geheilt. Vielleicht weil er durch den schamanischen Weltenbaum wieder in die heile kosmische Ordnung zurückversetzt wurde.

Die Griechen und Römer teilten ihre Verehrung der Eiche mit vielen europäischen Völkern. Auch die Kelten und Germanen hatten heilige Haine. Dort wohnten die Götter in Bäumen, vor allen in alten Eichen. TACITUS schrieb in seiner *Germania*, daß die Germanen ihren Gott Juppiter (= Donar, Thor) in einer mächtigen Eiche verehrten. Die Eiche wurde im Übergang zum Christentum das Symbol des heidnischen Glaubens schlechthin.

Im heutigen Griechenland sind Eichen äußerst selten. Aber im Altertum herrschte im östlichen Mittelmeerraum ein anderes Klima. Das antike Griechenland war noch dicht bewaldet. Die Verehrung der Eiche ging so weit, daß man glaubte, die Menschen stammen von den Eichen ab. In archaischer Zeit dachte man, die Menschen wurden ursprünglich von Eichen geboren; die Arkadier waren davon überzeugt, daß sie zuerst Eichen waren. Sogar die Hellenen sahen in den Eichen noch ihre ersten Mütter. HESIOD, THEOPHRAST und PLINIUS schrieben über einen himmlischen Honig, der sich als honigsüßer Tau auf dem Eichenlaub niederließ. Die Eiche war ein lebenspendender, wohltuender Baum:

> »Von allen Bäumen bringt die Eiche die meisten Erzeugnisse hervor, so die kleine Galle und die andere, schwarz und erbsengroß, dann eine seltene Frucht, die wie eine Maulbeere aussieht, aber hart und schwer zu knacken ist; dann eine aufrechtstehende, zylindrische Frucht, hart, löchrig, die einem Stierkopf, aber einem zerbrochenen, gleicht und eine Art Olivenkern enthält. Die Eiche bringt auch das hervor, was manche Filz nennen. Es ist eine kleine wollige, weiche Kugel, die einen harten Kern umhüllt; man braucht sie für die Lampen, denn sie brennt so gut wie die schwarze Galle.«
>
> (THEOPHRAST, *Geschichte der Pflanzen* III, 7, 4f.)

THEOPHRAST beschreibt hier verschiedene Gallen oder Galläpfel, die durch die Larven von verschiedenen Insekten im Eichenlaub erzeugt werden. Galläpfel wurden als Färbe- und Gerbmittel, aber auch als adstringierende Medizin verwendet. Die Eicheln galten als die »erste Nahrung der Menschen«, als fruchtbarkeitsfördernd und wohl wegen der Erscheinungsform als Aphrodisiakum. Medizinisch wurden die Eichel und die Eichenrinde als Antidote und Mittel gegen Unterleibsbeschwerden verwendet (PLINIUS XXIX, 7).

Obwohl THEOPHRAST angibt, daß Eichen im thebanischen Gau wüchsen, konnten doch kaum Funde von Eichenrinde oder -holz in Ägypten gemacht werden. Allerdings konnte für die prädynastische Zeit der Gebrauch von Eichenrinde zum Gerben nachgewiesen werden.

Pharmakologie:
Die Eichenrinde enthält sehr viele Gerbstoffe (Catechingerbstoffe) mit stark adstringierenden, zusammenziehenden und entzündungshemmenden Eigenschaften. Die Eicheln sind sehr stärke-, aber auch gerbstoffhaltig. Ein aphrodisischer Wirkstoff konnte nicht festgestellt werden.

Anwendung:
Eichenrinde ist ein guter Gerbstoff. Eichenrindentee eignet sich als Gurgelmittel bei Entzündungen im Mund- und Rachenraum, auch bei entzündlichem Zahnfleisch. Der Tee wird aus ein oder zwei Teelöffeln geschnittener Eichenrinde mit einen Viertelliter Wasser für 3-5 Minuten ausgekocht. Er kann äußerlich auch bei Frostbeulen, Analfissuren, Hämorrhoiden und Oberschenkelentzündungen verwendet werden.

Literatur:
BROSSE 1990, DIERBACH 1833, GERMER 1985, PAHLOW 1993, VRIES 1934.

Eisenkraut

Verbena officinalis LINNÉ – *Verbenaceae* (Eisenkrautgewächse)

[*Pemphthemphtha*] (ägyptisch)
ϱαβδος (altgriechisch)
VERBENACA oder VERVINACUM, auch SIDERION (römisch)

Offensichtlich war das Eisenkraut mit der Göttin Isis und dem Hundsgestirn Sirius assoziiert. Vielleicht war es sogar die bisher nicht identifizierte »Pflanze der Isis«. Immerhin war die *hiera botane*, die »heilige Pflanze«, den Römern als »Tränen der Isis«, aber auch als »Tränen der Juno«, sogar als »Merkursblut« und *Herakleion siderion*, »Herkulespflanze«, bekannt.* In Rom gab es in der Nähe des Kapitols ein Eisenkrautfeld, wo die Stengel oder Zweige für geweihte Kränze gesammelt wurden. Der römische Name *verbenaca* bedeutet »heiliger Zweig« mit der ursprünglichen Bedeutung von »Stab« oder »Zauberstab«. Die römische Venus Victrix war mit Eisenkraut und Myrten bekränzt. Deshalb wurden aus Eisenkraut und Myrten Liebestränke gebraut.

Die kultische und medizinische Bedeutung war auch bei den Griechen verbreitet:

> »Die Pflanze *Peristereon hyptios* [= ›Heiliges Kraut‹], einige nennen sie *Hierabotane* [= ›Heilige Pflanze‹], andere *Erigonion* [= ›Pflanze der Erigeneia, der Göttin der Frühe‹], *Chamailykos* [= ›niedrige Wolfspflanze‹], *Sideri-*

* DIERBACH 1833: 179 nimmt an, daß die der Isis geweihte Art *Verbena supina* LINNÉ war.

tes [= ›Eisenkraut‹], *Kuritis* [= ›die Freundliche‹], *Persephonion* [= ›Pflanze der Persephone‹], Zeusrohr, *Dichromon* [= ›zweifarbig‹], *Kallesis* [= ›Hahnenbart‹], *Hipparison* [= ›Pferdchen gleich‹], *Demetrias* [= ›Pflanze der Demeter‹], die Ägypter *Pemphthemphtha*, PYTHAGORAS *Erysiskeptron*, die Römer *Cincinnalis* [= ›die Gekräuselte‹], entwickelt ellenlange oder auch größere kantige Zweige, um welche in Abständen die denen der Eiche ähnlichen Blätter stehen, nur daß sie schmaler und kleiner, am Rande eingeschnitten und etwas bläulich sind. Sie hat eine längliche dünne Wurzel, rote, zarte Blüten. Ihre Blätter und Wurzel, mit Wein getrunken und auch als Umschlag, sind wirksam gegen Schlangen. Bei Gelbsucht werden die Blätter zu einer Drachme mit drei Obolen Weihrauch in einer Kotyle alten, warmen Weins nüchtern vier Tage hindurch getrunken. Langwierige Ödeme und Entzündungen heilen sie als Umschlag, reinigen auch schmutzige Geschwüre. Die ganze Pflanze, mit Wein gekocht, reißt den Schorf auf Mandelgeschwüren ringsum auf und heilt als Gurgelmittel fressende Geschwüre im Mund. Es heißt, daß wenn ein Aufguß davon im Speisezimmer umhergesprengt wird, die Gäste vergnügter werden. Den am dreitägigen Fieber Leidenden wird von der Erde an der dritte Knoten mit den daran stehenden Blättern zu trinken gegeben, den am viertägigen Fieber Leidenden der vierte. Man nennt diese Pflanze die heilige, weil sie bei den Sühneopfern als Amulett im Gebrauch ist.« (DIOSKURIDES IV, 61)

Über Heilanwendung und das Ritual des Eisenkrautes bei den Römern und Galliern berichtet PLINIUS:

»Keine Pflanze ist unter den Römern so berühmt wie die *hiera botane* [= ›heilige Pflanze‹]. Einige nennen sie *asiste-*

reon, die lateinischen Autoren aber *verbenaca* [= ›Eisenkraut]‹ ... Mit ihr werden die Altäre des Jupiter abgefegt, Häuser gesäubert und gereinigt. Es gibt zwei Arten davon; eine hat viele Blätter und wird für weiblich gehalten; die andere, die männliche, hat weniger Blätter... Sie wächst überall an flachen, feuchten Orten. Beide Arten werden von den Galliern zum Wahrsagen und Prophezeien benutzt, und die *Magi* [= ›Druiden‹] treiben damit wahren Unsinn. Wenn man sich damit salbt, so erlangt man alles, was man will; das Kraut vertreibt Fieber, stiftet Freundschaft und heilt alle Krankheiten. Sie fügen hinzu, man müsse es beim Aufgang des Hundssterns [= Sirius] sammeln, wenn weder Mond noch Sonne scheinen; zuvor muß die Erde mit Wachs- und Honigopfern versöhnt werden. Mit Eisen muß man einen Kreis um die Pflanze ziehen und sie alsdann mit der linken Hand ausgraben und emporheben. Die Blätter, Stengel und Wurzeln müssen getrennt voneinander im Schatten trocknen. Sie sagen auch, daß die Unterhaltung lustiger wird, wenn eine *Kline* [Liege bei Trinkgelagen] zuvor mit Wasser, in das diese Pflanze eingelegt wurde, besprenkelt wird. Als ein Mittel gegen Schlangenbiß wird sie auch in Wein ausgequetscht.« (XXV, 105f)

In der antiken Literatur wurde auch das wohlduftende Zitronenkraut *(Lippia citriodora)*, als Verbene bezeichnet. Es wurde anscheinend ähnlich wie das Eisenkraut benutzt.

Pharmakologie:

Die ganze Pflanze enthält Glykoside, ätherisches Öl, Gerbstoffe, Kieselsäure, Bitterstoffe und Schleim. Das Glykosid Verbenalin hat adstringierende, wundheilende, abschwellende und fiebersenkende Wirkungen. Es konnten auch parasympathomimetische Wirkungen beobachtet werden.

Anwendung:
In der griechischen Volksmedizin wird ein Eisenkrauttee gegen Milcharmut, Fieber und Magenverstimmung getrunken. Die homöopathische Urtinktur (*Verbena* ∅) wird bei Schlaflosigkeit, Nervenleiden, Epilepsie, Nieren- und Gallensteinen gegeben.

Literatur:
Brosse 1992, Dierbach 1833, Pahlow 1993, Rätsch 1988 & 1991a, Sfikas 1980, Wichtl 1989.

Feigenbaum

Ficus carica LINNÉ – *Moraceae* (Maulbeerbaumgewächse)

d3b und *knti* (ägyptisch)
συκη (altgriechisch)
CAPRIFICA oder FICUS (römisch)

Der Feigenbaum gehört zu den ältesten Kulturpflanzen der Menschheit. Er läßt sich archäologisch schon in Jericho (ca. 7000 v. Chr.) nachweisen. Die Feige ist der erste in der Bibel erwähnte Fruchtbaum. Seine Blätter dienten bekanntlich Adam und Eva als keusche Verhüllung ihrer Genitalien. Jüdischen Bibel-Kommentatoren zufolge war der Baum der Erkenntnis ein Feigenbaum. Nach dem babylonischen Talmud waren Feigen die erste Nahrung des Menschen, allerdings gehörten sie auch zu den wesentlichen Opfergaben der »Götzenanbeter« im benachbarten Ägypten. Wein und Feigen waren ein rituelles Paar. Sogar in den Gärten rankte der Wein an den Feigenbäumen empor. Aus den getrockneten Feigen wurde eine Art Bier gebraut. Die Früchte wurden nicht nur als Nahrung, sondern auch als Heilmittel allseits geschätzt. Das Feigenholz wurde als rituelles Räuchermittel verbrannt. FLAVIUS JOSEPHUS nannte die Feige den »König aller Obstbäume«. Sie galt als die »Schwester des Weinstocks« (HIPPONAX).

Im alten Ägypten ist der Feigenbaum schon früh belegt. Man hat Feigen als Grabbeigaben und Fayencemodelle von Feigen gefunden. In den medizinischen Texten werden sie oft erwähnt. Vor allem innerlich zur Behandlung von diversen Krankheiten des Bauches, als Abführmittel, zur Be-

Der Feigenbaum; Kupfer aus der deutschen DIOSKURIDES-*Ausgabe von 1610.*

handlung von Magen, Leber, Lunge, des Herzens und zur Beseitigung verschiedener Schmerzstoffe.

Im attischen Griechenland galt die Feige als Geschenk der Erdmutter Demeter. In Attika, wo Demeter auf ihrer Trauerreise von Phylatos gastlich aufgenommen worden war, wuchs der erste Feigenbaum. PAUSANIAS zufolge wurde noch auf der Grabinschrift des Helden dieses Wunders gedacht:

> »Hier hat Phylatos einst, der Held, die hehre Demeter
> Gastlich empfangen, und hier zuerst erschuf sie die Frucht ihm,
> Die von dem Menschengeschlecht die heilige Feige genannt wird;
> Seitdem schmückt des Phylatos Stamm nie alternde Ehre.«

Die Feige wurde einer anderen Sage nach von Dionysos entdeckt. Er ist ein Baum des Dionysos und des Priapos, da er eine »schwellende Frucht mit dem saftigen blutroten Fleische« trägt. Die Feige hatte immer eine obszöne Konnotation. Von außen erinnert sie an einen Hodensack; geöffnet sieht sie aus wie eine erregte Vulva. Dionysos hieß in Lakonien Sykires, von *sykon*, die Feige. Aus dem Holz der Feige wurden Phallen (griechisch *krade*, »Feigenzweig«) geschnitzt und bei Prozessionen zu Ehren des Dionysos oder Priapos umhergetragen. Über diese Feigenbaum-Mysterien des Dionysos berichtet ein entsetzter Kirchenvater:

> »Eine Weltschande sind aber schon die dem Dionysos geweihten Wettkämpfe und Phalloi, die das ganze Leben in schlimmer Weise verheert haben. Wie nämlich Dionysos in den Hades hinabsteigen wollte und den Weg nicht wußte, verspricht ihm jemand namens Prosymnos, den Weg zu zeigen, aber nicht umsonst; der verlangte Lohn war aber nichts Schönes, aber dem Dionysos war er recht. Es war Gewährung von Liebesgenuß der Lohn, der von Dionysos verlangt wurde. Das Verlangen entsprach dem Wunsch des Gottes, und er verspricht ihm wirklich, das Verlangte nach seiner Rückkehr zu gewähren, und bekräftigt sein Versprechen mit einem Eid. Er erfuhr den

Weg und ging fort; dann kehrte er wieder zurück, aber den Prosymnos trifft er nicht mehr; denn er war gestorben. Voll Verlangen, seinem Liebhaber das eidliche Versprechen zu halten, eilt Dionysos zum Grabe und entbrennt von Begierde. Er schneidet nun den Ast eines Feigenbaums, der gerade zur Hand war, ab, schnitzt ihn zu, daß er einem männlichen Glied ähnlich war, und setzte sich auf den Ast, um dem Toten sein Versprechen zu halten. Als ein mystisches Denkmal an dies Vorkommnis werden dem Dionysos in den Städten Phalloi aufgestellt. ›Denn wenn es nicht Dionysos wäre, dem man den Festzug veranstaltet und das Phalluslied singt, dann wäre es ein ganz schamloses Tun‹, sagt Heraklitos. ›Ein und derselbe aber ist Hades und Dionysos, zu dessen Ehre sie schwärmen und trunkene Feste feiern‹; nicht sowohl wegen körperlicher Betrunkenheit, wie ich meine, als wegen der schmählichen Zurschaustellung zügelloser Ausgelassenheit.« (Klemens von Alexandrien, *Mahnrede an die Heiden* II 33,9-35,1)

Plutarch erkannte in dem Feigenblatt eine »gewisse Ähnlichkeit mit dem männlichen Glied«. Der Feigenbaum war mit dem lüsternen Bock und den Satyrn assoziiert. In Messenien wurde er *tragos*, »der Bock«, genannt; in Rom hieß der wildwachsende Feigenbaum *caprificus*, von *caper*, »Bock«. Der ithyphallische und apotropäische Fruchtbarkeitsgott Priapos ist sogar aus dem Feigenbaum hervorgegangen:

»Ein Stamm vom Feigenbaum war ich dereinst,
wertloses Holz;
ob eine Bank, ob ein Priapos aus mir werden sollte,
schwankte erst der Zimmermann; dann machte er mich
lieber zum Gott.

Ein Gott bin ich seitdem, der größte Schrecken für die Diebe und die Vögel,
denn den Dieben wehrt die Rechte und der rote Pfahl,
der sich aus unanständiger Lendengegend reckt ...«

(HORAZ, *Satiren* I, 8, 1ff)

Der Feigenbaum galt auch als Orakelbaum. In Rom wurden verschiedene Feigenbäume verehrt. Einer dieser Bäume wuchs vor dem Tempel des Saturn. Ein anderer, dem Mars geweiht, auf dem Forum Romanum. Der Feigenbaum war ein *arbor felix*, ein »glücklicher Baum«, und stand im Ruf, vor Blitzen zu schützen. Da man sich in Rom ständig vom Zorne des Blitzeschleuderers Juppiter bedroht fühlte, wurden viele Feigen angepflanzt. Ebenso galt der Feigenbaum als ein Phallussymbol. Man erkannte in dem Milchsaft (Latex) das Sperma des Gottes Mars. Der römische Mars war nicht nur ein Kriegsgott (wie der griechische Ares), sondern ein Beschützer der Bauern und ursprünglich sogar ein Gott der blühenden Natur. Er wurde von Juno, die auch Caprotina genannt wurde, geboren, die sich auf mystische Weise mit einer wunderbaren Blume vereinigt hatte. Er wurde in der Feige als der Gott des Wiederauflebens im Frühling verehrt. Bei seinem Fest im März feierte man das Aufsteigen der Säfte. Daher erklärt sich auch die Sitte, vor der Aussaat in die Furchen des frisch gepflügten Ackers ein paar Feigen als Garant für kommende Fruchtbarkeit zu legen.

Die medizinische Anwendung der Feigen waren in der Antike gut bekannt und weit verbreitet:

»Die reifen Feigen, wenn sie weich sind, bekommen dem Magen schlecht und lösen den Bauch. Leicht aber wird der von ihnen erzeugte Fluß geheilt; sie rufen Ausschlag und Schweiß hervor, stillen aber den Durst und dienen zum Dämpfen der Hitze. Trocken aber sind sie nahrhaft, erwärmend, mehr Durst machend, wohltuend für den Bauch, untauglich für den Magen- und Bauchfluß. Heilsam sind sie für den Schlund, die Luftröhre, die Blase und Nieren, wie auch für die, welche nach langer Krankheit eine schlechte Farbe haben, ferner für Asthmatiker, Epileptiker und Wassersüchtige. Mit Ysop [*Origanum smyrnaeum* ssp. *syriacum* L.] gekocht und getrunken, reinigen sie die Brust, sind auch ein gutes Mittel bei altem Husten und chronischen Lungenleiden. Den Bauch erweichen sie mit Natron und Safran zusammen gestoßen und genossen. Die Abkochung derselben ist bei Luftröhren- und Mandelentzündung als Gurgelmittel angebracht, sie werden auch zu Umschlägen aus gerösteter Gerste und zu Blähungen für Frauen mit Bockshorn und Gerstenschleim gemischt. Mit Raute gekocht, dienen sie zum Klistier bei Leibschneiden. Gekocht und fein zerrieben, zerteilen sie als Kataplasma Verhärtungen und Drüsen, erweichen Furunkeln und bringen Scham- und Achseldrüsengeschwüre zur Reife, besser noch mit Schwertlilie, Natron oder ungelöschtem Kalk. Auch roh zerstoßen leisten sie zusammen mit den genannten dasselbe. Mit Granatrinde vertreiben sie übergewachsene Nägel. Mit Eisenvitriol heilen sie schwer heilbare und bösartige Schienbeinflüsse. In Wein gekocht und mit Wermut und Gerstenschrot gemischt, sind sie als Umschlag Wassersüchtigen heilsam. Gebrannt und mit Wachssalbe gemischt, heilen sie Frostbeulen. Roh feingestoßen und mit flüssigem Senf aufgenommen, helfen sie, in die Ohren gesteckt, bei Sausen und Jucken. Der Saft des wilden und zahmen Feigenbaumes bringt Milch zum Gerinnen wie Lab, löst aber das Gerinnsel wieder wie der Essig. Er erzeugt auf dem Körper Geschwüre und eröffnet, löst den Bauch und vermindert die Spannung der Gebärmutter, wenn er mit feingestoßenen Mandeln genommen wird.

Mit Eidotter oder tyrrhenischem Wachs im [Vaginal-] Zäpfchen appliziert, befördert er die Menstruation. Mit Bockshornmehl und Essig dient er zu Kataplasmen bei Podagra, mit Gerstenmehl beseitigt er Aussatz, Flechten, Sonnenbrandflecken, Krätze, weiße Hautflecken und Schorf. Er heilt, auf die Wunde getröpfelt, Skorpionstiche und Bisse von giftigen Tieren und Hunden. Auch bei Zahnschmerzen hilft er, auf Wolle geträufelt und in den holen Zahn gesteckt. Endlich vertreibt er Warzen, wenn er mit Talg um das Fleisch rings herum gestrichen wird.«

(Dioskurides I, 183)

Pharmakologie:

Feigen enthalten Invertzucker (50-70% in der Frucht), Pektin, Vitamine A, B und C, Mineralstoffe (Kalzium, Phosphor, Eisen, Kalium), Fruchtsäuren, Fermente, besonders das eiweißzersetzende Ficin, Pentosan, Schleim. Die Frucht, ob frisch oder getrocknet, ist leicht verdaulich und hat mild abführende Wirkungen. Die Berührung mit frischen Feigenblättern kann bei überempfindlichen Personen zu leichten Allergien führen. Der Rindensaft enthält das eiweißzersetzende Enzym Papain.

Anwendung:

Leichtes Abführmittel (besonders bei schmerzenden Hämorrhoiden und Darmkrämpfen); Feigenmus eignet sind gut zur Herstellung galenischer Präparate *(Sirupus Caricae Comp.)*. Der Milchsaft wird in der kretischen Volksmedizin als Mittel zum Abtöten von Warzen verwendet.

Literatur:

Brosse 1990, Dierbach 1833, Gassner 1993, Germer 1979 & 1985, Goor 1965, Hehn 1992, Iatridis 1986, Manniche 1989, Udapa & Tripathi 1983.

Fenchel

Foeniculum vulgare MILL. – *Apiaceae (Umbelliferae;* Doldengewächse)

? (ägyptisch)
μαραθον (altgriechisch)
FENICULUM (römisch)

In Griechenland gehört der angenehm duftende Fenchel zu den wildwachsenden Kräutern. Da er von den antiken Sportlern als gesunde Nahrung angesehen und in großen Mengen verzehrt wurde, hat er seinen griechischen Namen *marathon* erhalten. Die hippokratische Medizin verwerdete Wurzeln, Samen und der aus dem Kraut gepreßte Saft für diuretische Mittel und als Arzneien gegen Gelbsucht. Dem Fenchel wurde die Kraft, die Muttermilch zu befördern und die Sehkaft der Augen zu schärfen, zugeschrieben. Von den Samen hieß es auch, daß sie die Lust reizen. Die Blütendolden wurden aphrodisischen Zubereitungen hinzugefügt und alleine als Liebeszauber verwendet.

Im Rom wurde laut GALEN der Fenchel nicht nur als Gewürz, sondern in Essig eingelegt, auch als Gemüse verwendet. In der spätägyptischen und koptischen Medizin wurde Fenchel zur Behandlung von Augenkrankheiten verwendet. Die Samen wurden zur Verdauungsförderung gekaut.

In Griechenland kommt verstärkt der nahe verwandte Narthex oder Riesenfenchel *(Ferula communis)*, die »Dolde des Dionysos«, vor. Er ähnelt in Aussehen und Duft dem echten Fenchel, wird jedoch bis zu vier Meter hoch und bildet prächtige gelbe Dolden aus. Die verholzten, hohlen

Stengel wurden zur Herstellung der dionysischen Thyrsosstäbe verwendet. Dazu wurde ein Pinienzapfen auf den Stengel anstelle der Dolde gesetzt; manchmal wurde der Stab noch mit Efeuranken umschlungen (vgl. Efeu, Pinie). Der Thyrsos war in den dionysischen Mysterien von großer, doch nicht mehr rekonstruierbarer Bedeutung. Die antiken Quellen ergehen sich in Anspielungen wie:

»›Ein Stier erzeugt den Drachen und ein Drach' den Stier;
Ein Rinderhirt (trägt) heimlich auf den Berg den Stab‹, wobei er, wie ich glaube, als Stab den Thyrsos bezeichnete, den die Bakchen bekränzen.«

(Klemens von Alexandria, *Mahnrede an die Heiden* II, 16,3)

Es sind viele szenische Darstellungen überliefert, auf denen Satyrn, Silenen oder Mänaden mit Thyrsosstäben abgebildet werden. Dionysos soll seinem Gefolge den Gebrauch der Thyrsosstäbe befohlen haben, weil sie zum einen kräftig genug sind, um die Berauschten oder ekstatisch Verzückten während der heiligen Prozessionen zu stützen, zum anderen, weil sie nicht stark genug sind, sie als Keulen bei aufkommender Raserei zu mißbrauchen. Der Thyrsosstab war zum einen das Emblem des Dionysoskultes, zum anderen treffen sich in ihm die Konzepte von archaischen Schamanen- und Zauberstäben. Der Sage nach hat der schöpferische Titan Prometheus den Menschen mit Hilfe des Narthex die Gabe des Feuers gebracht. Der neidische Zeus wollte verhindern, daß Prometheus den Menschen alles schenkt, was die Götter besaßen. Doch Prometheus stahl aus Hephaistos' Schmiede etwas Glut, die er im Mark eines knotigen Narthex-Stengels zur Erde trug. In der Tat ist der trockene Stengel zwar leicht entzündbar, jedoch glost das Mark sehr langsam vor sich hin, so daß die Stengel zum Weitertragen von Feuer geeignet sind.

Der Gebrauch von Fenchel als Fruchtbarkeitssymbol und -bringer hat sich bis in die frühe Neuzeit bei den als Hexen verfolgten heidnischen Benandanti in Norditalien als eine Erinnerung an das Treiben der thyrsosbeschwingten Mänaden erhalten.

Pharmakologie:
Die Samen enthalten 2-4% ätherisches Öl (Hauptbestandteil Anethol, daneben Fenchon, Anisaldehyd und α-Pinen) mit karminativen und diuretischen Wirkungen. Das ätherische Öl ist allgemein entzündungshemmend, blähungstreibend, im Magen-Darmbereich entkrampfend und appetitanregend. Außerdem wird die Darmperistaltik stimuliert. Anethol soll visionäre Zustände auslösen können.

Anwendung:
Fenchelsamen können zur Verdauung gekaut werden. Ein Fenchelsamentee (1 Teelöffel Samen auf einen Becher Wasser, überbrühen) hilft bei Verdauungsschwäche und bei Magen- und Darmkrämpfen.

Literatur:
Baumann 1982, Berendes 1891, D'Andrea 1982, Dierbach 1833, Georgiades 1987, Germer 1985, Manniche 1989, Mautner & Küllenberg 1989, Newman 1979, Ott 1993, Pahlow 1993, Rätsch 1990a, Udapa & Tripathi 1983, Wichtl 1989.

Getreide

In der Antike bekannte Getreidearten:

Hordeum vulgare Linné – Saatgerste, altgr. κριδης
Hordeum distichon Linné – Zweizeilige Gerste
Hordeum hexastichon Linné – Mehrzeilige Gerste
Triticum boeoticum Boiss. – Wildeinkorn
Triticum monococcum Linné – Emmer
Triticum dicoccoides Körn – Wilder Emmer
Triticum dicoccum Schübl. – Emmer
Triticum durum Desf. - Hartweizen
Triticum turgidum Linné – Rauh-Weizen
Triticum spelta Linné – Spelzweizen = Dinkel, altgr. ζειας
Triticum aestivum Linné – Saatweizen, altgr. τριμηναιος oder σιταωιος
Triticum hibernum Linné, altgr. πυρων
Avena sativa Linné – Hafer, altgr. βρομον oder βρομος
Oryza sativa Linné – Reis, altgr. ορυζος

Die Entdeckung und Kultivierung des Getreides brachte dem Menschen die sogenannte neolithische Revolution. Dieses historisch höchst wichtige Ereignis wurde in späteren Jahrtausenden natürlich Gegenstand mythologischer Spekulationen, aber auch Objekt mystischer Verehrung. Im alten Ägypten war der Getreideanbau von Emmer und Gerste die Grundlage der Wirtschaft. Daraus wurden die beiden wichtigsten Nahrungsmittel, Brot und Bier, bereitet. In Ägypten wurde sogar so viel Getreide produziert, daß der

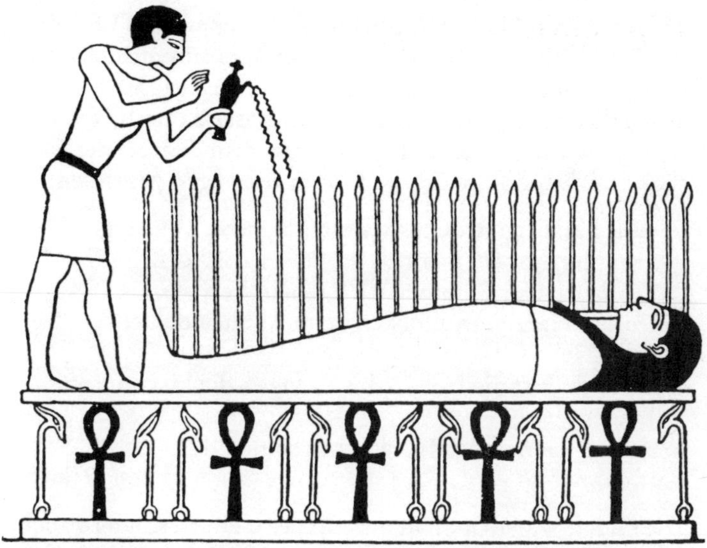

Der ägyptische Getreide- und Unterweltsgott Osiris, aus dessen Mumie Getreide wächst.

Überschuß ins Ausland exportiert werden mußte. Im Land am Nil galt Getreide selbst als Währung.

Im alten Ägypten glaubte man, daß die wilde Gerste, das »erste Getreide«, von der Göttin Isis entdeckt wurde. Sie brachte es dem Volk am Nil und lehrte es daraus Brot zu backen und Bier zu brauen. Auch der Totengott Osiris war ein Gott des Getreides. Im *Totenbuch* wird sogar eine Biergöttin Menqet erwähnt (Spruch 101). Sie war mit dem Prozeß der Geburt verbunden. Im Geburtstempel von Efdu weist eine Inschrift auf den medizinischen Bezug hin:

> »Froh wird das Gesicht dieser Gebärenden, sie ist trunken entsprechend dem Krug der Biergöttin.«
>
> (nach STETTER 1990: 93)

Oft wird auch Hathor, die berauschte Liebes- und Lustgöttin, als Herrin des Bieres angesehen und mit ausufernden Biergelagen und reichlichen Libationen geehrt. Sie war ursprünglich eine wilde Löwin, deren Raserei durch Bier besänftigt wurde. In einer Inschrift aus dem Tempel der Hathor von Dendera wird die Göttin deswegen gepriesen:

> »Wir besänftigen deine Majestät täglich,
> dein Herz jubelt, wenn es unsere Lieder hört.
> Wir jauchzen, wenn wir dich sehen alle Tage.
> Unsere Herzen frohlocken beim Anblick deiner Majestät.
> Denn du bist die Herrin des Kranzes, die Herrin des Tanzes
> und die Herrin der Trunkenheit ohne Ende.«
>
> (n. HELCK 1971: 85)

Die Gerste war aber nicht nur mit der Geburt, sondern auch mit der Wiedergeburt assoziiert. Es gab den Brauch, in den neu angelegten Gräbern sogenannte Osirisbetten anzulegen. Dazu wurde Erde in die Gestalt des wiederauferstehenden Gottes Osiris gebracht und mit Gerstenkörnern bestreut. Wenn die Körner keimten, wurde der Tote mit neuem Leben erfüllt.

Eine andere Getreideart, der Emmer, stand auch mit Tod und Geburt in Zusammenhang. Im *Berliner medizinischem Papyrus* heißt es:

> »Du sollst ihre Vagina mit Emmerkörnern reinigen, um zu verhindern, daß sie den Samen empfängt. Alsdann bereite ihr, um die Spermien zu lösen, einen Trunk aus fünf Teilen Öl, fünf Teilen Sellerie und fünf Teilen Süßbier. Den soll sie erhitzen und viermal morgens zu sich nehmen.«

Bier war in der ägyptischen Medizin das wichtigste Lösungs- und Aufschwemmittel für andere Drogen. Schon in der babylonischen Medizin, die einen starken Einfluß auf die ägyptische ausgeübt hat, wurden die meisten Heilpflanzen in Bier gemischt eingenommen.* Im Zweistromland wie im Nilland verwendete man alle erdenklichen Arten von Bier: süßes Bier, verdünntes Bier, Dünnbier, Starkbier, altes Bier, umgeschlagenes Bier, lauwarmes oder nachtgekühltes Bier. Allerdings wurden auch Medizinalbiere unter Zusatz weiterer Heilmittel gebraut. Als Schmerzmittel wird folgendes Bierrezept angegeben:

> »Bilsenkraut 1/16; Datteln 5 *ro*, *shr*-Bier 10 *ro*, geritzte Sykomorenfrüchte 1/8; Wein 5 *ro*, Eselsmilch 20 *ro*, durchgeseiht und vier Tage lang getrunken.«
>
> (n. HELCK 1971: 80)

In Griechenland und Rom waren die Getreide das Geschenk der Demeter, der »Mutter in der Erde«, oder Ceres. Getreide wurde sogar als *Deo*, »Göttin« (= Demeter), bezeichnet. Sie brachte den Menschen die Brotfrucht und wurde dafür in den eleusinischen Mysterien gefeiert (vgl. Minze, Mohn, Mutterkorn):

> »Es feierten die frommen Mütter das jährliche Ceresfest, an dem sie, in weiße Kleider gehüllt, Ährengewinde als Erstlingsopfer ihrer Ernte darbringen und neun Nächte lang Venus und männliche Berührung für verboten halten. In jener ist die Gemahlin des Königs ... und sie nimmt eifrig an den geheimen Weihehandlungen teil.«
>
> (OVID, *Metamorphosen* X 432ff)

---

* »Der Trank ist die häufigste und zugleich einfachste Arzneiform. Die Formel *ina sikari isatti*, ›in Bier trinke er‹, könnte fast als Charakteristikum der babylonischen Medizin gelten.« (GOLTZ 1974: 60)

Darstellung der Demeter (links) und Persephone (rechts), wie sie dem Kulturheros Triptolemos Weizen- und Gerstenhalme überreichen, damit er sie den Menschen bringt; griechische Vasenmalerei, nach BURN.

Auch Sabazios, der wie eine thrakische Version des Dionysos wirkt, war ein Gott der Gerste. Er schenkte den Menschen das Geheimnis der Bierbrauerei und wurde auch in seinen Mysterien mit Gerstenbier gefeiert.

Obwohl man auch den verschiedenen Getreidesorten gewisse Heilkräfte zuschrieb, war es doch in erster Linie das Bier, welches medizinische Bedeutung, und zwar in erster Linie als Trägersubstanz anderer Pharmaka, hatte.

Pharmakologie:
Alle Getreide enthalten Stärke, Aminosäuren, Vitamine und Mineralstoffe. Deshalb sind sie hervorragende Nahrungsmittel. Die medizinische Wirkung des Bieres geht zum einen auf den Alkoholgehalt, zum anderen auf den Hefean-

teil und die Hefestoffwechselprodukte zurück. Bierhefe ist sehr Vitamin-E-haltig und dadurch ein Mittel zur Verbesserung der Haut.

Anwendung:
Zur medizinischen Verwendung sollte man vor allem hefehaltige Weizenbiere (Hefe-Weiße) verwenden. Unter den Getreiden ist besonders der Hafer gesundheitsförderlich. Er ist kräftigend und aufbauend, wenn er als Haferflocken verspeist wird. Hafertinktur kann als Aphrodisiakum eingenommen werden. Grünes Haferkraut kann als fertiger Tee in Apotheken erworben werden. Nach Anweisung zubereiten.

Literatur:
DIERBACH 1833, GERMER 1986, GOLTZ 1974, HELCK 1971, PAHLOW 1993, WICHTL 1989.

Granatapfel

Punica granatum LINNÉ – *Punicaceae* (Granatapfelbaumgewächse)

jnhmn (ägyptisch)
ροα (altgriechisch)
MALUS GRANATUS (römisch)

Der Granatapfelbaum *(Punica granatum)* stammt ursprünglich aus dem Orient (Himalaya, Iran, Afghanistan), wird aber seit dem Altertum auf Zypern gezüchtet und in Gärten und an Heiligtümern angebaut. Der zypriotischen Sage nach hat Aphrodite, die selbst aus dem Orient stammt, den ersten Granatapfelbaum auf Zypern gepflanzt. Warum ist er der Liebesgöttin heilig? Wenn man die Knospe *(kytinoi)* betrachtet, die kurz davor ist sich zu öffnen, hat man ein fast naturalistisches, knallrotes Modell eines schöngeformten Penis vor sich.* Oft wird die Göttin mit einem Grantapfel in der einen, mit einer Granatblüte in der anderen Hand dargestellt. Frucht und Blüte verkörpern die beiden Pole der Sexualität, weiblich und männlich, die von der Göttin vereint werden. Der Granatapfel ist vielfach als der »Baum des Lebens« oder als »Baum der Erkenntnis« gedeutet worden. Der berühmte »Apfel vom Baum der Erkenntnis«, die verbotene Frucht, war nicht der Apfel, sondern der Granatapfel (VEDEL 1978: 123; vgl. Apfelbaum).

Der Baum gehörte aber auch zu den Pflanzen des Diony-

* Das Kultbild im Aphrodite-Heiligtum von Paphos war ein großer schwarzer Stein in Form eines Phallus; denn der Phallus war das, was die Göttin am liebsten hatte.

Der Granatapfel (mit aufplatzenden Früchten); Kupfer aus der deutschen DIOSKURIDES*-Ausgabe von 1610.*

sos. Als der junge Dionysos auf Betreiben der eifersüchtigen Hera von Titanen entführt, zerstückelt und gekocht wurde, verspritzte er sein göttliches Blut. Aus dem Blut, das die Erde befeuchtete, wuchs ein Granatapfelbaum.* Deshalb

> »hüten sich auch die Frauen, die die Thesmophorien [das attische Demeterfest; vgl. Keuschlamm] feiern, die auf die Erde gefallenen Granatapfelkerne zu essen, in der Mei-

* Nach einer anderen Fassung entsprang der Granatapfel dem Blut des Agdistis, der ursprünglich zweigeschlechtlich war. Er war ein unbändiges wildes, in Raserei verfallendes Wesen. Um seine Zerstörungswut zu bremsen, wurde er von den Göttern trunken gemacht und an einen Baum gefesselt. Als er erwachte, fuhr er empor und riß sich dabei die männlichen Genitalien ab. Das Blut befruchtete die Erde, und es entstand der Granatapfelbaum daraus (vgl. GIEBEL 1990: 118f).

nung, die Granatapfelbäume seien aus den Blutstropfen des Dionysos entsprossen [und dadurch unkeusch].«

(KLEMENS VON ALEXANDRIA, *Mahnrede an die Heiden* II 19, 3)

In den orgiastischen Mysterien des Dionysos gehörte die pralle, runde Frucht zu den Heiligtümern der mystischen *Kiste:*

»Wie steht es ferner mit den mystischen Kisten? Denn man muß ihre Heiligtümer enthüllen und ihre Geheimnisse aufdecken. Sind das nicht Sesamkuchen, Pyramidenkuchen, Kugelgebäck, vielbuckeliges Backwerk, Salzkörner und eine Schlange, das heilige Symbol des Dionysos Bassaros? Sind es nicht außerdem Granatäpfel und Zweige vom Feigenbaum und Narthexstengel und Efeuranken, ferner runde Kuchen und Mohnköpfe?«

(KLEMENS VON ALEXANDRIA, *Mahnrede an die Heiden* II 22, 4)

Der aus Granatäpfeln gewonnene *sdh*-Wein galt im Altertum als Aphrodisiakum, besonders im rauschhaften Kult der ägyptischen Liebesgöttin Hathor. Der Granatapfel gelangte zu Beginn des Neuen Reiches nach Ägypten. Früchte und Blütenblätter wurden in Gräbern und an Opferplätzen gefunden. In der Liebeslyrik war der aphrodisische Baum mit der weiblichen Erotik assoziiert:

»(Der Granatbaum) spricht:
Meine Kerne gleichen ihren Zähnen,
Meine Frucht ihren Brüsten.
(Ich bin der Beste) des Baumgartens,
weil ich zu jeder Jahreszeit bleibe.

Die Geliebte und ihr Geliebter
(wandeln unter) meinen (Zweigen),

Leichtbekleidete Ägypterin mit Bierkrug in einem Granatapfelhain; Wandmalerei im Grabe Neferhoteps/Theben, Nr. 94, 18. Dynastie.

trunken von Wein und Süßwein,
gesalbt mit Öl und Balsam.« *(Papyrus Turin)*

Die Blüten, aber auch die Rinde wurde in der ägyptischen Medizin vor allem zur Behandlung von Magen-Darm-Problemen und als Wurmmittel verwendet. Gegen Eingeweidewürmer wurde folgendes Rezept empfohlen:

»Wurzel des Grantapfelbaumes 5 *ro* [1 *ro* = 15 ml]; Wasser 10 *ro;* werde nachts dem Tau ausgesetzt; werde durchgepreßt; werde getrunken an einem Tag.« *(Papyrus Ebers)*

Die intestinalen Würmer, vor allem wohl der Bandwurm, wurden als »Schlangen« angesehen, die sich begierig auf den Granatapfelsud stürzten, aber durch dessen giftige Eigenschaft abstarben und abgingen. Dies wurde von den Griechen bestätigt:

> »Auch die Rinde der Granate, welche einige Sidion nennen, hat adstringierende Kraft und wirkt gleichfalls gegen alles das, wogegen die Granatäpfel angewendet werden. Die Abkochung der Wurzel treibt, getrunken, den Bandwurm aus und tötet ihn.« (DIOSKURIDES I, 153)

Die Wurzelrinde wird noch heute in der Volksmedizin bei Wurmbefall und Durchfall benutzt. In der hippokratischen Medizin wurde der wohlschmeckende Fruchtsaft den Fiebernden gegeben.

Pharmakologie:
Die Früchte (bzw. das Fruchtfleisch) enthalten wertvolle Mineralstoffe (Kalzium, Phosphor, Eisen, Natrium, Kalium) und Vitamine (Thiamin, Riboflavin, Niacin, C). Die Rinde enthält 20% Gerbsäure, Gallussäure und verschiedene Alkaloide. Das Pelletierin ruft eine gesteigerte Reflexerregbarkeit hervor. Das Pyridin-Alkaloid ist ein sicheres Bandwurmmittel, denn es lähmt dessen Nervensystem, so daß er betäubt ausgeschieden werden kann. Neuere chemische Untersuchungen des Granatapfels geben auch Hinweise darauf, warum gerade dieser Baum als »Baum des Lebens« oder als »Baum der Erkenntnis« erachtet wurde. Die Wurzelrinde enthält 15% DMT (N,N-Dimethyltryptamin), ein entheogener Neurotransmitter, der zur vollkommenen Erkenntnis führen kann* (vgl. Steppenraute).

* Der heilige Haoma-Trunk der Parsen enthielt nach Angaben der

Anwendung:
Man benutzt am besten den ausgepreßten Fruchtsaft. Der eignet sich bei Zahnfleischentzündungen und Zahnfleischblutungen sowie bei Fieber und Erkältungen.

Literatur:
DIERBACH 1833, GEORGIADES 1987 I, 1990, GERMER 1985, GRANDJOT 1991, MANNICHE 1988, MUTHMANN 1982, RÄTSCH 1993, UDAPA & TRIPATHI 1983, WESTENDORF 1992.

Awesta Granatapfel (vgl. David St. FLATTERY & Martin SCHWARTZ, *Haoma and Harmaline*, University of California Publications, Near Eastern Studies, Vol. 21, 1989). Vielleicht war der Haoma-Trank ein psychedelisches Gemisch aus Steppenraute (Harmalin, Harmin) und Granatapfelrinde (DMT), das durch den Synergismus beider Substanzen oral wirksam war und so die ihm zugeschriebenen Wirkungen tatsächlich entfachen konnte.

Hanf

Cannabis sativa LINNÉ 1737 – *Cannabaceae* (Hanfartige)

smtsmt (ägyptisch)
καvvαβιov (altgriechisch)
CANNABIS (römisch)

Im Altertum war die Nutz- und Heilpflanze Hanf sehr wohl und weithin bekannt. THEOPHRAST beschrieb den Hanf erstmals unter dem Namen *dendromalache*. Seine Darstellung ist botanisch korrekt. Das älteste literarische Zeugnis über die Verwendung vom Hanf stammt hingegen von HERODOT.

HERODOT hat der Kultur der Skythen ein umfangreiches Kapitel in seinem Geschichtswerk gewidmet. Im Altertum war der Name Skythen eine Sammelbezeichnung für nomadisierende Reitervölker, die am Schwarzen Meer, entlang der Donau und in Südrußland lebten und verschiedene indoiranische Sprachen oder Dialekte sprachen. Viele skythische Stämme hatten ausgedehnte Handelsbeziehungen mit den Pontos-Griechen aufgebaut. Sie galten als wilde Krieger und waren ein allseits gefürchtetes und respektiertes Volk. HERODOT beschreibt sehr genau die Sozialstruktur, Religion, Mythologie und die skythischen Sitten, die er immer wieder mit den hellenischen vergleicht. Besonders hat ihn ein Begräbnis- oder Totenritual beeindruckt:

»Nach dem Begräbnis aber reinigen sich die Skythen auf folgende Art: Nachdem sie sich die Köpfe gewaschen und gesalbt haben, machen sie mit dem Körper folgendes:

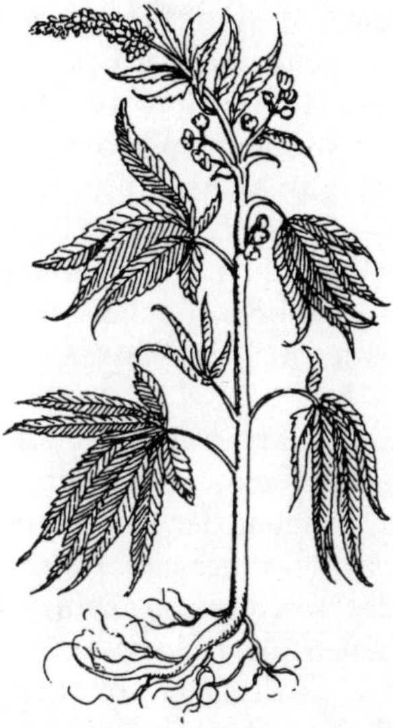

Die Darstellung des Hanfs in der deutschen Ausgabe von DIOSKURIDES' Arzneimittellehre *zeigt eindeutig eine männliche Pflanze; Holzschnitt, 1610.*

Nachdem sie drei gegeneinander gekehrte Stangen aufgestellt haben, breiten sie darüber wollene Filzdecken aus, und nachdem sie sie möglichst dicht zusammengestopft haben, werfen sie aus einem Feuer glühende Steine in eine Wanne, die inmitten des durch die Stangen und Filzdekken gebildeten Raumes steht.

Nun wächst in ihrem Lande der Hanf, der ganz das Aussehen von Flachs hat, nur daß er viel dicker und höher ist. Er wächst von selbst, wird aber auch gesät; ja, die Thraker fertigen sich auch Tücher daraus, die den leinenen sehr ähnlich sind, und wer sich nicht genau darauf versteht, würde nur schwer unterscheiden können, ob sie

von Flachs oder Hanf sind. Wer aber noch nie Hanf gesehen hat, wird meinen, es sei Leinen.
Vom Samen dieses Hanfes nehmen die Skythen, wenn sie unter das Filzzelt schlüpfen, und werfen ihn auf die glühroten Steine; das gibt dann einen Qualm und einen Dampf, daß kein hellenisches Schwitzbad dagegen ankommt. Die Skythen fühlen dabei ein wohliges Behagen, daß sie vor Lust aufjubeln. Es dient ihnen anstatt eines Bades; denn sie baden nicht im Wasser.« (IV, 73-75)

Offensichtlich waren die Hanfsamen noch in den Blütenständen verhaftet, denn wie hätte sonst ein »Qualm und Dampf« entstehen können, der die Skythen aufjauchzen läßt. Herodot beschreibt hier eine Kulthandlung, bei der die Angehörigen des Toten in schamanistischer Trance die Seele des Verstorbenen ins Jenseits geleiten.* Das Ritual dient also dem Seelenheil des Verstorbenen und dem Seelenheil der Hinterbliebenen. Der Hanf erweicht die Schranken des Todes und läßt die Menschen an der Unsterblichkeit der Seele teilhaben: eine kollektive Bewältigung der Trauer durch den Körper und Geist reinigenden Effekt des Hanfes, eine Vorbeugung gegen Depressionen.

Hanfprodukte, so das heute Haschisch genannte Harz, hatten auch bei den Griechen kultische Bedeutung. Der griechische Archäologe Sotiris Dakaris, der seit 1959 das Totenorakel von Acheron erforscht, hat in Ephyra »sackweise schwarze Klumpen von Haschisch« entdeckt (Vandenberg 1988: 24). Es ist durchaus möglich, daß den Tempelschläfern am Acheron eine Hanfzubereitung verabreicht wurde, um besonders lebhafte Träume zu erzeugen.

* Kürzlich wurde eine skythische Schamanin in einem unversehrten, tiefgefrorenen Grab im Altai-Gebirge entdeckt. Sie hatte Haschisch und andere Hanfprodukte bei sich (*Stern* 18/94, S.194ff).

Die aufheiternde Wirkung des Hanfes blieb auch dem »lachenden Philosophen« nicht verborgen. DEMOKRIT (460–371 v. Chr.) nannte die Pflanze *potamaugis*. Er sagte, wenn diese Pflanze zusammen mit Myrrhe in Wein getrunken werde, würde sie Erscheinungen und Visionen erzeugen. Besonders fiel ihm das unmäßige Lachen auf, das dem Genuß eines derartigen Trankes zwangsläufig folgte.

Hanf war im Altertum als sehr guter Faserlieferant bekannt und geschätzt, wie viele antike Autoren (z.B. VARRO, COLUMBARIUS und GELLUS) bekunden, auch im großen Stile angebaut. PLINIUS schrieb übermäßig ausführlich über den Hanf, bei ihm *cannabis* genannt.

Über die medizinischen Eigenschaften berichtet PLINIUS:

> »Der Hanf wuchs ursprünglich mit schwärzeren und rauheren Blättern in den Wäldern. Sein Same soll die Zeugungsfähigkeit der Männer zerstören. Der Saft davon vertreibt die kleinen Würmer aus den Ohren sowie, freilich unter Kopfschmerzen, jedes Tier, welches auch immer hineingeraten ist; und so groß ist seine Wirkung, daß, wie man sagt, Wasser, in das man ihn gießt, verdickt wird; daher hilft er auch, in Wasser getrunken, beim Durchfall der Lasttiere. Die Wurzel, in Wasser gekocht, erweicht steif gewordene Gelenke, ebenso bei Gicht und ähnlichen Anfällen. Auf Brandwunden legt man die Wurzel roh, wechselt aber öfters, bevor sie austrocknet.«
>
> (*Nat. Hist.* 20.259)

PLINIUS beruft sich in seinen Ausführungen hauptsächlich auf seinen Zeitgenossen DIOSKURIDES, der zum »gebauten Hanf« vermerkte:

> »Einige nennen ihn *Kannabion*, andere *Schoinostrophon* [= »Stricke drehend«], *Asterion* [= »Sternähnlich«] ist eine Pflanze, welche im Leben sehr viel Verwendung

findet zum Flechten der kräftigsten Stricke. Er hat denen der Esche ähnliche, übelriechende Blätter, lange einfache Stengel und eine runde Frucht, welche, reichlich genossen, die Zeugung vernichtet. Grün zu Saft verarbeitet und eingeträufelt, ist sie ein gutes Mittel gegen Ohrenleiden.«

(III, 156 [= 166])

Galen beschrieb als erster neben der rein medizinischen Verwendung den hedonistischen Gebrauch von Hanf. Er verglich den Hanf mit dem sehr ähnlich erscheinenden Keuschlammstrauch *(Vitex agnus-castus)*, dem heiligen Baum der Hera. Die Hanfsamen seien aber schwer verdaulich, schlecht für den Magen, unbekömmlich und würden Kopfschmerzen erzeugen.

Er schrieb, in Italien sei es üblich geworden, zum Nachtisch kleine marijuanahaltige Kuchen zu reichen, die die Lust am Trinken erhöhten, im Übermaß genossen aber betäubend wirkten (Galen VI 549f.). Es gehörte zum guten Benehmen, den Gästen Hanf anzubieten, da er als »Förderer der Fröhlichkeit« galt.

Die meisten ärztlichen Autoren, die Galen folgten, erwähnten den Hanf als Heilmittel bei Ohrenschmerzen und führten den männlichen Samen austrocknende Eigenschaften an. Erst in der römischen Spätzeit tauchten neue Anwendungen im Schrifttum auf. Pseudo-Apuleius sagt, daß eine Salbe aus Hanfkraut und Fett Schwellungen oder Vergrößerungen der Brust abschwellen läßt und daß eine Mischung aus zerstoßenen Hanfsamen und Nesselsamen *(Urtica sp.)* in Essig bei Herpes hilft (*De Herbis* 116). Die Anwendung bei Ohrenleiden wird auch bei Marcellus Empiricus (*De Medicamentis* 9.27/9.77-78) beschrieben. Er fügt an anderer Stelle eine medizinisch-magische Wundbehandlung mit der Hanfwurzel hinzu:

»Binde die Hanfwurzel an deinen rechten Arm: bevorzugterweise soll der ganze Arm mit dieser Wurzel umwickelt werden; hast du nur eine kleine Menge zur Hand, so hänge es dir mit einem Faden vom Webstuhl um den Hals, um dir zu zeigen, wie kräftig dieses Heilmittel ist. Wenn du die Wurzel wie angegeben verwendest, wird der Blutfluß sofort zum Stoppen kommen. Wenn du aber die Wurzel losbindest und wegnimmst, so wird das Blut weiter fließen.« (*De Medicamentis* 10.82)

Bis vor wenigen Jahren noch wurde behauptet, die alten Ägypter hätten den Hanf weder als Faserlieferant noch als Heilmittel gekannt, schon gar nicht als Rauschmittel benutzt. Es hat sich allerdings das Gegenteil gezeigt.*

Im Grab des Amenophis IV. (Akhenaten) in el-Amarna (1550-1070 v. Chr.) wurden Hanfteile gefunden. Hanfpollen wurden an der Mumie von Ramses II. identifiziert. Somit ist der rituelle Gebrauch (Totenkult) von Hanf bereits für das dynastische Ägypten (Neues Reich) des 2. Jahrtausends v. Chr. belegt. Dadurch konnte auch der altägyptische Name *smsmt* als Hanf identifiziert werden.** Aus den medizinischen Pyramideninschriften und Papyri

---

* Im ausgehenden 19.Jh. als Haschisch in Europa eine legale Modedroge war, hatten die Medizinhistoriker noch nicht wie heute das Bedürfnis gehabt, den Rauschmittelkonsum im alten Ägypten zu vertuschen: »Wie im ganzen Orient, so war auch *Cannabis indica* bei den Aegyptern viel gebraucht, aus dem sie den berauschenden Haschisch und die Fröhlichkeitspillen, die auch bei den Sanskritschriftstellern schon unter dem Namen ›Gondschokiri‹ vorkommen, darstellten. Sie genossen die Pillen nach der Mahlzeit zum Wein, um sich in angenehme Stimmung zu versetzen.« (Berendes 1891: 68; vgl. dazu Galen περι τροφων δοναμεως).

** Dazu Grapow 1959, Bd. 6: 493, der schon der Hanfhypothese zustimmte.

geht eine vielseitige Verwendung von Hanf als Heilmittel hervor:

> »Ein Heilmittel für die Augen: Sellerie; Hanf; wird zermahlen und im Tau der Nacht gelassen. Beide Augen des Patienten werden damit am Morgen gewaschen.«
> (*Papyrus Ramesseum* II, 1700 v. Chr.)

Dieses Rezept wird als Behandlung des Glaukoms, einer im alten Ägypten verbreiteten Krankheit, gedeutet.

> »Ein Heilmittel, um Entzündungen zu behandeln: Blätter [oder Blüten?] des Hanfs; reines Öl. Gebrauch es als Salbe.« (*Papyrus Berlin* 3038: 81, 1300 v. Chr.)

> »Ein Heilmittel, um die Gebärmutter zu kühlen: Hanf wird in Honig zerstoßen und in die Vagina gefüllt. Dies ist eine Kontraktion [des Uterus].«
> (*Papyrus Ebers* 821, 1550 v. Chr.)

Ebenfalls im *Papyrus Ebers* (618) wird aus Hanf eine Pakkung für Zehennägel erwähnt. Im *Papyrus Chester Beatty* VI: 24 (1300 v. Chr.) wird Hanf zusammen mit Johannisbrot (*Ceratonia siliqua* LINNÉ) als Klistier verwendet.

Kürzlich wurden am Institut für Anthropologie und Humangenetik der Universität München neun ägyptische Mumien auf Alkaloide analysiert. Dabei wurde festgestellt, daß die Konzentration an THC, dem Hauptwirkstoff des Hanfes, »ähnlich hoch ist, wie im Körper heutiger Drogenkonsumenten, ja zum Teil noch höher«.* Diese Entdeckung wirft ein völlig neues Licht auf eine allzu dunkle Seite der Medizingeschichte. Im Mittelalter blühte der Handel mit ägyptischen Mumien (vgl. Germer 1991). Sie wurden nicht

* vgl. *GEO* 10/1992, S. 210; *Süddeutsche Zeitung* 12.11.1992.

Mumien / Mumia, Piſſaſphaltus.

Menſchenmumien / Mumia ſepulchrorum. Cap. 35.

Mumia iſt ein Perſier Wort / und wird von den Arabibus auch alſo genannt / iſt ein Bech / ſo zur Bechung oder Balſamierung der todten Menſchen Cörper gebrauchet worden.

Mumie als Heilmittel; Holzschnitt aus Lonicerus.

an Museen für Ausstellungszwecke verkauft, sondern verschwanden in den Mörsern der geschäftstüchtigen Apotheker. Das *mumia vera*, das Pulver aus der echten Mumie, stand im Ruf, nicht nur alle Krankheiten zu heilen, sondern erschlaffte Körper mit neuem Leben zu erfüllen. Unzählige ägyptische Mumien, denen heute nur noch die Archäologen hinterherweinen, wurden begierig als Lebenselixiere und Liebestränke geschluckt. Da sich der Handel über Jahrhunderte erhielt, ist kaum zu glauben, daß es sich nur um eine kurzlebige Mode gehandelt hat. Vermutlich enthielten die pulverisierten Mumien neben zahlreichen anderen stimulierenden Harzen hohe Mengen an THC. Somit stellten die Mumienelixiere echte Rauschmittel dar. Daher wohl auch die große Nachfrage.*

* »... selbst in der Preisliste des Pharmawerkes E.Merck in Darmstadt war noch 1924 *Mumia vera Aegyptica* zum Preis von 12 Goldmark pro Kilo aufgeführt.« (Germer 1991: 18)

Pharmakologie:
Der Hanf bildet in unterschiedlichem Maße mit unterschiedlicher Wirkstoffkonzentration ein Harz aus, das besonders an den weiblichen Blütenständen, aber auch in allen anderen Pflanzenteilen außer den Samen und Wurzeln vorkommt. Das Harz (Haschisch) enthält die vier Hauptkomponenten, die sogenannten Cannabinoide D1-Tetrahydrocannabinol (THC) mit drei Varianten, von denen zwei erst bei der Lagerung des Harzes als Artefakt entstehen, das Cannabidiol (CBD) und das Cannabinol (CBN). Diese Stoffe sind für die psychoaktive Wirkung des Hanfes verantwortlich. Es sind noch die Strukturen weiterer ca. 30 Cannabinoide mit schwacher oder keiner psychoaktiven Wirkung aufgeklärt worden. Zudem kommen im Harz noch eine Reihe von ätherischen Ölen (Caryophyllen, Humulen, Farnesen, Selinen, Phellandren, Limonen), verschiedene Zucker, Flavonoide, Alkaloide (Cholin, Trigonellin, Piperidin, Betain, Prolin, Neurin, Hordenin, Cannabisativin) sowie Chlorophyll vor. Der THC-Gehalt ist extrem variabel. Er kann bei einigen Pflanzen gleich Null sein, bei anderen bis zu 25% des Harzes ausmachen. Die psychoaktiv sowie die analgetisch wirksame Dosis liegt bei 48 mg. THC ist völlig ungiftig; es ist kein einziger Todesfall des Menschen durch Hanfüberdosierung bekannt geworden. Hanfprodukte gelten nach dem neuesten wissenschaftlichen Forschungsstand als die harmlosesten bekannten Rauschmittel. Der Rausch erzeugt im allgemeinen nur eine milde Euphorie, aber keine Halluzinationen. Im menschlichen Nervensystem gibt es einen Rezeptor, der von THC besetzt werden kann. Das THC hat strukturell Ähnlichkeit mit dem Neurotransmitter Anandamid (von Sanskrit *ananda*, »Glückseligkeit«).*

---

* vgl. *GEO* 3/1994, S.158ff.

Anwendung:
Die medizinische Verwendung des Hanfes ist so vielseitig wie die Verwendungsmöglichkeiten der ganzen Pflanze. Im Laufe der Geschichte wurden über 130 medizinische Indikationen angeführt (vgl. RÄTSCH 1992a). Alle Teile der Pflanze wurden und werden zur Herstellung von Kräutermedizinen benutzt. Da der rechtliche Status der medizinischen Anwendung von Hanfprodukten zur Zeit der Drucklegung dieses Buches noch nicht entschieden ist, sollte man sich vor der medizinischen Verwendung informieren (vgl. GRINSPOON & BAKALAR 1994). Die sicherste Anwendung ist das Rauchen der Blüten oder des Harzes (niemals mit Tabak vermischen, da Nikotin ein THC-Antagonist ist!). Schon TABERNAEMONTANUS hat den entkrampfenden Effekt von Marijuanarauch beschrieben. Sehr erfolgreich wird der Hanfrauch bei Migräne, bei Appetitlosigkeit und Niedergeschlagenheit verwendet. Auch die aphrodisische Wirkung ist vielfach bezeugt. Zur innerlichen Anwendung eignet sich das berühmte Rezept für einen Hanf-Wein nach DEMOKRIT: Ein Teelöffel Myrrhe und eine Handvoll Hanfblüten werden für eine Woche in einem Liter Retsina oder trockenem griechischen Weißwein mazeriert. Vor dem Trinken abseihen.

Literatur:
BERENDES 1891, BRUNNER 1977, GRINSPOON & BAKALAR 1994, HERER 1993, HOLLISTER 1986, KHALIFA 1975, MANNICHE 1989, RÄTSCH 1991b & 1992a, SAMI-ALI 1971, SHERRATT 1991, STRINGARIS 1972, THOMPSON 1949, VANDENBERG 1979.

Herbstzeitlose

Colchicum autumnale LINNÉ – *Liliaceae* (Liliengewächse)

εφημερον oder σπαλαζ (altgriechisch)
COLCHICUM (römisch)

In Griechenland leben über 25 Arten der Gattung *Colchicum*, die meisten von ihnen bilden wunderschöne Blüten aus. Viele Arten, besonders die Herbstzeitlose, ergeben starke Gifte (»pflanzliches Arsen«). Sie wachsen besonders in dem sagenhaften Wunderland Kolchis, das an den Ufern des Schwarzen Meeres lag. Dort herrschte die göttliche Zauberin Hekate. Ihre ebenfalls zauberkundige Tochter Medea heiratete den Argonautenführer Jason. Bei seiner Rückkehr nach Griechenland führte Medea dort die geheimen Künste, Zaubermittel und Gifte ein:

> »Diese Kräuter und diese Gifte, die am Schwarzen Meer gesammelt wurden, gab Moeris mir persönlich – es wachsen ihrer sehr viele am Schwarzen Meer; oft habe ich gesehen, wie Moeris sich durch sie in einen Wolf verwandelte und in den Wäldern verschwand, oft, wie er die Seelen aus dem tiefsten Gräbern heraufbeschwor und wie er Saatgut anderswohin überführte.«
>
> (VERGIL, *Ekloge* V. 64-108)

Die Herbstzeitlose wurde auch »das Feuer der kolchischen Medea« genannt. In der Medizin kam sie wegen ihrer Giftigkeit kaum zur Anwendung:

Die Herbstzeitlose, die giftige Blume der kolchischen Zauberin; Kupfer aus der deutschen DIOSKURIDES*-Ausgabe von 1610.*

»Zeitlose. Das *Kolchikon*, einige nennen es *Esphemeron*, andere wilde Zwiebel, treibt im Spätherbst eine weißliche, der des Safrans ähnliche Blüte, später entwickelt es die Blätter, welche denen der Zwiebel ähnlich, aber fetter sind. Der Stengel ist eine Spanne lang und trägt eine rotbraune Frucht, die Wurzel hat eine schwärzlichgelbe Rinde, abgeschält findet man sie weiß, zart, saftreich und süß. Die Zwiebel hat in der Mitte einen Spalt, aus dem sie die Blüte treibt. Sie wächst am meisten in Messenien und Kolchis. Genossen tötet sie durch Erstickung ähnlich wie die Pilze. Wir haben dieselbe aber beschrieben, damit sie nicht unversehens statt der Küchenzwiebel gegessen werde, denn wunderbar lockt sie die Unerfahrenen durch ihre Süße an. Gegen den Genuß helfen dieselben Mittel wie gegen den Genuß von Pilzen, ferner das Trinken von Kuhmilch, so daß, wenn diese bei der Hand ist, es keines anderen Mittels bedarf.« (DIOSKURIDES IV, 84)

Die Römer kannten die Pflanze auch unter dem Namen Ackerzwiebel. NIKANDER hat ein Gegenmittel bei Vergiftungen: Blätter und Früchte von Eiche, Fagus, Ilex, Kastanie, Serpyllum und Myrte sowie frische Milch.

Pharmakologie:
Die ganze Pflanze enthält das Alkaloid Colchicin, daneben Colchicosid, Tannin, Gallische Säure, Öl, Inulin und Asparagin. Colchicin hemmt die Zellteilung. Fünf Samen, die den größten Gehalt an Colchicin aufweisen, sind tödlich (20 mg gelten als lethale Dosis für Erwachsene).

Anwendung:
Colchicum soll nur als homöopathische Potenz (D4, D6, D12, D30, D200) bei rheumatischen Beschwerden, Gicht, Entzündungen an den Gelenken, Sehnenscheidenentzündung benutzt werden. Früher wurde in den Apotheken auch eine *Colchicum*-Tinktur hergestellt, die zur Arthritis- und Krebstherapie verwendet wurde. Die Tinktur soll auch entkrampfend und Erbrechen erregend wirken. *Vorsicht in der Anwendung! Nur nach ärztlicher Anweisung!*

Literatur:
BERENDES 1891, DIERBACH 1833, FROHNE & PFÄNDER 1983, GEORGIADES 1987, MANDL 1985, PAHLOW 1993, SFIKAS 1976, STORL 1993.

Kamille

Chamomilla recutita (L.) Rauschert – *Asteraceae (Compositae;* Korbblütengewächse)
(syn. *Matricaria chamomilla* L.)

? (ägyptisch)
χαμαιμηλον oder ανθεμιδος (altgriechisch)
ANTHEMIS (römisch)

Schon die alten Ägypter benutzten eine Kamillensalbe für kosmetische Zwecke. Sogar die Mumien, wie die des Ramses II., wurden damit eingesalbt. Die Verwendung in der pharaonischen Medizin ist allerdings unbekannt. Die Hippokratiker und Galen kannten den Kamillentee als entzündungshemmendes Mittel. Der griechische Name *chamaimelon* bedeutet wörtlich »niedrig wachsender Apfelbaum« – eine Bezeichnung, die wohl auf den leicht apfelartigen Geruch der Blüten zurückzuführen ist. Der lateinische Name *Matricaria* leitet sich von *matrix*, »Gebärmutter«, ab; ein Hinweis auf die Verwendung der Kamillen als Mutterkraut. Obwohl die Kamille eine wirkungsvolle Heilpflanze ist, sind die antiken Quellen doch eher dürftig:

> »Die Anthemis, einige nennen sie *Leukanthemon*, andere *Eranthemon*, weil sie im Frühjahr blüht, *Chamaimelon* wegen des apfelähnlichen Geruches, *Melanthemon* [= ›Honigblüte‹], *Chrysokome* [= ›Goldhaar‹], *Kallia* [= ›die Schöne‹], die Römer *Malium* [= ›Äpfelchen‹], die Afrikaner *Astertiphe*. Es gibt ihrer drei Arten*, welche

* Die beiden »anderen Kamillen« des Dioskurides sind *Anthemis tinctoria* Linné und *Anthemis rosea* Linné.

sich nur durch die Blüte unterscheiden ... [Die Kamille] wächst an rauhen Plätzen und an Wegen, gesammelt wird sie im Frühling. Die Wurzeln, Blüten und das Kraut haben erwärmende und verdünnende Kraft. Im Trank und Sitzbad befördern sie die Menstruation, treiben den Embryo aus sowie den Blasenstein. Sie werden ferner gegen Blähungen und Darmverschlingungen getrunken, vertreiben die Gelbsucht und die Leberleiden. Weiter wird ihre Abkochung gegen Blasenentzündung genommen.« (DIOSKURIDES III, 144)

Die Kamille gehörte zu den bevorzugten Heilpflanzen des Asklepios. Sie wurde sicherlich tausendfach in den Träumen der Tempelschläfer empfohlen.

Im alten und modernen Griechenland ist der *tsai chamomili*, »Kamillentee«, ein weitverbreitetes Volksheilmittel bei allen Entzündungen und Erkältungen.

Die echte Kamille wurde und wird oft mit der Römischen Kamille (*Chamaemelum nobile* ALL., syn. *Anthemis nobilis* LINNÉ; *Asteraceae)* verwechselt. Der Tee aus Römischer Kamille wurde und wird in der Volksmedizin ähnlich wie der echte Kamillentee eingesetzt.

Pharmakologie:
Die ganze Pflanze enthält ein kompliziert zusammengesetztes ätherisches Öl von blauer Farbe mit den Hauptkomponenten α-Bisabolol und Chamazulen. Daneben sind noch Flavonoide und Kumarine enthalten, die erst im Zusammenspiel (Synergismus) mit dem ätherischen Öl die bekannte entzündungshemmende Wirkung der Kamille ausmachen. Deshalb werden auch nur Gesamtauszüge der Pflanze pharmazeutisch verwendet (z.B. Kamillosan).

Die Römische Kamille enthält ätherisches Öl, Bitterstoffe (Sesquiterpenlactone), Flavonoide und Polyacetylene mit entzündungswidrigen Wirkungen.

Anwendung:
Kamillentee sollte nicht über Jahre hinweg täglich genommen werden. Bei Dauergebrauch kann es zu Bindehautentzündungen und nervöser Unruhe kommen. Als Dampfbad bei Entzündungen des Nasenraumes, bei Nasennebenhöhlenvereiterungen und Katarrhen. Als Klistier kann lauwarmer Kamillentee bei Darmentzündungen verabreicht werden.

Literatur:
D'ANDREA 1982, GEORGIADES 1987, GERMER 1985, PAHLOW 1993, SCHILCHER 1987, WICHTL 1989.

Kapern

Capparis spinosa LINNÉ – *Capparaceae* (Kaperngewächse)

καππαρις (altgriechisch)
INTURIS (römisch)

Der Kapernstrauch wächst im östlichen Mittelmeerraum und in Ägypten wild. Seine Früchte wurden schon früh als Nahrungsmittel und Medizin entdeckt. Er stammt vermutlich aus dem Orient. Dort, besonders unter den alten Hebräern, wurden die grünen Blütenknospen *(Zelef* oder *Kapras)* mit Essig oder Dattelwein eingemacht. Sie sollten den kulinarischen als auch erotischen Appetit steigern, ja sogar zur Wollust reizen. Damit stand der Kapernbusch unter der Schutzherrschaft der Astarte, der orientalischen Liebesgöttin, die auf Zypern zur Aphrodite wurde. Auch auf Zypern wurde der Kapernstrauch zu den Pflanzen der Aphrodite gezählt und galt daher auch als Aphrodisiakum. Die Kaper war eine beliebte Speisepflanze, die auch medizinisch genutzt wurde:

> »Die Kaper, einige nennen sie *Kynosbatos* [= ›Hagebutte‹], andere *Kapria* [= Eierstock vom Kamel oder Schwein], Rabenapfel, *Ophioskorodon* [= ›Schlangenknoblauch‹], *Phyllostaphylos* [= ›Weintraubenblatt‹], *Thallia* [= ›Blühendes Glück‹], *Petraia* [= ›die Steinige‹], *Holophyton* [= ›Festes Gewächs‹], *Ionites* [= ›die Ionische‹], *Oligochloron* [= ›wenig grün‹], *Akoniton* [= ›an Felsen wachsend‹], *Hippomanes* [= ›Roßwut‹], *Trichomanes*, die Propheten *Potera*, auch *Peuteron*, Herz des

Luchses, *Haloskorodon* [= ›Meerknoblauch‹], *Krinon* [= ›Lilie‹], *Thlaspis*, die Römer Persischen Senf, auch *Inturis*, die Afrikaner *Herbiaiathum*, ist ein dorniger Strauch, kreisförmig über die Erde sich ausbreitend, mit widerhakigen Dornen, wie bei der Brombeere. Sie hat runde, denen der Quitte ähnliche Blätter, eine Frucht wie der Ölbaum, welche beim Aufspringen eine weiße Blüte zum Vorschein bringt. Wenn diese abgefallen ist, findet sich etwas Längliches wie eine Eichel vor, welches geöffnet kleine rote Körner enthält wie die Granate. Sie hat große, sehr holzige Wurzeln und wächst gewöhnlich an rauhen, mageren Stellen, auf Inseln und Baustellen. Ihr Stengel und die Frucht werden zur Speise eingemacht. Sie regt den Bauch auf, ist dem Magen zuwider und macht Durst. Gekocht verspeist, ist sie dem Magen bekömmlicher als roh. Ihre Frucht, in der Gabe von 2 Drachmen mit Wein vierzig Tage lang getrunken, erweicht die Milz; sie treibt den Harn und bewirkt blutigen Stuhlgang. Der Genuß der Frucht hilft bei Ischias und Paralyse, bei inneren Rupturen und Krämpfen. Sie befördert die Katamenien und führt den Schleim ab. Auch Zahnschmerzen lindert die Frucht, wenn sie in Essig gekocht und als Mundwasser gebraucht wird. Die trockene Rinde der Wurzel dient nicht allein den bereits erwähnten Zwecken, sondern reinigt auch jedes alte, schmutzige und verhärtete Geschwür. Bei Milzsucht wird sie mit roher Gerstengrütze umgeschlagen. Zerbissen und gekaut, hilft sie gegen Zahnschmerz. Mit Essig feingerieben, vertreibt sie weiße Flecke. Die Blätter und die Wurzel, zerstoßen, verteilen Verhärtungen der Drüsen am Hals. Würmer in den Ohren tötet der eingetröpfelte Saft.«

(Dioskurides II, 204)

Kapern sind nach wie vor ein beliebtes Gewürz in der griechischen, aber auch in der internationalen Küche. In Marokko werden noch heute die Kapernfrüchte jungen Männern als Liebeszauber empfohlen. Die Kapern sollen die Kraft haben, begehrte Mädchen anzuziehen und sie geneigt zu machen. Die Früchte werden auch zu aphrodisischen Mittel hinzugefügt.

Pharmakologie:
Die Kapern enthalten Methylsenföl und das Flavonoid Rutin. Werden die Kapern eingelegt, so entsteht aus der Verbindung mit Essig die Caprinsäure als Artefakt. Das Senföl hat desinfizierende Eigenschaften, besonders in den Harnwegen. Kapern sind antiseptisch, diuretisch und tonisierend.

Anwendung:
»Die zarten Stengel und Knospen werden einige Tage gewässert und dann in Weinessig eingelegt. Sie werden Salaten beigegeben oder getrennt als Appetithappen zum Aperitif gereicht.« (IATRIDIS 1986) Man kann auch nur die frischen Knospen in Salz, Essig und Öl als Salat essen. Kapern sollen bei Arteriosklerose nützlich sein. Aus der frischen Pflanze kann auch ein Kataplasma gegen Augenentzündungen gemacht werden.

Literatur:
BERENDES 1891, GEORGIADES 1987, GERMER 1985, IATRIDIS 1977, MAUTNER & KÜLLENBERG 1989, SFIKAS 1990, UDAPA & TRIPATHI 1983, VENTZLAFF 1977.

Keuschlamm

Vitex agnus-castus LINNÉ – *Verbenaceae* (Eisenkrautgewächse)

sᶜ3m (ägyptisch)
αγνος oder οισος (altgriechisch)
AGNUS CASTUS (römisch)

Die auch Mönchspfeffer genannte Pflanze gehört zur typischen griechischen Flora. Die biegsamen Stengel (Vitexruten) des Keuschlammstrauches tauchen in vielen Mythen als Fessel auf. Noch heute werden in ländlichen Gegenden Weinkörbe und anderes Flechtwerk aus den Vitexruten gefertigt. Die Pflanze war aber auch den alten Ägyptern vertraut. Gegen Krankheiten, die von Dämonen verursacht wurden, wie z.B. der Wahnsinn oder die Raserei, gab es im alten Ägypten sogenannte »Göttermittel«. Eine dieser magischen Medizinen enthielt Keuschlamm:

> »Ein sechstes Heilmittel, das Isis für Re selbst gemacht hat, um die Krankheit zu beseitigen, die in seinem Kopf ist: Früchte von Koriander (?) I; Früchte der *Chasit*-Pflanze I; Keuschlamm I; Früchte der *Schames*-Pflanze I; (eine Frucht) I; Honig I; werde zu einer Masse gemacht; werde mit diesem Honig gemischt; werde der Kopf damit verbunden, so daß es ihm sofort bessergeht ... Wirklich vorzüglich.« *(Papyrus Ebers)*

Oft sind die Rezepte der medizinischen Papyri recht enigmatisch, wie das folgende:

Die Keuschlammstrauch (Vitex agnus-castus)*; Holzschnitt aus dem* Kräuterbuch *von* LONICERUS*, 1679.*

> »Es sind zwei Gefäße in ihm zu seinem Oberschenkel. Wenn er an seinem Oberschenkel leidet und seine Beine zittern, dann sollst du dazu sagen: Das ist dieses Gefäß-Geflecht seines Oberschenkels; es hat eine Krankheit empfangen. Was man dagegen macht: Pflanzenschleim; Keuschlamm; Natron [= ›das Göttliche‹]; werden gekocht zu einer Masse; werde getrunken vom Manne an vier Tagen.«

Der Keuschlammstrauch war in der Spätantike dem Heilgott Asklepios heilig, weil er ein so vielseitig verwendbares Heilmittel darstellt. Sogar die Standbilder des Gottes wurden aus Vitexholz geschnitzt. In Sparta trug Asklepios den Beinamen Agnitas, der »Keusche« – sein dortiges Kultbild bestand aus dem Keuschlammholz. Von der ambivalenten Wirkung und Heilkraft hieß es:

»Keuschlamm oder *Lygos*, bei einigen *Amiktomiainos* [= ›der unschuldig Befleckte‹; gemeint ist die Pollution], Dreifingrige, bei den Propheten der Verehrungswürdige, das Blut des Ibis, bei den Ägyptern *Sum*, bei den Römern Strandweide, wilder Pfeffer, *Lecristicum*, ist ein baumartiger Strauch, der an Flüssen und in sumpfigen Ebenen, auch in rauhen Gegenden und Felsklüften wächst und schwer zu brechende Zweige, Blätter wie der Ölbaum hat, nur geschmeidiger und größer. Eine Art trägt weiße, eine andere Art purpurfarbene Blüten. Der Same ist wie Pfeffer. Er hat erwärmende, zusammenziehende Kraft. Seine Frucht, getrunken, hilft den von giftigen Tieren Gebissenen, Milz- und Wassersüchtigen und denen, welchen die Periode lange ausbleibt. In der Gabe von einer Drachme mit Wein genommen, fördert sie die Milchabsonderung und lockt den Samen heraus. Sie greift aber den Kopf an, indem sie Schwindel macht. Die Abkochung des Krautes und Samens hilft bei Sitzbädern bei Gebärmutterkrankheiten und -entzündungen. Der Same mit Poleiminze getrunken, auch in der Räucherung und im Zäpfchen, befördert die Reinigung [Abort]. Im Umschlag vertreibt er die Kopfschmerzen, und bei Schlafsüchtigen und Wahnsinnigen wird er mit Essig und Öl aufgesprengt. Die Blätter zur Räucherung angezündet und auch als Lager benutzt, verscheuchen die wilden Tiere und helfen als Umschlag gegen den Biß giftiger Tiere. Verhärtungen der Hoden erweichen sie mit Butter und Weinblättern. Der Same mit Wasser aufgestrichen, lindert Schrunden am After, zugleich mit den Blättern heilt er Verrenkungen und Wunden. Ein Vorbeugemittel gegen den Wolf auf Wanderungen soll aber auch sein, wenn jemand einen Zweig davon in der Hand trägt. Er wird *Agnos* [= › der Keusche‹] genannt, weil ihn bei den Thesmophorien die Frauen, die ihre Keuschheit bewahrten, als Lager benutzten, *Lygos* [= ›biegsame Gerte‹] aber wegen der in den Zweigen befindlichen Straffheit oder weil er getrunken den Drang zum Beischlaf mäßigt.«

(DIOSKURIDES I, 134)

Der im klassischen Hellas weit verbreitete Keuschlammstrauch war der Hera geweiht, die unter ihm geboren worden sein soll. Der stark duftende Same, der auch als Pfefferersatz verspeist wurde, sollte angeblich dämpfend auf den Geschlechtstrieb wirken. Die Frauen, die an den Mysterien der Demeter bei den Thesmophorien* teilnahmen oder eingeweiht wurden, mußten in Betten aus Keuschlammzweigen schlafen, um ihre Keuschheit für die Zeit der Weihen zu bewahren. Die römischen Vestalinnen, die jungfräulichen Priesterinnen der Vesta, der Göttin des Herdes, trugen aus gleichem Grunde die aromatischen Zweige. Wenn die Vestalinnen das Gebot der Keuschheit überschritten hatten, wurden sie lebendig begraben.

Im Zuge der Christianisierung Europas entstanden überall Klöster, »jene Schulen sexueller Qual« (CAMPORESI). Dort mußte der natürliche Sexualtrieb unterdrückt werden. Man erinnerte sich des Keuschlamms und benutzte es zum Ausräuchern der klösterlichen Zelle, zum Auspolstern der Betten und streute es überall auf den Boden, damit die beruhigende Wirkung beim Barfuß-Gehen auf den getriebenen Mönch übergehen konnte. Später hat sich die Deutung umgekehrt: »Merkwürdigerweise erscheinen sie [die Früchte des Keuschlammstrauches] besonders in [marokka-

* Leider ist über dieses Demeterfest wegen des Schweigegebotes fast nichts bekannt: »Auch von der Weihe der Demeter, welche die Hellenen Thesmophorien nennen, laßt mich wiederum, obwohl ich davon weiß, reinen Mund halten, außer was davon offen und erlaubt ist.« (HERODOT II, 171) – Vgl. Mutterkorn.

nischen] Mischungen mit aphrodisierenden Eigenschaften, eine Tatsache, die sehr im Gegensatz zu ihrem Gebrauch im Altertum und Mittelalter steht, wo sie als Mittel zur Erhaltung der Keuschheit und Unterdrückung der Sinnlichkeit verwendet wurden.« (VENZLAFF 1977: 83f)

Pharmakologie:
Die Pflanze enthält fettes Öl, ätherisches Öl, Flavone, Iridoide. In den Samen ist ein Hormon enthalten, daß bei Männern die Libido unterdrücken, bei Frauen prämenstruelle Krämpfe lockern kann.

Anwendung:
Ein Trockenextrakt kann zur Anregung des Milchflusses dienen. In der Homöopathie wird die Urtinktur gegen Impotenz, Depressionen und Nervenschwäche verordnet. Keuschlamm ist in vielen homöopathischen Mitteln, die den Hormonhaushalt harmonisieren sollen, enthalten.

Literatur:
BAUMANN 1982, CAMPORESI 1991, DIERBACH 1833, GRANDJOT 1991, IATRIDIS 1986, MANNICHE 1989, PAHLOW 1993, VENZLAFF 1977.

Knoblauch

Allium sativum LINNÉ – *Liliaceae* (Liliengewächse)

hjt3n3 oder *htn* (ägyptisch)
σκοροδον (altgriechisch)
ALIUM (römisch)

In der Antike war der Knoblauch mit seiner köstlich-ekligen Ausdünstung gleichermaßen als Nahrung, Medizin und Zaubermittel geschätzt. Seit der 18. Dynastie werden Knoblauchzehen als Grabbeigaben den Toten mitgegeben. Knoblauch gehörte zu den wichtigsten Gemüsen der Pyramidenbauern, wie HERODOT berichtet (II 125). In der koptischen Medizin Ägyptens wurde Knoblauch bei Hautkrankheiten mit Öl vermischt äußerlich aufgetragen. Zum Anregen des Milchflusses wurde Frauen empfohlen, getrockneten Knoblauch in Wein zu kochen und regelmäßig zu trinken.

Im alten Griechenland galt der Knoblauch als Stärkungsmittel, als apotropäisches Mittel gegen den »Bösen Blick«, aber auch als Mittel gegen Feinde in der Schlacht:

> »Jetzt schlingt diese Knoblauchzehen hinunter! Gut vorbereitet mit Knoblauch, werdet ihr euch mit gewaltigem Mut ins Gefecht stürzen.« (ARISTOPHANES, *Die Ritter*)

Der Knoblauch war auch mit dem Kult der Hekate verbunden. Um die Schutzgöttin der Zauberinnen und Hexen günstig zu stimmen, wurden ihr auf Steinhaufen an Weggabelungen und Kreuzwegen Knoblauchknollen als »Nachtessen« geopfert.

In der hippokratischen Medizin wurde der Knoblauch bei Entzündungen, Darmkrankheiten, offenen Wunden, Zahnschmerzen, Aussatz, der »heiligen Krankheit« (Epilepsie) und Brustschmerzen verordnet. ARISTOTELES empfahl die Knolle gegen Tollwut. Bei DIOSKURIDES heißt es:

> »Gegessen scheidet er den Bandwurm aus und ist harntreibend. Mit Wein oder zerdrückt in Wein, hilft er gegen Schlangenbisse und Bisse von tollwütigen Hunden. Er macht die Stimme klar, lindert ständigen Husten. Gekocht mit Oregano, tötet er Läuse und Wanzen. Er reinigt die Adern. Gebrannt und vermischt mit Honig, ist er eine Salbe für blutunterlaufene Augen. Er hilft bei Glatzen. Zusammen mit Salz und Öl heilt er Ekzeme. Mit Honig heilt er weiße Hautpickel, Bläschenausschlag, Leberflecken, Aussatz und Skorbut. Gekocht mit Kiefernholz und Weihrauch, lindert er Zahnweh, wenn die Lösung im Mund behalten wird. Knoblauch, Feigenblätter und Kümmel ist ein Pflaster gegen den Biß der Spitzmaus. Die Blütendolde ist gut für ein Sitzbad bei verzögerter Menstruation. Ein Brei aus zerdrücktem Knoblauch und schwarzen Oliven wirkt als harntreibendes Mittel. Er hilft ebenfalls bei der Wassersucht.«

In Rom wurde der stinkende Knoblauch von den vornehmen Leuten angewidert abgelehnt. Der Senat erließ sogar ein Gesetz, mit dem der Genuß von Knoblauch – wohl wegen seiner angeblich liebesreizenden Wirkung – vor dem Betreten des Tempels der Kybele verboten wurde (vgl. Pinie). Allerdings wußte man um die desinfizierenden und stärkenden Eigenschaften des Knoblauchs und verfütterte ihn sackweise an die Legionäre und Soldaten. Bei den Plebejern war der Knoblauch besonders als Nahrungsmittel, aber auch als Aphrodisiakum sehr beliebt. Das Fest der Fruchtbarkeitsgöttin Ceres wurde mit reichlich Knoblauch begangen. Mit Knoblauch und Koriander wurde ein Liebestrank gebraut. VERGIL hinterließ ein Gedicht *(Moretum)*, das mit diesen Wirkungen des Knoblauchs spielt:

»Das ist's, was er jetzt benötigt.
Er geht in den Garten.
Er lockert die Erde
sacht mit seinen Fingern,
zieht den Knoblauch heraus,
vier Stück, mit den Wurzelfasern.
Dann pflückt er Salbeiblätter,
das steife Blatt der Gartenraute, Koriander,
an der Faser des Stieles hängend.
So hat er alles zusammen.
Er setzt sich nieder ans flackernde Feuer
und fragt den Diener nach seinem Mörser.
Dann befreit er den Knoblauch von seinen Wurzeln,
schält die Häute, die äußeren,
welche er sinnend um sich auf den Boden wirft.
Er behält die Zehen, näßt sie und legt sie in den Mörser,
fügt Salz hinzu und salzgehärteten Käse sowie die
erwähnten Kräuter.
Mit der linken Hand ordnet er seinen Kittel,
aber seine rechte Hand zerdrückt den wohlriechenden
Knoblauch mit der Mörserkeule.
Dann zerdrückt er alles, es ist saftdurchzogen.«

In der römischen Medizin wurde der Knoblauch hauptsächlich durch GALEN unter dem Namen *Theriaca Rusticoriam* als eine Art Allheilmittel und Gegengift verwendet. Bei PLINIUS werden 61 Arzneien mit Knoblauch genannt, viele davon gegen die verschiedensten Tierbisse (von Schlangen bis Leoparden). Ungewöhnlich wirkt die Verordnung, Knoblauch bei Fällen von Wahnsinn zu geben.

Pharmakologie:
Knoblauch enthält ein ätherisches Öl, das aus Allin, Allicin und Allinase besteht. Diese Substanzen haben antibiotische

Wirkungen und regen die Zellteilung (Mitose) an. Ein aphrodisischer Wirkstoff konnte bisher nicht gefunden werden.

Anwendung:
Als Aphrodisiakum und Kräftigungsmittel werden nach römischem Rezept zerdrückte Knoblauchzehen mit zermahlenem Koriander in frischen Wein gegeben. Knoblauch gilt allgemein als nebenwirkungsfrei. Dennoch kann reichlicher Knoblauchgenuß zu Durchfällen und Magenbeschwerden führen.

Literatur:
DIERBACH 1833, GERMER 1985, HARRIS 1984, MANNICHE 1989, PAHLOW 1993, RÄTSCH 1988.

Koriander

Coriandrum sativum LINNÉ – *Apiaceae (Umbelliferae;* Doldengewächse)

s3w (ägyptisch)
κοριαννον (altgriechisch)
CORIANDRUM (römisch)

Der Koriander stammt aus dem östlichen Mittelmeerraum und war schon im Altertum überall in Ägypten, Griechenland und Italien verbreitet.

Der altägyptische Name *s3w* wird gerne als Koriander gedeutet. Er taucht in zahlreichen Heilmitteln der medizinischen Papyri auf. Besonders wird er in Rezepten bei Magenverstimmungen genannt. Koriandersamen wurden auch im Grab des Tutenchamun gefunden.

Die Hippokratiker lobten Wurzel und Samen des Korianders als vorzügliche Magenmittel. Die Blätter wurden auch zur Behandlung der Gelbsucht empfohlen. Allerdings wurde vor zu starkem Gebrauch gewarnt:

> »Das *Korion* oder *Korianon*, bei den Ägyptern *Ochion*, bei den Afrikanern *Goid*, ist bekannt. Es hat kühlende Kraft, daher heilt es im Kataplasma mit Brot oder Gerstenschrot roseartige Entzündungen und kriechende Geschwüre. Mit Honig und Rosinen hilft es bei Epinyktiden, Hodenentzündungen und Karbunkeln; mit Schrot von Hülsenfrüchten zerteilt es Drüsen und Geschwülste. Vom Samen eine Kleinigkeit, mit süßem Wein getrunken, treibt den Bandwurm aus und befördert die Samenbildung. Zu viel genommen greift den Verstand gefährlich

an; deshalb muß man sich vor einem Übermaß und fortgesetzten Gebrauch hüten.« (DIOSKURIDES III, 64)

In Rom wurde der Koriander als Gewürz und Konservierungsmittel für Fleisch verwendet. Durch die samenproduzierende Wirkung wurde der Koriander den Venuspflanzen zugerechnet. Den Samen schrieb man auch dämonenabwehrende Kräfte zu. Dieser Glaube hat sich bis heute erhalten. In Marokko gilt der Koriander noch heute als ein Mittel gegen Besessenheiten und Einwirkungen böser Geister, die sich als nervöse Erregung, Depression oder chronische Kopfschmerzen äußern. Zur Behandlung dieser Bewußtseinszustände werden die Samen ähnlich wie die Hermelsamen (vgl. Steppenraute) geräuchert.

Pharmakologie:
Kraut und Samen enthalten ein ätherisches Öl mit Linalool, Pinen, Limonen, Cineol, Kampfer, Geraniol und Borneol. Es wirkt blähungstreibend, krampflösend, appetitanregend, schwach fungizid und antibakteriell.

Anwendung:
Als Gewürz dienen die Samen oder das frische Kraut zur Verbesserung der Verdauung. Überhaupt ist Koriander ein gutes Magendarmmittel.

Literatur:
BERENDES 1981, GERMER 1985, MANNICHE 1989, MAUTNER & KÜLLENBERG 1989, PAHLOW 1993, VENZLAFF 1977, WICHTL 1989.

Lattich

Lactuca sativa LINNÉ var. *longifolia* LAM. – *Compositae* (Korbblütler)

ᶜbw (ägyptisch)
θριδαξ (altgriechisch)
LACTUCA (römisch)

Der Lattich oder Römische Salat ist eine der frühesten ägyptischen Kulturpflanzen. Er wurde meist in heiligen Gärten oder Gemüsegärten angepflanzt. Die Blätter wurden sowohl roh als auch gekocht gegessen. Schon im Alten Reich wurden Salatstrünke als Opfergaben benutzt. Ikonographisch werden Gemüsegärten nur durch Lattich und Zwiebeln angedeutet. In den Tempelgärten wurde oft Lattich angepflanzt. Besonders die Rote Kapelle der Hatschepsut in Karnak war mit Lattichgärten dekoriert. »Diese Dekoration hat eine magische Bedeutung, nämlich die, dem Gott Amun-Re die Wohltat der regenerierenden Kräfte des dazugehörigen Gartens zu sichern.« (HUGONOT in CARROLL-SPILLECKE 1992: 35)

Der Lattich stand in besonderem Zusammenhang mit dem Fruchtbarkeitsgott Min, dessen »Werk Begattung und Zeugung« sind. Seine Beinamen sind eindeutig: der »Stier, der auf den Frauen ist und Samen schafft den Göttern und Göttinnen« oder »der Gatte, der die Frauen mit seinem Glied befruchtet«. Er galt als Spender der Nahrung und aller Kräuter, auch der Heilkräuter. Im neunten Monat des ägyptischen Jahres wurde ihm zu Ehren das »Fest der Treppe« als eine Art Erntedank gefeiert. Dabei wurde ihm die vom Pharao erste geerntete Garbe geopfert. Es ist kaum verwun-

Lattich – links: der wilde Lattich, rechts: Gartenlattich; Kupfer aus der deutschen DIOSKURIDES-Ausgabe von 1610.

derlich, daß der mit Min verbundene Lattich als Aphrodisiakum betrachtet und verwendet wurde. »Die Beziehung zwischen dem Gott und dem Lattich entstand aufgrund der Analogie zwischen dem Pflanzensaft und der Samenflüssigkeit des ithyphallischen Gottes.« (HUGONOT in CARROLL-SPILLECKE 1992: 11) Lattichbeete wurden bei den Prozessionen zu Ehren des Min mitgetragen. Der Lattich selbst war eine beliebte Opfergabe, vornehmlich für Min, aber auch für andere Götter.

Der Lattich war die Lieblingspflanze des uralten Esel-Gottes Seth. In der Erzählung vom Streit zwischen Horus und Seth holt sich Isis einen zauberkräftigen Lattichstrunk, um Horus damit zu schützen. Überhaupt war Seth mit dem Lattich in einen erotischen Zusammenhang gestellt worden: Seth wurde schwanger, nachdem er Lattich gegessen hatte, über den Horus sein Sperma verspritzt hatte. Die Priester des Tempels von Philae durften keinen Lattich zu sich neh-

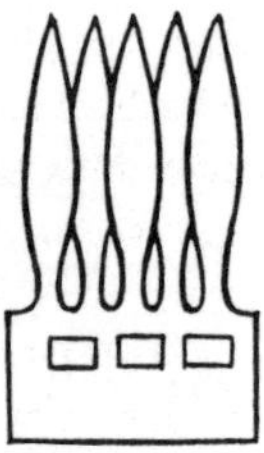

Das ägyptische Zeichen für das aphrodisische Lattichbeet.

Der ithyphallische Fruchtbarkeitsgott Min vor einer Opfergabe aus Lattichstrünken und Blumensträußen.

men, wahrscheinlich, um nicht erotisch stimuliert zu werden.

Erstaunlicherweise hatte der Lattich bei den Griechen die gegenteilige Bedeutung. Dort galt er als ein Symbol für die sexuelle Impotenz und den Mangel an Lebenskraft. Er wurde auch zur Dämpfung des Triebes verwendet. Lattichkeime zog man in den rituellen »Gärten des Adonis«; kaum ergrünt, waren sie schon wieder vertrocknet. – Wie das Leben des jugendlichen Geliebten der Aphrodite. In einer Mythe wurde Adonis von Aphrodite unter dem Lattich versteckt gehalten. Der Lattich hieß auch Totenkraut, weil er bei antiken Totenmahlen verspeist wurde. Starker oder häufiger Genuß sollte zu Impotenz führen.

Die Pythagoreer sahen in ihm ein Kühlungsmittel, Anaphrodisiakum und geeignete Diätspeise, um einen kühlen Kopf zu behalten. In der hippokratischen Medizin wurden die Lattichsamen in Gänsefett verrieben und gegessen. Die medizinische Anwendung war allerdings begrenzt:

> »Der Gartenlattich, die Römer nennen ihn *Lactuca*, die Ägypter *Embrosi*, ist gut für den Magen, kühlt etwas, macht Schlaf, erweicht den Bauch und befördert die Milchabsonderung. Gekocht wird er nahrhafter; ungewaschen ist er Magenleidenden zuträglich. Sein Same, getrunken, hilft denen, die an häufiger Pollution leiden und hindert den Beischlaf. Wird er andauernd genossen, so bewirkt er Stumpfsichtigkeit. Er wird auch in Salzbrühe eingemacht. Wenn er in den Stengel geschossen ist, hat er in seiner Wirkung Ähnlichkeit mit dem Extrakt und dem natürlichen Saft des wilden Lattich.«
>
> (DIOSKURIDES II, 164)

Der nahe mit dem Kopfsalat verwandte Giftlattich (*Lactuca virosa* LINNÉ), griechisch αγριας θριδαχος, ist eine Wildpflanze, die in Südeuropa sehr häufig vorkommt. Auch sie wurde im Altertum medizinisch genutzt. Die Wirkung ihres Milchsaftes *(Lactucarium)* wurde mit der des Opium verglichen:

> »Der wilde Lattich, welchen die Propheten Titansblut, ZOROASTER *Pherumbros*, die Römer *Lactuca silvatica* nennen, gleicht dem Gartenlattich, hat aber einen stärkeren Stengel, weißere, dünnere, rauhere und bitter schmeckende Blätter. Im ganzen ist er in seiner Wirkung dem Mohn ähnlich, weshalb auch einige seinen Saft unter

das Opium mischen. Der Saft, im Gewicht von 2 Obolen [= 1,12 g], mit Essigwasser getrunken, führt das Wäßrige durch den Bauch ab; er entfernt auch weiße Flecken und Nebel auf den Augen. Bei Verbrennungen wirkt er mit Frauenmilch als Salbe; er ist überhaupt schlafmachend und schmerzstillend. Ferner befördert er die Katamenien, auch wird er gegen Skorpions- und Spinnenstiche getrunken. Der Same wird wie der des Gartenlattichs genommen, verhindert Pollution und Beischlaf. Auch der aus ihm gepreßte Saft wird in irdenen Gefäßen, nachdem er in der Sonne getrocknet ist wie die übrigen Säfte aufbewahrt.« (DIOSKURIDES II, 165)

Pharmakologie:

Der ganze Lattich führt einen Milchsaft und ist reich an Vitamin A. Die Samen enthalten ein Öl, das gepreßt als Speiseöl verwendet wird.

Der eingetrocknete Milchsaft des Giftlattichs, das *Lactucarium*, wurde früher als Beruhigungsmittel verwendet. Er enthält Sequiterpenlacton-Bitterstoffe (Lactucin, Lactupicrin u.a.). Auch der Gartensalat enthält ein Lactucarium, das reich an Enzymen ist und leicht beruhigende Wirkungen haben kann. Der Giftlattich ist trotz des Namens eigentlich gar nicht giftig. Bei Überdosierungen kann es – wie übrigens bei übermäßigem Genuß von Kopfsalat auch – zu Schwindel und Müdigkeit kommen.

Anwendung:

Der Lattich ist vor allem als Salat zu essen. Wird der Blattsaft bei Sonnenbrand auf die schmerzenden Stellen aufgetragen, hat er lindernde Wirkung.

Der eingetrocknete Saft des Giftlattichs kann mit anderen Kräutern (z.B. Artemisia, Hanf, Minze, Indianischem Tabak) vermischt geraucht werden.

Literatur:

Beckmann & Beckmann 1990, Brosse 1990, Dierbach 1833, Fischer & Krug 1984, Frohne & Pfänder 1983, Germer 1985, 1986, Goltz 1974, Hart 1993, Hugonot in Carroll-Spillecke 1992, Lurker 1987, Manniche 1989, Rätsch 1988, Udapa & Tripathi 1983.

Lilie

Lilium candidum LINNÉ – *Liliaceae* (Liliengewächse)

? [*Symphairu*] (ägyptisch)
κρινον (altgriechisch)
LILIUM oder JUNONIA ROSA (römisch)

Die frühesten Darstellungen der weißblühenden Lilie stammen aus dem minoischen Kreta (Palast von Knossos) und aus Akrotiri, Thera. Ritualräume waren mit Lilienfresken überzogen und stellten vermutlich Traumwelten dar, in die man durch das dort vollzogene Ritual eintreten konnte (vgl. MARINATOS 1984). Die Lilien wurden bei Festen und Ritualen in Töpfen gezogen oder in Vasen aufgestellt. Die Minoer benutzten die Blüten zur Herstellung von Duftstoffen und Parfümen. Von dort aus verbreitete sich der Liliengebrauch nach Ägypten. In der Spätzeit wurden auch dort aus den Lilienblüten Duftstoffe gewonnen. Die Blüten wurden in geruchsneutrales Öl eingelegt. Man ließ sie abtropfen und preßte die getränkten Blüten. Das Parfüm verbleibt so in dem Öl (Lilienöl).

Die Lilie gehörte zu den beliebtesten römischen Gartenpflanzen. PLINIUS schwärmt davon, daß die zwischen Rosen gesetzte Lilie die Rosenbeete schmückt, da »sie zu blühen ansetzt, wenn letztere mitten im Wachstum stehen«. (XXI, 22) Die Lilie war bei den Römern der Juno geweiht und hieß deshalb Rose der Juno.

In Mythologie und Symbolik kommt dieser wunderschönen, so köstlich duftenden Blume eine delikate Doppeldeutigkeit zu. Als das Heraklesbaby an der göttlichen Brust der Hera saugte, zeigten sich sofort seine übermenschlichen

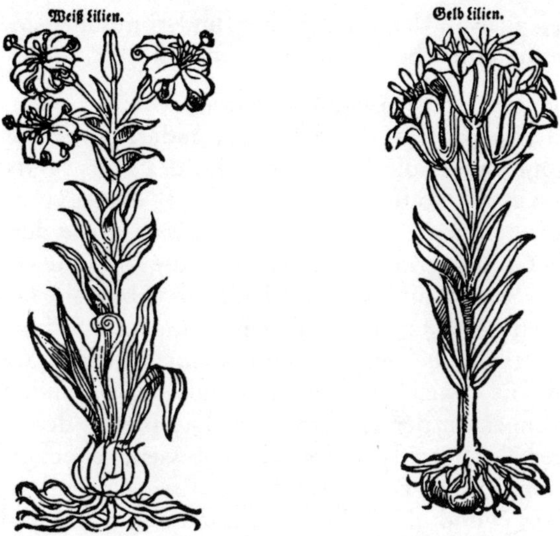

Verschiedene Lilien; Holzschnitt aus dem Kräuterbuch *von* *Lonicerus, 1679.*

Kräfte. Er saugte derart stark, daß sich ein Teil der göttlichen Muttermilch in das Weltall ergoß und so die Milchstraße entstand. Ein Tropfen fiel auf die Erde. Dort, wo er sie befeuchtete, entsproß die erste Lilie. Als Aphrodite die rein weiße Blüte erblickte, wurde sie neidisch und ließ aus Verdruß inmitten des weißen Kelches einen enorm obszönen Stempel, den »Penis eines Esels«, wachsen. Daher wurde die Pflanze der keuschen Ehehüterin zu einem Symbol der lüsternen Ehebrecherin. Im katholischen Mittelalter wurde sie wieder zu einem Symbol der Keuschheit und sogar der unbefleckten Empfängnis, daher der Name Madonnenlilie.

Aber auch in der griechischen und römischen Medizin wurde die göttliche Pflanze verwendet:

»Die Lilie, das königliche *Krinon* – einige nennen es *Krinanthemon* [= ›Lilienblüte‹], andere *Kalleirion* [= › Schöne Lilie‹], die Propheten Blut des Mars, OSTHANES nennt es Krokodilshauch [oder -harn], die Ägypter *Symphairu*, auch *Tialos*, die Römer *Lilium*, Rose der Juno, auch *Oinomagrium*, die Syrer *Sasa*, die Afrikaner *Abiblaphon*. Seine Blüte wird zu Kränzen gebraucht und von einigen *Leirion* genannt. Es wird daraus ein Salböl bereitet, welches bei einigen *Leirion*, bei anderen *Susinum* heißt. Es erweicht die Sehnen und ganz besonders Verhärtungen an der Gebärmutter. Die Blätter der Pflanze helfen als Umschlag bei Schlangenbissen; gekocht wirken sie auch gut bei Brandwunden; in Essig eingemacht, sind sie ein Wundmittel. Ihr Saft, mit Essig und Honig gemischt und in einem kupfernen Gefäß gekocht, gibt ein dünnes Mittel gegen alte Geschwüre und frische Wunden. Die geröstete, fein zerstoßene Wurzel heilt mit Rosensalbe Feuerbrandwunden, erweicht die Gebärmutter, befördert die Menstruation und bringt Wunden zum Vernarben. Mit Honig fein zerrieben, heilt sie durchschnittene Sehnen und Verrenkungen, vertreibt weiße Flecken, Aussatz und Schorf, bringt bösen Grind zum Verschwinden, säubert das Angesicht und macht runzelfrei. Mit Essig fein zerrieben oder mit Bilsenkrautblättern und Weizenmehl besänftigt sie Hodenentzündungen. Der Same ist im Trank ein Gegenmittel gegen Schlangenbisse. Der Same und die Blätter, in Wein feinzerrieben, werden als Kataplasma bei rosenartigen Entzündungen angewandt.« (DIOSKURIDES III, 106)

Plinius, der die Lilien offenbar sehr geliebt hat, fügt noch hinzu:

> »Die Wurzeln der Lilie machen auf vielfache Weise ihre Blume berühmt; in Wein getrunken, helfen sie gegen Schlangenbisse und gegen Giftpilze.« (XXI, 126)

Pharmakologie:
Die Blüten enthalten Duftstoffe und ätherisches Öl. Der Duft der Lilie hat auf die meisten Menschen eine erotisierende Wirkung, wie es Huysmans poetisch ausdrückte: »Ihr Duft ist das vollkommene Gegenteil eines keuschen Wohlgeruchs; er ist eine Mischung von Honig und Pfeffer, von Herbem und Süßlichem, von Fahlem und Kräftigem«. In den Knollen sind Kohlenhydrate, die bei der Hydrolyse Mannose liefern sowie Schleim enthalten.

Anwendung:
In der Volksmedizin gilt die Madonnenlilie als ein »Heiler der Frauenleiden«. Die schleimhaltige Zwiebel kann zu erweichenden Umschlägen bei Tumoren, Entzündungen und Verbrennungen zerrieben werden. Lilienöl (mit Olivenöl ausgezogene Blüten) hilft bei Brandwunden und Ohrenschmerzen.

Literatur:
Baumann 1982, Brosse 1992, Dierbach 1833, Fischer & Krug 1984, Germer 1985, 1986, Marinatos 1984, Storl 1993, Zohary 1986.

Linde

Tilia sp. – *Tiliaceae* (Lindengewächse)
Tilia platyphyllos Scop. – Sommerlinde
Tilia cordata Mill. – Winterlinde
Tilia europaea Linné – Holländische Linde

? (ägyptisch)
φιλυρα (altgriechisch)
TILIA (römisch)

Die Nymphe Philyra war eine der Töchter des Okeanos. Sie lebte auf der gleichnamigen Insel im Pontos Euxinus, deren Schutzherrin sie war. Dort vereinigte sie sich mit Kronos, dem Bruder des Okeanos. Die beiden wurden von Hera beim Liebesspiel auf dem Höhepunkt der Lust erwischt. Sogleich verwandelte sich Kronos in einen Hengst und galoppierte davon. Die göttlich geschwängerte Philyra verblieb auf der Insel, wo sie bald einen monströsen Sohn gebar: den Keutauren Chiron, halb Mensch, halb Pferd. Philyra war entsetzt vor Scham und Schande und bat ihren Vater Okeanos, sie in einen Baum zu verwandeln. Sie wurde zur heilkräftigen Linde. Ihr Sohn Chiron wurde heilkundig, denn er kannte das Geheimnis der Pflanzen.

Lindenblüten galten in der Antike als eines der ältesten Heilmittel. Sogar im alten Ägypten hat man Lindenblüten entdeckt, die wahrscheinlich zu Heilzwecken importiert wurden. Obwohl die Linde ein so bekanntes Pharmakon war, sind die antiken Zeugnisse recht spärlich:

»Die Linde ist, wenn auch milder, etwa für die gleichen Fälle von Nutzen wie der wilde Ölbaum [vgl. Olivenbaum]. Es sind aber nur die [Blüten]-Blätter in Gebrauch gegen Geschwüre bei Kindern und im Mund, sowohl gekaut als auch abgekocht. Sie wirken harntreibend; eingeführt mäßigen sie die Menstruation und führen, als Getränk genommen, Blut ab.« (PLINIUS XXIV, 50)*

Pharmakologie:
In den Lindenblüten sind ätherisches Öl, Flavonoide, Schleim, Gerbstoff und Zucker enthalten. Die Flavonoide und das ätherische Öl wirken schweißtreibend und eignen sich daher bei Fiebererkrankungen und damit verbundenen Schwitzkuren. Darüber hinaus stärken sie die Abwehrkräfte und sind leicht antiseptisch.

Anwendung:
Als Lindenblütentee bei Schlaflosigkeit, Erkältungen und Fieber. Lindenblüten können mit Hagebutten, getrockneten Heidelbeeren, Kamillenblüten, Pfefferminzblättern oder Malvenblüten vermischt werden. Obwohl Nebenwirkungen nicht genau belegt sind, sollte man von einem andauernden Gebrauch absehen. Ein Tee aus Lindenholz wird in der griechischen Volksmedizin als Mittel gegen Rheuma und Arthritis empfohlen.

Literatur:
BROSSE 1990, GERMER 1985, PAHLOW 1993, SFIKAS 1980, WICHTL 1989.

* Möglicherweise hat PLINIUS hier die Echte Linde *(Tiliaceae)* mit der Steinlinde *(Phillyrea* sp.; *Oleaceae)* verwechselt.

Lorbeer

Laurus nobilis Linné – *Lauraceae* (Lorbeerbaumgewächse)

δαφνε (altgriechisch)
laurus (römisch)

Kaum eine andere Pflanze war so inniglich mit dem Heilgott Apollon und seinem Orakel, besonders dem von Delphi, verbunden wie der Lorbeer. Apollon trug sogar den Beinamen Daphnephoros, »der Lorbeertragende«. Delphi war der Mittelpunkt der Welt; es liegt am Hang des Parnaß, jenes Berges, der schon von Theophrast als ausgezeichnete Gegend für kräftige Heilkräuter beschrieben wurde.* Dort gab es den Omphalos, den im Heiligtum verehrten »Nabel der Welt«. Neben dem Heiligtum steht (noch heute) der Fels der Gaia, der Stein, den Kronos anstelle seines jüngsten Sohnes Zeus verschlungen und wieder ausgespien hat (Pausanias X, 24, 6).

Als in Delphi noch das Orakel der Gaia herrschte, hieß der magische Ort Phyto, abgeleitet von Python, »Drachin«. Diese Drachin soll in einem Lorbeerhain gehaust und das Orakel der Mutter Erde bewacht haben. Apollon, ursprünglich wohl ein Gott der aus dem Norden eingewan-

* »Der heilige Charakter des Berges ist aber alt. Nach Strabon war der Berg an Heiligtümern reich. Das berühmteste war das des Pan und der Nymphen in der Korykischen Grotte. Auf den Höhen schwärmten die Thyiaden, das mänadengleiche Gefolge des Dionysos. Berühmt war der Parnaß außerdem wegen seines Reichtums an Pflanzen.« (Maass 1993: 34)

Lorbeerzweig mit Blüten und Früchten; Kupferstich aus der deutschen DIOSKURIDES*-Ausgabe von 1610.*

derten Hyperboreer, drang in den heiligen Hain ein, erschlug die Phyton, bekränzte sich selbst mit den »Sieges«-Lorbeeren und errichtete sein eigenes Orakel, das für über 2000 Jahre die Politik der Antike maßgeblich beeinflußte. Sein erster Tempel war dort aus dem Holz des Lorbeerbaumes erbaut worden. Sein erstes Orakel wurde durch »das Rauschen des Lorbeers« verkündet. Seine prophetischen Priesterinnen, die Pythia genannt wurden, schliefen auf Lorbeerblättern, inhalierten den Lorbeerrauch und kauten Lorbeerblätter, bevor sie in Trance verfielen (vgl. Bilsenkraut). Auf dem Altar des Apollon wurde Lorbeerholz verbrannt, Tempel und Statuen wurden mit Lorbeerzweigen geschmückt. Der Vorhof des Heiligtumes durfte nur mit Lorbeerbesen gefegt werden.

Nicht nur die delphische Pythia kaute Lorbeerblätter vor dem Orakelspruch. Auch die Priesterinnen des Apollon-Orakels in der kretischen Samaria-Schlucht kauten die Blätter, um in Trance zu verfallen und den Gott in ihren Körper schlüpfen zu lassen.

Der Ursprung des Lorbeerbaumes wurde nachträglich auf Apollon übertragen. Der Gott von Delos verliebte sich in die wunderschöne Nymphe Daphne, die Tochter des Flußgottes Peneus. Er stellte ihr, von Amors Pfeil getroffen, blindlings nach. Doch die zierliche Nymphe konnte ihm immer wieder entschlüpfen. Schließlich fand sie keinen anderen Ausweg, als sich durch ein inbrünstiges Gebet von ihrem Vater verwandeln zu lassen:

> »Kaum hat sie ihr Gebet beendet, da kommt über ihre Glieder eine lastende Starre. Um die zarte Brust legt sich dünner Bast. Das Haar wächst sich zu Laub aus, die Arme zu Ästen; der eben noch so flinke Fuß haftet an zähen Wurzeln, das Gesicht hat der Wipfel verschlungen: Allein der Glanz bleibt ihr. Auch so liebt Phoebus [= Apollon] sie noch. Er legt die rechte Hand an den Stamm und fühlt noch, wie die Brust unter der frischen Rinde bebt, umschlingt mit den Armen die Äste, als wären es Glieder, küßt das Holz – doch das Holz weicht den Küssen aus. Zu ihr sprach der Gott: ›Da du nicht meine Gemahlin sein kannst, wirst du wenigstens mein Baum sein. Stets werden mein Haupthaar, mein Saitenspiel, mein Köcher dich tragen, Lorbeer! [...] Und wie mein Haupt im ungeschorenen Haarschmuck stets jugendlich ist, so trag auch du fortwährend als Ehrenschmuck dein Laub.‹«
>
> (Ovid, *Metamorphosen* I 548ff)

Lorbeerzweige wurden als Schutz vor Unglück und vor bösen Geistern aufgehängt. Lorbeerblätter waren als Räucherwerk von kultischer und magischer Bedeutung. Für jede Art von Opfer, für jede Zauberei, für jede magische Handlung mußten Lorbeerblätter auf dem Altar verbrannt werden. Wenn die Blätter prasselten, erfüllte sich der Zauber. Die Gottheit, der das Opfer dargebracht wurde, zeigte durch den prasselnden Lorbeer ihr Einverständnis mit der geforderten Hilfe:

> »... nichts brennt auf der Welt mit so entsetzlichem Prasseln
> Wie die Flamme des Baums, der dem delphischen Phöbus geweiht ist *(Phoebi Delphica laurus)*.«
>
> (LUKREZ, *Von der Natur* VI, 154f)

Der delphische Lorbeer war als Räuchermittel auch medizinisch sehr wertvoll:

> »Die Blätter des delphischen Lorbeers verhindern, wenn man sie zerreibt und wiederholt daran riecht, die Anstekkung durch eine Seuche, und noch weit mehr, wenn man sie verbrennt.« (PLINIUS XXIII, 157)

Nach PROCLUS ist Lorbeerrauch dazu geeignet, eine Geistererscheinung festzuhalten und sich dadurch dienlich zu machen. Die Römer verbrannten die Lorbeerblätter zusammen mit Wacholderzweigen, Verbenen *(Lippia citriodora)*, Salbei und Thymian.

Recht nüchtern betrachtet DIOSKURIDES den Lorbeer:

> »Lorbeer. Die eine Art Lorbeer ist schmalblättrig, die andere breitblättrig. Erwärmend und erweichend sind beide; deshalb eignet sich ihre Abkochung zu Sitzbädern bei Gebärmutter- und Blasenleiden. Die grünen Blätter adstringieren gelinde, zerrieben und aufgelegt heilen sie

Wespen- und Bienenstiche. Sie vermögen auch jede Entzündung zu lindern, wenn sie mit Gerstengraupen und Brot umgeschlagen werden. Getrunken aber beschweren sie den Magen und erregen Erbrechen. Die Früchte (Lorbeeren) sind erwärmender als die Blätter; sie wirken daher im Leckmittel mit Honig oder süßem Wein gut bei Phthisis* und Orthopnöe und Rheumatismus der Brust. Mit Wein werden sie gegen Skorpionstiche getrunken, auch beseitigen sie die weißen Hautflecken. Der aus ihnen gepreßte Saft hilft bei Ohrenschmerzen und Schwerhörigkeit, wenn er mit altem Wein und Rosenöl eingeträufelt wird. Er wird auch den Salben sowie den erwärmenden und verteilenden Umschlägen zugemischt. Die Rinde der Wurzel aber zertrümmert den Stein und tötet die Frucht; sie ist auch Leberleidenden heilsam, wenn sie in der Gabe von 3 Obolen mit gewürztem Wein getrunken wird.« (DIOSKURIDES I, 106)

Alle Teile des Lorbeerbaumes standen bei den Hippokratikern im Ruf, gute Heilmittel abzugeben, die besonders bei Frauenleiden, meist als Klistier, verabreicht wurden. Da jedoch der Lorbeer der heilige Baum des Heilgottes Apollon war, galt Lorbeer gleichermaßen bei Ärzten wie auch im Volke als Panazee, als Allheilmittel, als Schutz vor allem Übel.

Der Lorbeer galt als *Phylakterion*, als ein Mittel, das vor Epidemien, Neidzauber und dem Bösen Blick, vor Getreideseuchen wie Mehltau, Rost und Brand (vgl. Mutterkorn), vor niederträchtigen Dämonen, der heiligen Krankheit (Epilepsie) und vor Pestilenzen schützt.

---

* Wörtl. »Schwindsucht, Auszehrung«, gemeint sind verschiedene mit Fiebern verbundene Krankheiten, z.B. angegriffene Lunge, Auswurf usw.

Pharmakologie:
Lorbeerblätter und -früchte enthalten ein ätherisches Öl mit Cineol, Terpen, Eugenol und Geraniol mit adstringierenden Wirkungen sowie Bitterstoffe. Im Lorbeeröl sind fette Öle, Dehydrocostuslakton und Costunolid enthalten. Die Bitterstoffe wirken verdauungsanregend. Die Verwendung von Lorbeerblättern und -öl kann bei empfindlichen Personen zu allergischen Reaktionen führen.

Anwendung:
Bei Magenschwäche und Magenkrämpfen ein Dekokt aus drei (frischen) Lorbeerblättern auf ein Glas Wasser; eventuell mit Orangenschale und Zucker versetzen. Auch als Gewürz nicht überdosieren, kann zu Erbrechen und Übelkeit führen.

Literatur:
Dierbach 1833, Germer 1985, Iatridis 1986, Luck 1962, Maas 1993, Melas 1990, Mautner & Küllenberg 1989, Pahlow 1993, Rätsch 1991a, Sfikas 1980.

Meeresdistel

Eryngium maritinum Linné – *Apiaceae* (*Umbelliferae;* Doldengewächse)

ηρυγγιον (altgriechisch)
CAPITULUM CARDUUS, ERYNGE (römisch)

Diese auch Mannstreu* oder Stranddistel genannte Distelart hat eine fleischige Wurzel, die schon im Altertum als Aphrodisiakum berühmt war. Der Sage nach soll die Dichterin Sappho die Wurzel als liebesanregendes Mittel verwendet haben. Allerdings belustigt sich der aufgeklärte Römer Plinius darüber:

> »Stengel und Wurzel werden bei den Griechen auf zweierlei Weise als Speise verwendet, je nachdem man sie nach Belieben kocht oder auch roh ißt. Absurd ist, was von ihr erzählt wird: Ihre Wurzel weise mit dem einen oder anderen Geschlechtsteil eine Ähnlichkeit auf; sie ist selten zu finden, aber, wenn die männliche Pflanze mit Männern in Berührung kommt, so würde sie betörend; deshalb habe auch Sappho den Phaon aus Lesbos geliebt; darüber haben nicht nur die Magier, sondern auch die Pythagoräer viele Hirngespinste an den Tag gebracht.«
>
> (Plinius XXII, 20)

Aber die Pflanze, vor allem die Wurzel, wurde auch für manche medizinische Zwecke genutzt:

* In Deutschland bezeichnet Mannstreu meist die nahe verwandte Art *Eryngium campestre* Linné, der ähnliche Eigenschaften, besonders als Aphrodisiakum, zugeschrieben werden.

Die auch Mannstreu oder Kraus-Distel genannte Meeresdistel; Kupferstich aus der deutschen Dioskurides-*Ausgabe von 1610.*

»Das Eryngion, einige nennen es *Erynge*, andere *Eryneris*, *Karyos* [= ›Nuß‹], *Gorginion* [= ›Gorgonenkraut‹], *Hermion* [= ›spitzer Pfahl, Dorn‹], *Origanon chlunion* [= ›Wildeber-Dost‹], *Myrakanthos* [= ›Tausenddorn‹], *Moly*, die Ägypter *Krobysos*, die Propheten *Sisertos*, die Römer *Capitulum Carduus* [= ›Distelköpfchen‹], auch *Carterae*, die Dakier *Sikupnoex*, die Spanier *Kotukapeta*, die Afrikaner *Cherdan, Oreian chloen* [= ›Bergpflanze‹], auch *Chida*, gehört zu den Dornsträuchern. Seine jungen Blätter werden in Salzlake eingemacht und als Gemüse gebraucht; sie sind breit, die rings herum von sehr spitzen, festen Dornen sternförmig umgeben sind. Ihre Farbe ist grün oder blaß oder weiß, hier und dort soll sie auch blau gefunden werden. Die Wurzel ist lang und breit, außen schwarz, innen weiß, fingerdick, dabei wohlriechend und gewürzig. Es wächst in ebenen und rauhen Gegenden. Es hat erwärmende Kraft, fördert getrunken den Harn und die Menstruation und vertreibt Leibschneiden und Blähungen. Mit Wein hilft es denen, die an der Leber leiden, die von giftigen Tieren gebissen sind und die tödliche Gifte genossen haben. Zumeist wird es mit Möhrensamen in der Menge von einer Drachme getrunken. Wie man sagt, verteilt es als Amulett umgebunden und als Kataplasma Geschwülste. Die Wurzel desselben, getrunken, heilt Opisthotonie und Epilepsie.«

(DIOSKURIDES III, 21)

Die stacheligen fünfstrahligen Blütenköpfe der Meeresdistel wurden als Amulette zum Schutz des Hauses verwendet. Daher auch der Name *Gorginion*. Das Gorgonenhaupt (Medusa) war das wichtigste antike Schutzamulett an Tempeln und Heiligtümern. Wer der Gorgo ins Gesicht oder in die Augen geblickt hat, erstarrte zu Stein, wurde also machtlos und dadurch ungefährlich. Der Gebrauch der Meeresdistel als Amulett hat sich im Mittelmeerraum bis heute an einigen Orten gehalten.

Wie im frühen 18. Jahrhundert noch Liebestränke nach antiken Quellen gemischt wurden, zeigt folgendes Rezept aus der 1714 erschienenen *Neu-vermehrten, heylsamen Dreck-Apotheke:*

»2 Unzen eingemachten Rosmarin, 6 Quintlein gebeizte Mannstreu (eine Distelart), 1 1/2 Unzen süsse Mandeln, 1 Srupulum Muskatblüthe, nebst einer hinreichenden Quantität Kermes-Latwerge, um dem Latwerg die gehörige Dicke zu geben. Täglich vor dem Mittagessen zu nehmen.« (S.80)

Pharmakologie:
In der fleischigen Wurzel sind Saponine, ätherisches Öl, Gerbstoff, Spuren eines Alkaloids, sowie Apfel-, Zitronen-, Malon-, Oxal- und Glykolsäuren enthalten. Die Wirkstoffe haben leicht harntreibende Eigenschaften und eignen sich zur Behandlung der Bronchitis mit zähem Schleim.

Anwendung:
Aus der Wurzel kann man einen Tee mit angeblich aphrodisierender Wirkung kochen. In manchen Gegenden, z.B. auf Zypern, wird die Wurzel kandiert als aphrodisischer Bonbon verspeist.

Literatur:
BAUMANN 1982, GEORGIADES 1987, PAHLOW 1993, RÄTSCH 1993.

Meerträubel

Ephedra spp. – *Ephedraceae* (Ephedragewächse)*
Ephedra fragilis DESF. ssp. *campylopoda* – Polikómbi (modernes Griechisch)
Ephedra distachya LINNÉ – Zweijähriges Meerträubel
Ephedra major (sehr selten)
Ephedra vulgaris

θρυπαλος, τραγον (altgriechisch)
HERBA TRAGOS oder UVA MARITIMA (römisch)

Meerträubel gehört zu den ältesten bekannten Ritualpflanzen der Menschheit. Reste wurden in den Höhlen von Shanidar im Irak, einer Begräbnisstätte von Neandertalern, gefunden. Ob die Neandertaler das Meerträubel schon medizinisch nutzten, läßt sich nicht mehr sagen.

Bei archäologischen Ausgrabungen im Südosten der Karakorum-Wüste (Turkmenistan) wurde unter gewaltigen Sandwällen das Land entdeckt, das bei den Parsen Margusch, bei den alten Griechen Margiana hieß. Dort wurde eine 3000 Jahre alte Tempelanlage entdeckt, die genauso aussah, wie ein prä-zoroastrisches Heiligtum. Am Feueraltar fand man große Tongefäße und Wannen, in denen offensichtlich größere Mengen eines Ritualtrankes zubereitet wurden. Einige Braureste konnten botanisch untersucht und erfolgreich bestimmt werden. Das Ergebnis war erstaunlich: Hier wurden *Ephedra*-haltige Tränke gebraut

* Die Taxonomie der Gattung *Ephedra* ist dringend revisionsbedürftig.

Eine Meerträubelart (Ephedra maritima), *die in Europa heimisch ist; aus* TABERNAEMONTANUS.

(vgl. SARIANIDI 1988: 120). Möglicherweise lag hier die Heimat der Parsen oder sogar die des Zoroaster (vgl. Steppenraute).

THEOPHRAST gibt an, daß das Kraut viele Wurzeln hat, die dicht an der Oberfläche bleiben, und die Pflanze den Schatten bevorzugt. Bei den Propheten hieß das Kraut »Nahrung des Saturn«. Das Meerträubel wurde meist in Wein getrunken. Eine *Ephedra*-Art hieß *scorpio herba*, »Skorpionskraut« und sollte gegen den Stich des Skorpions wirken (PLINIUS XXII, 39):

> »Es gibt noch eine andere *herba tragos* [= ›Bocks-Pflanze‹], welche einige ›Skorpion‹ nennen, einen halben Fuß hoch, strauchig und ohne Blätter; sie hat kleine, rötliche Traubenbüschel, ein Korn wie der Weizen und eine scharfe Spitze und kommt ebenfalls in Küstengegen-

> den vor. Zehn oder zwölf Spitzen der Büschel dieser Pflanze helfen, zerrieben und in Wein getrunken, bei Unterleibsbeschwerden, Ruhr, Blutauswurf und allzu reichlicher Menstruation.« (PLINIUS XXVII, 142)*

Das »Bockskraut« gehört dem Namen nach zum Dionysoskult. In Wein getrunken, kann es durch seine stimulierende Kraft durchaus zur dionysischen Raserei beitragen.

Die *Ephedra fragilis*, das zierliche Meerträubchen, wurde von DIOSKURIDES wie folgt beschrieben:

> »*Hippuridos*, einige nennen sie *Trimachion*, andere *Anabasis*, *Charadranon* [= ›Grabenpflanze‹], *Ephedra*, Weidenbaum, *Gis*, *Schoiniostrophon* [= ›Seile drehend‹], die Ägypter *Pherphra*, die Propheten Nahrung des Saturn, die Römer *Equinalis* [= ›pferdeschweifig‹], auch *Salix equinalis* [= ›pferdeschweifige Weide‹], wächst an feuchten Stellen und Gräben; sie hat leere rötliche, etwas rauhe starre Stengelchen, welche von untereinander zusammengewachsenen Knoten umgeben sind ... Das Kraut ist adstringierend, daher stillt der Saft Blutflüsse aus der Gebärmutter. Mit Wein getrunken, hilft er bei Dysenterie, treibt auch den Harn. Die Blätter verkleben blutige Wunden, wenn sie feingerieben aufgestreut werden. Die Wurzel und das Kraut sind heilsam bei Husten, Orthopnöe und inneren Rapturen. Es heißt auch, daß die Blätter, mit Wasser getrunken, eine Zerteilung der Eingeweide, einen Riß in der Blase und einen Darmbruch wieder in Ordnung bringen.« (DIOSKURIDES IV, 46)

In der zypriotischen Volksmedizin wurde ein Ephedratee *(tsai polikómbi)* aus dieser Art den Niederkommenden zur Beschleunigung der Geburt gegeben.

---

* Ähnlich DIOSKURIDES IV, 51.

Pharmakologie:
Alle *Ephedra*-Arten enthalten das amphetaminartige Ephedrin, sowie die verwandten Alkaloide Pseudoephedrin und Norephedrin, daneben Gerbstoffe, Saponine, Flavonoide und ein ätherisches Öl. Der Gesamtauszug wirkt gefäßverengend, kreislaufstimulierend, blutdrucksteigernd, zentral erregend, diuretisch, appetitdämpfend, krampflösend auf die Bronchien und hebt die Heuschnupfenerscheinungen auf. Das Ephedrin-Hydrochlorid hat sehr ähnliche, aber heftigere stimulierende Wirkung, die bis zu 8 Stunden anhält. Ephedrin ist in vielen Hustensäften enthalten. Ephedraextrakt sowie das Ephedrin-Hydrochlorid gelten als ausgezeichnete Aphrodisiaka; in erster Linie für Frauen. Bei Männern können hohe Ephedradosierungen trotz erotischer Erregung wegen der stark gefäßverengenden Kraft zu temporärer Impotenz führen.

Anwendung:
Ein Tee (ein gehäufter Teelöffel *Ephedra*-Kraut auf einen Viertelliter Wasser) kann bei Heuschnupfen, Bronchitis, Asthma oder asthmatischen Beschwerden sehr erleichternd sein. Das frische oder getrocknete Kraut kann auch mit schwerem Wein oder Weinbrand angesetzt werden. Den adstringierenden Geschmack kann man durch Beigabe von Kardamom, Anis und Fenchel verbessern. Die roten, traubenartigen Früchte sind eßbar; gelegentlich hinterlassen sie jedoch ein vorübergehendes Kratzen im Hals (die modernen Griechen halten die Beeren für ungenießbar bzw. für giftig). Das Kraut *(Herbae Ephedrae)* erhält man in der Apotheke.

Literatur:
Baumann 1982, Georgiades 1987, Pahlow 1993, Rätsch 1988, Sarianidi 1988, Sfikas 1990.

Minzen

Mentha sp. – *Lamiaceae (Labiatae;* Lippenblütengewächse)
Mentha piperita LINNÉ – Pfefferminze
Mentha aquatica LINNÉ – Wasserminze – σισυμβριον
Mentha spicata LINNÉ – Spermint
Mentha pulegium LINNÉ – Poleiminze (= Flohminze) – βληχων oder γληχων

μινθη oder ‘ηδυοσμος (altgriechisch)
MENTA (römisch)

Die Minze enstand ursprünglich aus den Gliedern einer Tochter des Cocycus namens Mintha, die von Persephone in das duftende Kraut verwandelt wurden. Mintha hatte sich dem Pluto in Liebe hingegeben und wurde von der eifersüchtigen Proserpina/Persephone getötet. Nach anderen Quellen war Demeter von der unerlaubten Verbindung mit Hades derart angewidert, daß sie Mintha mit Unfruchtbarkeit strafte oder unter den Füßen zermalmte. Die Minze wuchs darauf im Garten der Venus. Minzen wurden zu Kränzen, die *corona veneris*, »Venuskronen«, hießen, geflochten. Die in Gärten angebaute Pfefferminze wurde medizinisch benutzt:

> »Die *Hedyosmos*-Minze, einige nennen sie auch *Mintha* oder *Kalamintha*, die Römer *Mentha*, auch *Nepeta*, die Ägypter *Tis*, andere *Pherthrumonthu, Perxo, Makitho*, ist eine bekannte Pflanze mit erwärmender, adstringierender und austrocknender Kraft, daher stillt der Saft, mit Essig getrunken, den Blutauswurf. Er tötet ferner die

runden Würmer, reizt zum Liebesgenuß, bringt den Schluckauf, den Brechreiz und die Cholera zur Ruhe, wenn zwei bis drei Reiser davon mit saurem Granatapfelsaft genommen werden. Mit Graupen umgeschlagen, zerteilt er Abszesse; auf die Stirn gelegt, lindert er Kopfschmerzen, besänftigt geschwollene und strotzende Brüste. Mit Salz gibt er ein Kataplasma gegen Hundebisse; der Saft mit Honigmet stillt Ohrenschmerzen, den Frauen aber vor dem Beischlaf im [Vaginal-]Zäpfchen eingelegt, behindert er die Empfängnis. Fein gerieben glättet er eine rauhe Zunge. Ferner bewahrt er die Milch vorm Gerinnen, wenn die Blätter desselben in der Milch umgeschwenkt werden. Überhaupt ist er dem Magen zuträglich und eine gute Würze.« (DIOSKURIDES III, 36)

Die Poleiminze war eines der bekanntesten antiken Abtreibemittel. Sie wurde auch bei Unterleibskrämpfen eingesetzt:

»Das *Glechon*, einige nennen es *Blechron*, andere *Arsenikanthos* [= ›Arsenikblüte‹], die Römer *Poleium*, die Afrikaner *Apoleium*, die Gallier *Abolon*, auch *Galliopsis*, ist eine bekannte Pflanze, welche verdünnt, erwärmt und der Verdauung hilft. Getrunken befördert sie die Menstruation, treibt die Nachgeburt aud die Leibesfrucht aus. Mit Aloe und Honig getrunken, reinigt sie die Lunge und hilft bei den Krämpfen. Mit Essigwasser getrunken, stillt sie Übelkeit und Magenschmerzen und führt die schwarzen Säfte durch den Bauch ab. Ferner hilft sie denen, die von giftigen Tieren gebissen sind. Die Ohnmächtigen richtet sie auf, wenn sie ihnen mit Essig unter die Nase gehalten wird. Trocken feingerieben und gebrannt, macht sie das Zahnfleisch fest. Mit Gerstenschrot als Umschlag besänftigt sie jede Entzündung, für sich alleine hilft sie bei

Podagra, aufgelegt bis zum Rotwerden der Haut. Mit Wachssalbe beseitigt sie Finnen. Mit Salz umgeschlagen, ist sie den Milzkranken heilsam. Die Abkochung davon als Badezusatz lindert Juckreiz und als Sitzbad ist sie ein gutes Mittel bei Aufblähung, Verhärtung und Krämpfen der Gebärmutter. Einige nennen die Pflanze *Blechon* [von βληχη, ›Geblök‹], weil, wenn es um die Zeit der Blüte von den Ziegen gefressen wird, bei diesen ein Blöken anhebt.« (DIOSKURIDES III, 33)

Die Polei stand bei allen Autoren mit dem Unterleib der Frau im Zusammenhang. Immerhin gehörte die Poleiminze zu den bekannten Ingredienzien des *kykeon*, des eleusinischen Einweihungstrankes (vgl. Mutterkorn). In ARISTOPHANES' *Pax* wird ein poleihaltiger Trank *(kykeon)* von Hermes als Schutz vor Krankheiten empfohlen. Sie wurde zu Liebestränken verarbeitet, war eine obszöne Metapher für die Schamhaare der Frau und ein Symbol unerlaubter Sexualität. Von BODIN (1591) wurde sie mit dem homerischen *nepenthe* (wörtl. »tröstende Pflanze«) identifiziert. In der Antike wurde das Kraut gerne als Räucherwerk verbrannt.

In der zypriotischen Volksmedizin hat sich der medizinische Gebrauch der Poleiminze (im modernen Griechisch *printziollos*) bis heute erhalten. Die frischen Blätter werden dem Printziollos-Salat, der als Heilmittel männlicher Impotenz gilt, beigefügt. Die Blätter werden zusammen mit Oliven als Fastenspeise gegessen. Als Tee werden sie als Stimulanz und Tonikum getrunken.

Pharmakologie:
Die Poleiminze enthält das Pulegon, ein Wirkstoff, der bei Tieren und Menschen Aborte auslöst. Die Anwendung von dem unangenehm stark riechenden Poleiminzenöl zur Ab-

treibung kann gefährlich werden. Es sind sogar Todesfälle bekannt geworden.* In höheren Dosierungen soll das *Oleum pulegii* zu Delirien führen.

Die Pfefferminze enthält reichlich ätherisches Öl mit dem wichtigsten Wirkstoff Menthol (60%). Das ätherische Öl wirkt entkrampfend und wohltuend bei Erbrechen, Durchfall, Magenverstimmung. Das destillierte Öl (»Japanisches Heilpflanzenöl«) ist ein äußerliches Universalmittel.

Anwendung:
Pfefferminztee ist sehr gut bei Magenschwäche, Erbrechen, Übelkeit usw. einzusetzen. Die Verwendung des ätherischen Öls ist sowohl innerlich als auch äußerlich angezeigt.

Literatur:
Beckmann & Beckmann 1990, D'Andrea 1982, Dierbach 1833, Eliade 1992, Georgiades 1987, Kerényi 1991, Pahlow 1993, Ruck 1981, Venzlaff 1977, Wasson et al. 1984, Wichtl 1989.

* Vgl. *Focus* 32/1994, S. 95.

Mohn

Papaver somniferum LINNÉ – *Papaveraceae* (Mohnartige)

spn (ägyptisch)
μηκων oder μηκωνος ημερον (altgriechisch)
PAPAVER (römisch)

Der Mohn oder Schlafmohn ist eine der wichtigsten Heilpflanzen der gesamten Pharmaziegeschichte. Die rot-, rosa oder weiß blühende einjährige Pflanze produziert einen Milchsaft, der über 40 hochwirksame Alkaloide enthält. Dieser Milchsaft – der »Saft vom Kraut des Vergessens« (OVID) – tritt aus der unreifen Samenkapsel nach leichter Ritzung der Oberfläche hervor. In der Antike sprach man von den »Tränen des Mondes«. Wenn der Milchsaft an die Luft tritt, gerinnt er zu einer braunen Masse, dem Rohopium. Die Entdeckung der Opiumgewinnung liegt nicht – wie oft fälschlich vermutet – in Südostasien, sondern im steinzeitlichen Mitteleuropa.*

Die früheste Erwähnung des Mohn befindet sich auf einer sumerischen Schreibtafel (ca. 3000 v. Chr.), die bei Nippur gefunden wurde. Darin wird der Mohn als »Pflanze des Glücks« treffend beschrieben. Unser Wort Opium leitet sich ab von Griechisch *opion*, »Milchsaft [des Mohns]«, das wiederum auf *opos*, »Pflanzensaft« zurückgeht. Die Gewinnung des Opiums wurde genauestens beschrieben:

* Der Mohn soll angeblich schon bei den Neandertalern vor 30.000 Jahren verwendet worden sein; bei archäologischen Grabungen konnten Mohnkapseln entdeckt werden (vgl. HOGHSIRE 1994: 11).

»Diejenigen, welche den Saft gewinnen wollen, müssen nach dem Abtrocknen des Taus das Sternchen mit einem Messer umziehen, so daß es nicht in das Innere eindringt und in gerader Richtung die Köpfchen an den Seiten oberflächlich einschneiden, dann die heraustretende Träne mit dem Finger oder einer Muschel [die Schale von *Chama lazarus* ist gemeint] streichen und nach nicht langer Zeit wieder dazu gehen, denn er findet sich verdickt, und auch am folgenden Tage wird er ebenso vorgefunden. Dann muß man ihn in einem Mörser kneten, in Pastillen formen und aufbewahren. Beim Einschneiden übrigens muß man sich zurückhalten, um den Saft nicht mit den Kleidern abzustreichen ... Der Saft, der kältend, verdichtend und austrocknend ist, wirkt, etwa in der Größe einer Erbse genommen, schmerzstillend, schlafmachend und die Verdauung befördernd, hilft bei Husten und Magenaffektionen. Im Übermaß getrunken schadet er indem er Lethargie bewirkt und tötet.«

(Dioskurides IV, 65)

Der Mohn und dessen berauschende Wirkung nahm in der antiken Mythologie einen großen Platz ein, z.B. als Nahrung wahrsagender Drachen, als geheimnisvolle Zaubermittel oder als Schlaf- und Traummittel. Er war vielen Göttern heilig. Hypnos, der Gott des Schlafes, der »Löser der Sorgen«, hielt Mohnköpfe in der Hand. Thanatos, der Tod, wurde mit Mohnkränzen geziert, die Nachtgöttin Nyx wurde mit mohnumschlungenen Schläfen dargestellt; ebenfalls mit Mohnkränzen geschmückt war Demeter/Ceres. Kybele wurde mit Mohnköpfen in der Hand gezeigt, Hermes/Merkur trug die Pflanze in der linken Hand. Den Manen, gespenstischen Wesen, die den Kindern nach dem Leben trachteten, mußten Zwiebeln und Mohnkapseln als besänftigende Opfer dargebracht werden.

Der Baum mit den goldenen Äpfeln des ewigen Lebens, der im Göttergarten der Hesperiden wächst und von Priesterinnen gepflegt wird, wird von einer Drachin bewacht (vgl. Apfelbaum). Bei VERGIL heißt es:

»... eine Priesterin, ward mir gewiesen,
Die dort ehe des Hains der Hesperiden gehütet,
Reichte dem Drachen sein Mahl, die Wächterin heiliger Baumfrucht,
Schlafaushauchenden Mohn und geläuterten Honig vergießend.« (*Aeneis* VI 483-486)

Ein Trank aus Mohnsaft und vergorenem Honig hat stark berauschende Wirkungen, bei dem lebhafte Bilder vor dem inneren Auge auftauchen und Einblicke in die gewöhnlich unsichtbaren Welten, in die Welt der Mythen und Mysterien gewähren. »Honig und Mohnsaat« wird auch an anderen Stellen der *Aeneis* als »Zaubergemeng« der Sibyllen bezeichnet (VI 419ff). In der Tat werden unter dem Einfluß von Opium sehr oft seherische, hellseherische und andere paranormale Erscheinungen beschrieben. So könnten diese Angaben von VERGIL bedeuten, daß der Drache zwar nach außen hin schläft, mit dem inneren Auge aber alles sieht.

Der Mohn war *das* Symbol des Schlafes und des prophetischen Traumes. Die Reise der Iris, einer Götterbotin in tausendfarbigem Kleide (= Regenbogen), zum Haus des Schlafes wirkt wie eine schamanische Suche nach dem verlorenen Traum, der die Seele am Leben erhält:

»Nah beim cimmerischen Lande liegt eine tiefe Grotte, ein ganzer Berg, der innen hohl ist, des trägen Schlafes Haus und Gemach. [...] Tiefe Ruhe herrscht, nur ganz unten am Felsen sprudelt ein Bach mit dem Wasser der Vergessenheit hervor; murmelnd gleitet seine Welle dahin und lädt mit leise knirschenden Kieseln zum Schlummer ein. Vor den Pforten der Grotte blühen üppige Mohnblumen und unzählige Kräuter, aus deren milchigem Saft die Nacht, die feuchte, sich den Schlummer holt und damit dann die finsteren Lande besprengt. [...] In der Mitte ist ein hoher Pfühl auf schwarzem Gestell aus Ebenholz, daunenweich, von einerlei Farbe und mit dunklem Tuch bedeckt. Dort ruht der Gott selbst, und seine Glieder hat Schlaffheit gelöst. Rings um ihn liegen allenthalben wesenlose Träume, die allerlei Gestalten nachbilden: Träume, soviel die Ernte Ähren, soviel der Wald Blätter und soviel angespülten Sand die Küste hat. Sobald Iris hier eingetreten war und sich mit den Händen eine Gasse durch die im Wege liegenden Träume gebahnt hat, erstrahlte das heilige Haus vom Glanz ihres Gewandes; mühsam hob der Gott seine in träger Schwere darniederliegenden Lider und sank wieder und wieder zurück; dabei schlug das einnickende Kinn oben an die Brust, und so schüttelte der Schlaf schließlich sich selbst von sich ab. Dann stützt er sich auf den Ellbogen und fragt, weshalb sie komme [...] sie aber spricht: ›Schlaf, du Ruhe der Welt, Schlaf, du sanftester der Götter, Friede der Seele, den die Sorge flieht, der du streichelst die Leiber, die vom harten Dienst erschöpft sind, und sie wieder zur Arbeit fähig machst: Sende einen Traum, der die wahre Gestalt treffend nachbildet ...‹« (OVID, *Metamorphosen* XI 593-650)

Mohn und Opium spielten offensichtlich bei den Mysterienkulten der Demeter eine (stark unterschätzte) Rolle (vgl. Getreide, Minze, Mutterkorn). Auf dem Portal des ehemaligen Athener Eleusinions sind fast überdeutlich mehrere geritzte Mohnkapseln dargestellt. Auf einer Goldtafel von Mykene ist Demeter zu sehen, die dem Gründer der »Pilzstadt« (vgl. Pilze) Perseus drei Mohnkapseln überreicht. Auf einer böotischen Platte ist Demeter mit Fackel, zwei Getreideähren und zwei Opiumkapseln abgebildet. Hinter der Göttin ist ein schwarzer Vogel im Fluge – vielleicht ein Seelenvogel – zu sehen. Auf einer Münze des Königs Pyrrhus von Epirus ist Demeter als Erdmutter mit Ähren und Opiumkapseln eingeprägt. Auf einem Terracottarelief der Campanischen Sammlung hält die verzückt in die Unendlichkeit blickende Demeter in jeder schlangenumwundenen Hand jeweils einen Strauß aus Ähren und geritzten Mohnkapseln. Auf der mystischen Kiste, der *kiste mystica*, des eleusinischen Kultes ist ebenfalls ein Strauß aus Ähren und Mohnblumen deutlich erkennbar. »Die berauschende Pflanze ist im Demeterkult, der sich ja nicht auf Eleusis beschränkte, sondern über das ganze Siedlungsgebiet der Magna Graecia verbreitet war, überall nachzuweisen, so zum Beispiel in Enna auf Sizilien, auf dessen heiligem Berg ein Demeter-Heiligtum thronte, in dem ebenfalls recht ausschweifende Initiationsmysterien abgehalten wurden.«

Der Mohn, dessen Fruchtkapsel einem Granatapfel nicht unähnlich ist*, gehört zu den frühesten heiligen Pflanzen der Großen Göttin, Astarte und Aphrodite. In Kition, einer alten phönikischen Siedlung auf Zypern, gab es einen bedeutenden Tempel. Dort wurde die Große Göttin noch unter ihrem phönikischen Namen Astarte verehrt. Im Innersten des Heiligtums wurde bei Ausgrabungen eine 3000 Jahre alte bronzezeitliche Opiumpfeife, aus Elfenbein geschnitzt, gefunden. Während der späten Bronzezeit wurden die *bilbil* genannten Tonkrüge auf Zypern in großer Zahl produziert. Sie wurden sogar nach Ägypten und in die Levante exportiert. Chemische Untersuchungen dieser Gefäße zeigten, daß sie mit opiumhaltigen Substanzen gefüllt

* Bei antiken Darstellungen von den Früchten der Aphrodite ist es oft nicht zu entscheiden, ob es sich um Granatäpfel oder um Opiumkapseln handelt.

waren. Aus dem 14. Jh. v. Chr. sind »mohnkapselförmige Flaschen« aus Zypern bekannt geworden; »sie dienten offenbar als leicht kenntliche Versandgefäße für Mohnsaft« (KRUG 1993: 14).* Das Opium wurde entweder geraucht oder in Wein gelöst (Aphrodite und Dionysos!) genossen. Die Aphrodite von Sikion, die in der Mohnstadt Mekone verehrt wurde, hält eine Mohnkapsel in der Hand.

Nach THEOKRIT soll der Mohn aus den Tränen der Aphrodite gewachsen sein, als sie um ihren jugendlichen Geliebten Adonis trauerte. Es macht Sinn, daß Opium, weithin als berauschendes Aphrodisiakum bekannt und geschätzt, bei den Mysterienfeiern der Großen Göttin rituell benutzt wurde. Bis in unsere Zeit hinein haben auf Zypern Mütter ihren Kindern etwas Opium in Milch oder Tee eingeflößt, damit sie ruhig die Nacht durchschlafen. Diese Methode hieß *haskashiasma* (GEORGIADES 1987 I: 65). Auch der Klatschmohn *(Papaver rhoeas)* gehört zu den Pflanzen der Aphrodite. Er wird heute noch im Volkskult als letzte Erinnerung an die Mysterienfeiern der Aphrodite bei ländlichen Festen verwendet. Die zypriotischen Schafhirten stellen aus den Klatschmohnkapseln eine Lotion her, die sie als Augenheilmittel bei ihren Tieren anwenden. Pferden und Eseln werden die Kapseln als Tonikum zum Fressen gegeben (GEORGIADES 1987 I: 64).

* Obwohl botanische Funde von Mohnkapseln, Fayancesnachbildungen und Ohrringe in Form von Mohnkapseln seit der 18. Dynastie in Ägypten nachgewiesen wurden, weigern sich die sonst zuverlässigen Ägyptologen, wie Renate GERMER (vgl. 1985: 45) oder Wolfhart WESTENDORF, hartnäckig, an einen Opiumgebrauch im vorrömischen Ägypten zu denken. Erst ab dem 3.Jh. v.Chr. sei der Schlafmohnanbau für Ägypten belegt, aber »nur zur Ölgewinnung«. Es ist erstaunlich, wie die moderne Drogenphobie ihren möglicherweise unbewußten Niederschlag in sogenannten wissenschaftlichen Werken findet.

Das Opium gehörte zu den wichtigsten Heilmitteln der Hippokratiker. Sie benutzten es bei der Behandlung von fast allen Krankheiten, besonders aber bei Wassersucht, Diarrhöen, Uterusleiden, Entzündungen von Mastdarmfisteln, gegen hysterische Beschwerden und natürlich bei Schlafstörungen. GALEN, der sich an DIOSKURIDES orientierte, sagte:

> »Opium ist die stärkste Droge, die die Sinne betäubt und einen todesähnlichen Schlaf bewirkt. Diese Wirkung wird erreicht, wenn es in Wasser ausgekocht und in einem Wollbüschel aufgesaugt und als Analzäpfchen gebraucht wird. Gleichzeitig kann davon auf die Stirn gesprenkelt und in die Nasenlöcher geträufelt werden.«
>
> (n. DUKE 1973: 390)

Es wurde seit dem Auffinden der medizinischen Papyri viel darüber diskutiert, ob die Ägypter des Alten und Mittleren Reiches bereits den Mohn und das Opium kannten.* Im Neuen Reich, zur Ptolemäer- und Kaiserzeit war Opium sehr weit verbeitet, wie aus den griechischen und römischen Schriften deutlich wird. GALEN gibt sogar an, daß die Bereitung des Opiums aus dem Mohn eine Erfindung des schamanischen Gottes Thot war. Das Opium vom Nil war wegen seiner Wirksamkeit berühmt. GALEN lobte das »Opium aus dem ägyptischen Theben, das denkbar stark ist« (*De Antidotis* 2).

Die Ägypter des Mittleren Reiches kannten bereits die schlaffördernde Wirkung des Mohns:

> »Heilmittel für das Beseitigen von übermäßigem Geschrei: Mohnkörner von der Mohnpflanze; Kot von Fliegen, der sich an der Mauer befindet; werde zu einer Masse

* Zur aktuellen Diskussion siehe ESTES 1989.

gemacht; werde durchgepreßt; werde getrunken an vier Tagen. Es hört sofort auf.« *(Papyrus Ramesseum)*

Diese Verwendung von Mohn und Mohnsaft hat sich bis in unsere Tage gehalten.* Im modernen Ägypten wird dem Opium nachgesagt, es reize die Männer zum Krieg und zur Liebe und erzeuge spektakuläre Träume. Meist wird es mit Gewürzen vermischt gegessen oder auch geraucht. Es ist ein beliebtes Aphrodisiakum.

ANDROMACHUS, der Leibarzt von Kaiser NERO, entwikkelte den Theriak, das »Wundermittel der Wundermittel«. Neben etwa sechzig weiteren Ingredienzen war der Hauptanteil dieser berühmten Arznei das Opium. Nach ANDROMACHUS und GALEN gab es zahlreiche Rezepturen für die Herstellung des Theriaks. In allen werden als die wesentlichen Bestandteile Honig, Wein, Brot, Vipernfleisch, Opium und Gewürze genannt. Diese Mischung hat bis auf wenige Ausnahmen ihren Weg bis in die modernen Pharmakopöen gefunden.

Pharmakologie:
Das Opium enthält ca. 40 Alkaloide, die als Opium-Alkaloide zusammengefaßt werden. Opium kann 3–23% Morphin, 0,1–2% Papaverin, 0,1–4% Codein, 1–11% Narcotin und 0,1–4% Thebain enthalten; die anderen Alkaloide treten nur in Spuren auf. Der Hauptwirkstoff Morphin hat sedativ-hypnotische, narkotische, antitussive, atemdepressorische und verstopfende Wirkungen. Papaverin steigert den Blutandrang in den Penis-Schwellkörpern; daher wird es bei Impotenz in den erschlafften Penis injiziert, was zu

* Nach LANGHAM (1579) sollen Kindern die zermahlenen Samen zusammen mit Hanf und Mandeln in Milch oder Bier *(ale)* gegeben werden (vgl. DUKE 1973: 391f.).

lang anhaltenden Erektionen und sogar zu schmerzhaftem Priapismus führen kann. Codein ist das beste bekannte Hustenmittel.

Die Mohnsamen enthalten praktisch keine oder nur geringe Spuren von Alkaloiden. Sie sind reich an Öl, Kohlenhydraten, Kalzium, Aminosäuren (außer Tryptophan) und Proteinen. Allerdings kann bei der Verdauung durch Pepsin Codein erzeugt werden.

Anwendung:
Der Anbau von Schlafmohn ist in vielen Ländern verboten oder unterliegt starken Kontrollen. In Europa ist er als Zierpflanze verbreitet. Opium unterliegt dem Betäubungsmittelgesetz und kann nur vom Arzt mit einem Spezialrezept verordnet werden. Ebenso das Morphin. Codein ist in vielen Hustensäften enthalten und verschreibungspflichtig. Mohnsamen sind in jedem Supermarkt erhältlich.

Eine schwach berauschende und schlaffördernde Zubereitung läßt sich aus den frischen oder getrockneten unreifen Kapseln gewinnen (»Poppy Tea«). Dazu werden 3-4 Kapseln in 1/4 l Wasser über 10 Minuten ausgekocht und am Abend getrunken. Ein derartiger Tee kann auch bei Magendarmkrämpfen lindernd wirken.

Laudanum wurde 1670 von dem englischen Arzt Thomas SYDENHAM entwickelt. Es ist eine Tinktur, die neben dem Hauptinhaltsstoff Opium, noch Safran, Zimt und Gewürznelkenpulver enthielt und auf spanischem Wein basierte. Falls man Opium zur Hand hat, kann man diese Tinktur selber bereiten und bei Darmkrankheiten einsetzen. Die berühmten »Orientalischen Fröhlichkeitspillen« sind zwar sehr aufwendig herzustellen, geben aber eines der besten bekannten Aphrodisiaka ab (vgl. RÄTSCH 1990a). Man sollte bei der Anwendung nicht die Dosis von 0,5 g Opium überschreiten.

Literatur:

BERENDES 1891, BROSSE 1992, DIERBACH 1833, DUKE 1973, GERMER 1985, HOGSHIRE 1994, KARAGEORGHIS 1976, KRUG 1993, LONDON et al. 1990, MANNICHE 1989, MERRILLEES 1962, RÄTSCH 1988, 1990a & 1990b, RIPINSKY-NAXON 1993, SEEFELDER 1987, SHERRATT 1991, THOMPSON 1949.

Mutterkorn

Claviceps purpurea (FRIES) TULASNE – *Ascomycetes Clavicipitales* (Schlauchpilze: Mutterkornpilze)

eventuell μελανθιον oder ερυσυβε (altgriechisch)
eventuell BROMOS (römisch)

Darstellung einer von Mutterkorn befallenen Kornähre auf einer antiken keltischen Münze; nach LENGYEL.

Das Mutterkorn ist eigentlich das Überwinterungsstadium eines Schlauchpilzes, der als Parasit verschiedene Getreide (Roggen, Weizen, Gerste) und Gräser (Taumellolch, *Lolium temulentum; Paspalum*-Arten) befallen kann. Die volkstümlichen Namen Rockenmutter, Afterkorn, Todtenkorn, Tollkorn und Mutterkorn weisen auf die Wirkungen und Anwendungen hin. Seit dem Mittelalter wird das Mutterkorn von Hebammen zu Einleitung der Geburt verwendet. Als erste schriftliche Quelle, die direkt das Mutterkorn als solches nennt, gilt das *Kräuterbuch* des LONICERUS (frühes 17. Jahrundert). Aber es ist sehr wahrscheinlich, daß das Mutterkorn schon in der Antike bekannt war.

Die alten Hebräer kannten einen »ausgearteten Weizen von schwarzer Farbe und bitterem Geschmack«, den sie *son* oder *sonin* nannten. Der Genuß desselben sollte sowohl berauschend als auch tödlich enden. BERENDES sieht darin das Mutterkorn.

Theophrast sagt, daß das Getreide für *erysibe* (Brand) bei bestimmten Witterungsverhältnissen anfällig sei (*Geschichte der Pflanzen* VIII, 10). Die gewöhnliche Auslegung sieht darin den Rostpilz *(Puccinia graminis)*. Allerdings könnte auch das Mutterkorn, das zum Gedeihen bestimmte Witterungsverhältnisse braucht, gemeint sein. Immerhin trug Demeter, die Kornmutter, selbst Erysibe als Beinamen!*

Es gab eine mysteriöse Pflanze, die bei den Hippokratikern *Melanthion*, »die Schwarze«, genannt wurde. Diese Pflanze sollte schwarze »Blüten« haben und zwischen dem Getreide vorkommen. Über die Anwendung und Wirkung heißt es in den hippokratischen Schriften, »es soll ein Abortivmittel sein, also Contractionen des Uterus bewirken, es dient zur Entleerung der Galle aus dem Uterus, dabei soll es zwischen dem Getreide ausgelesen werden.« (nach Berendes 1891: 213) Das klingt alles nach dem Mutterkorn. Die Hippokratiker haben sogar den Ergotismus (die Mutterkornkrankheit) in seiner berauschenden und gangränösen Form, sowie das vermehrte Auftreten von Melanthion in regenreichen Sommern, beschrieben. Möglicherweise waren auch die hippokratischen Mutterzäpfchen mit Mutterkorn zubereitet.

Das Mutterkorn im Getreide konnte verheerende Seuchen, das berüchtigte »Antoniusfeuer« (Brandseuche)**, das sich besonders im Mittelalter verbreitete, verursachen. Bei Lukrez gibt es ein paar Hinweise, die als Beschreibung des Antoniusfeuers gedeutet werden können:

---

* Nach Strabon gab es sogar einen Apollon, der Erysibios hieß (Ruck 1983: 198).

** Der heilige Antonius war der Schutzheilige dieser mit grausamen Halluzinationen verbundenen Krankheit (der Isenheimer Altar gibt eine Vorstellung davon).

»Plötzlich senkt sich nun diese neue, verheerende Pestluft
Nieder aufs Wasser hin, oder sie nistet sich ein in die Feldfrucht ...« (LUKREZ, *Von der Natur* VI, 1125)

»... der ganze Leib war von brandigen Schwären gerötet,
Wie wenn das ›heilige Feuer‹ *(ignis sacer)* sich über die Glieder verbreitet.
Vollends im Innern der Menschen, da brannte es bis auf die Knochen,
Brannte im Magen so loh wie die Flamme im Innern der Erde.« (ebd. 1166ff)

»Völlig verwirrter Verstand mit Angstzuständen und Schwermut,
Finstere Stirn und scharfer, ja wütender Blick aus den Augen;
Ferner ein ängstlich erregtes Gehör und Brausen im Ohre ...« (ebd. 1183ff)

»Auch gabs's keine Arznei, die bei allen sich bewährte;
Denn was dem einen vergönnte, in volleren Zügen zu atmen,
Lebenerhaltende Luft und des Himmels Räume zu schauen,
Das war vernichtendes Gift für den anderen und brachte den Tod ihm.« (ebd. 1226ff)

Die Römer kannten sogar einen Gott namens Robigus, der für landwirtschaftliche Belange zuständig war und der den Getreidebrand verhinderte.

Mutterkorn konnte aber, wie im Mittelalter, für gynäkologische Zwecke als Heilmittel, natürlich auch als Wehen- und Abtreibemittel verwendet worden sein. Nun bildet Mutterkorn unter bestimmten Bedingungen auch entheogene Wirkstoffe aus, die, im Gegensatz zu den schädlichen, wasserlöslich sind und somit von diesen getrennt werden können. Aus diesem Grunde konnten Gordon WASSON, Carl RUCK und Albert HOFMANN (1984) die spektakuläre Hypothese aufstellen, daß Mutterkorn, das auf dem weitverbreiteten Paspalum-Gras *(Paspalum distichum)* wuchs *(Claviceps paspali)*, die geheime entheogene Zutat zu dem Einweihungstrank der eleusinischen Mysterien war.

In dem Mythos von Eleusis irrt die trauernde Demeter, die Kornmutter, die »Ährennährerin, Allesgeberin« (vgl. Mohn), auf der Suche nach ihrer Tochter umher. Erst als sie auf Metaneira traf, wurde sie wieder froh:

> »Metaneira bot ihr einen Becher mit Wein an, süß wie Honig, doch sie lehnte ihn ab und erklärte, Wein wäre ein Sakrileg*. Statt dessen bat sie, sie solle ihr Gerste und Wasser mit zarten Blättern von *glechon* [vgl. Minze] zum Trinken vermischen. Metaneira machte den Trank und gab ihn der Göttin, wie diese erbeten hatte; und die große Deo nahm ihn entgegen zum Vorbild für das Mysterium.« (*Homerischer Hymnos an Demeter* 207ff)**

Dieser *kykeon* genannte Trank, dessen Herstellung ein wohlgehütetes Geheimnis zweier eleusinischer Familien war, wurde das Sakrament der Einweihung im Telesterion.*** Alle Mysten mußten ihn trinken, um an den Weihen teilzunehmen:

---

* Demeter mußte das heilige Sakrament des wilden Dionysos ablehnen und ein eigenes Rezept vorschreiben (vgl. RUCK 1982).

** Leider fehlen die folgenden 22-26 Zeilen im Hymnos. Vielleicht waren darin noch weitere Angaben zum Trank enthalten, die absichtlich zerstört wurden.

*** Die Kornmutter Demeter kannte sich mit der Pflanzenwelt gut aus und sagt von sich selbst: »Ich kenne die großmächtigen Kräuter, die man sammelt, und die schützende Pflanze, die Besessenheit abwehrt.« (*Homerischer Hymnos an Demeter* 229ff)

»Ich fastete; ich trank den Mischtrank [*kykeon*]; ich nahm aus der Kiste; nachdem ich meine Aufgabe erfüllt hatte, legte ich es in den Korb und aus dem Korb in die Kiste.«

(KLEMENS VON ALEXANDRIA, *Mahnrede an die Heiden* II 21, 2)

Was sich wirklich im Telesterion abspielte, ist nicht mehr zu rekonstruieren. Die äußerst spärlichen Angaben – es herrschte wie bei allen Mysterienkulten absolutes Schweigegebot – deuten auf kollektive psychedelische Visionen hin (vgl. Pilze). Der Hymnos endet mit »Selig sind die, die dies geschaut haben.«*

Pharmakologie:
Der Mutterkornpilz kann je nach Wirtspflanze, Klima und Standort unterschiedlich wirkende Alkaloide (die Mutterkorn-Alkaloide Ergotamin, Ergotin, Ergocristin, Ergokryptin, Ergocornin, Ergometrin; daneben Ergoclavin, Histamin, Tyramin, Cholin, Acetylcholin) ausbilden. Zum einen handelt es sich um giftige Alkaloide, zum anderen um psychedelische. Die schädlichen Alkaloide erzeugen zwei verschiedene Formen von Ergotismus (Mutterkornvergiftung, Brandseuche und Krampfseuche): »Die Brandseuche begann mit Erbrechen und Durchfall, mit Kribbeln in den Fingern und entzündlichen Erscheinungen, die von heftig brennenden Schmerzen begleitet waren. Nach einigen Tagen stellten sich dann die Zeichen der Gangrän ein. Die Glieder begannen sich zuerst an den Fingern und Zehen blau-schwarz zu verfärben und mumifizierten. Bei starken Vergiftungen konnte es so weit kommen, daß sich Arme

* Nach wie vor streuben sich konservative Gräzisten wie BURKERT, FOLEY oder GIEBEL, gegen die Vorstellung, die hehren eleusinischen Mysterien seien ein Drogenkult gewesen.

und Beine vollständig ohne Blutverlust vom Körper ablösten. Auf die gangränöse Form des Ergotismus bezogen sich die Krankheitsbezeichnungen wie ›mal des ardents‹, ›ignis sacer‹, ›heiliges Feuer‹. Bei der konvulsiven Form des Ergotismus, die mit ähnlichen Symtomen wie die gangränöse begann, standen schwere nervöse Störungen im Vordergrund. Es traten schmerzhafte Muskelkontraktionen, namentlich der Extremitäten, auf, die schließlich in epilepsieartige Krämpfe übergingen.« (HOFMANN 1964: 8) Das Mutterkorn von Weizen, Gerste und Roggen enthält grundsätzlich die gleichen Alkaloide (Ergotamin- und Ergotoxingruppe, Ergonovin und gelegentlich Spuren von Lysergsäureamid). Die psychedelischen Wirkstoffe Lysergsäureamid, Lysergsäurehydroxyäthylamid und Ergonovin sind im Gegensatz zu den gefährlichen Toxinen wasserlöslich und dadurch voneinander zu trennen. Die Berichte über die Wirkungen von Ergonovin und Methylergonovin sind leider recht unbefriedigend (BIGWOOD et al. 1979, OTT & NEELY 1980; RIPINSKY-NAXON 1993). Weitere ethnopharmakologische Forschung ist notwendig. LSD ist eine geringfügige chemische Variante des Lysergsäureamides, das vom Mutterkorn produziert werden kann. LSD ist ein Psychopharmakon, ein Heilmittel der Seele, dessen entheogene Wirkung sehr gut bekannt ist.

Anwendung:
Mutterkorn sollte nur als homöopathisches Mittel und auch dann nur nach ärztlicher Anweisung verwendet werden! Es werden die Potenzen D4, D6, D12, D30, D200 bei Migräne, cerebraler Arteriosklerose, Hypertonie, Rückenmarkserkrankungen, Durchblutungsstörungen, trockenen Gangränen, Krampfwehen gegeben. Bei der Anwendung von Mutterkornalkaloiden ist große Vorsicht geboten. Die einzigen völlig ungiftigen Alkaloide dieser Gruppe sind Lysergsäu-

reamid (LSA) und Lysergsäurediäthylamid (LSD). Vom LSD ist keine lethale Dosis bekannt; es gilt als der stärkste bekannte Wirkstoff überhaupt. Schon 50–100 Mikrogramm können mystische Visionen bewirken (auch hier gilt das gleiche wie bei Pilzen; siehe dort).

Literatur:

Berendes 1891, Camporesi 1990, Findlay 1982, Foley 1994, Hansen 1981, Hofmann 1964, 1993, Mandl 1985, Mühle 1953, Ott 1993, Pahlow 1993, Ruck 1981, 1982 & 1983, Valencic 1994, Wasson et al. 1984.

Myrte

Myrtus communis LINNÉ – *Myrtaceae* (Myrtengewächse)

ht-ds ? (ägyptisch)
μυρσινη oder μυρτος (altgriechisch)
MYRTUS (römisch)

In Ägypten taucht die Myrte erst in griechisch-römischer Zeit auf. Ihre Blätter wurden, zu Girlanden und Sträußen gebunden, als Grabbeigaben den Toten auf ihre Reise ins Jenseits mitgegeben. Wenn die Identifizierung der Myrte mit dem altägyptischen Wort *ht-ds* stimmt, hatte dieses Gewächs eine hervorragende Rolle als Räuchermittel. Bei nervösen Zuckungen im Gesicht sollte der Rauch inhaliert werden.

In Griechenland führte man die Myrte auf die Nymphe Myrsine aus Attika zurück. Myrsine war von unvergleichlicher Schönheit und mit übermenschlichen Kräften ausgestattet. Minerva liebte die Nymphe, war aber zugleich auf ihre Kraft und Schönheit eifersüchtig. Zornerfüllt tötete sie das Mädchen. Aus ihrem Leib wuchs der Myrtenstrauch, der fortan der Minerva heilig war. Denn die Göttin reute ihre vorschnelle Tat, und sie behaftete den Strauch mit ihrer göttlichen Liebe.

Die aromatische Myrte soll der Baum sein, hinter dem sich Aphrodite verborgen hat, als sie nackt an den Strand gelangte. Bei dem Frühjahrsfest der Göttin bekränzte man sich mit Myrten, die als »Mysterienpflanzen« galten. In Rom war die Myrte die »Pflanze der Venus«. Es gab sogar einen speziellen Altar der Venus Myrtea. »Die Ehe und der

Baum stehen unter dem Schutze der Venus«, schreibt PLINIUS (XV, 120). Deswegen sollten Bräute bei der Hochzeit mit Myrtenkränzen geschmückt werden. Die Myrte ist auch dem Hymenaeos, dem Sohn des Dionysos und der Aphrodite, einem weniger bekannten Gott der Ehe(schließung), heilig.

Die Rinde, Blätter, Blüten und Fruchtbeeren des Strauches enthalten ein duftendes Öl, daß seit dem Altertum ein begehrtes Parfüm darstellt *(Eau d'Agnes)*. Der Duft soll die Wahrsagerei, d.h. die prophetische Trance, befördern – die Myrtennymphen waren berühmte Prophetinnen. Der Duft galt als Symbol der Reinheit, Schönheit und der Liebe. Das Öl oder die frischen Blätter sind ein beliebter Badezusatz. Ein solches, aphrodisisches Badewasser wirkt entspannend und ist gut für die Haut. Außerdem verhindert es Haarausfall und bringt Erleichterung bei allen Erkrankungen der Atemwege (GEORGIADES 1987 I: 54).

Selbstverständlich wurde die göttliche Myrte reichlich in der Medizin gebraucht:

> »Die gebaute Myrte, die schwarze, ist zum arzneilichen Gebrauch geeigneter als die weiße und bei der wieder die bergige, doch hat sie eine weniger kräftige Frucht. Ihre und der Frucht Kraft ist adstringierend. Frisch und trokken wird die Frucht denen als Speise gereicht, die an Blutspeien und Blasenreizungen leiden. Dasselbe bewirkt aber der aus den frischen Myrtenbeeren gepreßte Saft, welcher dem Magen wohltuend und harntreibend ist. Mit Wein nützt er auch denen, die von giftigen Spinnen gebissen und vom Skorpion gestochen sind. Die Abkochung der Früchte färbt das Haar. Mit Wein gekocht und als Umschlag angewandt, heilt sie Geschwüre an den Extremitäten. Mit feingesiebtem Graupenmehl als Umschlag lindert sie die Augenentzündungen und wird auch gegen

Gaisaugen aufgelegt. Auch der daraus bereitete Wein, wobei die Frucht ausgepreßt und etwas eingekocht wird –, denn der nicht auf diese Weise bereitete wird sauer – wirkt, vorher getrunken, gegen den Rausch, er wirkt gegen dasselbe wie die Frucht. Er eignet sich zu Sitzbädern bei Gebärmutter- und Mastdarmvorfällen, auch bei Gicht, er vertreibt Grind, Schorf und Ausschlag und hemmt den Haarausfall ... Auch die Abkochung der Blätter ist gut zu Sitzbädern, sie wird auch bei erschlafften und zerbrochenen noch nicht verknorpelten Gliedern als Bähung [warmer Umschlag] benutzt. Weiter entfernt sie weiße Hautflecken, wird bei eiterflüssigen Ohren eingegossen und dient zum Schwarzfärben der Haare. Der aus ihnen bereitete Saft tut dasselbe. Die feinzerstoßenen Blätter selbst mit Wasser sind als Umschlag ein gutes Mittel für nasse Geschwüre und alle von Flüssen befallenen Teile, auch für Magenkranke. Mit unreifem Olivenöl oder etwas Rosenöl und Wein vermischt, helfen sie bei bläschen- und roseartigen Geschwüren, ferner bei Entzündung der Hoden, Epinyktis und Condylomen. Trokken, aber feingestoßen, werden sie bei Nebennägeln und überwachsenen Nägeln, bei sehr feuchten Achseln und Schenkeln mit Erfolg aufgestreut, halten auch den Schweiß Herzleidender zurück. Ferner heilen sie gebrannt oder ungebrannt mit Wachssalbe Verbrennungen durch Feuer, Pterygium und Paronychie. Der Saft wird aus den Blättern gewonnen, indem alter Wein oder Regenwasser darübergegossen und dann ausgepreßt wird. Von ihm wird aber Gebrauch gemacht, wenn er frisch ist, denn der eingetrocknete schimmelt und wird kraftlos.«

(DIOSKURIDES I, 155)

PLINIUS (XXIII, 159) fügt noch hinzu, daß Myrtenwein gegen giftige Pilze wirksam sei.

Pharmakologie:
Die Blätter enthalten ätherisches Öl mit α-Pinen, Limonen, Dipenten, Camphen, Myrtenol, Linalool, Geraniol, Nerol, Cineol und Aldehyden, sowie Gerbstoffe, Bitterstoffe, Harz, Gallussäure, Myricetin und Myricitrin. Myrte hat adstringierende und antibakterielle Wirkungen und ist zur Behandlung von Bronchitis und Schnupfen geeignet.

Anwendung:
Myrtenöl spielt in der modernen Aromatherapie eine wichtige Rolle: »Es läßt die unzerstörbare Reinheit unserer Seele erahnen und öffnet für Schönheit und Liebe; es öffnet gleichsam für kosmische Schönheit und universelle Liebe.« (FISCHER-RIZZI 1989: 128) Ferner lassen sich die getrockneten Blätter zu Räuchermischungen hinzufügen.

Literatur:
D'ANDREA 1982, DIERBACH 1833, GERMER 1985, MANNICHE 1989.

Nieswurz

Veratrum album LINNÉ = Weißer Germer – *Liliaceae* (Liliengewächse)

somphia (ägyptisch)
ελλεβορος ο λευκος (altgriechisch)
VERATRUM ALBUM (römisch)

Helleborus niger LINNÉ = Schwarze Nieswurz – *Ranunculaceae* (Hahnenfußgewächse)
Helleborus cyclophyllos

isaia (ägyptisch)
ελλεβορος ο μελας (altgriechisch)
VERATRUM NIGRUM (römisch)

Im alten Ägypten glaubte man, daß das Niesen durch dämonische Einwirkung entstehe und ein Zeichen sei, daß die krankheitserregenden Dämonen oder die im Körper hausenden schädlichen Kräfte den Menschen verlassen. Deshalb wurde das Niesen durch Niespulver eingeleitet. Die Hippokratiker hielten das Niesen für ein Zeichen, daß die Krankheit gebrochen sei, und lösten es deshalb künstlich, d.h. mit einem Niespulver, aus. Dieses Niespulver gewann man aus der Pflanze, die danach Nieswurz benannt wurde.

Nieswurz war in der Antike das berühmteste Arzneimittel der griechischen Materia Medica. Die unter dem Namen *helleboros* zusammengefaßten Pflanzen wurden sehr vielfältig und sehr häufig angewandt. Ihre Wurzeln waren die von den Rhizotomen oder Wurzelschneidern am häufigsten gegrabenen. Dabei war aber Vorsicht geboten:

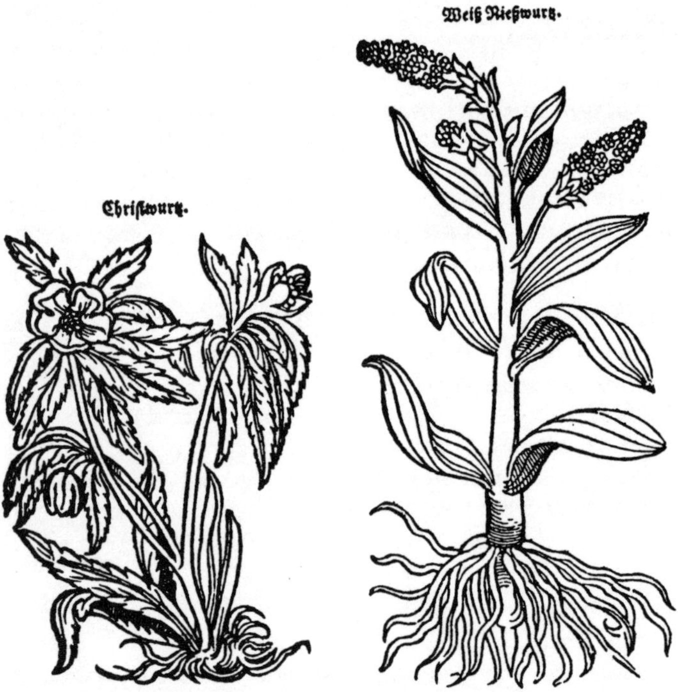

Nieswurz – rechts: Christwurz (Helleborus)*, links: Weißer Germer* (Veratrum)*; Holzschnitt aus dem* Kräuterbuch *von* L*ONICERUS, 1679.*

»Beim Wurzelschneiden gibt es nicht viele Praktiken, es sei denn in bezug auf die Jahreszeit, entweder im Sommer oder Herbst, oder in bezug auf bestimmte ausgewählte Wurzeln. So werden vom Nieswurz die schlanken unteren Wurzeln genommen, denn es wird gesagt, daß der dicke obere Teil, der wie eine Art Kopf aussieht, unbrauchbar ist und daß man sie nur den Hunden gibt, wenn man sie purgieren will.« (THEOPHRAST, *Geschichte der Pflanzen* IX, 8)

Die weiße Nieswurz, die von den Propheten »Same des Herakles« genannt wurde (DIOSKURIDES IV, 148), galt wegen ihrer Giftigkeit als gefährlich. Beim Graben der schwarzen Nieswurz, die auch *melampodion*, »Pflanze des Melampus«, genannt wurde, mußte man zum Schutz Gebete sprechen, da man sich sonst mit dem Pflanzengeist, der in der Gestalt eines Adlers erscheinen kann, auseinandersetzen mußte. (THEOPHRAST, *Geschichte der Pflanzen* IX, 1)*

Die begehrte Wurzel war ein beliebtes und weitverbreitetes Heilmittel:

> »Vom Nieswurz sind beides, Wurzel und Frucht, für die gleichen Zwecke [wie die Alraune] nützlich. Es wird gesagt, daß die Leute von Anticyra die Früchte als Purgiermittel verwenden. Die Früchte enthalten die gut bekannte Arznei namens *sesamodes* [= σησαμοειδες].« (THEOPHRAST, *Geschichte der Pflanzen* IX, 9)

Daß die beiden Nieswurzarten botanisch nicht verwandt sind, erkannte schon der »Vater der Botanik«:

> »Die weiße und die schwarze Nieswurz haben offensichtlich nicht mehr Gemeinsamkeiten als den Namen. Aber die Berichte über die Erscheinungen der Pflanze unterscheiden sich; einige sagen, die beiden sind gleich und unterscheiden sich lediglich in der Farbe: Die Wurzel der einen sei weiß, die der anderen schwarz; einige sagen, daß die Blätter der ›schwarzen‹ wie Lorbeerblätter aussehen, die der ›weißen‹ aber wie von Lauch, daß aber die Wurzeln gleich seien, außer jede in der ihr eigenen Farbe.

* DIOSKURIDES, der im großen und ganzen den Ausführungen des THEOPHRAST folgt, fügt hinzu, daß der Rhizotom seine Gebete an Apollon und Asklepios richten soll (IV, 149).

Diejenigen, die sagen, die beiden Pflanzen sähen gleich aus, beschrieben sie wie folgt: Der Stengel ist wie der vom Affodill, aber sehr kurz, das Blatt ist stark segmentiert und erinnert sehr an den Stinkasant *(Ferula)*, ist aber länger. Es sitzt dicht an der Wurzel und kriecht über den Boden. Die Pflanze habe zahlreiche Wurzeln, wovon die schlanken Wurzeln brauchbar sind.

Sie sagen auch, daß die schwarze für Pferde, Ochsen und Schweine tödlich sei, obwohl sie von keinem dieser Tiere gefressen wird. Aber die weiße wird von Schafen gefressen; daher hat man ihre Tugend kennengelernt, denn sie purgiert sie. Ihre Blüte beginnt im Herbst und endet im Frühling. Wie dem auch sei, die Leute vom Berg Oeta sammeln sie für die Treffen der Amphictyons. Denn dort wachsen sie am meisten und am besten, nur an einem Ort namens Pyra im Gebiet des Oeta.

Die schwarze Nieswurz wächst überall; man findet sie in Böotien, in Euböa und an vielen anderen Orten. Aber die besten kommen vom Berg Helicon, ein Berg, der im allgemeinen reich an medizinischen Kräutern ist.* Die weiße gibt es nur an wenigen Orten; die beste kommt von einem der vier Orte, Oeta, Pontus, Elea und Malea. Sie sagen, daß diejenige von Elea in den dortigen Weingärten wächst und dem Wein eine sehr wassertreibende Kraft gibt. Diejenigen, die von diesem Wein trinken, mergeln aus.

Aber von allen die beste ist die vom Oeta, während die vom Parnaß und die von Aetolia, obwohl sie vielfach im Handel sind, rauh und hart sind. Obwohl diese Pflanzen äußerlich gleich erscheinen, haben sie doch unterschiedliche Tugenden.

---

* Der Helikon ist der Sitz der Musen.

Einige nennen die schwarze die ›Nieswurz des Melampus‹* und sagen, er habe sie als erster entdeckt. Manche Männer reinigen auch Pferde und Schafe damit, während sie Sprüche und Beschwörungen sprechen; auch benutzt man sie für andere Dinge.« (THEOPHRAST, *Geschichte der Pflanzen* IX, 10)

Pharmakologie:

Veratrum album enthält die Sterinalkaloide Protoveratrin und Jerpin, daneben Veratramin, Germerin, Chelidon- und Veratrumsäuren, Fett. Der Weiße Germer ist sehr giftig. Schon 1-2 Gramm der getrockneten Wurzel (entspricht etwa 20 mg Esteralkaloide) sind tödlich.

Helleborus niger enthält die digitalisähnlichen Glykoside Helleborin und Helleborein. Die Christwurz ist im Vergleich mit dem Weißen Germer recht harmlos.

Anwendung:

Veratrum album sollte nur als homöopathische Potenz (D3, D4, D6, D12, D30, D200) bei Gemütsleiden, Folgen von Schreck, Zorn, Aufregungen, Manien, Migräne, Kreislaufschwäche, Herzschwäche, Sonnenstich, Asthma usw. verwendet werden.

Helleborus niger sollte auch nur als homöopathische Potenz (D3, D4, D12, D30, D200) verwendet werden, z.B. bei Gemütsleiden, Psychosen, manischen Zuständen, Geistesverwirrung, bei Gehirntraumen, Folgen von unglücklicher Liebe und unterdrückter Menstruation.

---

* Melampus, eine Art Entdecker und Kulturheros, soll laut HERODOT den Phalluskult, bei dem Phallen mit Prozessionen verehrt wurden, aus Ägypten nach Griechenland eingeführt haben (vgl. GASSNER 1993: 34). Der Weiße Germer wurde auch *Melampodium*, »Pflanze des Melampus«, genannt (DIERBACH 1833: 213).

Literatur:
Baumann 1982, Berendes 1891, Frohne & Pfänder 1983, Mandl 1985, Pahlow 1993, Westendorf 1992.

Oleander

Nerium oleander LINNÉ – *Apocynaceae* (Hundsgiftgewächse)

*n*ᶜ*r* (ägyptisch)*
νεριον oder δαφυν η αυρια oder ουοθηρας (altgriechisch)
RHODODENDROS, später auch OLEANDRUM (römisch)

Im Altertum glaubte man, der Oleander stamme aus dem zauberhaften Lande Kolchis; man sah in ihm eine Pflanze der Medea. Anscheinend hatte der Oleander auch etwas mit den Weinen, die in den dionysischen Begehungen getrunken wurden, zu tun (vgl. Efeu). Leider ist die genaue Rolle eines Oleanderweines bisher nicht zu erkennen. Immerhin wurde der Oleander gerne auf Wandgemälden in Pompeji, das für seine Bacchus-Mysterien bekannt war, dargestellt. Erwähnt wird ein berauschender Oleander-Honig, der vielleicht mit der dionysischen Raserei zu tun hatte:

> »In der Gegend am Pontos, beim Volke der Sanner, gibt es eine Art Honig, der nach dem Wahnsinn, den er hervorruft, *maenomenon* [= ›Tollmacher‹] genannt wird. Man glaubt, dies werde durch die Blüte des Oleanders verursacht, von dem die Wälder übersät sind.«
>
> (PLINIUS XXI, 77)

Obwohl im heutigen Ägypten der Oleander sehr weit verbreitet ist, sind aus alter Zeit nur wenige Belege überliefert. Anders bei den Griechen:

---

* Diese Deutung ist zweifelhaft; vgl. GERMER 1985: 154.

Der Oleanderstrauch (Nerium) *oder Unholdenkraut: »Ist ein lustig holdselig Gewächs anzusehen«; Holzschnitt aus dem* Kräuterbuch *von* LONICERUS, *1679.*

> »Die Wurzel des Oleanders, in Wein gegeben, macht das Gemüt sanfter und vergnügter. Diese Pflanze hat Blätter wie der Mandelbaum, aber kleiner, und die Blüte ist rot wie die Rose. Die Pflanze, die bergiges Land liebt, ist ein großer Busch. Die Wurzel ist rot und groß und hat getrocknet einen Duft wie Wein. Und das ist nicht überraschend, denn es verströmt ein Aroma wie etwas, das eine dem Weine ähnliche Qualität hat.«
>
> (THEOPHRAST, *Geschichte der Pflanzen* IX, 19)

Der Oleander war in der Antike bei vielen Völkern bekannt:

> »Oleander. Das *Nerion*, einige nennen es *Rhododaphne* [= ›Lorbeerrose‹], andere *Rhododendron* [= ›Rosen-

baum‹], *Spongos* [= ›Schwamm‹], *Haimostaris* [= ›Bluttropfend‹], die Römer *Oleandrum*, auch *Laurorosa* [= ›Lorbeerrose‹], die Lukanier *Ikmane* [= ›Feucht‹], die Ägypter *Skinphe*, ist ein bekannter Strauch mit Blättern, welche größer und dicker sind als die der Mandel. Die Blüte ist rosenartig; eine Frucht trägt er wie Hörner, welche geöffnet angefüllt ist mit einem wollartigen Stoff, ähnlich der Haarkrone der Eselsdistel. Die Wurzel ist zugespitzt, lang, holzig und hat einen salzigen Geschmack. Es wächst in Anlagen, in Meeresgegenden und an Flüssen. Die Blüte und die Blätter haben die Kraft, Hunde, Esel, Maulesel und die meisten vierfüßigen Tiere zu töten, für die Menschen aber sind sie, mit Wein getrunken, besonders wenn Raute zugemischt ist, Hilfsmittel gegen die Bisse giftiger Tiere. Die schwächeren Tiere, wie Ziegen und Schafe, sterben, wenn sie den Aufguß davon trinken.« (DIOSKURIDES IV, 82)

Heute noch benutzen die Griechen Oleanderblätter zum Verschließen von Ratten- und Mäuselöchern. Wenn sich die Mäuse durchbeißen, vergiften sie sich und sterben.

Pharmakologie:
In den Blättern ist das starke Herzgift Oleandrin enthalten. Es kann durch Lähmung des Herzens für Tiere und Menschen lebensgefährlich werden. Daneben finden sich weitere digitalisähnliche Glykoside (Neriin, Neriatrin, Adynerin, Cortenerin). Der Milchsaft enthält Salicin und andere Alkaloide. Obwohl immer wieder vor der Giftigkeit des Oleanders gewarnt wird, wurden in der toxikologischen Literatur aufgrund des Verzehrs von Blüten und Blättern keine gefährlichen Intoxikationen beobachtet (FROHNE & PFÄNDER 1983: 47).

Anwendung:
Oleander sollte innerlich nur als homöopathische Potenz (∅, D1, D2, D3, D4, D6, D12) bei Herzbeschwerden, Angina pectoris, Hypertonie, Darmkrämpfen und Ekzemen angewandt werden. Infusionen der Blüten können äußerlich bei Psoriasis verwendet werden.

Literatur:
BAUMANN 1982, FROHNE & PFÄNDER 1983, GEORGIADES 1987, GERMER 1985, MANDL 1985, PAHLOW 1993.

Olivenbaum

Olea europaea LINNÉ – *Oleaceae* (Ölbaumgewächse)

d.t oder *ddtw* (ägyptisch)
ελεα (altgriechisch)
OLEUM (römisch)

Obwohl der immergrüne Olivenbaum aus Kleinasien stammt, wurde er doch schon im Altertum zu *dem* Symbol der hellenischen Zivilisation. Es hieß, der Baum wurde von Athene oder Minerva eingeführt. Für die Griechen war die Olive die nützlichste aller Früchte, denn sie war zugleich Nahrung, Medizin und heilige Frucht. Sie liefert das Olivenöl, das nicht nur als vorzügliche Speise galt, sondern auch zur Körperpflege benutzt wurde. Götter, Menschen und Statuen wurden gleichermaßen mit dem glänzenden Öl gesalbt. Das Olivenöl wurde auch als Basis für kosmetische und/oder medizinische Salben gebraucht.

Im Orient galt der Olivenbaum als Lebens- oder Weltenbaum. Das lag u.a. daran, daß das Olivenöl beim Verbrennen eine helle Quelle des Lichtes war. Außerdem hieß es, im Wipfel des (Oliven)-Weltenbaumes befände sich das Paradies der Auserwählten. Vermutlich hatte der Baum bei den Phönikern, die wohl sehr zu seiner Verbreitung im Mittelmeerraum beigetragen haben, eine ähnliche kosmische oder göttliche Bedeutung. Denn überall, wohin der Baum auch geriet, wurde er kultisch verehrt und weithin gepriesen.

Im hellenischen Griechenland war Athene die Göttin des Olivenbaumes. Zu ihren Ehren wurde der Baum, der in diesem Zusammenhang *moria,* nicht *elea*, genannt wurde, in ihren Heiligtümern gepflanzt. Aus dem Holz des heiligen

Baumes wurden Götterbilder und Statuen geschaffen. Die Olivenbäume von Eleusis wurden besonders heftig verehrt; sie wurden sogar im *Homerischen Hymnos an Demeter* erwähnt. Auf Delos, der ionischen Kultinsel des Apollon, wurde ein spezieller Olivenbaum namens »Letos seliger Geburtsschmerz« verehrt. An diesem heiligen Baum hat Leto ihre Kinder Apollon und Artemis geboren.

Das Olivenöl hatte in der Antike die Stelle der Seife. Die alten Texte sprechen ständig von den glänzend Gesalbten. Das heilige Öl galt als Hautpflegemittel. Daran erinnern heute noch olivenölhaltige Seifen sowie die letzte Ölung.

Pharmakologie:
Die frischen Früchte enthalten bis zu 50% fettes Öl (Glyceride), darin 19% gesättigte und 76% ungesättigte Fettsäuren (Ölsäure, Linolsäure), daneben Karotin. Das aus den Früchten gepreßte Olivenöl regt die Gallensekretion an.

Anwendung:
Der Genuß von Oliven und Olivenöl soll vorbeugend gegen Magenkrebs sein. Ein Mischung aus Olivenöl und Rotwein kann äußerlich zur Wundbehandlung aufgetragen werden (fördert die Verschorfung).

Literatur:
BROSSE 1990, DIERBACH 1833, HEHN 1992, GERMER 1985, GRANDJOT 1991, IATRIDIS 1986, RUCK 1983, UDAPA & TRIPATHI 1983.

Orchideen

Orchis spp. und *Serapias* spp.- *Orchidaceae* (Orchideengewächse)
Orchis italica Poir – Italienisches Knabenkraut
Orchis morio Linné – Gemeines Knabenkraut
Serapias vomeracea (Brum.) Briq.

ορχις oder ορχεως, σατυριον (altgriechisch)
orchis, serapias (römisch)

Orchideen sind uns meist als epiphytische Pflanzen ferner Regenwälder bekannt. Doch gibt es auch zahlreiche Arten in Europa (300-350). Die Knabenkräuter wachsen auch in Mitteleuropa, sogar in Irland (The Burren). Exotischere Orchideen sind vor allem auf Kreta beheimatet.

Der Name Orchidee leitet sich von griechisch *orchis*, »Hode«, ab, da die Wurzeln vieler Arten Knollen ausbilden, die wie Hoden aussehen. Das Wort als Bezeichnung für diese Pflanzen taucht erstmals bei Theophrast auf. Es wird in erster Linie auf das Knabenkraut (Knabe = Hode), auch Stendelwurz, Hundshödlein, Hodenkraut genannt, bezogen. Die erste Orchidee ist aus einem Jüngling namens Orchis entstanden. Orchis war der Sohn eines Satyrn und einer Nymphe. Als er bei einem wilden Bacchanal die für Dionysos auserwählte Jungfrau mit seinem mächtigen Phallus entjungferte, wurde er von den rasenden Mänaden zerissen und zerstückelt. Der Vater bat den geprellten Gott darum, seinen Sohn wieder zum Leben zu erwecken. Der gewährte ihm den Wunsch nur zum Teil. Aus den Hoden des Zerstückelten wuchs eine wunderschöne Orchidee.

Die Knollen der Orchideen galten als Lieblingsnahrung

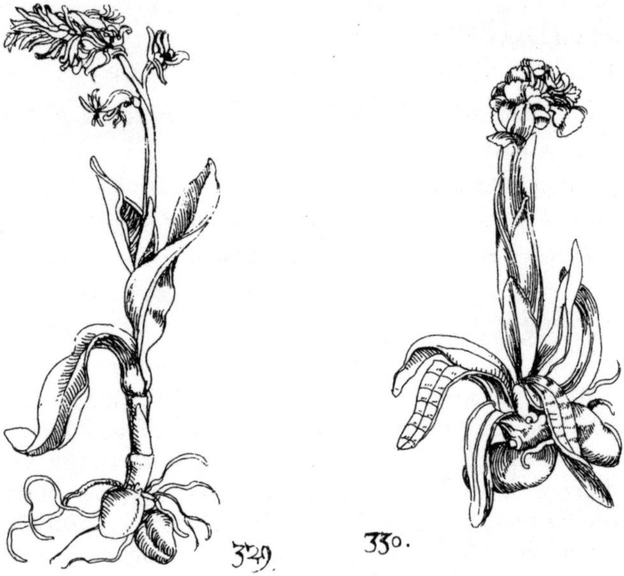

Orchideen – links: Knabenkraut (Orchis sp.), *rechts: Ragwurz* (Serapias sp.)*; Kupfer aus der deutschen* D*IOSKURIDES-Ausgabe von 1610.*

der Satyrn und wurden wegen ihrer aphrodisischen Wirkung, aber auch als Pharmakon gelobt:

»Die Orchis, einige nennen sie Hundehoden, ... hat eine zwiebelähnliche, längliche, doppelte, schmale Wurzel wie eine Olive, die eine oben, die andere mehr unterwärts, auch ist die eine voll, die andere weich und geschrumpft. Die Wurzel wird gekocht gegessen wie die Zwiebel. Auch von dieser erzählt man, daß die größere Wurzel, von Männern verzehrt, die Geburt von Knaben bewirke, die kleinere aber, von Frauen genossen, die Geburt von Mädchen. Weiter berichtet man, daß die Frauen in Thessalien die zartere mit Ziegenmilch trinken, um die Liebeslust anzuregen, die feste aber zur Unterdrückung und Abschwächung der Liebesgelüste, ferner, daß durch den Genuß der einen die Wirkung der anderen aufgehoben werde.« (DIOSKURIDES III, 131)

Eine noch heute auf Kreta vertretene Vorstellung erinnert an dieses antike Konzept: »Die Frau, die die größten Knollen ißt, wird einen Jungen und nach dem Genuß der kleineren Knolle ein Mädchen gebären« (ALIBERTIS 1989: 9). DIOSKURIDES beschreibt noch ein anderes Knabenkraut:

»Die andere Orchis, welche man auch *Serapias* nennt, wie z.B. ANDREAS, wegen der vielfachen Verwendung der Wurzel, hat lauchähnliche Blätter, länglich, aber auch breiter und fett, in den Achseln eingerollt. Die kleinen Stengel sind eine Spanne hoch, die Blüten purpurfarbig, die Wurzel ist kleinen Hoden ähnlich. Diese hat als Umschlag die Kraft, Ödeme zu verteilen, Geschwüre zu reinigen und kriechende Geschwüre aufzuhalten. Sie räumt auch Fisteln weg und besänftigt als Kataplasma entzündete Stellen. Trocken bringt sie fressende Geschwüre und Fäulnis zum Stillstand, heilt auch böse Fehler im Mund. Mit Wein getrunken, stillt sie den Durchfall. Von ihr erzählt man dasselbe wie vom Hundshoden.«

(DIOSKURIDES III, 132)

Der Name Serapias geht vielleicht auf den spätantiken Gott Serapis (= Sarapis) zurück. Serapis war ein hellenisierter Osiris, der von den Ptolemäern eingeführt wurde. Er war ein Herr der Fruchtbarkeit und ein Allgott. Er wurde gemeinsam mit Isis im Serapeon zu Alexandria verehrt. Er wurde mit einer korbähnlichen Kopfbedeckung *(Kalathos)* dargestellt. Daran trug er meist Ähren oder andere Pflanzen, die in ihrer Darstellung mehr an den Weißen Germer oder entfernt an die *Serapias*-Orchideen erinnern. Jedenfalls waren diese Pflanzen Symbole der Fruchtbarkeit.

DIOSKURIDES fährt noch fort in der Beschreibung zweier magischer Pflanzen, die er offensichtlich zu den Orchideen zählt, deren botanische Identität jedoch sehr umstritten ist:

> »Das Satyrion, einige nennen es Dreiblatt, ... muß man in dunklem herbem Weim trinken gegen Orthopnöe, sie auch gebrauchen, wenn man der Frau beiwohnen will, denn man sagt, daß sie beim Beischlaf die Lust reizt.«
>
> (DIOSKURIDES III, 133)*

Das Satyrion hat seinen Namen von den lüsternen Satyrn:

> »Das rote Satyrion, einige nennen es Wasseräpfelchen, das Stärkende, *Priapiskos* [= ›Kleiner Priapos‹] oder *Morion* [= ›männliches Glied‹], einige auch *Satyriskos* [= ›kleiner Satyr‹], Saturnshoden, die Römer *Molorticulum Veneris* [= ›Beischlafglied der Venus‹] ... wächst an sonnigen und bergigen Plätzen. Es wird auch erzählt, daß die Wurzel, in der Hand gehalten, zum Liebesgenuß reize, mehr noch, wenn sie mit Wein getrunken wird.«
>
> (DIOSKURIDES III, 134)**

Noch in diesem Jahrundert gibt es in Griechenland die *salepi*-Verkäufer***, die ein kaffeeartiges Getränk aus den gerösteten zermahlenen Wurzeln der Knabenkräuter anbieten. In der griechischen Volksmedizin wurden die Wurzeln

---

* Man deutete das Satyrion als *Aristolochia polyrrhizos, Tulipa clusiana, Tulipa gesneriana, Aceras anthropophora, Ophrys anthropophora.*

** Dieses Satyrion wurde als *Erythronium dens canis, Mithridatia* sp. oder *Fritillaria pyrenaica* gedeutet.

*** Der Name *salepia* leitet sich von der arabischen Bezeichnung des Knabenkrautes *salep*, »Fuchshoden« ab.

als Tonika und bei Magen-Darm-Erkrankungen eingenommen.

Pharmakologie:
Die Wurzelknollen von *Orchis* spp. und *Serapias* spp. sind reich an Stärke und Schleimstoffen. Daneben enthalten sie 15% Proteine, Stickstoffverbindungen und Mineralsalze (Calcium, Phorphor). Der Schleim hat reizmildernde Wirkungen. Direkt aphrodisische Wirkstoffe konnten bisher nicht entdeckt werden.

Anwendung:
Da Orchideen geschützte Pflanzen sind, sollten sie nicht wild gesammelt werden. Gelegentlich kann fertiges Salepmehl im Drogenhandel erworben werden. Es stammt meist aus türkischen Pflanzungen.

Literatur:
ALIBERTIS 1989, BAUMANN 1982, CAMPORESI 1991, GEORGIADES 1987, GIEBEL 1990, IATRIDIS 1986, PAHLOW 1993, RÄTSCH 1988, SFIKAS 1993.

Oregano und Majoran

Origanum spp. – *Labiatae* (Lippenblütler)
Origanum dubium Linné – Wilder Orgeano
Origanum vulgare Linné – Gewöhnlicher Oregano
Origanum heracleoticum – Kretischer Oregano (Rigano)

οριγανον oder οριγανις (altgriechisch)
ORIGANUM (römisch)

Majorana hortensis Moench. (syn. *Origanum majorana* Boiss) – Gartenmajoran

sopho oder *sampsuchum* (ägyptisch) – Majoran
αμαρακον oder σαμψυχον (altgriechisch) – Majoran
AMARACUS (römisch) – Majoran

Oregano, auch Dost genannt, und Majoran werden oft miteinander verwechselt. Beide Pflanzen gehören in dieselbe Familie, riechen sehr ähnlich, sehen ähnlich aus und wirken ähnlich. Diese Tatsache hat schon in der Antike zu erheblicher Verwirrung geführt.

Der Oregano spielte in den nur wenig bekannten Mysterien der Erdgöttin Gaia (= Ge) und ihrer Tochter Themis, der »Allgepriesenen, Lichtgestalt«, die nach orphischer Auffassung den Menschen zuerst den »heiligen Weihedienst« lehrte, eine gewisse Rolle:

> »Das sind ihre Heiligtümer. Ferner die Geheimsymbole der Ge Themis, ein Würzkraut (Origanum), eine Lampe, ein Schwert, ein Frauenkamm, was ein verblümter und mystischer Ausdruck für die weibliche Scham ist.«
>
> (Klemens von Alexandria, *Mahnrede an die Heiden* II 22, 4-5)

In griechisch-römischer Zeit war der Majoran eine beliebte Grabbeigabe, vor allem in Grabgirlanden in Hawara. Nach DIOKLES und PLINIUS war die Pflanze ägyptischen Ursprungs. Man glaubte, daß der Duft des Majorans vor Krankheiten schütze und Unglück verhindere. Der Majoran war dem Sohn der Aphrodite, dem Gott der Eheschließung Hymen oder Hymaenaeus*, heilig:

»Eingeborener am Helikon,
Holder Sprößling Uranias [Aphrodites Name als Himmelgöttin],
Der du sanft in des Mannes Arm
Das aufblühende Mädchen ziehst.
Heil Dir, mächtiger Hymen!
Komm, die Blüte des lieblichen
Majorans um die Stirn,
In der linken den strahlenden
Hochzeitsschleier, den weißen Fuß
In der goldenen Sandale.« (CATULL, *Hymne an Hymen*)

Der Majoran, besonders der aus Zypern stammende, war auch der Mutter Aphrodite geweiht. Man würzte damit den Wein für ihre Feiern. In Rom galt Majoranöl als Liebesgabe. In der Renaissance noch wirkte dieser Brauch nach. Einen aphrodisischen Wein machte man »mit dem wilden Majoran, dem Oregano, mild, den man im Most gären läßt, wenn er zusammen mit seinen Traubenstielen gärt« (zit. in CAMPORESI 1991: 76).

Der Majoran ist in der Mythologie aus einem Knaben entstanden. Er war der Sohn des Königs Kyneras von Zypern und hieß Amaracus. Der ließ einmal unvorsichtigerweise einen Krug mit einer wohlduftenden Salbe fallen. Aus

* Nach ihm ist das Jungfernhäutchen benannt worden.

Schreck darüber verwandelte er sich in den Majoran, der nach ihm *amarakon* genannt wurde. Von der Heilkraft hieß es:

> »*Samsuchon*, einige nennen es *Triphyllon* [= ›Dreiblatt‹], andere *Amarakon, Agathides* [= ›die Knäulige‹], *Knekon* [= ›Fahl‹], PYTHAGORAS *Thrambes*, die Ägypter *Sopho*, die Armenier *Myuron*, die Propheten Esel des Priesters, auch süßes Kind der Isis, die Römer *Maizurana*, das beste ist das von Kyrika [Stadt am Marmarameer] und Zypern, danach kommt das ägyptische. Bei den Bewohner von Kyzika und Sizilien heißt es *Amarakon*. Es ist eine vielverzweigte, über die Erde hinkriechende Pflanze. Sie hat rauhe, runde, denen der zartblättrigen Kalamintha [Katzenminze; *Nepetha cataria* L.] ähnliche Blätter, ist sehr wohlriechend und erwärmend und wird auch zu Kränzen geflochten. Ihre Abkochung als Trank ist ein gutes Mittel bei beginnender Wassersucht, bei Harnverhaltung und Krämpfen. Die getrockneten Blätter mit Honig als Kompresse entfernen Sugillationen [violette Verfärbungen] unter den Augen, befördern als Zäpfchen die Menstruation. Gegen den Skorpionstich werden sie mit Salz und Essig als Kompressen gebraucht. Bei Verrenkungen werden sie, in Wachssalbe aufgenommen, aufgestrichen, in gleicher Weise bei Ödemen... Auch bei Augenentzündungen werden sie mit dem feinen Graupenmehl als Umschlag angewandt. Endlich werden sie den stärkenden und erwärmenden Salben zugemischt.«
>
> (DIOSKURIDES III, 41)

Eine letzte Erinnerung an die »Aromatherapie der Aphrodite« hat auf Zypern überlebt: Die Mönche in dem griechisch-orthodoxen Kloster Kykko, das inmitten des malerischen Troodos-Gebirges liegt, destillieren ein Oregano-Öl, das »wunderbare Wirkungen« besitzen soll. In dem vor

Reichtum überbordenden Kloster wird eine Marienikone aufbewahrt, die der Evangelist Lukas gemalt haben soll. Die Orthodoxen und die Zyprioten glauben, das Bild habe segenspendende Kräfte. Kein Wunder, daß an solchem besonders gesegneten Orte eine »wunderbare Arznei« produziert wird. Die Mönche des vielbesuchten Klosters – übrigens das reichste Kloster Zyperns – sammeln das wilde Oreganokraut (*Origanum dubium*, gr. *rigani*) im Oktober, wenn die Konzentration an ätherischem Öl (mindestens 15%) am höchsten ist. Das Destillieren findet in den Wintermonaten statt. Das Öl soll ausschließlich äußerlich verwendet werden. Bei jedweder Anwendung soll nur ein einziger Tropfen gebraucht werden. Das Öl wird auf die nackte, fettfreie Haut aufgetragen und eingerieben. Es wird bei Halskratzen, rauher Kehle und Halsschmerzen links und rechts vom Kehlkopf auf den Hals gebracht. Bei Kopfschmerzen werden beide Schläfen eingerieben. Bei Schmerzen in den Muskeln, besonders aber der Knochen und Gelenke, bei Rheuma und Arthritis, wird das Öl auf den schmerzenden Bereich aufgetragen. Am besten soll es bei Hals- und Glieder-Gelenkschmerzen wirken. Im Kloster werden kleine Fläschchen des reinen Öles verkauft.

Pharmakologie:
Oregano und Majoran enthalten beide das gleiche ätherische Öl *(Oleum majoranum)*, mit Sabinenhydrat, Terpinen, Terpineolen, Thymol und Carvacol. Es hat cholesterinsenkende und fettabbauende Eigenschaften. Daneben finden sich noch Bitterstoffe, die die Sekretionen von Galle und Magensäure anregen, sowie Rosmarinsäure, die das Ranzigwerden von Fetten verhindert. Thymol hat antibakterielle Eigenschaften.

Anwendung:
Oregano *(Origano)* ist eines der meistbenutzten Gewürze der griechischen Küche. Es unterstützt die Verdauung von fetten Speisen und Schafskäse. Das Öl kann zur Aromatherapie und für medizinische Massagen eingesetzt werden. Das frische Oreganokraut ist auch als hautfreundlicher Badezusatz geeignet. Majorantee (gr. *tsai sapsishia)* ist als Erkältungstee sehr wohltuend.

Literatur:
DIERBACH 1833, GEORGIADES 1987, GERMER 1985, IATRIDIS 1986, MAUTNER & KÜLLENBERG 1989, UDAPA & TRIPATHI 1983.

Päonie

Paeonia officinalis Linné – *Paeoniaceae* (Pfingstrosengewächse)
Paeonia mascula ssp. *mascula* (L.) Mill. Gard.*

παιωνια (altgriechisch)
PAEONIA oder GLYCYSIDE (römisch)

Den Namen hat die Pflanze vom Götterarzt Paion, Paieon oder Päan, der sie zuerst gefunden und den Pluto mit diesem »lindernden Balsam« geheilt haben soll (Homer, *Illias* V 401, 900). Paion war eine alte Heilgottheit, die erstmals auf einer Schrifttafel aus Knossos/Kreta erwähnt wurde (ca. 1400 v. Chr.). Später wurde Apollon der Titel Paian verliehen. Außerdem erhielt Apollon die Päonie als Ausdruck seiner Funktion als Heilgott. Er reichte sie aber an seinen Sohn Asklepios weiter, der sie als Mittel gegen körperliche Leiden vorsah. Die Päonie soll aber auch im Zaubergarten der Hekate blühen und magische Kräfte entfalten. Über die blutstillende Eigenschaft dieser »Königin der Kräuter« heißt es bei Homer:

> »Schnell wie die weiße Milch
> vom Feigenlab sich eindickt,
> gerann das Blut in der Wunde des Ares
> unter der Wirkung Paeons Kräuter.« (*Illias* 5, 902f.)

* In Griechenland gibt es viele Arten der *Paeonia*, deren Botanik und wissenschaftliche Beschreibung noch nicht abgeschlossen ist (Sfikas 1993: 22).

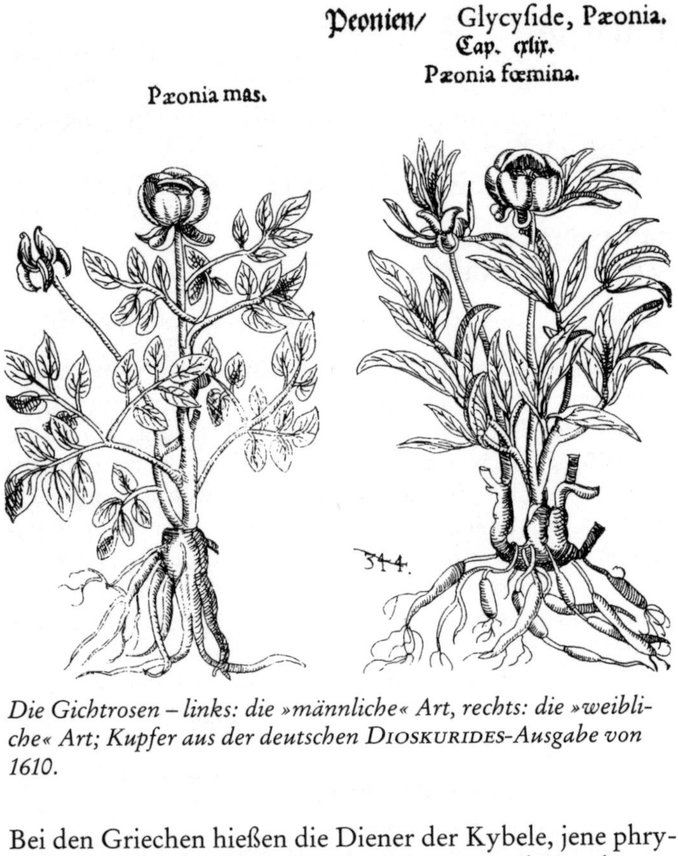

Die Gichtrosen – links: die »männliche« Art, rechts: die »weibliche« Art; Kupfer aus der deutschen Dioskurides*-Ausgabe von 1610.*

Bei den Griechen hießen die Diener der Kybele, jene phrygischen Dämonen, die später zu Kureten und Korybanten evolvierten, »Idäische Daktylen«. Diese »Finger vom Berg Ida« sollen die Päonie zuerst kultiviert und die Wurzeln magisch und medizinisch verwandt haben. Deshalb trägt die Pflanze den Beinamen »Idäischer Finger«. Die Päonie ist in der Tat nur in den Südalpen einheimisch. Auf Zypern etwa findet man sie nur in den Höhen des Troodos-Gebirges. Die bei uns in den Gärten kultivierten Päonien oder Pfingstrosen sind Hybride, die von ostasiatischen Arten abstammen.

Früher wurde sie Gichtrose oder Gichtwurz – von althochdeutsch *Gicht* = »Behexung« – genannt und diente als Heilmittel bei allen Krankheiten, die durch Behexung verursacht wurden. Sie wurde zur Heilung der »Heiligen Krankheit« (= Epilepsie), Wahnsinn und Krämpfen verwendet. Eine derart wirksame Pflanze mußte mit Bedacht gegraben werden:

> »Es wird gesagt, daß die Päonie, die von manchen *glykyside* genannt wird, nur während der Nacht ausgegraben werden soll; denn ein Mann, der es während des Tages tut und dabei von einem Specht beobachtet wird, während er die Frucht sammelt, riskiert dabei, sein Augenlicht zu verlieren; und wenn er zur selben Zeit die Wurzel schneidet, bekommt er Analprolaps [Herausstülpen der Darmwand, ggf. mit Hämorroiden].«
>
> (THEOPHRAST, *Geschichte der Pflanzen* IX, 8)

Die rituelle und medizinische Bedeutung wird von DIOSKURIDES weiter vertieft:

> »Gichtrose. Die Paionia oder Glykyside, einige nennen sie *Pentoboron* [= ›Fünfsamige‹], andere *Orobelion* [= ›die an den Berg geworfene‹], *Orobax* [= ›die am Berge schreitende‹], *Haimagogon* [= ›die Blut abführende‹], *Paisaide*, *Menogeneion* [= ›den Halbmond bildend‹], *Menion* [= ›Halbmond‹], *Panthikeraton* [= ›Allgöttliches Horn‹], idäische Daktylen [= ›Finger‹], *Aglaophotis* [= ›die herrlich Leuchtende‹], *Theodonion* [= ›Gottesgeschenk‹], *Selenion* [= ›Halbmond‹], die Propheten *Selenogonon* [= ›zum Halbmond geworden‹], auch *Phthisi*, die Römer *Casta* [= ›die Keusche‹]. Der Stengel wächst zwei Spannen hoch und hat viele Nebenzweige; die männliche hat

Blätter ähnlich denen der Walnuß, die weibliche eingeschnittene Blätter wie beim kleinen Pferdseppich. Sie entwickelt an der Spitze der Stengel eine Art mandelähnlicher Schoten, in denen nach der Öffnung sich viele kleine, roten Granatkörnern ähnliche Körner finden, in deren Mitte fünf oder sechs schwarze, purpurfarbene. Die Wurzel der männlichen ist etwa einen Finger dick, eine Spanne lang, hat zusammenziehenden Geschmack und ist weiß, bei der weiblichen hat sie Nebenwurzeln wie Eicheln, sieben bis acht, nach Art des Affodill. Die trockene Wurzel wird den Frauen gegeben, wenn sie nach der Geburt nicht gereinigt sind. Sie befördert, in der Größe einer Mandel genommen, auch die Katamenien. In Wein getrunken, hilft sie bei Magenschmerzen, wirkt heilsam bei Gelbsucht, Nieren- und Blasenleiden und hemmt, in Wein gekocht und getrunken, den Durchfall. Zehn bis zwölf rote Körner von der Frucht, in dunklem herbem Wein getrunken, stillen den roten Fluß, auch helfen sie gegessen denen, die an Magenverletzungen leiden. Ferner, von den Kindern getrunken und auch gegessen, beseitigen sie beginnendes Steinleiden. Die schwarzen [Samen] sind ein wirksames Mittel gegen Alpdrücken, Mutterkrämpfe und Mutterschmerzen, wenn sie zu fünfzehn Körnern in Honigmet oder Wein getrunken werden. Sie wächst an den höchsten Bergen und Vorgebirgen.«

(DIOSKURIDES III, 147)

Der Päonie wurde in der Magie eine mystische Verbindung zum Mond zugeschrieben, die sich in ihrem Geheimnamen σεληνογονον, »vom Mond gezeugt«, ausdrückt. Sie galt als ein starkes Schutzmittel beim Offenbarungszauber, bei dem eine orakelnde Gottheit über einer Schale mit Öl beschworen wird. Die Prozedur ist auf einem späten griechischen Papyrus (3. Jh. n.Chr.) beschrieben:

> »Schutzmittel: 3 Päonien trage um den linken Arm gewickelt. ›Es komme zu mir der Gott der Götter, die Offenbarung aus Feuer und Wind, der allein die Wahrheit im Haupt besitzt, der die Finsternis zerteilt, der Herr der Winde.‹ [...] Dies sage oftmals. Wenn aber, obgleich Du fortfährst, die gespenstische Erscheinung zögert: ›Öffne, Himmel; öffne Olymp; öffne Hades; öffne, Abgrund; es teile sich die Finsternis gemäß dem Befehl des obersten Gottes, und es dringe das heilige Licht aus dem Unendlichen in den Abgrund ...« (zit. nach HENGSTL et al. 1978: 171)

Wenn die Gottheit immer noch nicht über dem Öl erscheint, wird ein weiterer Zauberspruch rezitiert:

> »Gott, o Herr, komme; sei gegrüßt, heiliges Licht; sei gegrüßt, Auge des Weltalls; sei gegrüßt, Morgenglanz über dem All, und gib mir Bescheid über die Dinge, wegen der ich Dich bitte.« (ebd.)

Pharmakologie:
In der ganzen Pflanze sind Flavonoide und Gerbstoff, in der Blüte ist roter Farbstoff und Paeonin, in den Samen Peregrenin enthalten. Die Inhaltsstoffe bzw. deren Kombination hat schmerzlindernde und beruhigende Wirkungen.

Anwendung:
Pfingsrosenblütentee kann man in der Apotheke bekommen. Die Wirksamkeit ist nicht ganz geklärt. Oft werden die Blütenblätter nur als »Schmuck« zu langweilig aussehenden Teekräutermischungen zugefügt. Als homöopathische Potenz (D2, D3, D4) kann *Paeonia* bei Hämorrhoiden, Analfissuren, Afterfistel, Cystitis benutzt werden. Eine Paeonia-Salbe ist zum äußerlichen Gebrauch im Analbereich geeignet.

Literatur:
Baumann 1982, Beckmann & Beckmann 1990, Dierbach 1833, Georgiades 1987, Hengstl et al. 1978, Iatridis 1986, Mandl 1985, Sfikas 1990, Wichtl 1989.

Papyrus

Cyperus papyrus LINNÉ – *Cyperaceae* (Riedgräser)

mhj.t, mnh oder *twfj* (altägyptisch)
παπυρος (altgriechisch)
PAPYRUS (römisch)

In vordynastischer Zeit war das gesamte Niltal mit Papyrusgras, auch Papierstaude genannt, bewachsen. Die stilisierte Pflanze wurde zum Wappen von Unterägypten. Die Pflanze wächst nur in der Nähe von Wasserflächen und bildet bis zu 5 Meter hohe Stengel aus. Aus den gebündelten Stengeln wurden Boote gebaut, wodurch die Pflanze mit der Sonnenbarke in Zusammenhang gebracht wurde. Der untere Teil des Stengels ist sogar eßbar. Die Pflanze wurde als Papyrussäule ein wichtiges Bauelement. Es gab eine Zeremonie, die das »Papyrusraufen für Hathor« hieß und wohl mit Liebesritualen zu tun hatte. Überhaupt war die Göttin der Liebe, des Rausches und der Ekstase mit dem Papyrus assoziiert. Es hieß, ursprünglich sei sie aus einem Papyrusdickicht hervorgegangen.

Die Göttin Uto, die »Papyrusfarbene« oder »Grüne«, wurde oft als Schlange (Kobra, feuerspeiende Viper, Uräus), die an einem Papyrusstengel hochkriecht, dargestellt (ein Symbol der sexuellen Schlangenkraft!). Nach einem Pyramidentext soll Uto, die von HERODOT mit Leto gleichgesetzt wurde, aus der Papyruspflanze hervorgegengen sein. Uto hatte in Buto ein Heilgtum mit einem Orakel auf einer »schwimmenden Insel«, die *Ach-bit* oder *Chebit*, »Papyrus-Dickicht«, hieß. Dort beschützte Uto das Horuskind.

Die ägyptische Fruchtbarkeitsgöttin und Landesgöttin von Unterägypten Uto in Schlangengestalt auf ihrem Emblem, dem Papyrus.

Die Papyruspflanze war ein Symbol der aus dem Urwasser entstehenden Welt, war ebenfalls mit der Unterwelt und Wiedergeburt verbunden.

Die Papyruspflanze war als Papierlieferant von größter Bedeutung. Unser Wort Papier leitet sich direkt von Papyrus ab. Das nur in stehenden Gewässern gedeihende Gras wurde in extra dafür angelegten Teichen angepflanzt. Die Stengel wurden in Streifen geschnitten, die man abwechselnd längs und quer übereinander in die Presse legte. Nach etwa einer Woche war ein pergamentartiges Papier daraus »zusammengewachsen«. Die Papyri, die zum Beschreiben benutzt wurden, hatten 40 x 32 cm große Einzelblätter, die zu Bahnen zusammengeklebt wurden. Die Papyrus-Schriftrollen waren acht Meter lang und wurden aufgerollt oder zusammengefaltet.

Dem mit Hieroglyphen beschriebenen Papyrus wurde in der ägyptischen Spätzeit magische Kraft und medizinische Wirksamkeit zugeschrieben. In einem Rezept der Kinderheilkunde wird ein »altes Papyrusblatt« als Ingredienz angeführt:

> »Ein anderes (Heilmittel) für das Veranlassen, daß ein Kind die Stauungen von Harn ausscheidet, die in seinem Bauch sind: Ein altes Papyrusblatt, zerkocht in Öl/Fett; werde sein Bauch [damit] gesalbt, so daß seine Harnausscheidung sich regelt.« *(Papyrus Ramesseum)*

In der Hochzeit der alexandrinischen Alchemie nutzte man die magischen Kräfte des Papyrus. In einer Geschichte des Schreibers Naneferkaptah heißt es, er war ein sehr guter Schreiber und weiser Mann. Als er einmal ein Buch von Thot persönlich geschrieben sah, setzte er sich hin und kopierte es. Den von ihm beschriebenen Papyrus tränkte er mit Bier, so daß er sich darin auflöste. Dann trank er alles und erhielt damit all das Wissen, was auf dem Papyrus geschrieben stand (Fowden 1993: 60). Noch in der koptischen Medizin wurde »Asche von einem hieratischen Papyrus« in einem Augenheilmittel verarbeitet.

Im alten Ägypten hatte der Papyrus vor allem magisch-medizinische Bedeutung. Er wurde, mit Zauberzeichen beschrieben, zu Amuletten verwendet. Ein derartiges medizinisches Amulett, bei dem in das Schriftstück noch ein magischer Edelstein (Feldspat) gewickelt wird, ist im *Totenbuch* beschrieben:

> »Ich bin das Papyrus-Amulett aus Feldspat, das keine Kette hat,
> (sondern) von der Hand des Thot gehalten wird;
> Schaden ist sein Abscheu.
> Ist es unversehrt, bin (auch) ich unversehrt,

> wird es nicht geschädigt, werde (auch) ich nicht geschädigt,
> wird es nicht zerschlagen, werde (auch) ich nicht zerschlagen.« (*Totenbuch*, Spruch 160, 1-6)

Die Pflanze an sich wurde nur geringfügig als Heilmittel eingesetzt. Sie taucht in einem Rezept gegen steife Gliedmaßen und in einem Augenumschlag auf.

Im hellenistischen Griechenland und in Rom spielte der Papyrus kaum noch eine Rolle, wohl aber in der minoischen Kultur, die offensichtlich im Austausch mit den Ländern am Nil stand. Im minoischen Palast von Akrotiri, Thera, gab es einen Ritualraum, der ganz mit Papyrusfresken* bedeckt war. Die dargestellten Papyruspflanzen sollten offenbar eine »religiöse Landschaft« darstellen. Der Papyrus war in der Ägäis mit Süßwasser und Wasserläufen assoziiert und war ein Symbol der Fruchtbarkeit, stand damit der minoischen Großen Göttin nahe.

Der Gebrauch als Heilmittel war in Griechenland und Rom zwar selten, aber dennoch bekannt:

> »Der Papyrus, aus dem das Papier gemacht wird, ist allen bekannt. Er eignet sich sehr wohl zum Gebrauch in der Medizin, zur Öffnung von Fisteln, wenn er durch Mazeration zubereitet und in Leinen eingeschlagen ist bis zum Trockenwerden. Denn dicht gemacht und hineingelegt, füllt er sich mit Flüssigkeit an, und anschwellend öffnet er die Fisteln [also eine Art Preßschwamm]. Seine Wurzel hat auch einen gewissen Nährstoff; die Ägypter kauen sie

---

* Diese von Marinatos 1984 als Papyrus gedeuteten Pflanzendarstellungen lassen sich aber auch als naturalistische Abbildungen der weißblühenden Gilge oder Meereslilie (*Pancratium maritinum* Linné) interpretieren. Die Meereslilie kommt im Gegensatz zur Papyrusstaude an den Stränden der Ägäis-Inseln häufig vor.

daher, saugen den Saft aus und speien das Ausgesogene aus. Sie verwenden ihn auch als Holz. Der zu Asche verbrannte Papyrus aber kann fressende Geschwüre im Mund und an jedem Teil aufhalten. Besser leistet dieses gebranntes Papier.« (DIOSKURIDES I, 115)

Pharmakologie:
»Vom Papyrus sind keine pharmazeutischen Eigenschaften bekannt« (GERMER 1979). Vielleicht enthält er Tryptamine.

Anwendung:
Die Wurzelstöcke können gegessen werden.

Literatur:
DIERBACH 1833, GERMER 1979, HENGSTL et al. 1978, HUGONOT in CARROLL-SPILLECKE 1992, LURKER 1987, MANNICHE 1989, MARINATOS 1984, STETTER 1990, WESTENDORF 1992.

Pilze

(höhere oder eigentliche Pilze)*

Amanita muscaria (L. ex Fr.) Pers. – Fliegenpilz
Amanita caesarea (Scop. ex Fr.) Pers. ex. Schw. – Kaiserling
Panaeolus papilionaceus (Bull. ex Fr.) Quél. – Blasser Düngerling
Phallus impudicus L. ex Pers. – Gemeine Stinkmorchel
Polyporus (Laricifomes) officinalis Fries – Lärchenschwamm (altgr. αγαρικον)
Psilocybe rhombispora (Britz.) Sacc. – Dunkelbrauner Kahlkopf
Psilocybe semilanceata (Fr. ex Secr.) Kumm. – Spitzkegeliger Kahlkopf
Stropharia cubensis Earle – Zauberpilz (Eckiger Täuschling)

? (ägyptisch)
μυκης (altgriechisch)
BOLETUS (»Pilz«), FUNGUS (»Schwamm«) (römisch)

Was die alten Ägypter von Pilzen hielten, wie sie – wenn überhaupt – benutzt wurden, ist noch weitgehend unbe-

* Schimmelpilze, die antibiotische Stoffwechselprodukte erzeugen (wie Penicillin) sind in dieser Betrachtung ausgespart, da die medizinische Verwendung im Altertum wenig geklärt ist; vgl. dazu die Ausführungen von Böttcher 1959.

kannt. Allerdings könnte man den Mythos von der Schöpfung der Welt als eine Mythifizierung des Pilzes deuten:

> »Als die Urwasser noch die Welt bedeckten und außer dem Feuchten und dem Windhauch noch nichts auf der Welt war, erhob sich aus den Wassern der Urhügel, der ein großes Ei trug ... Aus dem Ei aber entsprang der Gott Ammon ... Er schuf aber die Welt und alles, was in ihr lebt, indem er einfach ihr Kommen befahl. So blieb er auch in allen Dingen wirksam und mächtig, der *Ba* aller Erscheinungen.« (nach Schüssler 1980)

Ammon entsprach dem Zeus-Jupiter und war ebenfalls ein phallischer Schöpfer-, Orakel- und Donnergott (vgl. Eiche). Nun war in der Antike der Glaube verbreitet, daß Pilze durch Blitz und Donner entstehen. Außerdem war das Wachstum der Pilze bekannt:

> »Die Erde erzeugt nämlich zuerst zu diesem Zweck eine Hülle, dann den Pilz selbst in der Hülle, wie das Gelbe im Ei ist ... Die Ursubstanz und Entstehungsursache liegt in dem Schlamm und in dem sauer werdenden Saft der feuchten Erde ... Übrigens verteilt sich Entstehen und Vergehen der Pilze insgesamt nur auf sieben Tage.«
> (Plinius XXII, 93/94/95)

Sollte Ammon also ein schöpferischer Pilz (= Phallus) sein, der aus dem Ei hervorgewachsen war? Begann die ägyptische Kosmographie mit einem Weltenpilz anstelle eines Weltenbaumes? Kannten die Ägypter entheogene Pilze, die sie in die himmlischen Welten des Ammon trugen, haben sie aber nur symbolisch in ihren geheimen Überlieferungen verschlüsselt? – Immerhin ist aus koptischer Zeit bekannt, daß der Fliegenpilz »Rabenbrot« genannt wurde, eine Bezeichnung, die auf die weitverbreitete Vorstellung, daß man sich mit Hilfe des Pilzes in einen Raben verwandeln und in den Himmel fliegen kann, hinweist. HERODOT beschrieb den frühen schamanischen Priester und Dichter ARISTEAS, der sich in einen Raben verwandelte und dergestalt seinen Geist von seinem Körper trennen und in andere Gefilde segeln konnte (IV, 14-15):

> »Ammon ließ mich in den Himmel blicken. Er schlug mir die Tore der Höhe auf, er öffnete mir die Türe seines Horizontes. Ich flog zum Himmel als ein göttlicher Falke. Ich sah seine geheime Gestalt, die im Himmel ist...« *(Inschrift in Karnak)*

Reisen dieser Art gehörten schon immer zum Repertoire der Schamanen. Als die kolchische Zauberin Medea dank ihrer schamanischen Kunst mit Schlangenflügeln über Griechenland flog, landete sie schließlich an der Musenquelle Pirena in Ephyra (Korinth):

> »Hier sollen nach alter Sage in der Urzeit Menschenleiber aus Pilzen entstanden sein, die im Regen gewachsen waren.« (OVID, *Metamorphosen* VII 390ff)

HOMER hielt die Pilze für das Ergebnis der Verbindung von Himmel und Erde. ATHENAIOS glaubte, daß die Qualität und Quantität der Trüffel von Gewalt und Häufigkeit des Donners abhängt. NIKANDER bezeichnete Pilze als »böse Gärung der Erde« (*Alexipharmaka* 521). Pilze wurden »als Gärung der Erde betrachtet: ein vollkommenes Symbol für die Wiedergeburt aus dem kalten Reich der Fäulnis, der modrig-schimmligen Unterwelt.« (WASSON et al. 1984: 55f.) THEOPHRAST rechnete die Pilze, auch wenn sie weder Sproß noch Blätter noch Wurzeln besaßen, doch zu den Pflanzen. Die Griechen waren offensichtlich ein überwiegend *mykophobes* (d.h. pilzablehnendes) Volk, was sich in den spärlichen Quellen über Pilze und die darin zum Ausdruck kommende Unkenntnis dieser Gewächse zeigt:

»Es gibt zweierlei Arten von Pilzen, die eßbaren und die tödlich giftigen. Die Ursachen für die Giftigkeit der Pilze sind mannigfach. So zum Beispiel, wenn sie unter rostigem Eisen oder unter angefaultem Tuch wachsen oder wenn sie in der Nähe einer Schlangenhöhle oder unter Bäumen mit tödlich giftigen Früchten vorkommen. Derartige Pilze weisen eine weichlich klebrige Oberfläche auf und verfaulen und zerfallen sofort nach dem Ablösen vom Erdboden. Diejeniegen eßbaren unter den Pilzen schmecken weder angenehm noch süß, und zu reichlicher Genuß kann, wenn der Körper sie nicht verdaut, schaden und zu Erstickungsanfällen führen und die Krankheit hervorrufen, die man die Tobsucht nennt. Dagegen hilft ein Salpetergetränk [Natron] oder eine Essig-Salz-Lösung, ebenso ein Aufguß von Bohnenkraut oder Oreganum. In gleicher Weise bekämpft man das Gift, wenn man den Mist des Hahnes in Essig auflöst und mit viel Honig vermischt trinkt.« (DIOSKURIDES IV, 83)

• Heilschwämme

Seit der Entdeckung der 5300 Jahre alten Gletschermumie »Ötzi« sind Pilze als prähistorische Heilmittel ein vieldiskutiertes Thema (vgl. RÄTSCH 1994b). Ötzi, der entweder ein wandernder Schamane oder ein verirrter Hirt war, hatte zwei getrocknete, auf Schnur gezogene Pilze bei sich, bei denen es sich um den Birkenporling *(Piptoporus betulinus)* oder den Lärchenschwamm handelte. Zuerst wurde vermutet, daß die Pilze als Zunderschwämme verwendet wurden, jetzt glaubt man eher an eine medizinische Verwendung und hält sie für »Ötzis Reiseapotheke«*. Der medizinische Ge-

* Zwischenzeitlich machten Ötzis Pilze Schlagzeilen als »Steinzeit-LSD«...

brauch des Lärchenschwammes hat sich immerhin bis in die Antike erhalten:

»Lärchenschwamm. Das *Agarikon* wird für eine Wurzel gehalten, ähnlich wie der des *Silphion**, es ist aber nicht dicht an der Oberfläche wie das *Silphion*, sondern durchweg locker. Es gibt aber davon ein männliches und ein weibliches. Das weibliche unterscheidet sich dadurch, daß es Fasern hat; das männliche dagegen rund und durchweg fest gefügt. Der Geschmack ist bei beiden gleich, nämlich anfangs süßlich, danach bitterlich. Es wächst in Agaria [daher der Name!] in Sarmathien [im südlichen Rußland]. Einige behaupten, es sei die Wurzel einer Pflanze, andere, es wachse aus faulenden Baumstümpfen, wie die Pilze. Es wächst aber sowohl in Galatien in Asien als auch in Kilikien auf den Zedern [= Lärche], ist leicht zerbrechlich und weich. Seiner Kraft nach ist es adstringierend, erwärmend, es wirkt bei Leibschneiden und Unverdaulichkeit, bei inneren Rupturen und Sturzverletzungen. In der Gabe von zwei Obolen wird es denen, die fieberfrei sind, mit Honigwein, den Fiebernden mit Honigmet gereicht. Auch bei Leberleiden, Asthma, Gelbsucht, Dysenterie, Milzleiden, Harnverhalt, Gebärmutterleiden und häßlicher Hautfarbe wird es zu je einer Drachme gegeben, ferner den Phthisikern mit süßem Wein, den Milzsüchtigen mit Sauerhonig, auch den Magenkranken, indem es so gegessen wird, ebenso auch denen, die saures Aufstoßen haben. In der Gabe von drei Obolen mit Wasser genommen, stillt es den Blutaus-

* Das *Silphion* ist im Altertum eine berühmte Heilfplanze gewesen, deren botanische Identität völlig verloren ging. In neuerer Zeit wird vermutet, daß es sich um den Stinkasant *(Ferula asa foetida)* gehandelt habe.

wurf, ferner bei Ischias-, Gelenkschmerzen und Epilepsie, wenn es mit Sauerhonig im gleichen Gewicht genommen wird. Weiterhin befördert es die Menstruation und wird auch im gleichen Gewicht mit Erfolg den Frauen gegeben, welche am Aufblähen der Gebärmutter leiden. Es hält die Fieberanfälle [Malaria?] zurück, wenn es vor dem Eintritt gereicht wird. In Honigmet zu ein bis zwei Drachmen genommen, reinigt es den Bauch; ferner ist es, in der Gabe von einer Drachme mit Mischtrank [ein *kykeon* aus Wasser mit Wein] genommen, ein Gegenmittel gegen tödliche Gifte, hilft auch, im Gewicht von drei Obolen mit Wein getrunken, gegen Schlangenbisse und Stiche. Überhaupt ist es gegen alle innerlichen Leiden dienlich, wenn es mit Berücksichtigung der Wirkung und des Alters gegeben wird, den einen mit Wasser, den anderen mit Wein, mit Sauerhonig oder mit Honigmet.«

(DIOSKURIDES III, 1)

DIOSKURIDES rechnete das *Agarikon* noch nicht zu den Pilzen, wohl aber PLINIUS:

»Die Schwämme haben eine zähere Beschaffenheit; es gibt zahlreiche Arten, sie entstehen aber nur aus dem zähen Saft der Bäume … GLAUKIAS glaubt, die Pilze seien für den Magen nützlich. Die Sauschwämme werden, mit einer Binse durchbohrt, hängend so getrocknet, wie sie aus Bithynien kommen. Sie heilen Bauchflüsse, Rheumatismus genannt, und fleischige Auswüchse am Gesäß; sie verkleinern diese nämlich und beseitigen sie mit der Zeit, ebenso Sommersprossen und Flecken im Gesicht der Frauen. Auch behandelt man sie in Wasser wie das Blei zu Heilmitteln für die Augen. Auf schmutzige Geschwüre, Ausschläge am Kopf und Hundebisse streicht man sie mit Wasser auf.« (XXII, 96/98)

• Speisepilze

Im modernen Griechenland sind Pilze *(manitari)* recht selten; im alten, waldbedeckten Hellas hingegen waren sie bestimmt häufiger. Sie wurden sicherlich auch gegessen. Aus Rom ist bekannt, daß eßbare Pilze von der Landbevölkerung auf den Märkten angeboten wurden. Der damals beliebteste Speisepilz war der Kaiserschwamm, der Champignon (*Agaricus campestris* L.), der Steinpilz (*Boletus edulis* L.), die Morchel (*Morchula esculenta* PERS.) sowie die Trüffel (*Tuber magnatum* PICO; *Tuber brumale* VITTAD.). Von der Trüffel wurde auch gesagt, daß sie ein Aphrodisiakum sei, eine Vorstellung, die sich bis heute erhalten hat.

• Giftpilze

In Rom waren Pilze zwar als Speise verbreitet, wurden aber von den naturentfremdeten gehobenen Schichten sehr gefürchtet, da mit ihnen politische Morde begangen wurden. Der berühmteste Giftmord mit einem Pilz wurde am Kaiser Tiberius Claudius von seiner Gemahlin verübt. PLINIUS kannte verschiedene Giftpilze, vor denen er einen höllischen Respekt hatte. So konnte der köstliche Steinpilz leicht mit dem sehr giftigen Satanspilz (*Boletus satanas* LENZ) oder dem etwas weniger giftigen Hexenpilz (*Boletus luridus* SCHAEFF.) verwechselt werden. Auch waren bestimmte Pilze dafür bekannt, daß aus ihnen schädliche Gifttränke gebraut wurden.

PLINIUS kannte aber wahrscheinlich auch den Fliegenpilz, den er aber, wie so viele nach ihm, irrtümlich für ein tödliches Gift hielt:

> »Von gewissen [Pilzen] erkennt man die Giftigkeit leicht an der fahl-roten Farbe; am ekligen Aussehen, an der

blaulichen Färbung im Inneren, an den furchigen Lamellen und am ringsum blassen Saum. Bei einigen findet man diese Merkmale nicht; trocken und der Trüffel ähnlich, tragen sie gleichsam weiße Tropfen von ihrer Haut auf dem Hut.« (XXII, 93)

• Zauberpilze

Eines der wenigen antiken Zeugnisse der psychoaktiven Anwendung von Pilzen stammt von ANTIPHANES, der schrieb, daß ein Pilz, der mit der Eiche assoziiert war (Zeus-Ammon!), Hellsichtigkeit bewirke, wenn er verspeist werde (*Frg.* 227). PLINIUS führt ein magisches »Kraut« an, das verdächtig nach einem entheogenen Pilz klingt:

> »Die *Achaimenis*, von der Farbe des Bernsteins, wachse ohne Blatt in Indien im Gebiet der Taradastiler [ein unbekannter Volksstamm]; wenn Verbrecher sie in Wein zu sich nähmen, seien sie unter Qualen voll geständig unter dem Eindruck verschiedener Göttererscheinungen.« (XXIV, 161)

Robert RANKE-GRAVES hält das Ambrosia, mit dem die Kentauren im Herbst Dionysos verehrt haben, für Fliegenpilze – immerhin gedeihen Fliegenpilze in Griechenland (BAUMANN 1982: 140f). Er vermutet auch, daß die Mänaden nicht nur von efeugeschwängertem Wein, sondern ebenfalls vom Fliegenpilz berauscht waren. WOHLBERG (1990) hält den thrakischen Dionysos Sabazios für die Entsprechung des indischen Soma und persischen Haoma (vgl. Steppenraute) und vertritt die Theorie, daß der thrakische Gott mit dem Fliegenpilz identisch sei. RUCK hält sogar das geheime Opfer der Hyperboreer an den delischen Apollon für einen Fliegenpilz und damit für die letzte Erinnerung an das indogermanische Soma (RUCK 1983). Neben dem Fliegenpilz sieht RANKE-GRAVES auch in dem *Panaeolus papilionaceus*, der »noch heute von portugiesischen Hexen eingenommen wird« einen weiteren Anwärter für das göttliche Ambrosia und Nektar (1985: 49). Er führt zur Unterstützung seiner Hypothese verschiedene Mythen sowie Kunstwerke an. Darunter eine attische Vase, auf der zwischen den Hufen von Nessus dem Kentauren ein Pilz sprießt. Dieses pilzliche Ambrosia wurde später das Sakrament der eleusischen und orphischen Mysterien. Er bringt sogar das Wort *kekyon* (= Kykeon; vgl. Mutterkorn) etymologisch mit *mykon*, Pilz in Verbindung. In der griechischen Folklore sollen noch heute Pilze als »Nahrung der Götter« bezeichnet werden. »Heute kommen in Griechenland halluzinogene Pilzarten vor. Im Unterschied zu den giftigen werden sie als ›verrückte Pilze‹ bezeichnet, und die Landbevölkerung weiß, daß sie wie der Wein, allerdings auf völlig andere Weise, berauschend wirken.« (WASSON et al. 1984: 155) In Italien sind die häufigsten psychedelischen Pilze die Spitzkegeligen Kahlköpfe *(Psilocybe semilanceata)*. Man nimmt an, daß sie dort seit 10000-12000 Jahren heimisch sind. In Norditalien (Monte Bego, Valcamonica) gibt es verschiedene spätneolithische Felsbilder, die Darstellungen von Pilzen in schamanischen Zusammenhängen zeigen.

Möglicherweise kannte PLINIUS sogar die entheogenen Kahlköpfe, die dann wohl mit einem Zeus-Kult in Zusammenhang standen. Neben den eßbaren und giftigen Pilzen nennt PLINIUS Pilze, die er als ungenießbar, aber nicht als schädlich klassifiziert. Darunter finden sich »die weißen, wie mit der spitzen Priestermütze *(apex)* des Flamen auf ihren kennzeichnenden Stücken« (XXII, 95). Die Priestermütze ist eine kegelförmige, aus dem Fell eines Opferlammes gefertigte Kopfbedeckung, die mit einem wollumwundenen Olivenzweig geziert war. Sie war das Kennzeichen des *Flamen Dialis*, das ist der Jupiterpriester!

Daß Pilze eine besondere religiöse oder rituelle Bedeutung hatten, kann man an Ketten, die aus Perlen in eindeutiger Pilzform bestehen, erkennen. Solche Pilzketten wurden sowohl in minoischer Zeit als auch in hellenistischer Zeit angefertigt. Im Museum von Heraklion (Kreta) kann man ein derartiges kunstvolles Schmuckstück bewundern. In der Bronzezeit sind Keramikfiguren charakteristisch gewesen, die unter dem Namen *kourotrophos* (»Milchamme«) bekannt sind. Dabei haben die Ammen sowie die gesäugten Kinder die Gestalt von Pilzen. Auf einem etruskischen Bronzespiegel ist der thessalische Held Ixion, übrigens ein Onkel des legendären Asklepios, mit Adlerflügeln über einem Pilz tanzend dargestellt. Auf einer Amphore aus dem 4. Jh. v. Chr. wird Perseus zusammen mit der enthaupteten Medusa, die »den Kopf verloren hat«, dargestellt. Über dem Helden schweben langstielige Pilze mit kleinen rundlichen Köpfen (vgl. WASSON et al. 1984: Abb.7). Wenn etwas aussieht wie ein Pilz, dann ist es auch ein Pilz. Und all diese Pilzbilder erinnern stark an die Kahlköpfe.

Auch in der Mythologie finden sich zahlreiche Pilzmetaphern, die auf die ihnen eigenen Kräfte schließen lassen. Perseus, der heilige König von Argos, schloß sich dem Dionysoskult an und nannte seinen von Kyklopen erbauten Palast Mykene, von *mykos*, »Pilz«*. Er hatte auf dem Hügel in dem Tal einen Pilz gefunden, aus dem eine Quelle hervorging (KLEMENS VON ALEXANDRIA, *An die Griechen* III, 45; APOLLODORUS II, 4, 4-5). So wäre der Anfang der mykenischen Zivilisation ein Pilztrip gewesen ...

Dionysos wurde von den Mänaden in Gestalt des Stieres verehrt. Nun ist der Kot des Stieres ein idealer Nährboden für verschiedene Pilze (z.B. Düngerlinge, sowie der *Stro-*

* Vielleicht ist sogar die Kykladeninsel Mykonos eine »Pilzinsel«.

pharia cubensis), die möglicherweise in den dionysischen Orgien eine wesentliche Rolle spielten. Das Symbol des Bromios (»Donnerers«) Dionysos, des Erde aufreißenden Stieres, war der *Phallos*, der »in einer gebräuchlichen Metapher ebenfalls *mykes* hieß«. (WASSON et al. 1984: 55) Es heißt immer wieder, daß Dionysos in der Gestalt eines Phallus (vgl. Feige) verehrt wurde. Der Phallus war ein Stück des zerstückelten Gottes. Bedeutet dies nicht auch, daß er in Form des Pilzes verehrt und verspeist wurde? – Schließlich gibt es mehrere attische Vasen, auf denen Gartenszenen dargestellt sind. Frauen begießen oder pflücken Phalloi, die zugleich wie Pilze, aber auch wiederum wie männliche Glieder aussehen (vgl. DIERICHS 1993: 46; Wasson et al. 1984: Abb. 12).*

Vielleicht waren die sogenannten »Eintagstrauben«, die morgens wachsen, während des Tages gekeltert und abends zur heiligen Berauschung zu Ehren des Dionysos getrunken wurden, gar keine »Weintrauben«, sondern Pilze. Denn nur Pilze können morgens sprießen und am gleichen Tage zur psychedelischen Reise verspeist werden.

Carl RUCK interpretiert eine sehr enigmatische Szene in den *Vögeln* des ARISTOPHANES als eine Anspielung auf einen Pilzkult um den Philosophen SOKRATES herum:

»In dem Land der Schattenfüßler
Liegt ein Teich, wo ungewaschen
Sokrates die Seelen fängt.
Dorthin kam auch jüngst Peisandros,
Wollte seine Seele suchen,
Die ihn lebend verließ.« (1553ff)

---

* Immerhin trägt die Stinkmorchel den delikaten wissenschaftlichen Namen *Phallus impudicus*, »unverschämter Schwanz«.

Die »Schattenfüßler« oder *monocoli*, waren eine Umschreibung von anthropomorphen Pilzen.* Der »Teich« war der heilige »Sumpf des Dionysos« in Athen. Der »ungewaschene« SOKRATES war unrein, weil er die kleinen eleusinischen Mysterien profanisiert, d.h. im eigenen Hause ausgeführt hat; er galt als Seelenfänger, weil er die Jugend, in der Gestalt des Peisandros, zum Verzehr der heiligen Droge verleitete. Daß derselbe seine Seele, die ihm bei lebendigem Leibe aus dem Körper geschlüpft ist (ein durchaus schamanisches Motiv), bei einem Pilzritual gesucht habe, wird nur so verständlich. Nach RUCK wurden also im Gegensatz zu den Hauptmysterien in Eleusis, bei denen der Kykeon (vgl. Mutterkorn) gereicht wurde, in den kleinen Riten im Herbst (also nach der Erntezeit der entsprechenden Pilze) entheogene Pilze kultisch verzehrt (RUCK 1981).

Pharmakologie:
Der Lärchenschwamm – sein alter Arzneiname lautet *Fomes officinalis (Lariciformis officinalis)* – enthält Harze (mit Agaricinsäure) und Agaricin mit schweißtreibender Wirkung.

Trüffeln enthalten einen Duftstoff, der chemisch mit den Pheromonen, den Sexuallockstoffen des Menschen, analog ist. Deshalb hat er einen direkten Einfluß auf Erotik und Sexualität.

Der frische Fliegenpilz enthält Cholin, Acetylcholin, Muscarin, Muscaridin, Muscazon, reichlich Ibotensäure, sehr wenig Muscimol, sowie die seltenen Spurenelemente Selen und Vanadium. Der getrocknete Fliegenpilz enthält durch Decarboxylierung der Ibotensäure reichlich Muscimol, das für die psychoaktive Wirkung verantwortlich ist.

---

* Bei THEOPHRAST waren *monocoli*, wörtlich »Einfüßer«, eine Metapher für Pflanzen, die nur Stiele haben (RUCK 1981: 181).

Stropharia cubensis sowie die *Psilocybe*-Arten enthalten die Tryptaminderivate Psilocybin und wenig Psilocin. Psilocybin ist eines der physiologisch ungiftigsten Entheogene überhaupt; psychologisch öffnet es die Tore zur wunderbaren, aber auch sehr gefahrvollen Welt der Schamanen. »Jedenfalls gibt *psilocybe* einem das Gefühl universeller Erleuchtung« (RANKE-GRAVES 1985: 49) – kann aber auch schreckliche Seelenqualen bereiten. Am psilocybinhaltigen Pilz zeigen sich wieder die beiden Seiten des Pharmakons. Er kann Himmelsreisen, Glückseligkeit, Vereinigung mit dem mystischen Licht bewirken, aber einen genauso in den Rachen des Kerberos werfen. Auch hier hängt die Wirkung von der Dosierung, aber zusätzlich von der inneren Einstellung und dem äußeren Setting ab. Es ist ein wesentlicher Unterschied, ob man den Pilz im Sonnentempel des Apollon oder auf dem gespenstischen Friedhof der Hekate verspeist.

Anwendung:
Der Fliegenpilz, von dem immer noch viele Menschen fälschlich glauben, er sei tödlich giftig, ist ein durchaus unterschätztes Therapeutikum. Er kann als homöopathische Potenz (*Agaricus muscarius:* ∅, D4, D6, D30, D200) gegen Beschwerden der Wechseljahre, Übererregbarkeit und Blasen- und Darmkrämpfe verwendet werden. Ein Arzt, der in seiner Praxis viel die Urtinktur einsetzt, berichtete: »Ein Teil (15-20%) der von mir mit Agaricus muscarius behandelten Patienten hatte während oder nach der Therapie veränderte Träume. Vor allem: Flugträume mit positivem Inhalt, Träume in Richtung Alice im Wunderland und sonstige angenehme Traumerlebnisse. In keinem Fall traten Alpträume auf, wobei man jedoch auch sehen muß, daß es sich in der Therapie um überwiegend kleine Dosen handelt. Auch bei größeren Dosen war in der Regel am drauffolgen-

den Tag ein Wohlbefinden und starker Arbeitseifer bei den Patienten festzustellen, ohne negative Nachwirkungen oder Katersymptomatik... Nahezu alle Patienten zeigten nach der Fliegenpilzverordnung gesteigerten Antrieb, Stimmungsaufhellung und verbessertes geistiges und körperliches Wohlbefinden. Doch auch hier macht die Dosis, daß ein Ding kein Gift ist!« (Waldschmidt 1992: 67). Frische Fliegenpilze sind in ihrer Wirkung nicht so gut wie getrocknete. Bei dem frischen Material kann es zu leichter Übelkeit kommen. Die getrockneten Pilze können gegessen oder geraucht (z.B. mit Bilsenkraut und Hanf vermischt) werden. Die wirksame Dosis des Fliegenpilzes ist wie bei kaum einem anderen Entheogen individuell extrem unterschiedlich (vorsichtig herantesten!)

Psilocybinhaltige Pilze sollten nur nach reiflicher Überlegung und unter strenger Beachtung der Theorie von Dosis, Set und Setting eingenommen werden. Nur wenn der Pilz zur richtigen Zeit, am rechten Ort mit der individuell genauen Dosierung eingenommen wird, kann er seine mystische Heilkraft entfalten. Bis zu einem Gramm getrockneter Pilze haben meist keine Wirkung auf das Bewußtsein, haben aber heilsame und tonisierende Kräfte. Ein bis zwei Gramm sind leicht psychoaktiv, oft mit sehr aphrodisierender Komponente. Zwei bis fünf Gramm öffnen die Welt der Visionen – schön oder schrecklich, voller Lust oder Leid, dionysisch oder appolinisch!

Literatur:

Baumann 1982, Birkfeld 1954, Böttcher1959, Findlay 1982, Graves 1992, McKenna 1992, Mandl 1985, Ott 1993, Pahlow 1993, Ranke-Graves 1985, Rätsch 1988, 1991a &1994b, Ripinsky-Naxon 1993, Ruck 1981, 1982 & 1983, Schultes & Hofmann 1987, Viola 1972, Waldschmidt 1992, Wohlberg 1990.

Pinie

Pinus pinea Linné – *Pinaceae* (Kieferngewächse)

pr.t-snj (ägyptisch)*
πευκη η ημερος oder πιτυος (altgriechisch)
PINUS (römisch)

Die Pinie war mit der Mythologie von Kybele und Attis eng verbunden. Kybele war ursprünglich eine orientalische Muttergottheit, die in der Antike mit anderen Göttinnen, Aphrodite, Artemis, Persephone, Demeter und Isis verschmolzen wurde. Der Kybele-Kult verbreitete sich erst in der Spätantike und hatte eine merkwürdige Anziehungskraft. Die Priester der Göttin *(galli)* mußten sich nämlich selbst entmannen und ihre Phallen der Göttin opfern. Kybele wurde oft mit den Gallen zusammen unter der ihr geheiligten Pinie dargestellt. Beim Fest der heiligen Pinie wurde von den auserkorenen Dendrophoren, den »Baumträgern«, eine Pinie im Wald gefällt und wie eine Mumie mit Wollbändern umwickelt. Die Pinie wurde in einer Prozession durch die Straßen getragen. Am 24. März, dem Tag des Blutes *(dies sanguinis)*, brachte der Archigallus, der Oberpriester des Attis, dem heiligen Baum sein eigenes Blut dar. Mit ekstatischer Musik – klirrende Zimbeln, dröhnende Tamburine, grelle Flöten und Trompeten – kamen die langhaarigen Priester herbei und geißelten sich in rasendem Tanze bis aufs Blut. Die Neophyten oder *fanatici* gerieten – wie auch immer – in Ekstase und schnitten sich auf dem

* Dieser Name bezeichnete vermutlich die Pinienkerne; vgl. Germer 1985: 9.

Höhepunkt des Treibens die Geschlechtsteile ab, die sie gegen die Pinie und die Statue der Kybele schleuderten. Die Phallen wurden eingesammelt und in der Erde begraben, um Attis, den toten Gott, zu neuem Leben zu erwecken und damit die Natur im Frühling wiederzubeleben.

Die Pinie wurde im Altertum sehr geschätzt, da sie fruchttragend war. Der Pinienzapfen war ein Symbol der Vermehrung und der Fruchtbarkeit. Zahlreiche Pinienzapfen wurden in ägyptischen Gräbern (besonders in denen der 12. Dynastie) gefunden. Schon früh wurde beobachtet, daß sich die Bildung der Pinienkerne vermehrt, wenn die Zweige des Baumes gestutzt werden. »Das Beschneiden entspricht aber einer Verstümmelung, und da man in diesem Fall die überzähligen Blütenknospen entfernte, einer Verstümmelung der Geschlechtszellen, also einer Kastration, die aber letztlich eine Steigerung der Fruchtbarkeit zum Ziel hatte.« (Brosse 1990: 128) Der Pinienzapfen war nicht nur das Emblem des Attis-Kybele-Kultes, sondern auch ein Zeichen des Dionysos. Schließlich war der Thyrsosstab, das Abzeichen der dionysischen Orgien, mit einem Pinienzapfen versehen (vgl. Fenchel). War die Pinie dem Dionysos heilig, weil in ihrer Nähe der Fliegenpilz (vgl. Pilze) wächst?

Wie sehr die Pinie im Altertum geschätzt wurde, zeigt ein Text von Plinius:

> »Am bewundernswertesten ist die Pinie: Sie trägt gleichzeitig eine reifende Frucht, eine, die erst im folgenden Jahr reif wird, und eine, die das erst im dritten Jahr tut. Kein anderer Baum ist so verschwenderisch: Im selben Monat, da man einen Zapfen pflückt, reift ein anderer; die Verteilung ist so gleichmäßig, daß es keinen Monat gibt, in dem kein Zapfen reift.« (*Naturgeschichte* XVI)

Ovid empfiehlt in seiner *Liebeskunst* »die Nuß, die im First stachliger Pinien wächst« (III, 24) als vorzügliches Aphrodisiakum. Nach DEMOKRITOS wird *Hermesias*, ein Aphrodisiakum zur Zeugung schöner und guter Kinder, aus Pinienkernen, Honig, Myrrhe, Safran, Palmwein und Milch gemischt (in PLINIUS XXIX, 166). Die Pinie ist auch ein Baum des lüsternen Hirtengottes Pan! (LONGOS, *Daphnis und Chloe*).

Neben ihrer kultischen und aphrodisischen Bedeutung wurden die Pinien, ihre Kerne und Zapfen auch medizinisch genutzt:

> »Die Pinie ist ein bekannter Baum; zu derselben Art gehört auch die sogenannte Fichte, welche an Aussehen von ihr verschieden ist. Die Rinde beider ist zusammenziehend, als Pulver aufgestreut, ist sie ein gutes Mittel beim Wolf, desgleichen mit Bleiglätte und Weihrauchmanna bei Granulationswucherungen und ausgebrannten Wunden. Mit Myrtensalbe zusammen gemischt, vernarbt sie Geschwüre auf zarter Haut, mit Kupfervitriol zusammengerieben, hält sie um sich greifende Geschwüre auf. Als Räucherung treibt sie den Embryo und die Nachgeburt aus, getrunken stillt sie den Durchfall und befördert die Harnabsonderung. Auch ihre Blätter, zerrieben und aufgelegt, lindern die Entzündungen und bewahren die Verletzungen vor Entzündungen. Gequetscht und in Essig gekocht, besänftigen sie als warme Mundspülung die Zahnschmerzen. Auch Leberleidenden sind sie zuträglich, eine Drachme Blätter mit Wasser oder Honigmet getrunken ... *Pityiden* werden die Samen ... welche sich in den Zapfen *(strobilon)* befinden, genannt. Sie haben verdauende und einigermaßen erwärmende Kraft. Sie helfen auch gegen Husten und Brustleiden für sich alleine oder mit Honig genommen ... Die ganzen Zapfen, frisch von den Bäumen zerquetscht und in süßem Wein gekocht, sind ein gutes Mittel gegen veralteten Husten und

Schwindsucht, wenn der Trank aus ihnen in der Gabe von drei Bechern jeden Tag genommen wird.«

(DIOSKURIDES I, 86-88)

Pharmakologie:
In der Pinienrinde sind Harze, ätherisches Öl und Gerbstoffe enthalten. Auch die Piniennadeln enthalten reichlich ätherisches Öl und Harz. In den Samen finden sich auch Spuren des ätherischen Öles sowie Fett und Kohlehydrate.

Anwendung:
Pinienkerne eignen sich sehr gut als Zusatz zu gekochten oder rohen Speisen (z.B. Wildgerichte, Curry, Müsli). Da es meist schwierig ist, das Pinienöl zu bekommen, kann man auch das ihm ähnliche Latschenkiefernöl zur Behandlung von Erkältungen (Nasennebenhöhlenentzündung) als Inhalation oder als Badezusatz verwenden.

Literatur:
BROSSE 1990, DIERBACH 1833, GASSNER 1993, GINA 1994, GRANDJOT 1991, VERMASEREN 1977.

Räucherwerk

Die wichtigsten Räucherstoffe der Antike:

Harz	*Stammpflanze*	*Botanischer Name*
Weihrauch (= Olibanum)	Weihrauchbaum	*Boswellia sacra* FLUECK. *Boswellia carteri* BIRDW. *Boswellia papyrifera* HOCHST.
Myrrhe	Myrrhenbaum	*Commiphora myrrha* ENGL.
Mekkabalsam		*Commiphora opobalsamum* ENGL.
Ladanum	Zistrose	*Cistus ladaniferus* LINNÉ *Cistus incanus* ssp. *creticus*
Bdellium	Myrrhenbaum	*Commiphora mukul* ENGL. *Commiphora africana* ENGL.
Styrax (= Storax)	Balsambaum	*Liquidambar orientalis* MILL. *Liquidambar styraciflua* LINNÉ
Aloe	Duftholz	*Aquilaria agalochum* ROXB.
Galbanum		*Ferula galbaniflua* BOISS. ET BUHSE
Asa foetida	Teufelsdreck	*Ferula asa foetida* LINNÉ
Mastix	Pistazienbaum	*Pistacia lentiscus* LINNÉ
Drachenblut	Drachenblut-baum	*Dracaena cinnabari* BALF. FIL. *Dracaena draco* LINNÉ
Opopanax	Süße Myrrhe	*Commiphora erythraea* ENGL.

Als der Mensch das Feuer entdeckte, entdeckte er auch die harzigen Wohlgerüche mancher Hölzer. Der frühe Mensch entdeckte auch den Zusammenhang von Rauch und Rausch.

Schon im ältesten Buch der Menschheit, dem Gilgamesch-Epos, wird berichtet, wie sich der Urmensch nach der Rettung vor der Sintflut mit dem Verbrennen von Myrrhen und Zedernholz bei den Göttern bedankte.

Zahlreiche Pflanzen enthalten wohlduftende Balsame, die bei Verletzungen der Oberfläche heraustreten. Balsame sind natürliche Gemische von ätherischen Ölen und Harzen. Der aus der Rinde hervorquellende Balsam verhärtet meist am Stamm, da die ätherischen Öle verdampfen und sich die Harze zu amorphen Massen verdichten. Die Harzausscheidungen nehmen oft die Gestalt von Tropfen oder Tränen an, die vom Stamm abgepflückt werden können. So ist die antike Vorstellung entstanden, daß die Harzlieferanten ursprünglich Menschen waren, die durch übermäßige Trauer in Bäume verwandelt wurden. Ihre Tränen treten immer noch hervor (vgl. Bernstein). Laut THEOPHRAST sollten die Harze während der Hundstage, d.h. in der heißesten Jahreszeit, gesammelt werden. Auch PLINIUS gibt an, daß der erste Schnitt in die Rinde der Stammpflanzen um die Zeit des Aufgangs des Hundsgestirns (Sirius) stattfinden sollte.

Der Gebrauch aromatischer Harze als Räucherwerk war im Altertum sehr weit verbreitet. Wohlgeruch war ein Symbol des ewigen Lebens der Götter. Man erkannte in den köstlichen Düften das Göttliche und schenkte den geweihten Rauch den Göttern. Bei praktisch keiner Zeremonie, ob öffentlich oder privat, ob im Tempel oder an einem Kraftplatz, bei keinem religiösen oder magischen Ritual, bei kaum einer Krankenbehandlung fehlte ein glosendes Räuchermittel. Weihrauch hieß im Ägyptischen auch »der Göttlichmacher«, denn er sollte, als Räucherwerk verbrannt, die irdische Umgebung vergöttlichen.

Der Bedarf an Räucherwerk war sehr hoch und konnte kaum gedeckt werden. Zudem wuchsen die besten Harzlieferanten weder in Ägypten, Griechenland noch Italien. Die berühmtesten Balsamgärten lagen im Altertum bei Jericho, Matarea und im sagenhaften Punt. Von dort aus entwickelte sich einer der wichtigsten Handelswege des Altertums, die Weihrauchstraße. Den Handel im Mittelmeerraum beherrschten die Phöniker.

Von allen Räucherharzen hatten Weihrauch (Olibanum) und Myrrhe die größte kultische, medizinische und wirtschaftliche Bedeutung. Im alten Ägypten war Olibanum das wichtigste Räuchermittel, während die Myrrhe vor allem der Einbalsamierung der Mumien diente. Der Duft des verbrennenden Olibanums galt als ein Zeichen göttlicher Offenbarung. Über den Geruch teilte sich das Göttliche ganz sinnlich mit. Schlaflager und andere Stätten der Lust wurden genauso beräuchert wie die Tempel. Hier wie dort wurden tägliche Opfer gebracht. Unter der Sonne wurde dreimal am Tage Weihrauch, auch »Gottestau« genannt, verbrannt. PLUTARCH berichtete, daß der Tempel der zauberkundigen Isis ebenfalls dreimal täglich geräuchert wurde: morgens mit Olibanum, mittags mit Myrrhe und abends mit *Kyphi*.

Kyphi war eine komplizierte Mischung aus verschiedenen Harzen und anderen Bestandteilen, die zum rituellen Räuchern und als Medizin verwendet wurde. Das wohl vollständigste erhaltene Rezept nennt folgende Zutaten:

anti shu	trockene Myrrhe
pert shen	Wacholderbeeren *(Juniperus sp.)*
neter sonter	Weihrauch
kau	Zyperngras *(Cyperus sp.)*
chet en thesheps	Mastixzweige
shebet	Bockshorn
nebat nt tahi	Kalmus aus Syrien
thekuunu t'emten	Rosinen
ken niuben	Styraxsaft

Kyphi wurde im *Papyrus Ebers* empfohlen, »um den Geruch des Hauses oder der Kleider angenehm zu machen«, d.h. ihn als desinfizierendes Raumdesodorant zu räuchern.

Die Myrrhe war nicht nur wichtig, um den toten Körper auf die Ewigkeit vorzubereiten, sie diente auch dazu, den Körper einer Frau auf die Lust einzustimmen. In dem ältesten erhaltenen Gedicht, dem *Lied des Harfners* (ca. 2000 v.Chr.) heißt es:

> »Folge deinem Wunsch, weil du lebst,
> lege Myrrhe auf dein Haupt,
> kleide dich in feines Linnén,
> getränkt mit köstlichen Wohlgerüchen,
> den echten Dingen der Götter.
> Vermehre deine Wonnen noch mehr,
> laß dein Herz nicht müde sein,
> folge deinem Wunsch und deinem Vergnügen.«

Plutarch beschrieb sehr genau die Wirkung der Myrrhe:

> »Wegen ihres angenehmen, erfrischenden Dampfes wird nicht allein die Luft verändert, der durch sie erschütterte Körper wird auch zum Genusse des Schlafes geschickt gemacht. Die Sorgen, welche den Tag über bedrücken, werden zerstreut, ja auch die Einbildungskraft wird gleich einem Spiegel geglättet.« *(Moralia, Isis et Osiris)*

Die Ägypter nannten die Myrrhe *bola* oder *bal*, was so viel bedeutet wie »Vertreibung der Narrheit«. Ein mit Myrrhe gewürzter Wein sollte vor Trunkenheit schützen, aber erotisch stimulierend sein.

Über die Entstehung des Myrrhenbaumes und -harzes berichtet ein antiker Mythos, der von Ovid poetisch erfaßt wurde. Das Mädchen Myrrha verliebte sich in ihren Vater und verführte den Unwissenden zu inzestuösem Geschlechtsverkehr. Als der getäuschte Vater den Frevel erkennt, will er seine von ihm geschwängerte Tochter erschlagen. Sie kann jedoch fliehen:

»Myrrha flieht, und dank dem Dunkel und der undurchdringlichen Nacht entrinnt sie dem Tode. Sie irrte auf dem weiten Feld umher und verließ das palmentragende Arabien und das panchaeische Land. Neun Monde währte ihre Pilgerschaft, bis sie endlich erschöpft auf Sabas Boden [in Arabien, dem Heimatland des Myrrhenbaumes] ausruhte; kaum konnte sie die Last ihres Leibes noch tragen. Ungewiß, worum sie flehen sollte, sprach sie zwischen Todesfurcht und Lebensüberdruß folgendes Gebet: ›Ihr Götter! Hat einer von euch ein Herz für Menschen, die ihre Schuld bekennen, so hört: Ich habe schwere Strafe verdient und nehme sie auf mich. Aber damit ich nicht, wenn ich überlebe, die Lebenden und, wenn ich sterbe, die Toten kränke, so vertreibt mich aus beiden Reichen, verwandelt mich und verweigert mir so Leben und Tod.‹ Es gibt eine Gottheit für Menschen, die sich schuldig bekennen; die letzten Worte des Gebetes fanden jedenfalls gnädige Götter. Während sie noch sprach, stieg Erde an ihren Waden empor; die Nägel springen auf, und schräg streckt sich eine Wurzel aus, der Halt des langen Stammes. Die Knochen bilden kerniges Holz, in der Mitte bleibt das Mark bestehen, das Blut wird zu Säften, die Arme zu großen Ästen, die Finger zu kleinen Zweigen. Die Haut verhärtet sich zu Rinde. Und schon hatte der aufsprießende Baum den schwangeren Leib umschlossen, die Brust überwuchert und schickte sich an, den Hals zu bedecken. Myrrha ertrug das Warten nicht länger; dem emporwachsenden Holz entgegen ließ sie sich nach unten sinken und vergrub ihr Gesicht in der Rinde. Obwohl sie mit ihrer [neuen] Gestalt auch die früheren Empfindungen verloren hat, weint sie, und aus

> dem Baum fließen heiße Tränen. Auch die Tränen haben ihre Würde: Die Myrrhe, die aus dem Holz tropft, trägt den Namen der Herrin, und zu keiner Zeit wird man von ihr schweigen.« (*Metamorphosen* X 476–503)

Der Mythos geht weiter über in die Geburt des Adonis, des späteren jugendlichen Liebhabers der Venus/Aphrodite. Daher erklärt sich die Zuneigung der Liebesgöttin zu der duftenden Myrrhe. Die Myrrhe war nicht nur ein Aphrodisiakum, sondern auch ein mächtiger Liebeszauber:

> »Zauber, um jemanden herbeizuführen, über rauchender Myrrhe zu sprechen: Räuchere [die Myrrhe] über Kohlen, und sag den Spruch: Du bist Smyrna [= Myrrhe], die bittere, die schwere, die Streitende versöhnt, die dörrt und zur Liebe zwingt diejenigen, die den Eros verleugnen. Alle nennen dich Myrrha, ich aber nenne dich Fleischfresserin und Verbrennerin des Herzens ...«
> (*Papyri Graecae Magicae* IV, 1495ff)

Auch dem Olibanum wurden aphrodisische und fruchtbarkeitserregende Kräfte nachgesagt. So wurde im alten Ägypten, genauso wie heute noch in Südarabien, von den Frauen Weihrauch zum Beräuchern der Vulva vor dem Akt und zur Steigerung der Fruchtbarkeit verbrannt. Myrrhe und Weihrauch waren naturgemäß der Göttin Hathor, der »Herrin der Trunkenheit«, heilig. Übrigens stand Weihrauch auch bei den Dienerinnen der Aphrodite hoch im Kurs. Durch Weihrauchopfer sollte die Göttin veranlassen, daß die heiligen Hetären ausreichend Kundschaft bekamen.

Die medizinischen Anwendungen von Olibanum waren in der Antike sehr weit verbreitet und sehr vielseitig. Sie wurden von HIPPOKRATES, CELSUS, DIOSKURIDES, GALEN, MARCELLUS und SERENUS SAMMONICUS gelobt. Aus Olibanum wurden Öle gegen Erkältungskrankheiten, Einläufe gegen Verstopfung, Wundreinigungsmittel, Pflaster zur Behandlung des »Heiligen Feuers« (vgl. Mutterkorn), Salben gegen Frostbeulen, Brandwunden, Hautknötchen, Hautausschläge, Krätze, Warzen, Schuppenflechten, Entzündungen, Wucherungen, Triefaugen, Narben, Ohrenentzündungen und Geschwüre hergestellt.

Pharmakologie:
Olibanum besteht im wesentlichen aus Harzen und ätherischen Ölen. Davon haben die Phenole antiseptische und desinfizierende Wirkungen. Der Rauch von Olibanum hat berauschende Eigenschaften: »Aufmerksam geworden auch durch immer wieder beobachtete Suchtfälle [!], haben wir Überlegungen angestellt, welche Inhaltsstoffe zu diesen Wirkungen führen können. Dabei sind wir darauf gestoßen, daß eine Synthesemöglichkeit für den Haschischinhaltsstoff D-Tetrahydrocannabinol in der Umsetzung von Olivetol (5-Pentyl-resorcin) mit Verbenol besteht... Verbenol wie auch Phenole und Phenolether sind mehrfach als Weihrauchinhaltsstoffe beschrieben worden; daneben können weitere phenolische Strukturen im Verlaufe des Räucherprozesses gebildet werden, so daß wir der Ansicht sind, daß die Bildung eines Tetrahydrocannabinol-Grundkörpers... durchaus nicht auszuschließen ist [...] Auch eine enzymatische Bildung derartiger berauschender und stimulierender Stoffe während des Kauprozesses oder im Verdauungstrakt kann durchaus in Betracht gezogen werden, wobei natürlich auch die ätherischen Öle von gewisser Bedeutung sind.« (Martinetz et al. 1989: 138) – Diese These hat sich inzwischen bestätigt, da im Rauch von Olibanum pyrochemisch entstandenes THC nachgewiesen werden konnte.

Anwendung:
Olibanum und Myrrhe, sowie einige andere Harze (z.B.

Ladanum) sind über den Apotheken- oder Devotionalienhandel erhältlich. Sie werden für kultische Zwecke mit Räucherkohlen oder auf glimmender Holzkohle geräuchert. Olibanum wie auch Myrrhe sind alkohollöslich und als Zusätze zu Elixieren geeignet. Mit Myrrhe kann man auch (griechischen) Wein würzen (vgl. Hanf).

Literatur:
Fischer-Rizzi 1989, Kaster 1986, Martinetz et al. 1989, Pászthory 1990, Schoske 1990, Westendorf 1992.

Zuordnung der Räucherstoffe zu den Göttern; nach den orphischen Hymnen:

»allerlei Düfte«	Pan
»Gewürze«	Nyx/Kypris (= Aphrodite), Sterne, Selene, Physis (= Natur), Rhea, Hera, Nereiden, Athene, Demeter Antaia, Horen, Perikionios, Sabazios, Nymphen, Adonis, Moiren, Eumeniden, Melinoe, Leukothea, Histia, Oneiros
Libanonmanna	Helios
Manna	Nike, Apollon, Artemis, Dionysos Liknites, Satyr Silen, Palaimon, Eos
Mohnsamen	Hypnos
Myrrhe	Protogonos (= Priapos), Poseidon, Wolken, Nereus, Leto
Safran	Aither
Styrax	Prothyreia (= Artemis Eileithyia), Kronos, Zeus, Proteus, Dionysos, Mise, Semele, Hippa, Hermes Chthonios, Chariten
Styrax/Manna	Erinnyen
Weihrauch	Uranos, Herakles, Hermes, Titanen, Kureten, Korybas, Themis, Demeter, Ares, Asklepios, Tyche, Daimon, Musen, Mnemosyne, Boreas, Zephyr, Notos, Okeanos, Thanatos
Weihrauchmanna	Zeus dem Blitzenden, Thetis, Hephaistos, Hygieia
»Würzkräuter«	Eros

Raute

Ruta graveolens LINNÉ – *Rutaceae* (Rautengewächse)

πηγανον (altgriechisch)
RUTA (römisch)

Die Raute, auch Gartenraute, Weinraute, Wunderkraut, Heilziest oder Bitterkraut genannt, stammt aus dem östlichen Mittelmeergebiet. In den Hippokratischen Schriften wird ein Gurgelmittel gegen Hysterie aus Oreganum, Raute und ein wenig Nitrum oder Natron angeführt. Sie galt als Gegengift zum Sturmhut neben zahlreichen anderen Verwendungen:

> »[Die Rauten] sind brennend, erwärmend, Geschwüre machend, harntreibend, die Menstruation befördernd, gegessen sowohl wie getrunken, stillen sie den Durchfall. Sie sind ein Gegenmittel gegen Gifte, wenn vom Samen ein Essignäpfchen voll in Wein getrunken wird. Die Blätter für sich alleine und auch mit Walnüssen und getrockneten Feigen, vorher genommen, machen die tödlichen Gifte unwirksam. In der selben Weise genommen, sind sie ein gutes Mittel gegen Schlangenbisse. Gegessen und getrunken, vernichtet das Peganon die Leibesfrucht. Mit getrocknetem Dill gekocht und getrunken, beruhigt es Leibschneiden, dann auch wirkt es gegen Seiten- und Brustschmerzen, Atemnot, Husten, Brustfellentzündung, Ischias- und Gelenkschmerzen und gegen periodischen Schüttelfrost, wenn es, wie vorhin angegeben, getrunken wird, ferner gegen Aufblähen des Magens, der Gebärmutter und des Rectum mit Öl gekocht, als Kli-

stier. Gebärmutterkrämpfe besänftigt es, wenn es feingerieben mit Honig von der Scheide bis zum After aufgelegt wird. Mit Öl gekocht und getrunken, wirft es den Bandwurm hinaus. Mit Honig wird es als Kataplasma bei Gelenkschmerzen angewandt, mit Feigen gegen das unter dem Fleisch gebildete Wasser; sowohl getrunken hilft es denen, bei welchen sich Wasser unter dem Fleisch gebildet hat, als auch wenn es mit Wein bis auf die Hälfte eingekocht und aufgestrichen wird. Roh und eingesalzen genossen, bewirkt es Schärfe der Sicht, und mit Graupen im Kataplasma lindert es heftige Augenschmerzen. Mit Rosensalbe und Essig hilft es bei Kopfschmerzen, und als Pulver eingeführt, stillt es Nasenbluten. Die Hodenentzündungen heilt es mit Lorbeerblättern als Umschlag und Hautausschlag mit Myrtenwachssalbe. Mit Wein, Pfeffer und Natron aufgestrichen, heilt es die weiße Ventiligo, und mit denselben Mitteln entfernt es im Umschlag Feigwarzen und gewöhnliche Warzen. Mit Honig und Alaun aufgestrichen, bessert es die Flechten. Der Saft, in der Granatapfelschale erwärmt und eingetröpfelt, ist ein wirksames Mittel bei Ohrenschmerzen, auch hilft er, mit Fenchelsaft und Honig eingerieben, bei Stumpfsichtigkeit. Mit Essig, Bleiweiß und Rosensalbe aufgestrichen, heilt er roseartige Entzündungen, kriechende Geschwüre und bösen Grind. Den Geruch und die Schärfe von Lauch und Zwiebeln mildert das Peganon, wenn es hinterher gekaut wird.« (DIOSKURIDES III, 45)

Die Römer benutzten die Raute als Gewürz in der Küche und zum Würzen des Weines. Die Raute wurde mit der römischen Mondgöttin Diana, ihrer Tochter Aradia und ihren orgiastischen Festen in der Wildnis assoziiert. Damit stand die Raute in der Nähe der Hebammen und Hexen, wurde mal als Hexenkraut verschrien, mal als Schutz vor

Hexenränken und Teufelsspuk gepriesen. In Italien galt die Raute als ein wirksames Schutzmittel gegen den Bösen Blick und gegen Geister, die Männer impotent und Frauen unfruchtbar machten. Im Mittelalter war der Genuß von Rauten den Mönchen befohlen, da sie gegen männliche Unkeuschheit wirken sollten; den Frauen hingegen war der Rautengenuß untersagt, da sie davon unkeusch werden würden. BAUHINIUS identifizierte das berühmte hermetische Zauberkraut Moly, durch das die in Schweine verwandelten Mannen des Odysseus zurückverzaubert wurden, mit der Raute. Damit lag er wohl ziemlich daneben. Obwohl schon einige antike Ärzte schrieben, daß die Berührung mit Raute verhindern würde, daß Männer zu Schweinen werden...

Pharmakologie:
Die Raute enthält ein ungewöhnlich zusammengesetztes ätherisches Öl aus Methylnonylketon und Carbinolen, daneben Furanokumarine (Bergapten, Psoralen u.a.), Flavonoide (Rutin, Quercetin) und Alkaloide (Kokusaginin, Rutamarin, Skimmianin, Harmalin). Das ätherische Öl ist entzündungshemmend und menstruationsfördernd. Die Alkaloide und Furonokumarine wirken entkrampfend. Rutin verbessert die Geschmeidigkeit der Blutgefäße. Die Raute wirkt deutlich auf das Nervensystem, je nach Dosierung anregend oder beruhigend. Hohe Dosierungen können Vergiftungserscheinungen mit sich bringen und zum Abort führen.

Anwendung:
Das Kraut eignet sich als Zusatz zu Wein, Essig oder Öl. Als beruhigenden Tee kann man eine Mischung aus Rautenblättern, Baldrian, Melissen, Weißdornblüten, Mistel und Kümmel mischen. Nicht überdosieren.

Literatur:

BAUMANN 1982, BECKMANN & BECKMANN 1990, GOLTZ 1974, MANNICHE 1989, MAUTNER & KÜLLENBERG 1989, NEWMAN 1979, PAHLOW 1993, RÄTSCH 1988.

Rizinus

Ricinus communis LINNÉ – *Euphorbiaceae* (Wolfsmilchgewächse)

dgm [= Rizinusöl; *degam;* die Pflanze *kiki*] (ägyptisch)
κροτων oder κικαυον (altgriechisch)
RICINUS, CICI oder CROTON (römisch)

Die Rizinuspflanze, wegen des schnellen Wuchses auch Wunderbaum genannt, stammt aus Zentralafrika oder Kleinasien, wurde aber schon im Altertum nach Ägypten eingeführt. Seit prädynastischer Zeit (4000 v. Chr.) lassen sich zahlreiche Samenfunde nachweisen. Später wurden sie in Tempelgärten und botanischen Anlagen kultiviert. Das Öl wurde für die Öllampen im Tempel verwendet.

Die Rizinuspflanze ist das am besten bekannte ägyptische (einfache) Heilmittel. Sie hatte zahlreiche Anwendungsmöglichkeiten. Bei verschiedenen Fällen von Kopf-Erkrankungen wurde die Pflanze verordnet:

> »Die Kenntnis von dem, was man aus der Rizinuspflanze zu machen pflegt, als etwas, das gefunden ist in Schriften alter Zeit, als etwas für die Menschen Nützliches.
> Man zerkleinert ihre Wurzeln in Wasser; werde gegeben an den Kopf, der schmerzt; dann wird er sofort gesund wie einer, der nicht schmerzt.
> Auch wird ein wenig von ihrer Frucht mit Bier gekaut von einem Manne mit Diarrhoe im Kot. Das ist ein Beseitigen von Leiden im Bauche des Mannes.
> Auch wird das Haar einer Frau durch seine Frucht zum

Wunderbaum oder Rizinuspflanze; Kupfer aus der deutschen DIOSKURIDES-*Ausgabe von 1610.*

Wachsen gebracht: werde zerrieben; werde zu einer Masse gemacht; werde in Öl gegeben; dann soll die Frau ihren Kopf damit salben.
Auch wird ihr Öl [d.h. Rizinus-Öl] aus ihrer Frucht gemacht, um (den Mann) einzureiben, der Hautausschlag hat (..?..). Er werde aber behandelt durch Salben (des Kopfes) entsprechend den zehn Tagen beim Salben sehr früh, so daß er (der Hautausschlag) vertrieben wird. Wirklich vorzüglich, millionenmal [erprobt].«

(*Papyrus Ebers*, Nr. 251)

Rizinussamen und das daraus gepreßte Öl wurden bei Verdauungsstörungen aller Art eingenommen:

»Ein anderes (Heilmittel) zum Entleeren des Bauches (und) das Beseitigen von Leiden im Bauche des Mannes: Frucht der Rizinuspflanze; werde gekaut; werde heruntergespült in Bier, bis alles herauskommt, was im Bauche des Mannes ist.« (*Papyrus Ebers*, Nr.25)

Sogar gegen Schlangenbisse wurde der Wunderbaum eingesetzt:

»Ein anderes Heilmittel zum Herausholen des Giftes jeder beliebigen Schlange, männlich oder weiblich, (aus einem Mann), der zu dem Hersteller (Kopisten) des Kompendiums des ›Leiters der Selkis‹ gebracht wird: Er (der ›Leiter der Selkis‹) verbindet ihn mit Sand der Wüste, (und zwar) mit einem Blatt von Rizinus, bis zu vier Tagen. Er verbindet ihn mit dem Huf eines Esels, zu Asche verbrannt, und Behen-Öl.«

(*Papyrus Brooklyn*, nach WESTENDORF)

Ungewönhlich wirkt folgendes Rezept:

»Heilmittel für das Wachsenlassen des Haares einer Frau: Frucht der Rizinuspflanze (werde zerkleinert in Wasser; werde an den Kopf gegeben).« (*Papyrus Ebers*)

In der arabischen Medizin (Marokko) werden heute noch die Samen in Liebesmitteln verwendet:

»Die marmorierten, bohnengroßen Rizinussamen fanden sich in einer Drogenmischung, die als Liebesmittel verkauft wurde. Ihre anderen Ingredienzien bestanden zu annähernd gleichen Teilen aus Mohnsamen, den Samen von *Smyrnium olusatrium* und glänzend schwarzen Coripitalensamen.

Angewendet wird die Mischung wie die meisten derartigen Mittel: Man mischt sie der Person, die man zur Liebe veranlassen möchte, unter das Essen. Zuvor wird sie natürlich im Mörser zerstoßen und ausgesiebt. Nur das feine Pulver wird benutzt, die gröberen, im Sieb verbliebenen Rückstände werden fortgeworfen.«

(VENZLAFF 1977: 90)

Bei den Hippokratikern wurde das Rizinusöl erstaunlicherweise nicht benutzt. Allerdings wurde die Wurzel gegen Hysterie eingenommen. Bei DIOSKURIDES heißt es:

»Wunderbaum. *Kiki* oder *Kroton*, einige nennen ihn wilden Sesam, andere kyprisches *Seseli*, die Ägypter *Systhamna, Trixis*, die Propheten Fieberblut, die Römer *Ricinus*, auch *Lupa*. *Kroton* heißt er wegen der Ähnlichkeit des Samens mit dem Tiere [*kroton* = Hundelaus, Zecke]. Er ist ein Baum von der Größe einer kleinen Feige, hat der Platane ähnliche, aber größere, glattere und schwärzere Blätter, Stamm und Zweige sind hohl wie beim Rohr, der Same steckt in rauhen Trauben, ausgeschält gleicht er dem Kroton-Tier. Aus diesem wird das sogenannte Rizinusöl gepreßt; es ist ungenießbar, sonst aber für Lampen und Pflaster gut zu verwenden. Werden 30 Stück Samen gereinigt, feingestoßen und genossen, so führen sie Schleim, Galle und Wasser durch den Bauch ab, sie bewirken aber auch Erbrechen. Ein solches Purgieren ist aber unangenehm und beschwerlich, weil der Magen heftig erschüttert wird. Die gestoßenen Samen als Umschlag aber bringen Finnen und Sommersprossen weg. Die Blätter, mit feinstem Graupenmehl zerrieben, helfen bei Ödemen und Entzündungen der Augen und bei geschwollenen Brüsten. Rose vertreiben sie als Umschlag für sich allein oder mit Essig.« (DIOSKURIDES IV, 161)

Plinius hatte kaum etwas hinzuzufügen, außer dem Gebrauch des Öles für schmerzende Gelenke.

Pharmakologie:
Die ölhaltigen Kapseln (45-50% Öl) enthalten das hochgiftige Toxalbumin Ricin. Bei kalter Pressung der Samen verbleibt das Gift in den Preßrückständen. Bei heißer Pressung geht es über in das Öl. Das Gift zerfällt dann beim Kochen. Das Kastoröl (Rizinusöl) ist eines der besten und bekanntesten Abführmittel.

Anwendung:
Das Öl wird in der modernen Medizin in der Chemotherapie, als Spermizid (Vaginalcremes), gegen Nahrungsmittelvergiftungen und als Abführmittel verwendet. Wenn man Rizinusöl als Hausmittel verwenden möchte, sollte man es nur in geringen Dosierungen und nicht über einen längeren Zeitraum hin anwenden, ohne sich mit einem Arzt oder Heilpraktiker besprochen zu haben.

Literatur:
Berendes 1891, Germer 1979 & 1985, Jacob 1993, Pahlow 1993, Venzlaff 1977, Westendorf 1992.

Rose

Rosa spp. – *Rosaceae* (Rosengewächse)
Rosa canina LINNÉ – Wilde Rose, Hundsrose, Hekkenrose
Rosa gallica LINNÉ – Gartenrose
Rosa centifolia LINNÉ – Centifolie, Mairose

? (altägyptisch)
κυνορροδον, ροδον oder ροδωνια (altgriechisch)
ROSA (römisch)

In Ägypten standen die Rosen im Ruf eines Universalmittels. Um davon den Bedarf zu decken, mußten die begehrten Rosenprodukte (z.B. Rosenwasser) importiert werden. Auf den griechischen Inseln sowie Kreta und Zypern gab es ganze Rosengärten, in denen Rosenöl und Rosenwasser hergestellt wurden.

Die lesbische Dichterin SAPPHO (6.Jh.v.Chr.), die ihr Leben lang eine Verehrerin der Aphrodite war, hat die Rose die »Königin der Blumen« genannt. ACHILLEUS TATIOS (2.Jh.v.Chr.), der alexandrinische Schriftsteller, der durch seinen Liebesroman *Leukippe und Kleitophon* berühmt wurde, verehrte nicht nur die Liebe, sondern auch die Rose:

> »Sie ist die Zierde der Erde, der Stolz des Pflanzenreichs, die Krone der Blumen, der Purpur der Wiesen, der Abglanz des Schönen. Sie ist der Liebe voll, im Dienste der Aphrodite, sie prangt mit duftenden Blättern, wiegt sich auf beweglichem Laub, freut sich des lächelnden Zephirs.«

Man glaubte, daß die Rose ursprünglich nur rein weiß gewesen sei. Die griechischen Dichter sagen, daß das Blut des Eros oder der Aphrodite, das aus einer Fußverletzung getröpfelt sein soll, von den Rosenblättern aufgefangen wurde, die dadurch ihre rote Farbe und ihren himmlischen Wohlgeruch erhalten haben. Die Rosenblätter und ihre Duftstoffe wurden zahlreichen Arzneien und Salben, die der Wundheilung dienlich waren, zugesetzt. Vermutlich weil sie ihren Wirkstoff dem göttlichen Blut verdankten.

Die wilde Rose *(Rosa canina)* – die aus den Tränen der Aphrodite, als sie um Adonis weinte, entsprossen ist – verströmt nicht nur den Duft der Liebesgöttin (»Duft der Venus«), sie ist auch ein beliebtes Volksheilmittel. Auf Zypern werden noch heute nach uralten traditionellen Methoden Rosenwasser hergestellt. Es wird reichlich in der Küche und zu Heilzwecken verwendet.

Die vitaminreichen Früchte (Hagebutten) gelten seit dem Altertum als allgemeine Kräftigungsmittel (GEORGIADES 1987 I: 76). Viele Rosenarten werden heute gezüchtet, leider wird mehr Gewicht auf die Farbe und Form der Blüte gelegt. Die stark duftenden Rosenarten*, wie die Damaszener Rose *(Rosa damascena)*, die Garten- oder Essigrose *(Rosa gallica)* oder die dem Eros oder Cupido geweihte Mairose *(Rosa centifolia)*, denen noch der göttliche Hauch anhaftet, werden heute stark vernachlässigt, genauso wie die duftende Liebesgöttin in Vergessenheit geraten war.

Pharmakologie:

Die Früchte oder Hagebutten *(Cynosbati Fructus)* enthalten neben rotem Farbstoff sehr viel Vitamin C sowie die

---

* Das beste Rosenöl wird aus der Damaszener Rose und der Mai- oder Kohlrose destilliert.

Vitamine A, B1, B2, K und P, daneben Mineralstoffe, Fruchtsäuren, Zucker, Flavonoide und Gerbstoffe.

Die Gartenrose enthält Gerbstoffe, Antocyane, Flavonglykoside und ätherisches Öl.

Anwendung:
»Die Rose ist der Duft der Götter«, so hieß es im Altertum, und so gilt es auch heute noch vielen Aromatherapeuten: »Die Rose hat einerseits den Duft von Reinheit und Unberührtheit, andererseits gilt sie als Aphrodisiakum, als Mittel, das die Sinnlichkeit stimuliert. Geschichtsschreiber berichten, die Römer hätten in ihrer dekadentesten Zeit Riesenmengen von Rosen verbraucht, um Festsäle, Straßen und Schlafgemächer damit meterhoch zu bedecken.« (Fischer-Rizzi 1989: 142). Das kostbare Rosenöl kann erfolgreich als aphrodisischer Duftstoff verwendet werden.

Hagebutten sind sehr ergiebig als Tee. Der Hagebuttentee (»Jugendherbergstee«) gilt allgemein als Gesundheitstee, da er nicht nur schmackhaft ist, sondern reichlich Vitamin C enthält. Man kann ihn vorbeugend und unterstützend bei Erkältungen und Fiebern trinken. Rosenblätter können als Kräutertee oder Kräuterteezusatz verwendet werden.

Literatur:
Baumann 1982, Berendes 1891, Dierbach 1833, Georgiades 1987, Pahlow 1993, Rätsch 1993, Wichtl 1989.

Rosmarin

Rosmarinus officinalis LINNÉ – *Lamiaceae (Labiatae;* Lippenblütengewächse)

? (ägyptisch)
λιβανωτις (altgriechisch)
ROS MARINUS (römisch)

Der Rosmarin war die vierte Art von *Libanotis*, »Weihrauch«, der von DIOSKURIDES angeführt wird. Seine frischen oder getrockneten Zweige wurden als Weihrauch kultisch verbrannt (vgl. Räucherwerk). Man glaubte auch, daß Rosmarin das Gedächtnis stärkt. Der Rosmarin war, wie viele aromatische Pflanzen, der Aphrodite geweiht. Es gibt verschiedene Ursprungsmythen. Einmal soll er ein assyrischer Jüngling namens Libanotis gewesen sein. Da er die Götter sehr ehrte, war er ihnen so hold, daß sie ihn in einen götterwürdigen Strauch verwandelten, als er von seinen Landsleuten verjagt wurde. Nach einer anderen Geschichte war die Weihrauchstaude ursprünglich die Sonnentochter Leukothoe. Sie wurde von ihrem Vater in den Rosmarin verwandelt, nachdem sie ihn inzüchtig verführt hatte.

Rosmarin, der »Meertau«, war eine der beliebtesten ägyptischen und römischen Gartenpflanzen. Er wuchs in allen italischen Villengärten. In Rom legte man Rosmarinzweige auf die Gräber und beräucherte diese mit dem aromatischen Kraut. Von der medizinischen Nutzung heißt es:

> »Die Libanotis, welche die Römer *Rosmarinus* nennen und welche die Kranzbinder gebrauchen, bildet zarte Zweige mit zarten, dichten, länglichen, schmalen, unter-

seits hellen, oberseits aber grünen, stark riechenden Blättern. Sie hat erwärmende Kraft und heilt die Gelbsucht, wenn man dieselbe in Wasser gekocht vor den körperlichen Übungen zu trinken gibt, dann üben, waschen und Wein trinken läßt. Sie wird auch den kräftigen Salben und der Mostsalbe zugesetzt.« (Dioskurides III, 89)

Pharmakologie:
Das ätherische Öl des Romarins, mit α-Pinen, Eucalyptol, Kampfer, Borneol und Verbenon, wirkt stimulierend, stärkt das Herz, ist krampflösend, regt die Sekretion der Galle an und tötet Keime ab.

Anwendung:
In der griechischen Volksmedizin wird ein Rosmarinwein gegen Herzschwäche getrunken. Dazu werden einige Zweige, mit einer Flasche Weißwein übergossen, ein paar Tage bedeckt gehalten. Ein Glas täglich. Das getrocknete Kraut kann gegen Asthma geraucht werden. Rosmarinkraut in Wein gekocht, wird äußerlich bei Arthritis aufgetragen. Als Badezusatz (ca. 50 g mit einem Liter aufkochen und in die Badewanne geben) ist es ein anregendes Hautmittel. Ein aphrodisierender Badezusatz wird aus je einer Handvoll Rosmarin, Zimt und Melisse gekocht.

Literatur:
Dierbach 1833, Georgiades 1987, Iatridis 1986, Manniche 1989, Mautner & Küllenberg 1989, Newman 1979, Pahlow 1993, Sfikas 1980, Wichtl 1989.

Safran

Crocus sativus LINNÉ – *Iridaceae* (Schwertliliengewächse)

sn-wt.t (ägyptisch)
κροκος (altgriechisch)
CROCUS (römisch)

Der Safrankrokus ist eine der allerältesten Kulturpflanzen überhaupt. Eine Wildform ist nicht mehr bekannt. Die erste Erwähnung findet sich in dem Namen einer Stadt am Euphrates: Azupirano, »Safran-Stadt« (ca. 2300 v. Chr.). Er wurde schon zu minoischer Zeit auf Kreta und Thera (Santorini) kultiviert. Dort hatte der Safran eine wichtige rituelle Bedeutung, wie aus den vielen Safranfresken in den Heiligtümern zu schließen ist. Der Safrankrokus stand offensichtlich mit der priesterlichen Verehrung der minoischen Göttin, mit der Verehrung der Natur und mit der Fruchtbarkeit in Zusammenhang. Auch ein rauschhafter Gebrauch ist nicht auszuschließen, denn »erstaunlich gut eignet er sich zum Wein, ganz besonders zum süßen [dem Trank des Dionysos], und in zerriebenem Zustand, um das Theater [den Ort des Dionysos!] mit Wohlgeruch zu erfüllen« (PLINIUS XXI, 34).

Der Safrankrokus ist eine typische Frühlingsblume und steht damit der Aphrodite nahe. Sie hat ihn neben anderen wohlduftenden Gewächsen den Menschen geschenkt, als die Schaumgeborene in Zypern nackt an Land stieg:

»Sie hüllte ihre Blöße in Gewänder,
die die Horen und Grazien ihr woben

Der Safrankrokus; Kupfer aus der deutschen DIOSKURIDES-*Ausgabe von 1610.*

und die sie ins Meer der Frühjahrsblumen tauchten,
wie die Horen sie sprießen lassen.
Krokusse bringen sie hervor,
Glockenblumen und prächtig blühende Veilchen.
Rosen mit lieblichen Knospen und dem
Duft von Nektar,
wie Ambrosia die Blüten der Narzissen,
vermischt mit Anemonenkelchen.
So trug Aphrodite
Kleider aus dem Duft jeder Jahreszeit.«

(STASINOS, *Zyprische Gesänge*)

Auch wenn der Safran zu dem Garten der Wollust gehört, wohl deswegen auch von Hekate gezüchtet wurde, war er besonders der strahlenglänzenden Eos oder Aurora, der Göttin der Morgenröte und »Tempelhüterin des Lebens«, heilig. Sie war von einem gelben Krokosschleier umwallt und öffnete mit ihren Rosenfingern die Pforte des Himmels, wenn sie aus dem Ozean herauffährt. Die gelbe Farbe war ein Symbol der Sonne. Es hieß, der Safran würde überall dort erblühen, wo dereinst Juno und Juppiter sich der körperlichen Liebe hingegeben und mit ihren wollüstigen Ausdünstungen die Erde befeuchtet und so befruchtet haben. Deswegen wurden die antiken Brautbetten, als Stätten der ehelichen Wollust, mit Safranblüten bestreut. In den orphischen Hymnen wird sogar Hekate als »Meeresgöttin im Safrangewand« angerufen.

Nach einer Sage, die von GALEN (*tom.* XIII, 267) überliefert wurde, ist der Safrankrokus ursprünglich ein Mensch gewesen. Der Jüngling Crocus hat einstmals mit Mercur Diskus gespielt. Als der Jüngling unaufmerksam war, flog ihm der Diskus in den Kopf und tötete ihn augenblicklich. Als das hervorsprudelnde Blut die Erde benetzte, entsproß dort der glänzende Safrankrokus.

Der Safran gehört zu den ältesten und den am meisten verwendeten Arzneien der Hippokratiker. Er sollte gegen Trunkenheit wirken (als Antidot) und die Potenz steigern. Die Hippokratiker erwähnen neben dem griechischen einen »ägyptischen Safran«, der äußerlich zur Anwendung kam. Damit war wahrscheinlich der gelbe Saflor (Färberdistel; *Carthamus tinctorius* L.) gemeint. Denn die Ägypter bauten den Safran, den sie »Blut des Herakles« nannten, nicht selbst an. Sie importierten ihn aus Kreta und Vorderasien.

Laut PLINIUS war der Safran eine Panacee, ein Allheilmittel und ein Aphrodisiakum: »Er bewirkt Schlaf, hat gelinde Wirkung auf den Kopf und reizt den Geschlechtstrieb«

(XXI, 137). Der Safran wurde auch als Duftstoff geschätzt, wie schon ARISTOPHANES in seinen *Wolken* mitteilt. Blüten oder Griffel wurden in Hallen, Theatern und römischen Bädern ausgetreut. Da Safran schon immer eine Droge der Reichen war, wurde er schon früh verfälscht. Meist mit den Blütenblättern der Färberdistel, oft aber auch mit den Griffeln von *Colchicum*-Arten (vgl. Herbstzeitlose).

Auf einem griechischen Papyrus aus dem ägyptischen Arsinoites (3. Jh. v. Chr.) erscheint ein recht interessantes Rezept, leider ohne Anwendungsangabe:

> »Das Pflaster des Dionysos: 2 Drachmen Kupferoxyd, drei Obolen Rosenblütenherzen (viell. speziell *Rosa gallica*), drei Obolen Safran *(Crocus sativus)*, eine halbe Obole Mohnsaft *(Papaver somniferum)*, drei Obolen weißen (Akazien-)Gummis *(Gummi arabicum)*. Diese (Dinge) in Wein auf's beste glatt rühren (und) Salben machen, anwenden.« (zit. nach HENGSTL 1978: 272)

Vielleicht handelt es sich um eine aphrodisische Salbe, denn der Safran stand immer im Ruf eines Aphrodisiakums und Liebesmittels. Noch in der Renaissance hieß es, wenn man am blühenden Krokus riecht, »erweitert er die Brust und die Werkzeuge des Geistes und regt zum Beischlaf an«. (zit. in CAMPORESI 1991: 75) Der Safran wurde auch zu den Ingredienzen der Hexensalben gezählt und als Heilmittel gegen das Antoniusfeuer (vgl. Mutterkorn) verwendet. Im 18. und 19. Jahrhundert wurde Safran als ein (sicherlich kostspieliges) Rauschmittel verwendet, das in seiner Wirkung dem Opium ähnlich sein soll.

Pharmakologie:

Safran enthält 8-13% festes Öl, ätherisches Öl, den Bitterstoff Picrocrocin, der sich bei Lagerung in Safranal umwandelt, und drei kristalline, gelbe Farbstoffe (Crocin, Crocetin u.a.). Safran fördert die Verdauung von Eiweiß, weil er die Enzymtätigkeit anregt. Er stimuliert die Gebärmuttertätigkeit und wirkt möglicherweise cholesterinsenkend. 5-10 Gramm der getrockneten Stempel können Aborte auslösen und zu tödlichen Vergiftungen führen. Safran hat von allen Pflanzen prozentual den höchsten Gehalt an Riboflavin. Safran hat dadurch anscheinend cholesterinspiegelsenkende Eigenschaften. Über die berauschende Wirkung liegen nur wenige, unbefriedigende Daten vor.

Anwendung:
Safrangriffel eignen sich am besten als Gewürz, als Zusatz zu Opium (Laudanum; vgl. Mohn) und Medizinalweinen, überhaupt als färbender und aromatisierender Weinzusatz.

Literatur:
Basker & Negbi 1983, Beckmann & Beckmann 1990, Berendes 1891, Dierbach 1833, Frohne & Pfänder 1983, Germer 1985, Marinatos 1984, Mautner & Küllenberg 1989, Rätsch 1988 & 1990a, Schmitz & Kuhlen 1989, Udapa & Tripathi 1983, Wichtl 1989.

Schafgarbe

Achillea millefolium LINNÉ – *Asteraceae (Compositae;* Korbblütengewächse)

αχιλλεα oder στρατιωτες χιλιοφυλλος (altgriechisch)
ACHILLEA (römisch)

Achilles, der größte Held des trojanischen Krieges, war der Sohn des Menschen Peleus und der göttlichen Nereide Thetis. Um Achilles unverwundbar zu machen, badet die Mutter das Baby im Styx. Dadurch bleibt er unverletzbar bis auf die Stelle an der Ferse, wo er von der besorgten Mutter festgehalten wurde. Die Meeresgöttin versucht auch, ihren Sohn durch eine Flamme unsterblich zu machen, wird dabei aber von Peleus überrascht. Die Göttin kehrt zu ihrem Vater ins Meer zurück, und Peleus übergibt den kleinen Achill dem Kentauren Cheiron, dem thessalischen »Gott der heilenden Hand«, zur Erziehung. Der heilkundige und weise Kentaur, der sich schon als Lehrer des Asklepios hervorgetan hatte, füttert den Jungen mit den Eingeweiden von Löwen, Ebern und Bären.

Die *Achillea* oder Schafgarbe war die Pflanze des göttlichen Helden, der mit ihr den auf dem trojanischen Schlachtfeld verwundeten Telephos geheilt hat. Es gibt mehrere attische Darstellungen von Achilles als Wundheiler. Ob es sich bei der tausendblättrigen Schafgarbe um die echte Achillespflanze handelt, ist nicht ganz klar.* Immerhin gibt

* DIERBACH 1833: 211 hält die *Achillea magna* LINNÉ für die Achillespflanze.

Schafgarbe; Kupfer aus der deutschen DIOSKURIDES*-Ausgabe von 1610.*

es in Griechenland und Kleinasien weit über zwanzig Arten der Gattung *Achillea*.

Bei DIOSKURIDES wird die Pflanze nur gestreift, und zwar unter einem anderen Namen:

»Der *chiliophyllos* [= ›tausendblättrige‹] Stratiotes ist ein ganz kleiner Strauch, eine Spanne hoch und höher, mit Blättern ähnlich den Federn eines jungen Vogels. Die Ansätze an den Blättern [= Fiederblättchen] sind sehr kurz, eingeschnitten, in ihrer Kürze, sowie der Unebenheit gleichen die Blätter am meisten dem wilden Mutterkümmel. Die Dolde ist dichter und voller als bei diesem;

denn er hat an der Spitze kleine Stengel, an denen die Dolden sitzen wie beim Dill. Die Blüten sind weiß, klein. Er wächst meist auf dürren Äckern und an Wegen. Auch die Pflanze ist sehr gut gegen Blutflüsse, gegen alte und frische Wunden und Fisteln.« (DIOKURIDES IV, 101)

Die Schafgarbe wurde wegen ihrer trojanischen Verwendung eines der wichtigsten Wundheilmittel bis in die Neuzeit hinein. Noch heute werden in der griechischen Volksmedizin die frischen zerstoßenen Blätter *(chiliophyllo, agriapsithia)* auf entzündete Wunden und Quetschungen aufgetragen.

Pharmakologie:
In der ganzen Pflanze sind Bitterstoffe, ätherisches Öl (mit Thujon; vgl. Artemisia), Gerbstoffe, Flavonoide und Mineralien (besonders Kalium) enthalten. Das azulenhaltige ätherische Öl wirkt desinfizierend, entzündungshemmend und entkrampfend.

Anwendung:
Schafgarbentee wird bei Rheumatismus und Arthritis getrunken. Bei Magen und Gallebeschwerden kann ein Tee aus Schafgarbe, Kamillenblüten und Pfefferminzblättern sehr lindernd sein. Auch verwendbar als verdauungsförderndes Gewürz sehr fettiger Speisen (Gänsebraten).

Literatur:
BAUMANN 1982, CHANDLER et al. 1982, DELIKOSTOPOULOS 1985, DIERBACH 1833, PAHLOW 1993, SFIKAS 1980, WICHTL 1989.

Schierling

Conium maculatum Linné – *Apiaceae (Umbelliferae;* Doldengewächse)

apemphin (ägyptisch)
κονιον (altgriechisch)
CICUTA (römisch)

Im Altertum war der Schierling die berühmteste Giftpflanze. Er war daher der Hekate geweiht. Die tödliche Wirkung des Schierlings beruhte nach Ansicht der Hippokratiker auf der stark »erkältenden« Eigenschaft, durch die das Blut gerinnt. In geringer Dosis wurden Schierlingssamen, ähnlich wie Bilsenkraut, innerlich als Heilmittel verabreicht. Wie der Schierling als Gift zubereitet wurde, war schon sehr früh bekannt:

> »[Der Kräuterkenner] Thrasyas von Mantineia hat entdeckt, so sagt er, wie man ein Gift bereitet, das ein einfaches und schmerzloses Ende bewirkt. Er hat den Saft des Schierling, Opium und andere solcher Kräuter so miteinander vermischt, daß eine [wirksame] Dosis von angenehmer Größe entsteht, die weniger als ein Viertel einer Unze wiegt. Gegen die Wirkung dieser Mischung gibt es kein Gegenmittel, und sie ist über sehr lange Zeit haltbar, ohne ihre Wirkung zu verlieren. Er sammelte seinen Schierling nicht überall, sondern in Sisa [in Arkadien], an kühlen und schattigen Orten. [...] Die Leute von Cheos haben früher den Schierling nicht so verwendet. Sie haben ihn nur zerkleinert, wie es andere auch machen. Aber jetzt denkt niemand mehr daran, ihn einfach zu

zerkleinern. Zuerst ziehen sie die äußere Haut ab, dann entfernen sie die harte Hülse. Denn sie macht den Gebrauch schwierig, da sie die Aufnahme vermindert. Dann zerstampfen sie [das verbliebene Mark] im Mörser, drükken es durch ein feines Sieb, verteilen es in Wasser und trinken es. Dadurch tritt der Tod rasch und problemlos ein.« (THEOPHRAST, *Geschichte der Pflanzen* IX, 16)

Nach diesem Rezept wurde auch der berühmte Schierlingsbecher des SOKRATES zubereitet. Der zum Tode verurteilte Philosoph verschied mit dem Lächeln des Weisen und in die Mysterien Eingeweihten. Der Schierling ist aber nur für Menschen gefährlich:

»Kann man doch öfter bemerken, daß bärtige Böcke sich mästen,
Wenn sie Schierling fressen, der Menschen ein tödliches Gift ist.« (LUKREZ, *Von der Natur* V, 899f)

Der Schierling war in der Antike sehr bekannt, wie die vielen ihm beigegeben Namen bezeugen:

»Schierling. Das *Koneion*, einige nennen es *Aigynos*, andere *Aethusa*, *Apolegusa* [= ›Verzweiflung bringend‹], *Dolia* [= ›die Tückische‹], *Amaurosis* [= ›Schwächung‹], *Paralysis* [= ›Verfall‹], *Aphron* [= ›wahnsinnig‹ oder ›Schaum‹], *Kreidion, Koite* [= ›Schlaf‹], *Katechomenion* [= ›die Waltende‹], *Abioton* [= ›das Leben nehmend‹], *Apseudes* [= ›die Truglose‹], *Ageomoron* [= ›dumm machend‹], *Timoron* [= ›die Hilfreiche‹], *Polyanodynos* [= ›viele Schmerzen lindernd‹], *Dardanis, Katapsyxis* [= ›Erkältung‹], OSTHANES *Babathy*, die Ägypter *Apemphin*, die Römer *Cicuta*, hat einen knotigen großen Stengel wie der Fenchel, Blätter wie das Steckenkraut, aber schmaler und mit durchdringendem Geruch, an der

Spitze aber Fortsätze und Dolden. Die Blüte ist weißlich, der Same gleicht dem Anis, ist aber weißer. Die [hohle] Wurzel geht nicht tief. Auch dieses gehört zu den vernichtenden Giften, indem es in Folge von Erkältung tötet. Gegenmittel ist ungemischter Wein. Die Dolde an der Spitze wird, bevor der Same trocken wird, zur Saftbereitung benutzt, sie wird gestoßen und ausgepreßt, der Saft an der Sonne eingeengt. Getrocknet findet er vielfache Verwendung zum Gebrauch in der Heilkunst; auch wird der ausgepreßte Saft mit Wein gemischt vorteilhaft den schmerzlindernden Kollyrien* zugesetzt; kriechende Geschwüre und Rose beseitigt er als Salbe. Das Kraut und die Dolde, feingestoßen als Umschlag um die Hoden gelegt, helfen gegen Pollutionen, auch lassen sie als Kataplasma die Genitalien erschlaffen. Sie vertreiben ferner die Milch und verhindern ein Größerwerden der jungfräulichen Brüste, lassen auch die Hoden der Knaben verkümmern. Das kräftigste ist das kretische, das von Megara und das attische, sowie das auf Chios und in Kilikien wachsende.« (DIOSKURIDES IV, 79)

Die anaphrodisische Wirkung des Schierlings machten sich die Hierophanten, die Priester der eleusinischen Mysterien, zunutze. Sie mußten während der Rituale keusch bleiben, d.h. sie durften nicht mal eine nächtliche oder morgendliche Erektion bekommen. Dazu tranken sie Schierlingssaft oder rieben ihre Hoden mit einer Schierlingspaste ein.

Interessanterweise wurde die Entdeckung der Flöte – übrigens ein dionysisches Musikinstrument – dem Schierling zugeschrieben:

---

* Wörtl. »Brötchen«; ein zusammengesetztes Heilmittel, das in Stangenform in den Handel kam, zerkleinert und als Pulver, Salbe oder Tinktur verwendet wurde (vgl. MÜRI 1986: 479). Vgl. Bilsenkraut.

»Lange schon ahmte der Mensch mit dem Munde das Vogelgezwitscher
Nach, bevor er es lernte, ergötzliche Lieder zu singen
Und durch ihre Verkündung das lauschende Ohr zu entzücken.
Zephyrs Säuselton im Rohr war die erste Belehrung des Landmanns,
Als er zu blasen begann auf dem hohlen Stengel des Schierlings.« (LUKREZ, *Von der Natur* V, 1299-1383)

Schierlingssaft galt im Mittelalter als Gegengift bei dem Antoniusfeuer (vgl. Mutterkorn). In der frühen Neuzeit sah man im Schierling eine gefährliche Hexenpflanze und ein Ingredienz zur berüchtigten Flugsalbe.

Pharmakologie:
In allen Pflanzenteilen kommen Alkaloide, besonders das Piperidin-Alkaloid Coniin und ähnliche Verbindungen, vor. Den höchsten Gehalt haben die Früchte (3,5%). Coniin hat nikotin- und curareähnliche Wirkungen und lähmt die Muskulatur. Bei hohen Dosierungen tritt der Tod bei vollem Bewußtsein durch Lähmung der Atemmuskulatur ein. Entgegen der antiken Auffassung wird der Schierlingsextrakt weder durch gesunde noch durch gereizte Haut aufgenommen (GROVER 1965), daher als Hexensalbe nicht geeignet. Überhaupt ist die Behauptung, der Schierling könne Fluggefühle erzeugen, zweifelhaft.

Anwendung:
Im heutigen Griechenland werden in der Volksmedizin aus den frischen zerstoßenen Blättern Umschläge zur Behandlung von Flechten, Rotlauf, Gürtelrose, Psoriasis und Hautkrebs gemacht.

Schierling sollte medizinisch nur als homöopathische Potenz (D4, D6, D12, D30, D200) verwendet werden, z.B. bei nervösen Störungen als Folge von sexueller Schwäche oder Überreizung, Ejaculatio praecox, bei rheumatischen und neuralgischen Schmerzen.

Der Gefleckte Schierling *(Conium maculatum)* wird leicht mit dem viel giftigeren Wasserschierling (*Cicuta virosa* LINNÉ) verwechselt.

Literatur:

BERENDES 1891, DIERBACH 1833, FROHNE & PFÄNDER 1983, GROVER 1965, HANSEN 1981, MANDL 1985, SFIKAS 1980, SCHMITZ & KUHLEN 1989.

Seerose

Nymphaea spp. – *Nymphaeaceae* (Seerosengewächse)
Nymphaea coerulea SAVIGNY* – Himmelblaue Seerose, Blauer Lotus
Nymphaea lotus LINNÉ – Ägyptischer Lotus, Weißer Lotus**
Nymphaea alba LINNÉ – Teichrose

ssn (ägyptisch)
λωτος oder νυμφαιας, auch σιδη (altgriechisch)
LOTUS oder NYMPHAEA (römisch)

Blauer und Weißer Lotus waren im alten Ägypten die wichtigsten kultivierten Blumen überhaupt. Sie wuchsen wild in Teichen und Nilniederungen, wurden aber in allen natürlichen und künstlich angelegten Wasserflächen angebaut. Sie wurden wegen ihrer Schönheit, wegen ihres bezaubernden, hyazinthähnlichen Duftes, wegen ihrer Symbolik, die sich aus ihrem Wachstumsverhalten ergibt, und wegen der berauschenden Wirkung geschätzt. Die Knospen und Blüten waren ein beliebter Kopf- und Haarschmuck. Lebende und Tote wurden gleichermaßen mit Girlanden behängt. Die Grabgirlanden des großen Pharaos Ramses II. (1290-1223 v.Chr.) bestanden fast ausschließlich aus den weißen und blauen Blütenblättern. Von Tutenchamun wurde ein Por-

* In der Literatur tauchen die Schreibweisen *coerulea* und *caerulea* synonym auf.
** Nicht mit dem verwandten Indischen Lotus *(Nelumbo nucifera)* zu verwechseln, obwohl auch diese Pflanze in Ägypten nachgewiesen werden konnte; vgl. GERMER 1985: 39f.

traitkopf gefunden, der aus einer Lotusblüte hervorgeht. Meist wurden Seerosenblüten zusammen mit Alraunen und Mohnköpfen (vgl. Alraune, Mohn) dargestellt. Sehr häufig erscheinen sie in Szenerien, die schamanischen oder initiatorischen Charakter haben.* Stilisierte Lotusblüten waren ein wichtiges ornamentales Element in der Kunst (Gefäßformen, Säulenkapitelle). Die Samen und der Wurzelstock wurden als Nahrungsmittel genutzt.

Da die Pflanze im dunklen Schlamm des Untergrundes, der Unterwelt, verwurzelt ist, ihren Weg durch das Wasser, den Urozean, findet und sich schließlich zu einer prächtigen Blüte in der Luft, dem Himmel, entfaltet, ist die Pflanze *das* Symbol für das Leben, Sterben und Wiederauferstehen, das Symbol für die Bewußtseinsentwicklung schlechthin. Zudem öffnen und schließen sich die Blüten morgens und abends; darin wurde ebenfalls die Wiedergeburt gesehen. Der Lotus ist die Sonne, die sich aus dem Urgewässer erhebt. Sie ist eng mit dem jugendlichen Gott Nefertem verbunden. Er war ein Gott des Wohlgeruches und trug die Lotusblüte als Attribut auf dem Kopf (der manchmal der Kopf eines Löwen war). In Heliopolis galt der Lotus als Verbildlichung des Sonnengottes Atum. Er wurde aus dem Urlotus geboren, der neben dem Urhügel aus den Fluten Nuns auftauchte. Die Lotusknospe war ebenfalls ein Symbol des kosmischen Ureies, das auf dem Urhügel ausgebrütet wurde und aus dem der Schöpfergott Ammon phallisch hervorgehen sollte (vgl. Pilze).

Im ägyptischen *Totenbuch* ist ein Zauberspruch angegeben, um die Gestalt einer Lotusblüte anzunehmen:

* EMBODEN hat diese Deutung sehr detailliert und kenntnisreich in seinen Arbeiten von 1978, 1981, 1989 und 1992 diskutiert.

»Ich bin jene reine Lotusblüte,
die hervorging aus dem Lichtglanz, die an der Nase des Re ist.
Ich verbringe meine Zeit
und messe sie zu dem Horus.
Ich bin die reine (Blüte), die hervorging aus dem Feld.«
(*Totenbuch*, Spruch 81 A, 1-5)

Die Blüte steht für das erleuchtete und wiedererwachte Bewußtsein des Verstorbenen; es ist »jene Lotusblüte, die in der Erde leuchtet« (*Totenbuch*, Spruch 174, 30). In der Geschichte vom Kampf zwischen Horus und Seth erscheint die Lotusblüte als ein Symbol des göttlichen Auges. Als Seth den ruhenden Horus unter einem Baum in einer Oase aufgespürt hatte, reißt er dem Schlafenden beide Augen aus und vergräbt sie im Sand, wo sie sich sogleich auf wunderbare Art in Lotusblüten verwandeln.

Aufgrund der mythologischen, kosmologischen, symbolischen und künstlerischen Bedeutung der Seerose vermutet William Emboden (1978), daß die alten Ägypter den Blauen Lotus wegen seiner narkotisierenden Wirkung als Droge zur Erzeugung einer schamanischen Ekstase unter einer elitären Priesterschaft benutzten. Da der Blaue Lotus meist zusammen mit Alraunen und Mohnblüten dargestellt wurde, liegt die Vermutung nahe, daß es sich dabei um ein »ikonographisches Rezept« handelt. Demnach wäre ein psychoaktiver Ritualtrunk, bestehend aus Lotusknospen, Alraunenfrüchten und Mohnköpfen, durchaus denkbar.

In dem relativ spät entstandenen *Papyrus Brooklyn* (Ende der Pharaonenzeit) werden mehrere Behandlungsformen von Schlangenbissen angeführt. Danach soll eine Lotuspflanze von sieben Ellen Länge bzw. eine Knospe von acht Ellen (!) gegen Schlangenbisse eine wirksame Medizin abgegeben haben.

Der Lotus spielte auch im Schadenzauber eine gewisse Rolle. Im *Papyrus Ebers* befindet sich ein Rezept, mit dem sich eine betrogene Frau an der Rivalin rächen kann:

> »Ein anderes Mittel für das Veranlassen, daß das Haar ausgeht: Lotusblatt; werde zerkocht, werde gegeben in Öl/Fett; werde gegeben an den Kopf der Verhaßten.«

Seerosen wurden zur Behandlung der Leber, der Verstopfung, gegen Giftstoffe und zur Regulierung des Harns verordnet. Man benutzte die Blütenblätter sowohl äußerlich wie auch innerlich, dann vor allem als Rectaleinlauf.

Sogar den Griechen war der ägyptische Lotus bekannt:

> »Ägyptischer Lotos. Der Lotos, welcher in Ägypten in den vom Wasser überschwemmten Ebenen sich findet, hat einen der [ägyptischen] Bohne ähnlichen Stengel und eine weiße, der Lilie gleichende Blüte, welche, wie man sagt, beim Sonnenaufgang sich entfaltet, aber sich schließen und den ganzen Kopf unter dem Wasser verbergen kann, bis die Sonne wieder aufgeht. Der Kopf gleicht einem sehr großen Mohnkopfe, darin befindet sich ein hirseähnlicher Same, welchen die Bewohner Ägyptens trocknen und zum Brotbacken verwenden. Er hat eine dem Quittenapfel ähnliche Wurzel, auch diese wird roh und gekocht gegessen. Gekocht entspricht sie in ihren Eigenschaften dem Weißen vom Ei.«
>
> (DIOSKURIDES IV, 112)

Die Weiße Seerose *(Nymphaea alba)* hieß bei den Römern *Herculanum*, »Herculeskeule«. Sie soll aus einer schönen Nymphe entstanden sein. Sie liebte den Hercules, starb aber aus Verzweiflung, weil er sich ihr nicht nahte. Da die Wurzel wie eine Keule aussieht, soll sie Herkuleskeule genannt worden sein. Weil die Nymphe keinen speziellen Namen hatte, wurde die Seerose einfach nur *Nymphaea* genannt:

Die Wiedergeburt als Seerose; Darstellung aus dem Totenbuch.

»Die Nymphaia wächst in Sümpfen und stehenden Gewässern. Sie hat Blätter, ähnlich denen des Kiboron, aber kleiner und länglicher, gewissermaßen aus dem Wasser hervorragend, teils aber auch im Wasser untergetaucht, sie kommen zu mehreren aus derselben Wurzel. Die Blüte ist weiß, der Lilie ähnlich, mit einem safranfarbigen Mittelteil. Wenn sie abgeblüht hat, wird es rund, an Umfang einem Apfel oder einem Mohnkopf zu vergleichen, schwarz; darin befindet sich ein schwarzer, breiter, dichter, schleimig schmeckender Same. Der Stengel ist glatt, nicht dick, dunkel, ähnlich dem des Kiboron. Die Wurzel ist schwarz, rauh, keulenähnlich, sie wird im Spätherbst abgeschnitten. Trocken dann mit Wein getrunken, hilft sie bei Magenschmerzen, Dysenterie und verkleinert die Milz. Ferner wird die Wurzel als Umschlag bei Magen- und Blasenleiden angewandt. Mit Wasser bringt sie weiße Flecken zum Verschwinden, die Fuchskrankheit heilt sie, mit Pech aufgelegt. Weiter wird sie gegen Pollutionen getrunken, denn sie hebt dieselben auf, bewirkt auch, wenn man sie einige Tage anhaltend trinkt, Schlaffheit des männlichen Gliedes. Dasselbe tut auch der Genuß des Samens. Die Nymphaia scheint ihren Namen davon zu haben, daß sie einen wäßrigen Standort liebt; sie findet sich aber häufig in Elis im Fluß Anigron und bei Haliartia in Böotien.« (DIOSKURIDES III, 138)

Noch extremer wird die anaphrodisische Wirkung von PLINIUS herausgestellt:

»Den Geschlechtstrieb hebt... die Nymphaea Heraclia auf, und zwar für vierzig Tage, wenn man sie nur einmal trinkt; nüchtern getrunken oder als Nahrung zu sich genommen, verhindert sie wollüstige Träume. Auch die Wurzel, auf die Geschlechtsteile gestrichen, hebt nicht nur den Geschlechtstrieb auf, sondern auch den Samenüberfluß; deshalb soll sie Körper und Stimme stärken.« (XXVI, 94)

Im Übergang von der Spätantike zum Mittelalter wurde die weiße Seerose zu einer »Blume der Keuschheit« (vgl. Lilie) und diente den Mönchen und Nonnen als Anaphrodisiakum. Im Mittelalter wurde die Seerose aber auch als Liebeszauber und Liebesamulett eingesetzt. Die Blüte mußte in einer Vollmondnacht mit verstopften Ohren gesammelt werden, sonst würde der Sammler von den betörenden Gesängen der Wassernixen (das sind die antiken Nymphen!) verführt und aus Rache in die Tiefe gezogen werden.

Pharmakologie:
»Von *Nymphaea lotus* und *Nymphaea coerulea* sind keine pharmazeutischen Eigenschaften bekannt.« (GERMER 1979: 28) Die Blätter und Blüten sollen aber narkotische Eigenschaften haben. Nach EMBODEN sind in *Nymphaea coerulea*

vermutlich Alkaloide enthalten. 3-6 Knospen, als Tee getrunken, sollen hypnotische Wirkungen hervorrufen. Die Blätter von *Nymphaea lotus* sollen schwach narkotisch wirken. In der *Nymphaea alba* ist das Alkaloid Nupharin und das Glykosid Nymphalin enthalten. Sie können Erregungszustände und Atemlähmung bewirken. Die Pharmakologie der Seerosen ist noch sehr unzureichend erforscht.

Anwendung:
Leider sind die ägyptischen Seerosen in Deutschland sehr schwer zu bekommen. Sogar in Ägypten sind sie selten geworden. Deshalb erübrigt sich eigentlich die Anwendung. Aber es wäre sehr interessant, die schamanischen Aspekte der Pflanze weiter zu erforschen.

Literatur:
DIERBACH 1833, EMBODEN 1978, 1981, 1989 & 1992, GERMER 1979, 1985, 1986, 1988, HART 1993, LURKER 1987, MANNICHE 1988 & 1989, OTT 1993, RÄTSCH 1988, WESTENDORF 1992.

Steppenraute

Peganum harmala LINNÉ – *Zygophyllaceae* (Jochblattgewächse)

[*Epnubu*] (ägyptisch)
πεγανον oder πεγανον αγριον (altgriechisch)
PEGANO (römisch)

Die Steppenraute, auch Harmalkraut, Harmelraute oder Syrische Steppenraute genannt, war eine der heiligen Pflanzen der alten Parsen. Sie war offensichtlich Bestandteil des heiligen *Haoma*-Trankes (auch *Hauma,* identisch mit dem indischen *Soma*), der berauschend war und göttliche Inspiration verlieh (vgl. Meerträubel). Er wurde zum gemeinschaftlichen Stieropfer getrunken. Dieser als Gottheit verehrte Rauschtrank wurde allerdings von Zarathustra (Zoroaster) – der laut PLINIUS der »Urheber der Magie« war – genauso abgelehnt*, wie die alten (indoiranischen) Götter, die Personifikationen von Gestirnen, Gewässern und Naturerscheinungen (Feuer) waren. Diese *Daiwas*, »Dämonen, Götzen« sind urverwandt mit den Devas, den Pflanzengeistern der Inder.

Der Gott des Rauschtrankes hieß ebenfalls Hauma oder Haoma. Noch heute heißt die Steppenraute bei den Persern *Hom* oder *Homa*. Die psychedelische Wirkung des Haoma

* »Den Rauschtrank (Hauma), den man bei der Mahlzeit genoß, bezeichnet der Prophet [Zoroaster] in heiligem Eifer als ›Harn‹ (Yasna 48,10).« (MERKELBACH 1984: 11) – Vielleicht wurde ja tatsächlich wirkstoffähnlicher Urin getrunken (vgl. Pilze [Fliegenpilz]).

Die Steppenraute (Peganum harmala), *die in Vorderasien heimisch ist; aus* TABERNAEMONTANUS.

wird in dem persischen Buch *Arda Viraf* (4. Jh. n. Chr.) beschrieben. Ein haomaberauschter Heiliger entschläft. Seine Seele wird von den Seelengeleitern Srosh und Adar über die Brücke, die den Weltenberg überspannt und das Diesseits mit dem Jenseits verbindet, in den Himmel geführt. Der Heilige gelangt über die Sphäre der Sterne hinaus zum Reich des weisen Himmelsherrn Ahura Mazda oder Ohrmuzd und wird in die Geheimnisse der Lebens nach dem Tode eingeweiht. Nach sieben Tagen steigt er mit der

Aufforderung, das Geschaute den Menschen zu berichten, wieder auf die Erde herab.

Aus dem uralten iranischen Gott Mitra entstand in hellenistischer Zeit der Gott Mithras, der in einem geheimen Männerbund kultisch verehrt wurde. In den Mysterien des Mithras lebte die Verehrung der parsischen Zauberpflanze fort. Die Kultbilder des Mithras, vor allem die der griechisch-römischen Mysterienreligion – die sich übrigens bis an den Main verbreitete –, folgen einem einheitlichen Modell. Mithras wird als junger Gott dargestellt, der einen Stier bei den Nüstern packt und ihn mit der anderen Hand absticht:

> »Da begibt sich das Wunder, daß aus dem Leib des im Tod zusammenbrechenden Stiers Segen hervortritt. Alle nährenden und heilsamen Pflanzen kommen aus ihm hervor. Das ist angedeutet durch die Getreideähren, die aus seinem Schwanzende hervorwachsen; das wichtigste ist der zeugende Same, der aus dem Stier hervorquillt und aus dem künftiges Leben hervorkommt. Teuflische Tiere, Schlange, Skorpion, Krebs, versuchen diesen Lebensquell zu rauben, aber der Same wird in einem Gefäß aufgefangen und auf den Mond verbracht. Im Licht des Mondes geläutert, erzeugt dieser Same von dort aus ein Rinderpaar, und mit diesem Paar, von dem das irdische Rindergeschlecht abstammt, werden alle nützlichen Tiere hervorgebracht. So entsteht durch den Tod des Stiers alles pflanzliche und tierische Leben auf Erden. Dieser Stier war das erste Lebewesen, das erschaffen war, und die graussame und grausige Tat, zu der sich Mithras auf Geheiß des obersten Gottes nur wider Willen bereit fand, das Ur-Leben zu morden, brachte alles Heil der Welt hervor, hat das Leben unendlich vermehrt, das vielfältige All-Leben der Natur geht hervor aus einem mythischen

einheitlichen Lebewesen, das dazu getötet werden mußte ... Dieser Stier ist Haoma.« (LOMMEL 1949: 212)*

Haoma wird, mit Stierfett verrührt, zum Unsterblichkeitstrank; die Zauberpflanze gilt als »Todabwehrer« und symbolisiert die Lebenskraft:

> »Diese heilige Pflanze ist der Inbegriff oder Ausbund der Pflanzenwelt oder die Urpflanze; sie befaßt in sich das Pflanzenreich überhaupt, und ihr Saft stellt alle Nähr- und Heilkräfte dar, die in der Pflanzenwelt enthalten sind. Er ist Symbol von Nahrung und Heilung ... Soma-Haoma ist also das All-Leben, das vom Himmel kommend die ganze Natur durchpulst und in allen Lebewesen gestalthaft gegenwärtig ist ... Bei Vollmond, wenn die Schale gefüllt ist mit dem lichten Lebenstrank, trinken die

---

* Das erste Stieropfer wird in dem persischen Buch über die »Schöpfung« *(Bundahishin)* wie folgt dargestellt: »Der gute Gott Ohrmazd (die spätere Form von Ahura Mazda) hatte das Rind erschaffen, ›weiß und glänzend wie der Mond‹ (1,49), aber später dringt der Böse (Ahriman) in die Welt ein, und Ohrmazd sieht voraus, daß er das Rind schlachten wird. So gibt er dem Rind Hanf zu fressen und führt damit eine Haschisch-Narkose herbei, ›damit ihm das Unrecht der Tötung und der Kummer des Leidens vermindert werde‹ (Kap.4). Aus dem Rind wird dann alles Kleingetier geschaffen, ferner 55 Sorten Getreide und 12 Arten Heilpflanzen. Der Same des Rindes wurde auf den Mond gebracht und dort gefiltert; er enthält die Keime alles Lebens. Die Seele des Rindes wird alle irdischen Kreaturen nähren und als das wohltätige Tier im stofflichen Leben wiedergeschaffen werden.« (MERKELBACH 1984: 12) – »Der Tod eines kosmischen Urwesens ..., das geopfert und zerstückelt wird und sterbend den Kosmos aus sich hervorbringt« (GINA 1994: 11) ist ein archetypisches Bild. Das ist überhaupt die Urerfahrung des Lebens. Nur wenn wir unsere Nahrung töten, können wir unser Leben erhalten! Daher der dem HIPPOKRATES zugeschriebene Ausspruch: »Von den Toten empfangen wir Nahrung, Wachstum und Keime.« (*Vict.* 4, 92; VI 658 L)

Götter daraus. Davon haben sie ihre Unsterblichkeit, der Inhalt des Mondes ist der Unsterblichkeitstrank, *amrta*, ein Wort, verwandt mit Ambrosia.« (LOMMEL 1949: 213)

Haoma war nicht nur die Ur-Pflanze, aus der alle anderen Heilpflanzen hervorgingen, sondern selbst ein Heil-Mittel:

»Flink macht der Haomarausch. Welcher Sterbliche den Haoma wie einen jungen Sohn lobt: Denen wird sich Haoma bereit stellen, ihre Leiber heilen. Seitdem wächst du hervor auf diesen Gebirgen, der vielartige milchreiche goldfarbige Haoma; deine Arzneien sind mit den Wonnen des Vohu Manah verbunden.« (*Awesta*, Yasna 10)

Die Perser sahen in der Haoma-Pflanze einen »Wunderbaum« oder »Allsamenbaum«, von dem die Samen aller Bäume abstammen. Die Steppenraute war auch im Land der Hebräer heilig. JOSEPHUS FLAVIUS beschrieb einen *peganon*-Baum, der im Palast von Machaerus am Toten Meer wuchs. Er sollte größer als eine Feige und älter als die Geschichte sein. In der Bibel wird einmal die Pflanze *peganon* (uns zwar als griechisches Lehnwort) genannt. In der nachbiblischen Zeit wurde daraus *pigam*.

Der Name *peganon* oder *peganum* soll von Pegasus abgeleitet worden sein. Pegasus war ein geflügeltes Pferd (ein Schamanentier!), das von dem Meeres- und Pferdegott Poseidon und der sterbenden Medusa gezeugt worden war. So war Peganum vielleicht ein Vehikel für den schamanischen Flug.

Die Steppenraute wächst auf Zypern und wird dort als Heilpflanze betrachtet. Sie wächst auch in vielen Gebieten Griechenlands. Es wurde sogar vermutet, daß sie in dem eleusinischen Einweihungstrank als Zutat verwendet wurde (SCHMIDBAUER 1969a: 35). Von der Botanik und medizinischen Wirksamkeit heißt es:

»Wilde Raute. Einige nennen das wilde Peganon auch die in Kappadokien und im asiatischen Galatien als *Moly* bezeichnete Pflanze. Es ist ein Strauch, welcher aus einer Wurzel mehrere Zweige entwickelt, er hat Blätter viel größer und zarter als das andere Peganon [= Raute] und von durchdringendem Geruch, eine weiße Blüte, an der Spitze kleine Köpfchen, größer als beim gebauten Peganon [= Raute], meist aus drei Teilen bestehend, in denen sich ein dreikantiger, hellgelblicher Same befindet, von dem auch Gebrauch gemacht wird. Im Spätherbst wird der Same reif und dient mit Honig, Wein, Hühnergalle, Safran und Fenchelsaft fein gerieben gegen Stumpfsichtigkeit. Einige nennen dasselbe auch *Harmala*, die Syrier *Besasa*, die Ägypter *Epnubu*, die Afrikaner *Churma*, die Kappadokier aber *Moly*, weil es im großen Ganzen eine Ähnlichkeit mit dem *Moly* zeigt, da es eine schwarze Wurzel und weiße Blüte hat. Es wächst auf hügeligem und fruchtbarem Boden.« (DIOSKURIDES III, 46)

Der Name *Besasa* wird gewöhnlich als »Pflanze des Bes« gedeutet. Der zwergenwüchsige Bes war ein mißgestalteter Gott mit einem Greisengesicht, der besonders beim ägyptischen Volk beliebt war und als alles Böse abwehrender Schutzgeist verehrt wurde. Sein Bild wurde in Form von kleinen Amuletten an Kopfstützen, Betten, Spiegeln und Schminkgefäßen angebracht. Bes-Figuren wurden mit Steppenrautensamen beräuchert, um die apotropäische Kraft zu fördern.

Die Steppenraute ist überall in Nordafrika heimisch. Sie gilt dort seit alters her als ein magisches und medizinisches Universalmittel. Die kleinen grauen Samen werden alleine oder in Kombinationen als Räuchermittel verwendet. Die Samen werden auf Räucherkohlen gestreut, um böse Geister zu vertreiben. Ihr Rauch wird gegen Kopfschmerzen sowie gegen die Folgen des Bösen Blicks und gegen Geschlechtskrankheiten eingeatmet. Um die Erotik der Hochzeitsnacht anzufeuern, wird in Marokko heute noch ein Räuchermittel aus Steppenrautensamen, Alaun und Weihrauch verbrannt. In Klein- und Zentralasien werden Zubereitungen der Steppenraute als Aphrodisiaka volksmedizinisch verwendet.

Sogar im zentralasiatischen Schamanismus werden heute noch Steppenrautensamen als magisches Räuchermittel verwendet. Die Schamanen der Hunza, die im heutigen Pakistan leben, inhalieren den Rauch, um in hellseherische Trance zu verfallen. Die Schamanen treten sodann mit den wahrsagerischen Feen in einen engen, wollüstig-sexuellen Kontakt.

Pharmakologie:
Kraut und Samen enthalten die β-Carbolin-Alkaloide Harmin, Harmalin, Tetra-Hydroharman und verwandte Basen, die antidepressiv und phantasieanregend sind. Die Alkaloide wirken als MAO-Hemmer, d.h. sie verhindern die Ausschüttung des körpereigenen Enzyms Monoaminooxydase (= MAO), die bestimmte körpereigene Neurotransmitter sowie körperfremde Giftstoffe abbaut. Dadurch können bestimmte Wirkstoffe, wie die psychedelischen Dimethyltryptamine (DMT, 5-Methoxy-DMT) oral wirksam werden (vgl. Granatapfel). In der Awesta wird als Zusatz zum Haoma Granatapfel genannt. Das könnte bedeuten, daß der Ritualtrank eine extrem entheogene oder psychedelische, ayahuasca-ähnliche Mischung* aus harmalinhaltiger Steppenraute und DMT-haltiger Granatapfelwurzelrinde war.

---

* Ayahuasca ist ein indianischer Zaubertrank vom Amazonas, der aus einer harmalinhaltigen Liane *(Banisteriopsis caapi)* und einer DMT-

Anwendung:
Ein Aufguß aus den Samen wird gegen Magenbeschwerden, Herzleiden und gegen Ischias getrunken. Starke Dekokte können wie Tranquilizer wirken. Die Samen eignen sich als Räuchermittel und auch als Zusatz zu Rauchmischungen, z.B. mit Hanfblüten.

Literatur:
FLATTERY & SCHWARTZ 1989, GAUBE in BRUNNER-TRAUT 1992, KOTTEK 1994, LOMMEL 1949, MERKELBACH 1984, OTT 1993, 1994, RÄTSCH 1988 & 1991a, SCHMIDBAUER 1969a, SCHULTES & HOFMANN 1987, SFIKAS 1990, VENZLAFF 1977, ZOHARY 1986.

haltigen Pflanze *(Psychotria viridis)* besteht und dort im Schamanismus von höchster Bedeutung ist (vgl. OTT 1993, 1994, RÄTSCH 1992b).

Sturmhut

Aconitum napellus LINNÉ – *Ranunculaceae* (Hahnenfußgewächse)
(Aconitum anthora)

ακονιτον oder θηλυφονον (griechisch)
ACONITUM (römisch)

Diese auch Fuchswurz, Giftkraut, Eisenhut, Wolfkraut oder Venuswagen genannte Pflanze ist in Süd- und Mitteleuropa weit verbreitet. Sie wird gerne als »giftigste Pflanze Europas« bezeichnet und diente zur Herstellung tödlicher Pfeilgifte*:

> »Es ist bekannt, daß der Akonit am schnellsten aller Gifte wirkt und daß es auch, wenn man nur die Geschlechtsteile weiblicher Tiere damit berührt, noch am gleichen Tage den Tod eintreten läßt … Wie die Fabeln berichtet haben, soll der Akonit aus dem Geifer des Hundes Kerberos entstanden sein, als Herakles diesen aus der Unterwelt hervorschleifte, und es wachse deshalb im pontischen Herakleia, wo man diesen Zugang zur Unterwelt zeigt. Dennoch habe man auch dieses zum Gebrauch für das menschliche Wohl verwandt, indem man durch Erfahrung herausfand, daß es, in warmen Wein gegeben, gegen Skorpionsstiche wirksam sei. Es hat die Eigenschaft, den Menschen zu töten, wenn es nicht etwas findet, das es im Menschen vernichten kann. Mit dem allein kämpft es,

* Der Gebrauch von *Aconitum* spp. als Pfeilgifte ist weltweit, vor allem in Ost- und Südostasien nachzuweisen.

Der Blaue Eisenhut oder Sturmhut (Aconitum napellus) – *links: »Weibchen«, rechts: »Männchen«;*

gleichsam schneller wirksam als das, was es vorfand. Dieser Kampf tritt nur dann ein, wenn es Gift in den Eingeweiden findet, und es ist erstaunlich, daß zwei tödlich wirkende Gifte im Menschen zusammen zugrunde gehen, damit der Mensch am Leben bleibe.« (PLINIUS XXVII, 4f)

Der griechische Name *akoniton* bedeutet »an Felsen wachsend«:

»Akonit wächst in Kreta und in Zakynthos, ist aber am häufigsten und am besten in Herakleia im Pontos. Er hat Blätter wie die Wegwarte, eine Wurzel, die in Form und Farbe einer Krabbe gleicht; in dieser Wurzel liegt ein tödliches Gift. Die Blätter und die Früchte hingegen ha-

ben keinerlei Wirkung. Die Frucht ist die eines Krautes, nicht die eines Busches oder Baumes. Es ist ein langwüchsiges Kraut und hat sonst keine besonderen Eigenheiten. Es erinnert an Getreide, hat aber keine Ähren. Es gedeiht überall, nicht nur in Akonai, woher es seinen Namen erhalten hat [ein Ort der Mariandynoi]; es liebt steinigen Boden. Weder Schafe noch andere Tiere fressen es. Damit es wirkungsvoll wird, muß es auf bestimmte Weise zubereitet werden, die nicht jeder beherrscht. Ärzte, die nicht wissen wie man es zubereitet, benutzen es als septisches Mittel [Fäulniserreger] und für anderes. Wird es in Wein oder Honig-Molke getrunken, hat es keine (schädliche) Wirkung. Aber es kann so zubereitet werden, daß es tödlich wirkt in einem bestimmten Moment, der in zwei oder drei Monaten sein kann, oder in einem, ja, sogar in zwei Jahren. Je länger sich der Zeitpunkt herauszögert, um so schmerzvoller wird der Tod. Der Körper zerfällt langsam und stirbt nicht sofort ab. Es wird gesagt, daß bisher kein Gegengift gefunden wurde, so wie es zu allen anderen Kräutern natürliche Gegengifte gibt. Obwohl es heißt, daß die Landbevölkerung manchmal einen Mann mit Honig und Wein und ähnlichen Dingen rettet, aber nur selten und unter Schwierigkeiten. [...]
Akonit, wie gesagt, ist für diejenigen, die ihn nicht verstehen, nutzlos. Tatsächlich ist es ungesetzlich, und es steht unter Todesstrafe, davon zu besitzen.«

(THEOPHRAST, *Geschichte der Pflanzen* IX, 16)

Der Sturmhut, von dem man glaubte, er sei eine Pflanze, die Arsen erzeuge (vgl. Herbstzeitlose), wurde auch als Jagdgift verwendet:

»Anderes Akoniton. Das andere Akoniton, einige nennen es *Kynoktonon* [= ›Hundetod‹]*, andere *Lykoktonon* [= ›Wolfstod‹], die Römer *Colomestrum*. Es gibt davon drei Arten; eine, welche man auf der Jagd gebraucht, die beiden anderen wenden die Ärzte an; das dritte davon, das pontische genannt, wächst am meisten in Italien, in den sogenannten Vestinischen Bergen [= die Abruzzen]; es ist von dem vorigen verschieden. Es hat Blätter wie die Platane, aber mehr eingeschnitten, viel kleiner und dunkler, einen Stengel wie Farnkaut, einen kahlen Schößling [= Blütenstengel] von der Höhe einer Elle oder noch höher, eine Frucht in länglichen Kapseln, Wurzeln wie die schwarzen verflochtenen Fühler der Heuschreckenkrebse [*Squilla mantis* LATR.]. Man gebraucht sie, in rohes Fleisch eingehüllt, zur Wolfsjagd, denn wenn sie von den Wölfen gefressen werden, töten sie dieselben.«

(DIOSKURIDES IV, 78)

Der Sturmhut, das »Gift Akonit«, war im Altertum ein gefürchtetes Gift, das mit der legendären kolchischen Hexe Medea – die wohl eher eine skythische Schamanin war – und der düsteren Unterwelt assoziiert wurde:

»Ihm zum Tode mischt Medea das Gift Akonit, das sie einst von Skythiens Küsten gebracht hat; es soll aus den Zähnen des Höllenhundes entstanden sein. Eine Höhle mit finsterem Rachen gibt es und einen abschüssigen Weg, auf dem der Held von Tiryns den Cerberus an aus Stahl geflochtenen Ketten fortzerrte; der sträubte sich, verdrehte angesichts des Tageslichts und der blitzenden Strahlen die Augen, erfüllte in rasender Wut die Lüfte mit

* Der Sturmhut wurde wie das Bilsenkraut mit dem Geifer des Kerberos assoziiert.

> Gebell, das gleichzeitig aus drei Kehlen erklang, und besprengte die grünen Felder mit weißem Schaum. Dieser soll sich verdichtet und im fruchtbaren Boden Nahrung gefunden haben und Kraft zu schaden. Weil dieses zähe Gewächs auf hartem Felsen entsteht, nennen es die Bauern Steinkraut.« (OVID, *Metamorphosen* VII 406ff.)

Der Sturmhut wurde in der römischen Politik zu einer wichtigen Kampfdroge. So starb der Kaiser CLAUDIUS im Jahr 54 n. Chr. an einer Akonitvergiftung. Als Gegengift bei einer Akonitvergiftung hat NIKANDER in seinem Lehrgedicht *Alexipharmaka* ein Rezept angegeben:

> »Eine Hand voll ungebrannten Kalks mit einem Becher Wein, Eisenschlacke, Wasser, in dem Gold oder Silber abgelöscht ist, Opobalsamum mit Frauenmilch oder Wasser, vorher ein Brechmittel.« (zit. n. BERENDES 1891: 275)

Ein einfacheres Gegengift war der »Teufelsdreck«, das Harz des Stinkasants *(Ferula asa foetida).*

Der Sturmhut wird in allen neuzeitlichen Rezepten für Hexen- und Flugsalben neben Opium, Hanf, Schierling, Alraune und Bilsenkraut als einer der wichtigsten Bestandteile genannt. Nun ist die berüchtigte Hexensalbe keine Erfindung der Inquisition, sie wird bereits in antiken Schriften genannt. Die erste Erwähnung einer Flugsalbe stammt von HOMER: Hera salbt sich mit Ambrosia, um vom Olymp herab über Thrakiens Schneeberge, »über die obersten Gipfel und nie die Erde berührend« zu Zeus auf den Idaberg zu gelangen. Zeus ist baß erstaunt darüber, wie schnell die Fahrt ohne Pferd und Wagen geschafft wurde (*Illias* II, XIV 169ff). Berühmt ist auch die Hexensalbe des APULEIUS. Leider sind keine antiken Rezepte erhalten geblieben.

Pharmakologie:
Die ganze Pflanze enthält das Alkaloid Aconitin sowie die Aconitinsäure. Die Wurzel ist am wirkstoffreichsten und dadurch am gefährlichsten. Bereits 3-6 mg Aconitin, dem entsprechen oft nur wenige Gramm des getrockneten oder sogar frischen Pflanzenmaterials, sind für Erwachsene tödlich. Die Vergiftungserscheinungen beginnen mit Brennen und Kribbeln im Mund und enden mit einem sehr qualvollen Tod. Ob das Aconitin tatsächlich, wie vielfach vermutet, das Gefühl vom Fliegen auslösen kann, sei dahingestellt.

Anwendung:
Sturmhut sollte nur als homöopathische Potenz (D4, D6, D12, D30, D200) verwendet werden. *Aconitum* wird bei nervösen und psychischen Leiden, z.B. Folgen von Ärger, Schreck, Aufregung und Neuralgien, sowie bei Katarrhen an Augen, Ohren, Nase, Kehlkopf, Lunge, Magen und Darm verordnet.

Literatur:
BAUERREISS 1994, BECKMANN & BECKMANN 1990, BERENDES 1891, FROHNE & PFÄNDER 1983, HANSEN 1981, MANDL 1985, RÄTSCH 1988, SCHMITZ & KUHLEN 1989.

Sykomore

Ficus sycomorus LINNÉ – *Moraceae* (Maulbeergewächse)

nh.t (ägyptisch)
συκαμινος (altgriechisch)
FICUS AEGYPTIA (römisch)

Im pharaonischen Ägypten waren Bäume sehr selten und deshalb von besonderer Heiligkeit. Die Sykomore oder Maulbeerfeige, die mit dem echten Feigenbaum nahe verwandt ist, war einer der heiligen Bäume der Ägypter, er gilt als der »Baum des alten Ägypten schlechthin«. Obwohl er ursprünglich nicht zur ägyptischen Flora gehörte, wird er doch sehr oft in der pharaonischen Kunst dargestellt und hat als kosmischer Baum mythische Bedeutung.

> »Nur auf seiner Maische reift das Bier.
> Wein reift, solange man ihn nicht aufmacht.
> Nur aus der Hand ihres Arztes wirkt Medizin ...
> Pflanze die übrigen Bäume später, pflanze zuerst eine Sykomore.«
>
> *(Aus der Spruchsammlung des Anch-Scheschonki)*

Der Sonnengott Re sollte aus einer Sykomore hervorgegangen sein. Es heißt, die Götter thronten im Osten in der Krone einer mächtigen Sykomore, von der sie ernährt wurden. Im Westen der Welt, gleich an der Grenze zur Wüste, wohnte die göttliche Kuh Hathor, die »Herrin der Sykomore«, ebenfalls in einem derartigen Baum. Dorthin reisten die Verstorbenen, wurden von der Göttin begrüßt und setzten sich in Gestalt von Vögeln (Seelenvögel) in den Zweigen

Sykomore oder Ägyptischer Feigenbaum; Kupfer aus der deutschen D*IOSKURIDES-Ausgabe von 1610.*

nieder. Diesen Vorstellungen entsprechend ist es verständlich, daß Mumien mit Ketten aus unreifen Sykomorenfrüchten für das Jenseits dekoriert wurden. Bei höheren Persönlichkeiten wurden Gärten an deren Gräbern angelegt, in denen besonders gerne Sykomoren angepflanzt wurden. Als Baum der Hathor schützt und ernährt er den Verstorbenen.

Dem Totenbuch zufolge konnten die Verstorbenen im Schutze der Sykomore der Hathor ihre Speisen aus Brot und Bier zu sich nehmen:

Die Göttin im Sykomorenbaum; Darstellung aus dem Totenbuch.

»Ich esse unter jener Sykomore der Hathor, meiner Herrin,
und ich gebe den Rest davon ihren Tänzerinnen.«
(*Totenbuch*, Spruch 52, 14f; ebenfalls Spruch 189, 15f)

Dort konnten sie nach dem Tod wieder aufatmen:

»O jene Sykomore der Nut,
gib mir doch von dem Wasser und der Luft, die in dir sind!«
(*Totenbuch*, Spruch 59, 1f)

Schließlich verschmilzt die Seele mit dem Baum:

»Die Sykomore hat mich umarmt,
die Sykomore hat sich mit mir vereint,

die beiden *Sechu*-Schlangen haben mir die Unterwelt geöffnet.« (*Totenbuch*, Spruch 64, 108-110)

Die Sykomore wurde mit dem Türkis identifiziert:

»Ich kenne jene beiden Sykomoren aus Türkis,
zwischen denen Re hervorgeht,
damit er auf der ›Erhebung des Schu‹ [= Himmel] dahinziehe
an jenem Tor des Herrn des Ostens, aus welchem Re hervorgeht.«
(*Totenbuch*, Spruch109, 7-10; ebenfalls Spruch 149, 27-30)

Die Sykomore war einer der wichtigsten Obstbäume der Ägypter und gehörte damit zu den wichtigeren Nahrungslieferanten. Der ausladende, vielverzweigte Baum wurde durch Stecklinge vermehrt und in großen Pflanzungen gezogen. Um die Sykomorenfeigen genießbar zu machen, müssen sie vor der Reife eingeschnitten werden, da die Früchte sonst von einer Gallwespenart befallen und verdorben werden. In den medizinischen Texten werden allerdings sowohl die ungereiften, von Gallwespen befallenen Sykomorenfeigen (altägyptisch *k3.wsw n nh.t*), als auch die geritzten Feigen *(nk^{c}w.t n.t nh.t)* genannt. Die unreifen Feigen wurden zum Abtreiben von Würmern verwendet; die reifen Feigen als leichte Abführmittel gegessen. Die zerquetschten geritzten Feigen wurden oft als Klistiere gegeben. Der Milchsaft der Rinde wurde zur Behandlung von Wunden aufgetragen. Überhaupt wurde die Sykomore medizinisch fast ausschließlich äußerlich zur Wund- und Geschwürbehandlung eingesetzt. Der Milchsaft der Sykomore war eine der wichtigsten Arzneien in der Wundbehandlung:

»Das ist eine Behandlung für ein Ohr, wenn es abgespalten ist, in der Luft (hängt) und nicht zur Erde fallen kann.

Du sollst ihm ein geknüpftes Netz von Stoff machen; es werde (das Ohr) damit umschlossen mit Milchsaft der Sykomore, so daß es haftet an seinem Blut; nicht werde Öl/Fett und Honig daran gegeben. Dann mußt du seine eine Seite (des Ohres) anschneiden, damit sein Blut herabfließt auf die andere Seite. Es soll keinesfalls faulig werden. Wenn du danach festgestellt hast, daß es zusammenhält, dann sollst du ihm Öl/Fett und Wachs bereiten; werde gekocht; werde damit verbunden; es werde nicht viel gegeben. Du sollst (es) verabreichen wie bei irgendeinem Wundsekret, wenn eine Abtrennung vorliegt. Wenn (das Ohr) auf die Behandlung nicht anspricht, dann mußt du ihm eine Binde von Stoff machen, die an seinem Hinterkopf verknüpft ist.« *(Papyrus Ebers)*

Die süßen Früchte wurden als Abführmittel gegessen und ebenso auch zur Behandlung von Geschwüren an den Zähnen oder der Zunge ausgekaut. Die Heilkraft der Sykomore war auch den Griechen gut bekannt:

»Sykomore, einige nennen diese auch *Sykaminon*, es heißt aber auch die Frucht Sykomore wegen des minder guten Geschmacks. Es ist aber ein großer Baum, der Feige ähnlich, sehr saftreich, mit Blättern, ähnlich denen des Maulbeerbaumes [*Morus* sp.]. Sie trägt drei- bis viermal im Jahr Früchte, nicht an den Zweigspitzen wie die Feige, sondern am Stamm, wie der wilde Feigenbaum, süßer als Feigen, aber ohne Körner, die jedoch nicht reifen ohne mit dem Nagel oder einem Eisen geschabt zu sein. Am meisten wächst sie in Karien und auf Rhodos und in nicht getreidereichen Gegenden. Zu Zeiten des Getreidemangels nämlich hilft sie durch das ununterbrochene Fruchttragen aus. Die Frucht ist für den Bauch gut, ohne Nährwert, für den Magen schädlich. Zur Saftgewinnung wird der Baum im ersten Frühjahr, bevor er Früchte trägt, benutzt, indem die Oberfläche der Rinde mit einem Steine angeritzt wird, bei tieferer Verletzung gibt es nichts her. Der Tropfen wird dann mit einem Schwamm oder mit Wolle abgenommen, getrocknet, geformt und in einem irdenen Kruge aufbewahrt. Der Saft hat die Kraft, zu erweichen, Wunden zu verkleben und schwere Speisen verdaulich zu machen. Er wird auch getrunken und eingestrichen gegen Schlangenbisse, Leberverhärtungen, Magenleiden und Fieberschauer. Der Saft wird aber rasch von den Würmern zerfressen.« (DIOSKURIDES I, 181)

Pharmakologie:
Der Milchsaft enthält ein nicht näher bestimmtes eiweißzersetzendes Ferment. Die Früchte wirken laxativ, die Rinde, als Tee aufgebrüht, wirkt als Durchfallmittel.

Anwendung:
Bei Reisen in Ägypten können die auf den Märkten angebotenen Sykomorenfrüchte als leichte Abführmittel gegessen werden.

Literatur:
BROSSE 1990, GERMER 1979, 1985 & 1986, LURKER 1987, WESTENDORF 1992.

Tamariske

Tamarix spp. – *Tamaricaceae* (Tamariskengewächse)
Tamarix aphylla (L.) KARST. – Athel-Tamariske
Tamarix nilotica (EHRENB.) BGE. – Nil-Tamariske
Tamarix gallica LINNÉ – Tamariske des Apoll
Tamarix orientalis LINNÉ – Tamariske des Osiris

jsr (ägyptisch)
μυρικη (altgriechisch)*
TAMARIX (römisch)

Die buschartigeTamariske ist eine typische Nilpflanze. Im alten Ägypten wurde das Holz als Baumaterial und Holzkohle genutzt. Jüngere Zweige dienten als Viehfutter. Die gerbstoffreichen Rinden und Gallen wurden in der Gerberei benutzt. Rinden und Gallen dienten sicherlich, wie auch heute noch, als Heilmittel.**

Tamarisken wurden bereits in den Pyramidentexten erwähnt und werden mehrfach in den medizinischen Texten als Heilmittel angeführt. Die Früchte oder Tamariskengallen wurden äußerlich bei Entzündungen und zur Behandlung der Gefäße verwendet.

* Vermutlich bezeichnet dieser Name die Art *Tamarix articulata;* vgl. MANNICHE 1989: 149.

** In Nordafrika, besonders in Marokko, gehören die Tamariskengallen zu den bekannteren Handelsartikeln. Sie werden zum Gerben von Schaf- und Ziegenleder, zur Haarpfege und zur Behandlung von Darm- und Magenbeschwerden verwendet (vgl. VENZLAFF 1977: 50).

Tamarisken.

Tamariskenzweig; Kupfer aus der deutschen DIOSKURIDES-*Ausgabe von 1610.*

In Griechenland war die überall in Meeresnähe wachsende Tamariske *(Tamarix gallica)* wie die Myrte der Aphrodite geweiht. Die Tamariske hieß *myriki* nach Myriki, der Tochter des zyprischen Königs Kinyras und Schwester des Adonis, die sich in den Baum verwandelt haben soll. Tamariskenzweige waren Symbole für Schönheit, Anmut und Jugend. Sie wurden auch zu Orakeln verwendet und waren deshalb dem Apollon heilig. Die Schamanen der Meder und Skythen hielten Tamariskenzweige in ihren Händen, wenn sie Weissagungen aussprachen. In Mesopotamien galten Tamariskenzweige als mächtige, alles

Böse abwehrende Zauberwaffen. Die Tamariske war dem Himmelsgott Anu geweiht, der sie als Waffe führte. Die Zweige wurden als apotropäische Mittel an die Türriegel von Häusern und Heiligtümern gehängt. Über die medizinische Verwendung der Tamarisken schreibt DIOSKURIDES:

> »Die Tamariske ist ein bekannter Baum, welcher an Sümpfen und stehenden Gewässern wächst, eine Frucht trägt, welche einer kätzchenartig zusammengesetzten Blüte ähnlich ist. Eine kultivierte Art wächst auch in Ägypten und Syrien, in allem der wilden gleich. Sie trägt eine Frucht ähnlich dem Gallapfel, ungleich adstringierend im Geschmack, welche sich statt des Gallapfels zu Mund- und Augenmitteln empfiehlt, im Trank auch gegen Blutspeien, ferner für Frauen, die am Magen und Ausfluß leiden, wie auch bei Gelbsucht und Schlangenbiß. Im Umschlag heilt sie Ödeme; aber auch die Rinde leistet dasselbe wie die Frucht. Die Wurzelabkochung, mit Wein getrunken, erweicht die Milz, hilft als Mundwasser bei Zahnschmerzen, als Sitzbad ist sie den an Ausfluß Leidenden, als Begießung denen, welche Läuse und Nissen erzeugen, von Nutzen. Die Asche des Holzes im Zäpfchen stillt den Gebärmutterfluß. Einige fertigen aus dem Stamm auch Becher, welche Milzkranke als Trinkgefäße gebrauchen, indem so der Trank daraus heilsam wird.« (DIOSKURIDES I, 116)

PLINIUS fügt noch hinzu:

> »LENAEUS ... sagt, sie heile Krebsgeschwüre, wenn man sie in Wein koche und, mit Honig zerrieben, aufstreiche ... Ein bedeutender Schriftsteller der Heilkunde hat aber ernstlich versichert, daß ein von der Baumrinde abgebrochener Zweig, der weder mit der Erde noch mit einem eisernen Gerät in Berührung kam, Bauchschmer-

zen vertreibe, wenn man ihn so auflege, daß er von Tunika und Gürtel an den Körper gepreßt wird. Das Volk bezeichnet diesen Baum ... als *infelix* [unfruchbar], weil er nichts trägt und nirgends angepflanzt wird.« (XXIV, 68)

Pharmakologie:
Alle Teile der Tamariske, besonders die Gallen, enthalten reichlich Gerbstoffe, vor allem Tannin. Sie wirken entzündungshemmend. Die Gallen enthalten zudem Invertzucker.

Anwendung:
Ein Tee aus den Zweigen hat entzündungshemmende Eigenschaften und kann bei Mundentzündungen als Spülmittel benutzt werden. Aus der Rinde und den Gallen können lindernde Salben gegen geschwürartige Hämorrhoiden gefertigt werden.

Literatur:
BAUMANN 1982, DIERBACH 1833, GERMER 1979 & 1985, RÄTSCH 1988, SIGERIST 1963, UDAPA & TRIPATHI 1983, VENZLAFF 1977.

Thymian

Thymus spp. – Labiatae
Thymus vulgaris LINNÉ – Echter Thymian
Thymus serpyllum LINNÉ – Feldthymian, Quendel

? (altägyptisch)
θυμος oder θυμον (altgriechisch)
THYMUM (römisch)

Der griechische Name *thymos* leitet sich von *thyo*, »den Göttern ein Opfer bringen«, ab. Wenn der teure importierte Weihrauch (Olibanum) zu knapp wurde, konnten Thymianbüschel geräuchert werden, ohne die Götter zu beleidigen. Über die medizinische Wirkung heißt es:

> »Der Thymos, einige nenne ihn den weißen, andere den kopfförmigen, *Epithymis, Thyrsion* [= ›Thyrsosstabkraut‹; wegen der Ähnlichkeit des Blütenstandes], die Römer *Thymus*, die Ägypter *Stephane* [= ›Bekränzung‹], die Dakier *Mozula*, ist allen bekannt. Es ist ein kleiner, sparriger, mit vielen schmalen Blättchen besetzter Strauch, welcher an der Spitze purpurrote Blütenköpfchen trägt. Am meisten findet er sich in steinigen und magerbodigen Gegenden. Mit Salz und Essig getrunken, hat er die Kraft, den Schleim durch den Bauch abzuführen. Die Abkochung mit Honig hilft bei Orthopnöe und Asthma, treibt den Bandwurm, den Embryo und die Nachgeburt aus und befördert die Menstruation. Er ist auch ein harntreibendes Mittel. Mit Honig als Leckmittel ist er ein Expectorans. Mit Essig umgeschlagen, verteilt er frische Ödeme, löst das geronnene Blut auf und vertreibt

Feigwarzen und gestielte Warzen. Er ist auch mit Wein und Graupen als Aufschlag ein gutes Mittel bei Ischias. Mit den Speisen genommen, nützt er denen, die an Stumpfsichtigkeit leiden. Vorzügliche Verwendung findet er als Gewürz für die Gesunden.«

(DIOSKURIDES III, 38)*

Im alten Ägypten wurden die Harze zur Einbalsamierung der Mumien mit Thymian parfümiert. Im demotischen *Papyrus Wien* ist eine medizinische Zauberhandlung bei Hautflechten angegeben:

»Beschwörung einer Hautflechte: Du mögest ausfließen, die hervorquillt, ohne daß sie ihren Samen hat; die in Bewegung bringt, ohne daß ihr ihre Arme zur Verfügung stehen. Weiche du doch: Ich bin Horus! Zieh dich zurück: Ich bin der Sohn des Osiris! Der Zauber meiner Mutter (Isis) ist der Schutz meiner Körperteile. Nicht soll Schlechtes in meinem Körper entstehen, nicht soll die Hautflechte in meinem Körper sein. Du mögest ausfließen, siebenmal! Es werde gesprochen über Thymian; werde gekocht; werde zerrieben; werde daran gegeben.«

(zit. nach WESTENDORF 1992: 181)

Wegen seines Geschmackes und seiner wohltuenden Wirkung war der Thymianhonig im Altertum bekannt und gelobt (PLINIUS XXI, 56f). Noch heute ist der kretische Thymianhonig berühmt.

Pharmakologie:
Die pharmakologischen Eigenschaften beider Thymianarten sind sehr ähnlich. Das ätherische Öl enthält vor allem

* Diese von DIOSKURIDES beschriebene Pflanze wird auch als Satureistrauch (*Satureja capitata* LINNÉ) gedeutet.

Thymol, das stark entzündungshemmend und antibakteriell wirkt. Thymian hat auch gärungs- und fäulniswidrige Eigenschaften und eignet sich deshalb als natürliches Konservierungsmittel.

In hohen Dosen kann Thymian oder Thymianöl giftig sein und abortativ wirksam werden.

Anwendung:
Als Tee (1 Teelöffel pro Tasse) getrunken, wirkt Thymian bei Halsentzündungen und Husten befreiend und lindernd. Das Öl (eventuell mit Menthol und Latschenkiefernöl vermischt) ist zum Inhalieren bei allen Erkältungskrankheiten, besonders bei Nebenhöhlenentzündungen, verwendbar. Einen sehr bekömmlichen Magentee kann man aus Thymian, Kümmelfrüchten, Pfefferminzblättern und Tausendgüldenkraut mischen. Bei Erkältungen ist auch warme Milch mit Thymianhonig lindernd.

Literatur:
BECKMANN & BECKMANN 1990, BROSSE 1992, MAUTNER & KÜLLENBERG 1989, PAHLOW 1993, UDAPA & TRIPATHI 1983, WICHTL 1989.

Tollkirsche

Atropa belladonna LINNÉ – *Solanaceae* (Nachtschattengewächse)

μανδραγορας, μοριον (altgriechisch)
? (römisch)

Die Tollkirsche ist in Mittel- und Südeuropa sowie in Kleinasien einheimisch. Sie hat sich von da aus über ganz Nordafrika verbreitet. In Griechenland ist sie selten und nur in bergigen Regionen anzutreffen. Sie wurde schon von den Sumerern als Heilmittel bei vielen Krankheiten, die durch Dämonen verursacht wurden, verwendet. Der Gattungsname leitet sich von Atropos (= »Die Grausame/Unerbittliche«), der dritten Parze (Schicksalsgöttin), welche den Faden des Lebens durchschneidet, ab. Konsequenterweise wuchs die Tollkirsche im Garten der Hekate.

Vielleicht ist die Tollkirsche mit der *Morion* genannten anderen, bei Höhlen wachsenden »männlichen« Mandragora (vgl. Alraune) identisch. Morion bedeutet wörtlich »männliches Glied« und weist auf die Verwendung als Tollkraut (mhd. ›toll‹ = geil) hin. Tollkirschen wurden seit dem Altertum als Aphrodisiaka benutzt. Da aus der antiken Literatur nur wenige Stellen Hinweise geben, kann man vielleicht aus dem noch in Marokko weitverbreiteten Gebrauch Rückschlüsse ziehen. Dort wird aus getrockneten Beeren mit wenig Wasser und Zucker ein Tee zubereitet, der »zu einer guten geistigen Kondition verhelfen« kann. Dieser Tee ist auch ein Aphrodisiakum für Männer. Weiter heißt es, »daß eine kleine Dosis Belladonna den Verstand kläre und zu intellektuellen Arbeiten befähige« (VENZLAFF 1977:

82). Ein paar frische Beeren sollen auch die Gedächtnisleistung erhöhen. Gelegentlich werden sogar die Beeren zu Gewürzmischungen hinzugefügt.

Nach den Ausführungen des John Gerard (16.Jh.) hatten die Römer eine Göttin namens Bellona (daher Belladonna), deren Priester bei den zu ihren Ehren abgehaltenen Zeremonien und Ritualen Tollkirschensaft tranken und sich daran berauschten. Leider ist keine antike Quelle bekannt, die diese Äußerung bestätigt. Nach Juvenal gab es eine pontische Göttin namens Ma-Bellona, für die der satirische Dichter ein sakrales Eunuchentum bezeugt (*Satiren* VI, 512). Auch Apuleius setzt die Bellona, die er als »Mutter vom Ida« bezeichnet, in die Nähe der Kybele und die mit ihr verbundenen verschnittenen Priester (*Metamorphosen* VIII, 25).

Der italienische Kräuterbuchautor Matthiolus hat als erster den Namen *belladonna*, »schöne Frau«, für die Pflanze erwähnt und ihn damit erklärt, daß die Italienerinnen den gepreßten Saft sich in die Augen träufelten, um schöner zu erscheinen. Denn das in dem Saft enthaltene Atropin bewirkt eine vorübergehende Mydriasis (Vergrößerung der Pupillen). Damals gehörten große schwarze Pupillen zum Schönheitsideal. Der Tollkirschensaft erlangte in der Augenheilkunde wegen dieser pupillenerweiternden Wirkung große Bedeutung. Noch heute verwenden Augenärzte Atropin für denselben Effekt.

In der frühen Neuzeit galt die Tollkirsche als ein verwerfliches Kraut, daß den Hexen zu ihren Ränken, zu Liebestränken und zu Flugsalben diente.

Pharmakologie:

Die ganze Pflanze enthält hauptsächlich Atropin, aber auch die psychoaktiven Tropan-Alkaloide Hyoscyamin (vgl. Bilsenkraut), Apoatropin und Belladonnin. Die Samen enthalten die höchste Konzentration an Wirkstoffen. Die Alkaloide bewirken eine sehr starke Austrocknung der Schleimhäute, eine Rötung des Gesichtes, eine Pulsbeschleunigung und eine Pupillenerweiterung. Als therapeutische Dosis des Atropin werden 0,5-2 mg angegeben. Drei bis vier frische Tollkirschen gelten als leicht psychoaktives Aphrodisiakum;10-20 Kirschen können tödlich wirken.

Anwendung:
Das getrocknete Kraut kann man bei Asthma, Bronchitis und Krämpfen rauchen (nicht mehr als die Menge, die einer Zigarette entspricht). Medizinisch ist die Tollkirsche am besten in einer homöopathischen Potenz (D4, D6, D12, D30, D200) zu verwenden, z.B. bei den Folgen eines Sonnenstiches, bei Erkältungen, Angst, Schrecken, fieberhaften Zuständen mit Wahnbildern, Krämpfen usw. Reines Atropin wird im Krankenhaus bei praktisch jeder Operation als Mittel gegen den Speichelfluß injiziert. In Griechenland wurde Atropin als Antidot bei Pilzvergiftungen eingesetzt.

Literatur:
Brosse 1992, Dierbach 1833, Frohne & Pfänder 1983, Grover 1965, Hansen 1981, Mandl 1985, Pahlow 1993, Rätsch 1988, Sfikas 1993, Venzlaff 1977.

Ulme

Ulmus minor MILL. – *Ulmaceae* (Ulmengewächse)
(syn. *Ulmus campestris* LINNÉ)

πτελεα oder πτελιας (altgriechisch)
ULMUS (römisch)

Die Ulme oder *ulmus somniorum,* »Baum des Schlafes«, ist in der Antike ein Schamanenbaum der Unterwelt gewesen. In der *Aeneis*, dem wichtigsten Nationalepos der Römer, wird die Unterweltsreise des Aeneas beschrieben, die durchaus einer schamanischen Unterweltsfahrt gleicht. Aeneas bringt Hekate, der Göttin der Zauberkunst, der »Herrin im Abgrund droben und drunten«, blutige Opfer dar, um sodann unter Führung einer ekstatisch verzückten Sibylle in das Reich der Seelengefilde, der schweigenden Schatten, des Chaos, der »Orte der lautlos dämmernden Öde« zu schreiten:

> »Noch vor der Schwelle des Tors, in des Orcus vorderen Schlünden
> Lagert der Gram und wohnt der Fluch verlorener Reue,
> Haust bleichblickende Seuch und Sucht, trübseliges Alter,
> Furcht und verleitlichen Hungers Gier und schmähliche Notdurft,
> Auch des Augs unfaßlich Graun: der Tod und die Sorge,
> Auch des Todes Gesell, der Schlaf, und hämischer Herzen
> Schadenlust; der Krieg, mordwitternd, hütet die Schwelle (...)

Vlmenbaum.

Zweige vom Ulmenbaum; Kupfer aus der deutschen DIOSKURIDES-*Ausgabe von 1610.*

> Aber inmitten spreizt des Astwerks sperrige Pranken
> Schattend ein Ulmenbaum; dort, sagt man, kehren die leeren,
> Nichtigen Träume zu Nest, dort hängen sie zwischen dem Laub.« (VERGIL, *Aeneis* VI 273ff.)

Die Vorstellung, daß Träume eine anthropomorphe Gestalt annehmen und wie Vögel in Nestern eines Baumes wohnen, war anscheinend weit verbreitet. Auf etruskischen Särgen wurden derartige Darstellungen angebracht.

Die »von Reben umrankten Ulmen« (OVID, *Metamorphosen* X 100) gehörten zu den heiligen Bäumen der Alten.

Es wurden sogar Ulmenhaine angelegt, z.B. zu Ehren des Helden Achilleus:

»Nicht ihm nahm er die Waffen, das scheute er sich im Gemüte,
Sondern verbrannte ihn da samt der kunstvollen Rüstung,
Schüttete drüber ein Mal; und ringsum pflanzten dann Ulmen
Nymphen der Berge, die Töchter des Zeus, des Halters der Ägis.« (HOMER, *Ilias* VI, 417-420)

Die Griechen und Römer verwendeten die Ulme medizinisch:

»Die Blätter, Äste und die Rinde der Ulme sind zusammenziehend. Die fein zerriebenen Blätter mit Essig wirken als Umschlag bei Aussatz, verkleben auch Wunden, mehr aber die Rinde, wenn sie als Verband darum gewunden werden... Die dickere Rinde mit Wein oder kaltem Wasser, in der Gabe von einer Unze getrunken, führt den Schleim ab. Die Abkochung der Blätter oder der Wurzelrinde als Bähung [warmer Umschlag] heilt Knochenbruch durch beschleunigte Callusbildung. Die um die Zeit des ersten Hervorsprießens in den Bläschen sich findende Feuchtigkeit macht, eingerieben, das Antlitz glänzend; trocknet diese Feuchtigkeit ein, so verwandelt sie sich in mückenartige Tiere [gemeint sind durch Insekten erzeugte Gallen]. Die frischen Blätter werden gekocht als Zukost wie Gemüse verwandt.« (DIOSKURIDES I, 112)

In dem idyllischen Hirtenroman wird die archaische Behandlung eines Hundebisses beschrieben:

»[Sie] wuschen ihm die Wunden aus, wo die Zähne gefaßt hatten, und breiteten grünen, weichgekauten Splint von Ulmen darauf.« (LONGOS, *Daphnis und Chloe* I)

Pharmakologie:
Der Hauptwirkstoff der Ulme ist ein Schleim, der entzündungshemmend auf Schleimhäute wirkt. Weiterhin sind Gerbstoffe, Bitterstoffe, Phlobaphene enthalten.

Anwendung:
Bei Entzündungen im Mund- und Rachenbereich sowie bei entzündeten oder gereizten Magen- und Darmschleimhäuten wirkt ein Ulmenrindentee lindernd. Dazu werden 2 gehäufte Teelöffel getrocknete Ulmenrinde, mit 1/4 l Wasser angesetzt, langsam zum Kochen gebracht und abgeseiht. Der Sud kann entweder getrunken werden oder zum Spülen von Mund und Rachen sowie zur Desinfektion äußerlicher Wunden verwendet werden. Im modernen Griechenland wird ein Ulmentee gegen Asthma aus frischer oder getrockneter Ulmenrinde zusammen mit Skrofelkraut *(Scrophularia canina)* und Zucker gekocht. Ein Glas (eventuell mit einem frischen Ei verrührt) am Morgen trinken. Nebenwirkungen sind nicht bekannt.

Literatur:
Dierbach 1833, Germer 1985, Pahlow 1993, Sfikas 1980, Vries 1934.

Walnuß

Juglans regia LINNÉ – *Juglandaceae* (Walnußgewächse)

καρυδια oder καρυα (griechisch)
JOVIS GLANS oder NUCES IUGLANDES (römisch)

Als Dionysos, der »reisende Gott«, bei dem lakonischen König Dion zu Gast war, verliebte er sich in dessen jüngste Tochter Karya. Sie wurde von ihren eifersüchtigen Schwestern dem Vater verraten. Dafür schlug der erboste Dionysos die beiden Eifersüchtigen mit Wahnsinn und verwandelte sie schließlich in unattraktive Felsen. Darüber war Karya aber so traurig, daß sie vor Kummer starb und von Dionysos in einen Walnußbaum verwandelt wurde. Daraufhin verschwand der schweifende Gott.

Artemis hatte alles beobachtet und überbrachte dem einsamen König die Nachricht vom Schicksal seiner drei Töchter. Daraufhin erbaute Dion der Artemis einen Tempel, in dem sie als Artemis Karyatis verehrt wurde. Die Säulen des Tempels wurden nicht aus Stein, sondern aus Nußbaumholz gefertigt; sie zeigten Frauengestalten, die Karyatiden genannt wurden.* Deshalb ist der Nußbaum der Artemis geweiht. Der Nußbaum gehörte auch zu den heiligen Bäumen, die im Garten des Heraklesheiligtumes auf Thasos zwischen Feigen und Myrten angepflanzt werden mußten.

---

* Aus Eleusis sind Karyatiden, die auf dem Kopf die mit dem eleusinischen Trinkgefäß dekorierte heilige *Kiste* trugen (vgl. WASSON et al. 1984, Abb.9).

Der Name der Walnußnymphe Karya ist verwandt mit dem griechischen *Kara*, »Kopf« oder »Baumwipfel«, und dem lateinischen *cerebellum*, »Hirn«:

> »Die Griechen haben die Walnüsse nach dem schweren Kopf [den sie bewirken] benannt. Der widrige Geruch der Bäume selbst und der Blätter dringt nämlich in das Gehirn. Die Kerne aber, in der Nahrung genommen, verursachen diese Beschwerden in geringerem Maße.«
>
> (PLINIUS XXIII, 147)

Die Walnüsse wurden gelegentlich die »Früchte des Zeus«* oder die »Nüsse des Hymen« genannt und galten nach MACROBIUS als »Götterspeise« (*Saturnalia* II, 14). Die Nüsse wurden bei Hochzeiten verstreut. Auf Zypern hat sich ein offensichtlich antiker Brauch erhalten, nachdem bei der Geburt eines Mädchens ein Walnußbaum gepflanzt wird, dessen Holz als Mitgift bei der Heirat zur Herstellung von Möbeln im neuen Eigenheim verwendet wird.

Eines der berühmten Gegengifte (Antidoton) des pontischen König MITHRIDATES (120–60 v. Chr.) bestand, laut PLINIUS (XIII, 8, 77), aus zwei getrockneten Walnüssen, zwei Feigen, zwanzig Rautenblättern und einem Korn Salz. Auf dieses Rezept spielt auch DIOSKURIDES an:

> »Die Walnüsse, welche einige auch persische Nüsse nennen [denn der Walnußbaum stammt aus Persien; daher *persicon*], sind genossen schwer zu verdauen, dem Magen schädlich, sie machen Galle, Kopfschmerzen und sind denen, die an Husten leiden, schädlich. Sie sind als Speise dazu dienlich, um bei dem Nüchternen Erbrechen zu erregen, und sind Gegenmittel für tödliche Gifte, wenn

* Der Gattungsname *Juglans* ist eine Verballhornung von *Jovis glans*, »Jupiters Nuß« (ZOHARY 1986: 64).

sie vorher oder nachher mit Feigen und Raute genommen werden. Reichlich genossen, treiben sie den Bandwurm aus. Mit Honig und Raute werden sie als Umschlag auf entzündete Brüste, auf Abszesse und Verrenkungen gelegt. Mit Zwiebeln, Salz und Honig wirken sie beim Biß des Hundes und Menschen [Tollwut]. Mit dem Schnekkenhaus gebrannt und auf den Nabel gelegt, lindern sie Leibschneiden, die gebrannte, in Wein und Öl verriebene Schale bewirkt als Pomade bei Kindern schönes Haar und stärkt das nach der Fuchskrankheit ausfallende. Auch die Menstruation stillt der Kern, wenn er gebrannt, feingerieben und mit Wein als [Vaginal-]Zäpfchen appliziert wird. Die Kerne alter Nüsse heilen Gangräne, Karbunkeln, Gaisaugen und Fuchskrankheit, wenn sie zerquetscht und als Kataplasma angewandt werden, in kurzer Zeit. Aus den gestoßenen und gepreßten Nüssen wird auch ein Öl gewonnen. Die frischen sind aber dem Magen weniger schädlich, da sie süßer sind; deshalb werden sie dem Knoblauch zugesetzt, um ihm die Schärfe zu nehmen. Als Umschlag beseitigen sie auch blutunterlaufene Stellen.«

(Dioskurides I, 178)

Die sogenannte Signaturenlehre, die in der Medizin und Pharmakologie des ausgehenden Mittelalters so bedeutungsvoll war, wird gerne auf die Walnuß zurückgeführt. Der Signaturenlehre zufolge zeigt eine Pflanze an ihrer äußeren Gestalt ihre innere Heilkraft. Die äußere Gestalt war die Signatur; ihr entsprechend sollte das Heilmittel eingesetzt werden. Hatte eine Pflanze herzförmige Blätter, galt sie als Herzmittel, sah sie wie ein Gehirn aus, so galt sie als ein Hirnmittel. Da die Walnuß unter der Schale wie ein menschliches Gehirn aussieht, erkannte man in ihr die Kraft, stärkend auf das Gehirn zu wirken (ganz im Gegenteil zu Plinius). Der Glaube, daß Walnüsse gut für das Gehirn sind, hat sich übrigens bis heute gehalten.

Pharmakologie:
Die unreifen Nüsse enthalten sehr viel Vitamin C, das bei der Reifung und Trocknung reduziert wird. Das Öl wirkt als leichtes Abführmittel. In starker Dosierung (15-20 ml) treibt es Bandwürmer ab. Das darin enthaltene Juglon ist gegen Pilzerkrankungen wirksam.

Anwendung:
Walnüsse sind ein ausgezeichnetes Stärkungsmittel und können bei der Rekonvaleszenz für rasche Fortschritte sorgen. Aus den Blättern kann ein entzündungshemmender Tee gekocht werden. In der heutigen griechischen Volksmedizin werden aus der frischen zerstoßenen Rinde Umschläge bei Hühneraugen und Entzündungen am Fuß aufgelegt. Ein Pflaster aus den zerriebenen frischen Walnußblättern wird auf Warzen und Flechten aufgetragen. Bei Arthritis wird ein Tee aus den frischen Blättern getrunken.

Literatur:
Brosse 1990, Dierbach 1833, Georgiades 1987, Sfikas 1980, Pahlow 1993, Udapa & Tripathi 1983, Wichtl 1989.

Weinrebe

Vitis vinifera LINNÉ – *Vitaceae* (Weinrebengewächse)

jrp (ägyptisch)
αμπελος (altgriechisch)
VINUM (römisch)

Nach heutiger Kenntnis stammen weder Weinrebe noch Weinbau aus Griechenland, sondern aus Kleinasien. Von der Herkunft der Weinrebe, die so innig und unsterblich mit einer der schillerndsten Gottheiten der Antike, mit Dionysos-Bacchus, aber auch mit dem grünen Osiris verbunden ist, gibt es verschiedene Ursprungsmythen. Die vielleicht älteste ist von NONNOS überliefert:

> »Noch nicht hieß sie da die edle Rebe; im Dickicht
> Sproßte sie wildwachsend mit vielverschlungenem Eppich
> Wie ein Rebenwald von weingebärenden Pflanzen,
> Denen der Saft entquoll aus schwerer Trauben Belastung.
> Und es war manch Gefild, wo reihweis übereinander
> Rötlichglänzend Rebe bei Rebe sich schwankend bewegte,
> Die zu einem Teil in buntem Purpurgewande
> Halbvollendete Früchte trugen in farbigem Wechsel,
> Während andere weiß wie Schaum sich färbten und reiften.
> Zahlreich lehnte ein Nachbar sich an den verbundenen Nachbar,
> Goldgelb von Natur; und gänzlich leuchteten andre

Schwärzlich blau wie Teer und machten mit rankenden Trauben
Trunken die nahen Oliven mit ihren schimmernden Früchten.
Andere, deren Frucht noch unreif glänzte wie Silber,
Färbte wie hingemalt ein dunkler selbstentstandner
Hauch, der die lastende Traube zu schwellender Reife entwickelt.
Und gegenüber die Fichte ward von der gewundenen Rebe
Ringsumdeckendem Reis mit dichtem Gezweige umschlungen.
Und der Sinn des Pan gewahrte es freudig; vom Nordwind
Rauhgeschüttelt senkte die weinbeseligte Föhre
Näher zur Rebenranke der Zweige duftende Nadeln.
Rings um sie geschmiegt das schiefgewundene Rückgrat,
schlürfte ein Drache den köstlichen Nektar der träufenden Lese;
Und wie den bakchischen Trank er schleckte mit schrecklichen Kiefern,
Rann ihm aus dem Maul der weingewordenen Traube
Saft und rötete ihm den Bart mit purpurnen Tropfen.
Und mit Erstaunen gewahrte der bergdurchschweifende Bakchos,
Wie ein roter Saft gleich Wein den Rachen der Schlange färbte ...« (NONNOS, *Dionysiaka* 12, 292ff)

Neben dem Getreide, der Gabe der Demeter, stand im alten Griechenland gleichwertig der Wein, die Gabe des Dionysos, die ehrfurchtsvoll »das Blut der Erde« oder einfach nach dem Gotte selbst *Dionysos* genannt wurde. Dionysos hat der Mythologie zufolge überall in der Welt, wo heute noch der Wein wächst, die ersten Stöcke gebracht und selbst gepflanzt. In der griechisch-römischen Welt wurde beim Anpflanzen von Weinstöcken ein Zicklein geopfert, damit die Reben prall werden und Dionysos das Blut seines Lieblingstieres erhielt. Dem Gott zu Ehren wurden überall orgiastische Weinfeste abgehalten, die sich oft zu wilden Bacchanalen steigerten. Der Dionysostempel in Pompeji hatte einen Weingarten, wo die Gelage des rauschhaften Gottes stattfanden. Dort floß reichlich das Blut des Gottes, von dem man sich Anteil an der Unsterblichkeit erhoffte.

Platon beschreibt die Heilkraft des Weines in seinen *Gesetzen* (666a-b), denn er könne zugleich »Weihe und Entspannung, vor allem bei älteren Männern« bewirken.

> »Der Wein ist ein Ding, in wunderbarer Weise für den Menschen geeignet, vorausgesetzt, daß er bei guter und bei schlechter Gesundheit sinnvoll und in rechtem Maße verwandt wird, übereinstimmend mit der Verfassung der einzelnen Person.« (Hippokrates)

Das »rechte Maß« zu behalten oder zu finden war durchaus wichtig, denn schon in der Antike sind Fälle von Alkoholismus bezeugt (vgl. Weeber 1993b: 13). Die chronische Anwendung des »Sorgenlösers« oder »Zungenlösers« wurde durchaus ambivalent beurteilt:

> »Wein erhöht den Geist und macht ihn geneigt zur Entflammung,
> Und beim vollen Pokal schwinden die Sorgen dahin.«
> (Ovid, *Ars amatoria* I, 237f)

Über die (medizinischen) Kräfte des Weines hieß es:

> »Im allgemeinen ist aller ungemischte, reine, seiner Natur nach herbe Wein erwärmend, er geht leicht durch den Körper, ist dem Magen zuträglich, appetiterregend, nahr-

haft, schlafmachend, stärkend und verschafft eine gute Hautfarbe. Reichlich genossen, hilft er denen, die Schierling, Koriander, Pharikon [?], Mistel, Mohnsaft [Opium], Bleiglätte, Eibe, Sturmhut oder [giftige] Pilze genossen haben, ebenso auch gegen Schlangenbisse und Stiche aller Tiere, deren Bisse oder Stiche durch Kälte töten oder den Magen zerstören.« (DIOSKURIDES V, 11)

In der hippokratischen Medizin war der Wein als beliebtes diätetisches Mittel, als Heilmittel, sowie als Lösungsmittel für Arzneien unerläßlich:

»Der Wein und Honig gelten als das Beste für den Menschen, wenn sie, gemäß ihrer Natur, den Gesunden und Kranken unter Beobachtung der richtigen Zeit und Stärke gegeben werden. Sie sind zu empfehlen, sowohl jeder für sich, als auch gemischt.« (*de affect.* 52)

Der Wein hatte in der hippokratischen Medizin in etwa die gleiche Bedeutung wie das Bier in der babylonischen und ägyptischen Medizin (vgl. Getreide). Es wurden die verschiedensten Sorten, wie weiße, dunkle, rote, süße, herbe, wohlriechende oder schwere Weine als diätetische Drogenträger verwendet. Zahlreiche Medizinalweine wurden aus Wein und den entsprechenden Kräutern angesetzt. DIOSKURIDES nennt folgende Medizinalweine:

Honigwein, Meerzwiebelwein, Meerwasserwein, Birnenwein, Weinblütenwein, Granatenwein, Rosenwein, Myrtenbeerenwein, Myrtenwein, Mastixwein, Terebinthenwein, Dattelwein, Feigenwein, Sykomorenwein, geharzten Wein*, Zirbelnußwein, Zedernwein, Zedernharzwein, Wacholderwein, Zypressenwein, Fichtenwein, Tan-

* Entspricht wohl dem heutigen Retsina (Harzwein, geharzter Wein).

nenwein, Pechwein, Wermutwein, Ysopwein, Gamanderwein, Lavendelwein, Gliedkrautwein, Tragoriganoswein (aus starkduftendem Thymian), Erdknotenwein, Diktamwein, Andornwein, Thymianwein, Bohnenkrautwein, Dostenwein, Minzenwein, Poleiwein, Beifußwein, Berufskrautwein, gewürzter Wein, Wein aus Myrrhe, Schwertlilie und Pfeffer, Nektarwein (aus Alant), Nardenwein, Haselwurzwein, Wein aus wilder Narde, Mührenwein, Salbeiwein, Panaxwein, Kalmuswein, Selleriewein, Fenchel- und Dillwein, Salzblütenwein, Abortivwein (aus Nieswurz, Springgurke und Purgierwinde), Seidelbastwein, Bergseidelbastwein, Günselwein, Mandragorenwein, Nieswurzwein, Purgierwindenwein (DIOSKURIDES V, 15-83). Den Zusatz zum Wein nannte man dessen »Blume«*. Die Römer sprachen von *aromatites*, »Gewürzwein«. Vor der falschen Anwendung wurde gewarnt:

> »Die Arzneiweine sind den Gesunden nicht zuträglich, alle sind erwärmend, harntreibend, etwas adstringierend.« (DIOSKURIDES V, 45)

Überhaupt erachteten die Griechen ihre verschiedenen Weine für *zu* berauschend, um sie unverdünnt trinken zu können. Meist wurden sie im Verhältnis eins zu zwei oder drei mit Wasser vermischt genossen. »Ein antiker Conaisseur wußte seine Weine zu kombinieren, um bestimmte Wirkungen hervorzurufen, denn wir können nachweisen, daß die verschiedenen Toxine diametral entgegengesetzte Symptome erzeugten.« (WASSON et al 1984: 121)

In Ägypten setzte sich der Weinbau erst im Neuen Reich

---

* »Die Qualität eines Weines wurde als seine ›Blume‹ bezeichnet, und ein Wein, dem es ›an Blume mangelte‹, ließ diesen Mangel an Qualität des durch ihn bewirkten Rausches erkennen.« (WASSON et al. 1984: 122)

durch. Es wurde fleißig gekeltert und abgefüllt. Es sind zahlreiche Weinkrüge mit Angaben des Jahrgangs, der Qualität, der Lage und des Namens des Oberwinzers entdeckt worden. Der Wein war im Niltal ein Getränk der Oberschicht; er wurde bei privaten Gelagen genauso genossen wie bei religiösen Opferfesten (Libationen). In der Medizin wurde der Wein als Lösungsmittel für andere Heilmittel und Drogen verwendet. Die Weintrauben waren ein beliebtes Obst.

> »Wein, Weib und Essen erfreuen das Herz.
> Wer sie genießt ohne viel Aufhebens, wird in der Öffentlichkeit nicht getadelt.
> Wer eines von ihnen entbehrt, ist ein Feind seines Körpers.« *(Papyrus Leiden, Weisheitsbuch)*

Nach einer Variante des Isismythos wurde die zauberreiche Göttin nach dem Genuß von Trauben schwanger und brachte Horus zur Welt. Nach einer anderen Version wurde Osiris, der »Herr des Weins«, selbst von Isis empfangen und hervorgebracht. Von Horus wird berichtet, er würde das Blut seiner Gegner (z.B. Seth, Dämonen und Krankheitserreger) mit Wein vermischt trinken. Der Wein wurde deshalb ein lebenserhaltendes Getränk; der Weinstock zu einem kosmischen Baum des Lebens.

Aber nicht nur der aus den Trauben gekelterte Wein wurde als Pharmakon geschätzt, auch die Pflanze an sich war eine Heilpflanze:

> »Weinstock. Die Blätter und Ranken der Wein tragenden Rebe, feingestoßen als Umschlag, lindern Kopfschmerzen, mit Graupen Entzündung und Brand des Magens [Sodbrennen]; auch für sich allein aufgelegt, sind sie kühlend und adstringierend. Auch der aus ihm gepreßte Saft hilft, getrunken, bei Dysenterie, Blutauswurf, Magen-

schmerzen und falschem Appetit schwangerer Frauen. Dasselbe leisten die in Wasser mazerierten und getrunkenen Ranken. Die gummiartige Träne desselben, welche sich unten am Stamm ausscheidet und erhärtet, zertrümmert den Stein, wenn sie mit Wein genommen wird. Eingestrichen heilt sie Flechten, Krätze und Aussatz, man muß aber vorher die Stelle mit Natron reinigen. Mit Öl dauernd eingesalbt, vertreibt sie die Haare, besonders auch die aus den ungebrannten Zweigen ausschwitzende Flüssigkeit; aufgestrichen bringt diese auch Warzen weg. Die Asche ferner der Zweige und Trester [Preßrückstände nach dem Keltern], mit Essig aufgeschmiert, heilt die am After gebildeten Geschwülste und Feigwarzen. Die Trester endlich helfen bei Verrenkungen, Schlangenbiß und Milzentzündung, wenn sie mit Rosenöl, Raute und Essig angewandt werden.« (DIOSKURIDES V, 1)

Nach PLINIUS, der Hunderte von Heilmitteln aus dem Weinstock anführt, hat die Rebe ihre Heilkraft von der Obstgöttin Pomona erhalten (XXIII, 1).

Pharmakologie:
Weintrauben enthalten große Mengen an Traubenzucker (= Glukose), Lävulose, Saccharose, Zitronen-, Apfel-, Wein-, Gerb-, Gall-, Salizyl-, Bernstein- und Oxalsäure sowie Kaliumsalze.

Der im Wein befindliche Alkohol bewirkt eine Erweiterung der Blutkapillaren, die direkt unter der Haut liegen. Dadurch entsteht in warmen Klimata eine Verdunstungskälte, die sich bei der Hitze angenehm auswirkt.

Anwendung:
Wein ist ein ausgesprochen hygienisches Getränk. Daher ist er als Lösungsmittel für andere Heilmittel besonders dann

geeignet, wenn es schwer ist, an hygienisches Wasser zu gelangen (etwa auf Urlaubsreisen).

Weintrauben und Rosinen sind ausgesprochen gesunde, aufbauende Nahrungsmittel.

Literatur:

Detienne 1992, Emboden 1977, Germer 1979 & 1985, Goltz 1974, Hagenow 1982, Hehn 1992, Köhnlechner 1978, Lesko 1978, Lurker 1987, Manniche 1988, Ruck 1982, Schultze 1867, Udapa & Tripathi 1983, Wasson et al. 1984, Weeber 1993b.

Zypresse

Cupressus sempervirens LINNÉ – *Cupressaceae* (Zypressengewächse)

? (ägyptisch)
κυπαρισσος (altgriechisch)
CUPRESSUS (römisch)

Zypressen stammen aus dem östlichen Mittelmeerraum – nach THEOPHRAST aus Kreta – und können sehr alt werden, über 500 Jahre, manchmal wohl an die tausend. Das parasitenabwehrende Holz wurde in pharaonischer Zeit zur Herstellung von Möbeln verwendet. Auch in Griechenland wurde das stabile, wohlduftende Holz hoch geschätzt. PLATON wußte um die Haltbarkeit des Zypressenholzes und ließ seine *Gesetze* darauf gravieren.

Einst lebte ein schöner Knabe namens Kyparissos. Er hatte einen mächtigen Hirsch, der den Waldnymphen geheiligt war, als Reittier. Aus Versehen traf der Knabe den Hirsch mit seinem eigenen Speer. Darüber war er so traurig, daß er selber nur noch sterben wollte. Apollon liebte den Knaben sehr und wollte ihn trösten. Kyparissos aber wollte nichts anderes, als für alle Ewigkeit zu trauern. Daraufhin verwandelte sich der Knabe in die Zypresse, den Trauerbaum. Seither werden die immergrünen Zypressen, die dadurch das ewige Leben symbolisieren, in der Nähe von Gräbern gepflanzt. Der Baum wurde auch »Zypresse des Pluto« genannt, denn er war dem Unterweltsgott heilig.

Die Zypresse war auch in den Mysterien der Demeter und Persephone wichtig. Auf einem Goldblatt (5. Jh. v. Chr.) steht folgender, an einen Toten gerichteter Text:

Cypressen Baum/

Zypressenzweig mit Früchten; Kupfer aus der deutschen DIOSKURIDES-*Ausgabe von 1610.*

»Heil dir, der du auf den rechten Wegen zu den geheiligten Wiesen und dem Wald der Persephone reist. Links von dem Bereich des Hades wirst du eine Quelle finden, an deren Seite eine weiße Zypresse wächst; nähere dich dieser Quelle nicht allzusehr. Du wirst aber eine andere finden: aus dem See des Gedächtnisses [Mnemosyne] kommt frisches Wasser, und Wächter findest du in Menge. Sage ihnen: ›Ich bin das Kind der Erde und des Sternenhimmels, das wißt ihr; doch ich bin vor Durst ausgetrocknet und sterbe. Gebt mir schnell vom frischen

Wasser, das aus dem See des Gedächtnisses fließt‹. Und von sich aus werden die Wächter dir zu trinken geben von der geheiligten Quelle, und dann wirst du unter den anderen Helden herrschen.« (zit. n. ELIADE 1992: 106)

Aber Zypressenhaine wurden auch um die Tempel und Heiligtümer gepflanzt. Im minoischen Kreta wurden aus dem Holz Kultfiguren hergestellt. Dort wurde der Baum auch als Sitz der drei Musen Aglaia, Euphrosyne und Thalia verehrt.

In der hippokratischen Medizin wurden die Wurzeln und Früchte bei der Behandlung von Frauenkrankheiten verwendet. Über die Wirkung heißt es:

»Die Zypresse adstringiert und kühlt; ihre Blätter, mit süßem Wein und etwas Myrrhe getrunken, helfen bei Blasenentzündung und Harnverhalt. Die zerstoßenen Früchte, mit Wein genossen, erweisen sich als heilsam bei Blutsturz, Dysenterie, Bauchrheumatismus, Orthopnöe und Husten. Auch ihre Abkochung leistet dasselbe. Mit Feigen zerstoßen, erweichen sie Verhärtungen und heilen den Nasenpolypen. Mit Essig kräftig gekocht und mit Lupinen zerrieben, ziehen sie krätzige Nägel heraus. Im Umschlag bringen sie Darmbrüche in Ordnung. Die Blätter leisten dasselbe. Die Früchte, mit dem Laub zum Räuchern angezündet, sollen die Mücken vertreiben. Die zerriebenen Blätter, aufgelegt, verkleben die Wunden; sie sind aber auch blutstillend. Mit Essig feinzerrieben, färben sie die Haare. Dann werden sie für sich allein und mit Gerstengraupen bei roseartigen Hautentzündungen und Bläschenausschlag, bei Karbunkeln und Augenentzündungen im Umschlag angewandt.« (DIOSKURIDES I, 102)

Pharmakologie:
Zweige und Zapfen enthalten ein harziges Öl mit reichlich Terpenen, besonders D-α-Pinen, Terpineol, Cedrol, daneben Tannin, Camphen, Furfurol, Caren und verschiedene Säuren. Das Öl hat zusammenziehende, gefäßverengende, krampf- und schleimlösende sowie desinfizierende Eigenschaften.

Anwendung:
Auf Zypern werden nach einem alten Volksrezept die Zypressenzapfen, in Wein gekocht, als Heilmittel bei Problemen in den Gedärmen verwendet. Am besten ist das Zypressenöl in der Aromatherapie zu verwenden, z.B. bei Konzentrationsschwäche, Nervosität und Niedergeschlagenheit.

Literatur:
BERENDES 1891, BROSSE 1990, DIERBACH 1833, FISCHER-RIZZI 1989, GEORGIADES 1987, GERMER 1985, GRANDJOT 1991, IATRIDIS 1986, KOTTEK 1994.

Literatur

Antike Quellen

Auswahl, von allen Werken liegen zahlreiche ältere und neuere Übersetzungen vor. Zitiert wird nach der üblichen Weise.

Apuleius, *Metamorphosen (= Der goldene Esel)*
Aristophanes, *Die Vögel*
Clemens von Alexandria, *Protrepticus (= Mahnrede an die Heiden)*
Diokles, *Rhizotomikon* (Wurzelschneidebuch)
Dioskurides, *Arzneimittellehre*
Euripides, *Die Bakchen*
Flavius Josephus, *Schriften*
Galen, *Opera omnia*
Herodot, *Neun Bücher der Geschichte*
Homer, *Ilias* und *Odyssee*
Die Homerischen Hymnen
Kallimachos, *Gedichte*
Longos, *Daphnis und Chloe*
Lukrez, *Von der Natur*
Nonnos, *Dionysiaka*
Ovid, *Ars amatoria (Liebeskunst)*
Ovid, *Metamorphosen*
Orpheus, *Hymnen*
Papyri Graecae Magicae (Die griechischen Zauberpapyri)
Papyros Ebers
Pindar, *Oden (Siegeslieder)*
Platon, *Phaidros* und *Symposion*
Plinius, *Naturgeschichte*
Plutarch, *Moralia (Über Isis und Osiris)*
Sappho, *Lieder*
Theophrast, *Geschichte der Pflanzen*
Totenbuch der Ägypter
Vergil, *Aeneis*

Zu den antiken Autoren und weiteren bibliographischen Hinweisen:

BUCHWALD, Wolfgang, Armin HOHLWEG & Otto PRINZ 1982 *Tusculum-Lexikon griechischer und lateinischer Autoren des Altertums und des Mittelalters* (3., neu bearb. u. erw. Aufl.) München und Zürich: Artemis.

Moderne Literatur

Da die Literatur zur Antike inzwischen unübersehlich ist, habe ich hier neben der zitierten Literatur lediglich ein paar Standardwerke mit weiteren Bibliographien angeführt.

ACKERKNECHT, Erwin H. 1966 *Das Reich des Asklepios.* Bern, Stuttgart: Huber. 1986 *Geschichte der Medizin* (5.Aufl.). Stuttgart: Enke.

ALBERT-PUELO, Michael 1978 »Mythobotany, Pharmacology, and Chemistry of Thujone-Containing Plants and Derivatives« *Economic Botany* 32: 65-74.

ALIBERTIS, Chryssoula & Antonis 1989 *Die wilden Orchideen Kretas.* Iraklion: Selbstverlag.

BAISETTE, Gaston 1990 »Die Medizin bei den Griechen« in: R. TOELLNER (Hg.), *Illustrierte Geschichte der Medizin*, Bd. 1, S. 179-292, Salzburg: Andreas & Andreas

BARFOD, Jörn 1989 »Von der Heilkraft des Bernsteins« in: ders. et al., *Bernstein: Schätze in Niedersachsen*, S.84-89, Seelze: Knorr & Hirth.

BASKER, D. & M. NEGBI 1983 »Uses of Saffron« *Economic Botany* 37(2): 228-236.

BAUERREISS, Erwin 1994 *Blauer Eisenhut.* Bad Windsheim: Wurzel-Verlag.

BAUMANN, Hellmut 1982 *Die griechische Pflanzenwelt in Mythos, Kunst und Literatur.* München: Hirmer.

BECKMANN, Dieter & Barbara BECKMANN 1990 *Alraune, Beifuß und andere Hexenkräuter.* Frankfurt/M., New York: Campus.

BERENDES, Julius 1891 *Die Pharmacie bei den alten Culturvölkern.* Halle: Tausch & Grosse.

BIGWOOD, Jeremy, Jonathan OTT, Catherine THOMPSON & Patricia NEELY 1979 »Entheogenic Effects of Ergonovine« *Journal of Psychedelic Drugs* 11(1-2): 147-149.

BIRKFELD, Alfred 1954 *Pilze in der Heilkunde*. Wittenberg Lutherstadt: A. Ziemsen.

BÖTTCHER, Helmuth M. 1959 *Wunderdrogen: Die abenteuerliche Geschichte der Heilpilze*. Köln, Berlin: Kiepenheuer & Witsch.

BOERICKE, William 1992 *Handbuch der homöopathischen Materia medica*. Heidelberg: Haug.

BRIER, Robert 1984 *Zauber und Magie im alten Ägypten*. München: Heyne.

BRØNDEGAARD, V. J. 1972 »Artemisia in der gynäkologischen Volksmedizin« *Ethnomedizin* II, 1/2: 3-16. 1985 *Ethnobotanik*. Berlin: Mensch und Leben.

BROSSE, Jacques 1990 *Mythologie der Bäume*. Olten, Freiburg: Walter-Verlag. 1992 *Magie der Pflanzen*. Olten, Freiburg: Walter-Verlag.

BRUGSCH, Heinrich 1918 »Die Alraune als ägyptische Zauberpflanze« *Zeitschrift für ägyptische Sprache und Altertumskunde* 29: 31-33.

BRUNNER, Hellmut (Hg.) 1991 *Die Weisheitsbücher der Ägypter*. Zürich und München: Artemis.

BRUNNER, Theodore F. 1977 »Marijuana in Ancient Greece and Rome?« *Journal of Psychedelic Drugs* 9(3): 221-225.

BRUNNER-TRAUT, Emma 1987 *Die Alten Ägypter*. Stuttgart usw.: Kohlhammer. 1991 *Altägyptische Märchen*. München: Diederichs Verlag. 1992 (Hg.), *Die großen Religionen des Alten Orients und der Antike*. Stuttgart: Kohlhammer.

BÜCHSENSCHÜTZ, B. 1967 *Traum und Traumdeutung im Altertum*. Wiesbaden: Sändig (Reprint von 1868).

BURKERT, Walter 1990 *Antike Mysterien*. München: Beck.

BURN, Lucilla 1993 *Griechische Mythen*. Stuttgart: Reclam.

CAMPORESI, Piero 1990 *Das Brot der Träume*. Frankfurt/New York: Campus. 1991 *Geheimnisse der Venus: Aphrodisiaka vergangener Zeiten*. Frankfurt/New York: Campus.

CARROLL-SPILLECKE, M. (Hg.) 1992 *Der Garten von der Antike bis zum Mittelalter*. Mainz: Philipp von Zabern.

CHANDLER, R. F., S. N. HOOPER & M. J. HARVEY 1982 »Ethnobotany and Phytochemistry of Yarrow, *Achillea millefolium*, Compositae« *Economic Botany* 36(2): 203-223.

CRANACH, Diana von 1981 »Drogen im alten Ägypten« *Rausch und Realität* Bd.1: 266- 269.

CUMONT, Franz 1981 *Die Mysterien des Mithra*. Stuttgart: Teubner.

D'ANDREA, Jeanne 1982 *Ancient Herbs*. Malibu, CA: The J. Paul Getty Museum.

DANIELOU, Alain 1992 *Gods of Love and Ecstasy: The Traditions of Shiva and Dionysus.* Rochester, Vermont: Inner Traditions.

DELIKOSTOPOULOS, Athan. J. 1985 *Wildblumen Griechenlands.* Athen: Selbstverlag.

DETIENNE, Marcel 1977 *The Gardens of Adonis.* New Jersey: Humanities Press. 1992 *Dionysos: Göttliche Wildheit.* Frankfurt, New York: Campus (Edition Pandora).

DIERBACH, Johann Heinrich 1833 *Flora Mythologica oder Pflanzenkunde in Bezug auf Mythologie und Symbolik der Griechen und Römer.* Schaan/Liechtenstein: Sändig Reprint (1981).

DIERICHS, Angelika 1993 *Erotik in der Kunst Griechenlands.* Mainz: Philipp von Zabern.

DUKE, James A. 1973 »Utilization of Papaver« *Economic Botany* 27: 390-400.

ELIADE, Mircea 1992 *Schamanen, Götter und Mysterien: Die Welt der alten Griechen.* Freiburg: Herder.

EMBODEN, William 1974 *Bizarre Plants.* New York: Macmillan. 1977 »Dionysus as a Shaman and Wine as a Magical Drug« *Journal of Psychedelic Drugs* 9(3): 187-192. 1978 »The Sacred Narcotic Lily of the Nile: Nymphaea caerulea« *Economic Botany* 32(4): 395-407. 1981 »Transcultural Use of Narcotic Water Lilies in Ancient Egyptian and Maya Drugs Ritual« *Journal of Ethnopharmacology* 3: 39-83. 1989 »The Sacred Journey in Dynastic Egypt: Shamanistic Trance in the Context of the Narcotic Water Liliy and the Mandrake« *Journal of Psychoactive Drugs* 21(1): 61-75. 1992 »Medicinal Water Lilies« *Jahrbuch für Ethnomedizin und Bewußtseinsforschung* 1: 71-88, Berlin: VWB.

ESTES, J. Worth 1989 *The Medical Skills of Ancient Egypt.* Canton, MA: Science History Publications.

EVANS, Arthur 1988 *The God of Ecstasy: Sex-Roles and the Madness of Dionysos.* New York: St. Martin's Press.

FAURE, Paul 1990 *Magie der Düfte: Eine Kulturgeschichte der Wohlgerüche von den Pharaonen zu den Römern.* München, Zürich: Artemis.

FESTI, Francesco & Giovanni ALIOTTA 1990 »Piante psicotrope spontanee o coltivate in Italia« *Annali dei Musei Civici di Rovereto* 5(1989): 135-166.

FINDLAY, W. P. K. 1982 *Fungi: Folklore, Fiction, & Fact.* Richmond (GB): Richmond Publishing Co.

FISCHER, Georg & Erich KRUG 1984 *Heilkräuter und Arzneipflanzen* (7.Aufl.). Heidelberg: Haug.

Fischer-Rizzi, Susanne 1989 *Himmlische Düfte: Aromatherapie.* München: Hugendubel.

Flattery, David S. & Martin Schwartz 1989 *Haoma and Harmaline.* Berkeley: University of California Press (Near Eastern Studies vol. 21).

Foley, Helene P. (Hg.) 1994 *The Homeric Hymn to Demeter: Translation, Commentary, and Interpretive Essays.* Princeton, New Jersey: Princeton University Press.

Fowden, Garth 1993 *The Egyptian Hermes: A Historical Approach to the Late Pagan Mind.* Princeton, New Jersey: Princeton University Press.

Friedreich, J. B. 1966 *Zur Bibel: Naturhistorische, anthropologische und medicinische Fragmente.* Bad Reichenhall: Antiquariat Rudolf Kleinert (Reprint von 1848).

Frohne, Dietrich & Hans Jürgen Pfänder 1983 *Giftpflanzen* (2. Aufl., Stuttgart: Wissenschaftliche Verlagsgesellschaft.

Gardner, Jane F. 1994 *Römische Mythen.* Stuttgart: Reclam.

Gassner, Jutta 1993 *Phallos: Fruchtbarkeitssymbol oder Abwehrzauber?* Wien usw: Böhlau.

Germer, Renate 1979 *Untersuchung über Arzneimittelpflanzen im Alten Ägypten.* Hamburg: diss. MS. 1985 *Flora des pharaonischen Ägypten.* Mainz: Philipp von Zabern. 1986 *Die Pflanzen des Alten Ägypten.* Berlin: Verlag Botanisches Museum. 1988 *Katalog der altägyptischen Pflanzenreste der Berliner Museen.* Wiesbaden: Otto Harrassowitz (Ägyptologische Abhandlungen, Bd. 47). 1991 *Mumien: Zeugen des Pharaonenreiches.* Zürich und München: Artemis & Winkler.

Georgiades, Christos Ch. 1987 *Flowers of Cyprus: Plants of Medicine* (2 Bde.). Nikosia: Cosmos Press.

Giani, Leo Maria 1994 *In heiliger Leidenschaft: Mythen, Kulte und Mysterien.* München: Kösel.

Giebel, Marion 1990 *Das Geheimnis der Mysterien: Antike Kulte in Griechenland, Rom und Ägypten.* Zürich, München: Artemis.

Giumlia-Mair, Alessandra & Paul T. Craddock 1993 *Corinthium aes: Das schwarze Gold der Alchemisten.* Mainz: Philipp von Zabern.

Goltz, Dietlinde 1972 Studien zur Geschichte der Mineralnamen in Pharmazie, Chemie und Medizin von den Anfängen bis Paracelsus. *Sudhoffs Archiv, Beiheft* 14. Wiesbaden: Steiner. 1974 Studien zur altorientalischen und griechischen Heilkunde: Therapie – Arzneizubereitung – Rezeptstruktur. *Sudhoffs Archiv, Beiheft* 16. Wiesbaden: Steiner.

Goor, Asaph 1965 »The History of the Fig in the Holy Land from Ancient Times to the Present Day« *Economic Botany* 19: 124-135.

Griffith, F. Ll. & Herbert Thompson 1974 *The Leyden Papyrus: An Egyptian Magical Book.* New York: Dover.

Grandjot, Werner 1991 *Führer durch das Pflanzenreich der Mittelmeerländern.* München: Bruckmann.

Grapow, Herman (Hg.) 1954-1973 *Grundriß der Medizin der Alten Ägypter.* Berlin: Akademie-Verlag. (Z.T. in Autographie!)

Graves, Robert [= Ranke-Graves] 1960 *Food for Centaurs.* New York: Doubleday. 1992 *The Greek Myths* (Complete Edition). London: Penguin Books.

Grinspoon, Lester & James Bakalar 1994 *Marihuana: Die verbotene Medizin.* Frankfurt/M.: Zweitausendeins.

Grover, Norman 1965 »Man and Plants Against Pain« *Economic Botany* 19: 99-111.

Hagenow, Gerd 1982 *Aus dem Weingarten der Antike.* Mainz: Philipp von Zabern.

Hamdorf, Friedrich Wilhelm 1986 *Dionysos-Bacchus: Kult und Wandlungen des Weingottes.* München: Callwey.

Hansen, Harold A. 1981 *Der Hexengarten.* München: Trikont-Dianus.

Harris, Lloyd J. 1984 *Nicht nur gegen Vampire: Ein Koblauchbuch.* Reinbek: Rowohlt.

Hart, George 1993 *Ägyptische Mythen.* Stuttgart: Reclam.

Hehn, Victor 1992 *Olive, Wein und Feige: Kulturhistorische Skizzen.* Frankfurt/M.: Insel.

Helck, Wolfgang 1971 *Das Bier im alten Ägypten.* Berlin: GGBB.

Hengstl, Joachim, G. Häge & H. Kühnert (Hg.) 1978 *Griechische Papyri aus Ägypten.* München: Heimeran.

Herer, Jack 1993 *Die Wiederentdeckung der Nutzpflanze Hanf.* Frankfurt/M.: Zweitausendeins.

Hofmann, Albert 1964 *Die Mutterkornalkaloide.* Stuttgart: Enke. 1993 »Die Botschaft der Mysterien von Eleusis an die heutige Welt« in: Adolf Dittrich, Albert Hofmann & Hanscarl Leuner (Hg.), *Welten des Bewußtseins,* Bd. 1: 9-19, Berlin: VWB.

Hogshire, Jim 1994 *Opium for the Masses.* Port Townshend, Washington: Loompanics.

Hollister, Leo E. 1986 »Health Aspects of Cannabis« *Pharmacological Reviews* 38(1): 1-20.

Hooper, David 1937 *Useful Plants and Drugs of Iran and Iraq.* Chicago: Field Museum of Natural History (Botanical Series IX, 3).

IATRIDIS, Yanoukos 1986 *Blumen von Kreta.* Athen: Selbstverlag.

INGENKAMP, Heinz Gerd 1971 *Plutarchs Schriften über die Heilung der Seele.* Göttingen: Vandenhoeck & Ruprecht (Hypomnemata, Heft 34).

JACOB, Irene & Walter (Hg.) 1993 *The Healing Past: Pharmaceuticals in the Biblical and Rabbinic World.* Leiden: Brill.

JACQ, Christian 1985 *Egyptian Magic.* Wiltshire: Aris & Phillips.

JAEGER, Werner 1963 *Diokles von Karystos: Die griechische Medizin und die Schule des Aristoteles.* Berlin: de Gruyter.

JENSEN, Ad. E. 1944 »Das Weltbild einer frühen Kultur« *Paideuma* 3(1/2): 1-83.

KAKOSY, László 1989 *Zauberei im alten Ägypten.* Leipzig: Koehler & Amelang.

KARAGEORGHIS, Vasso 1976 »A Twelfth-century BC Opium Pipe from Kition« *Antiquity* 50: 125-129.

KASTER, Heinrich L. 1986 *Die Weihrauchstraße: Handelswege im alten Orient.* Frankfurt/M.: Umschau.

KEMPER, Peter (Hg.) 1994 *Die Geheimnisse der Gesundheit: Medizin zwischen Heilkunde und Heiltechnik.* Frankfurt/M.: Insel.

KERÉNYI, Carl [= Karl] 1966 *Die Mythologie der Griechen.* München: dtv. 1983 *Apollo.* Dallas, Texas: Spring Publications. 1991 *Eleusis.* Princeton, N.J.: Princeton University Press.

KHALIFA, Ahmad M. 1975 »Traditional Patterns of Hashish Use in Egypt« in: V. RUBIN (Hg.), *Cannabis and Culture*, S.195-205, The Hague: Mouton.

KÖHNLECHNER, Manfred 1978 *Heilkräfte des Weines.* München: Knaur.

KOHLHAUPT, Paula 1985 *Mittelmeer Flora.* Bozen: Athesia.

KOTTEK, Samuel S. 1994 *Medicine and Hygiene in the Works of Flavius Josephus.* Leiden usw.: E.J.Brill.

KRITIKOS, P. G. & S. N. PAPADAKI 1967 »The History of the Poppy and of Opium and Their Expansion in Antiquity in the Eastern Mediterranean« *Bull. Narcotics* 19 Nr. 3: 17ff, Nr. 4: 5ff.

KRUG, Antje 1993 *Heilkunst und Heilkult: Medizin in der Antike.* München: C.H.Beck.

KRUMBIEGEL, Günter & Brigitte 1994 *Bernstein: Fossile Harze aus aller Welt.* Weinstadt: Goldschneck-Verlag.

LANGLOTZ, Ernst 1954 *Aphrodite in den Gärten.* Heidelberg: Winter.

LECA, Ange-Pierre 1990 »Die Medizin im Alten Ägypten« in: R. TOELLNER (Hg.), *Illustrierte Geschichte der Medizin*, Bd.1, S. 109-143, Salzburg: Andreas & Andreas.

LENGYEL, Lancelot 1976 *Das geheime Wissen der Kelten.* Freiburg: Bauer.

LENZ, Harald Othmar 1966a *Botanik der Griechen und Römer.* Vaduz: Sändig Reprint (von 1859). 1966b *Mineralogie der alten Griechen und Römer.* Vaduz: Sändig-Reprint (von 1861).

LESKO, Leonard H. 1978 *King Tut's Wine Cellar.* Berkeley: B. C. Scribe Publications.

LINDNER, Paul 1933 »Das Geheimnis um Soma, das Getränk der alten Inder und Perser« *Forschungen und Fortschritte* 9(5): 65-66.

LOMMEL, Hermann 1949 »Mithra und das Stieropfer« *Paideuma* 3(6/7): 207-218.

LONDON, M., T. O'REGAN, P. AUST & A. STOCKFORD 1990 »Poppy Tea Drinking in East Anglia« *British Journal of Addiction* 85: 1345-1347.

LUCK, Georg 1962 *Hexen und Zauberei in der Römischen Dichtung.* Zürich: Artemis. 1990 *Magie und andere Geheimlehren in der Antike.* Stuttgart: Kröner.

LUDWIG, Günter 1984 *Sonnensteine: Eine Geschichte des Bernsteins.* Berlin: Verlag Die Wirtschaft.

LURKER, Manfred 1987 *Lexikon der Götter und Symbole der alten Ägypter.* Bern usw.: Scherz.

MAASS, Michael 1993 *Das antike Delphi: Orakel, Schätze und Monumente.* Darmstadt: Wissenschaftliche Buchgesellschaft.

MANDL, Elisabeth 1985 *Arzneipflanzen in der Homöopathie.* Wien usw.: Maudrich.

MANNICHE, Lise 1988 *Liebe und Sexualität im alten Ägypten.* Zürich, München: Artemis. 1989 *An Ancient Egyptian Herbal.* London: British Museum.

MARINATOS, Nannó 1984 *Art and Religion in Thera: Reconstructing a Bronze Age Society.* Athen: Mathioulakis.

MARTINETZ, Dieter, Karlheinz LOHS & Jörg JANZEN 1989 *Weihrauch und Myrrhe.* Stuttgart: WVG.

MATOSSIAN, Mary K. 1989 *Poisons of the Past.* New Haven, London: Yale University Press.

MAUTNER, Uli & Bernd KÜLLENBERG 1989 *Arzneigewürze.* Wiesbaden: Jopp.

MCKENNA, Terence 1992 *Food of the Gods: The Search for the Original Tree of Knowledge.* New York usw.: Bantam.

MEHRA, K. L. 1979 »Ethnobotany of Old World Solanaceae« in: J. G. HAWKES et al. (Hg.), *The Biology and Taxonomy of the Solanaceae,* 161-170, London usw.: Academic Press.

MELAS, Evi 1989 (Hg.), *Tempel und Stätten der Götter Griechenlands.* Köln: DuMont. 1990 *Delphi: Die Orakelstätte des Apollon.* Köln: DuMont.

MERCATANTE, Anthony 1980 *Der magische Garten.* Zürich: Schweizer Verlagshaus.

MERKELBACH, Reinhold 1984 *Mithras.* Königstein/Ts.: Hain. 1988 *Die Hirten des Dionysos.* Stuttgart: Teubner.

MERRILLEES, R. S. 1962 »Opium Trade in the Late Bronze Age Levant« *Antiquity* 36: 287.

METZNER, Ralph 1993 »Die schwarze Göttin, der grüne Gott und der wilde Mensch« in: C. RÄTSCH (Hg.), *Naturverehrung und Heilkunst*, 37-63, Südergellersen: Bruno Martin. 1994 *Der Brunnen der Erinnerung.* Braunschweig: Aurum.

MOLDENKE, Harold N. & Alma L. MOLDENKE 1986 *Plants of the Bible.* New York: Dover.

MÜHLE, Erich 1953 *Vom Mutterkorn.* Leipzig: Akademische Verlagsgesellschaft.

MÜHLMANN, Wilhelm E. 1984 *Die Metamorphose der Frau: weiblicher Schamanismus und Dichtung.* Berlin: Reimer.

MÜLLER-EBELING, Claudia & Christian RÄTSCH 1986 *Isoldens Liebestrank.* München: Kindler.

MÜRI, Walter (Hg.) 1986 *Der Arzt im Altertum.* München und Zürich: Artemis.

MURRAY, Oswyn (Hg.) 1990 *Sympotica: A Symposium on the Symposion.* Oxford: Clarendon Press.

MUTHMANN, Friedrich 1982 *Der Granatapfel: Symbol des Lebens in der alten Welt.* Bern: Office du Livre.

NEWMAN, Lucille F. 1979 »Ophelia's Herbal« *Economic Botany* 33(2): 227-232.

OKASHA, A. 1993 »Mental Disorders in Pharaonic Egypt« *Curare* 16: 66-70.

OTT, Jonathan 1978 »Review: The Road to Eleusis« *Journal of Psychedelic Drugs* 10(2): 163-164. 1993 *Pharmacotheon.* Kennewick, WA: Natural Products Co. 1994 *Ayahuasca Analogues.* Kennewick, WA: Natural Products Co.

OTT, Jonathan & Patricia NEELY 1980 »Entheogenic (Hallucinogenic) Effects of Methylergonovine« *Journal of Psychedelic Drugs* 12 (2): 165-166.

OTTO, Walter F. 1933 *Dionysos: Mythos und Kultus.* Frankfurt/M.: Vittorio Klostermann.

PAHLOW, Mannfried 1993 *Das große Buch der Heilpflanzen.* München: Gräfe und Unzer.

PARIS, Ginette 1991 *Pagan Grace: Dionysos, Hermes, and Goddess Memory in Daily Life*. Dallas: Spring Press.

PASZTHORY, Emmerich 1990 »Salben, Schminken und Parfüme im Altertum« *Antike Welt* 21.Jg. Sondernummer1-64.

PETERS, Hermann 1972 *Aus pharmazeutischer Vorzeit in Wort und Bild*. Vaduz: Sändig-Reprint von 1891/1889.

POLLAK, Kurt 1978 *Die Heilkunst der frühen Hochkulturen*. Wiesbaden: Löwit.

PREISENDANZ, Karl 1973 *Papyri Graecae magicae: Die griechischen Zauberpapyri*. Stuttgart: Teubner.

RÄTSCH, Christian 1987 »Der Rauch von Delphi: Eine enthnopharmakologische Annäherung« *Curare* 10(4): 215-228. 1988 *Lexikon der Zauberpflanzen aus ethnologischer Sicht*. Graz: ADEVA. 1990a *Die »Orientalischen Fröhlichkeitspillen« und verwandte psychoaktive Aphrodisiaka*. Berlin: VWB. 1990b *Pflanzen der Liebe*. Bern: Hallwag. 1991a *Von den Wurzeln der Kultur*. Basel: Sphinx. 1991b »De Hola Herb – Vom Hanf in der Bibel« in: R. RANKE- RIPPCHEN *Das böse Bibel Buch*, S. 101-104, Löhrbach: Der Grüne Zweig 145. 1992a *Hanf als Heilmittel*. Löhrbach: MedienXperimente. 1992b *The Dictionary of Sacred and Magical Plants*. Santa Barbara, CA: ABC-Clio. 1993 »Mysterien der Aphrodite« in: ders. (Hg.), *Naturverehrung und Heilkunst*, 191-210, Südergellersen: Bruno Martin. 1994a »Veneriosa – die Muscheln der Aphrodite« *Club Conchylia Informationen* 26(1): 4-16. 1994b »Ötzis Pilze in Literaturzitaten« *Jahrbuch für Ethnomedizin und Bewußtseinsforschung* 2(1993): 157-162, Berlin: VWB.

RAHNER, Hugo 1957 *Griechische Mythen in christlicher Deutung*. Zürich: Rhein-Verlag.

RANKE-GRAVES, Robert von [siehe auch GRAVES] 1984 *Griechische Mythologie: Quellen und Deutung*. Reinbek: Rowohlt. 1985 *Die Weiße Göttin: Sprache des Mythos*. Reinbek: Rowohlt.

REINSBERG, Carola 1989 *Ehe, Hetärentum und Knabenliebe im antiken Griechenland*. München: Beck.

RENFREW, Jane M. 1973 *Palaeoethnobotany*. New York: Columbia University Press.

RIPINSKY-NAXON, Michael 1993 *The Nature of Shamanism*. Albany: State University of New York Press.

ROEDER, Günther (Hg.) 1959 *Die ägyptische Götterwelt*. Zürich und Stuttgart: Artemis. 1960 *Kulte, Orakel und Naturverehrung im alten Ägypten*. Zürich, Stuttgart: Artemis.

RUCK, Carl A. P., Jeremy BIGWOOD, Danny STAPLES, Jonathan OTT & R. Gordon WASSON 1979 »Entheogens« *Journal of Psychedelic Drugs* 11(1-2): 145-146.

RUCK, Carl A. P. 1981 »Mushrooms and Philosophers« *Journal of Ethnopharmacology* 4: 179-205. 1982 »The Wild and the Cultivated: Wine in Euripides‹ *Bacchae*« *Journal of Ethnopharmacology* 5: 231-270. 1983 »The Offerings from the Hyperboreans« *Journal of Ethnopharmacology* 8: 177-207.

RUDAT, Klaus 1985 *Bernstein: Entstehung, Gewinnung, Verarbeitung.* Husum: Husum Druck- u.Verlagsgesellschaft.

SAMI-ALI 1971 *Le haschisch en egypte.* Paris: Payot.

SARIANIDI, W. 1988 »Die Wiege des Propheten« *Wissenschaft in der UDSSR* 5: 118-127.

SCHEFFER, Thassilo von 1940 *Hellenische Mysterien und Orakel.* Stuttgart: Spemann.

SCHILCHER, Heinz 1987 *Die Kamille.* Stuttgart: WVG.

SCHMIDBAUER, Wolfgang 1969a »Halluzinogene in Eleusis?« *Antaios* 10: 18-37. 1969b »Die magische Mandragora« *Antaios* 10: 274-286.

SCHMIEDEBERG, O. 1918 »Über die Pharmaka in der Ilias und Odyssee«. *Schriften der wissenschaftlichen Gesellschaft in Straßburg* 36.

SCHMITZ, Rudolf & Franz-Josef KUHLEN 1989 »Schmerz- und Betäubungsmittel vor 1600« *Pharmazie in unserer Zeit* 18(1): 11-19.

SCHNALKE, Thomas 1990 *Asklepios: Heilgott und Heilkult.* Erlangen: Fachbuch-Verlagsgesellschaft. Ausstellungskatalog des Instituts für Geschichte der Medizin der Friedrich-Alexander-Universität.

SCHNEIDER, Georg 1990 *Arzneidrogen.* Mannheim usw.: BI Wissenschaftsverlag.

SCHOSKE, Sylvia 1990 *Schönheit – Abglanz der Göttlichkeit: Kosmetik im Alten Ägypten.* München: Schriften aus der ägyptischen Sammlung (SAS).

SCHRÖDINGER, Erwin 1989 *Die Natur und die Griechen.* Zürich: Diogenes.

SCHÜSSLER, Karlheinz 1980 *Märchen und Erzählungen der Alten Ägypter.* Bergisch-Gladbach: Lübbe.

SCHULTES, Richard E. & Albert HOFMANN 1987 *Pflanzen der Götter.* Bern: Hallwag.

SCHULTZE, Rudolf 1867 *Geschichte des Weins und der Trinkgelage.* Berlin (Sändig Reprint 1984).

SEEFELDER, Matthias 1987 *Opium – eine Kulturgeschichte.* Frankfurt/M.: Athenäum.

SETHE, Kurt 1902 »Imhotep, der Asklepios der Aegypter, ein vergötterter Mensch aus der Zeit des Königs Doser« *Untersuchungen zur Geschichte und Altertumskunde Aegyptens* 2: 95-118.

SFIKAS, Georg 1976 *Flowers of Greece*. Athen: Efstathiadis. 1980 *Medizinal-Pflanzen in Griechenland*. Athen: Efstathiadis. 1989 *Die wilden Blumen Kretas*. Athen: Efstathiadis. 1990 *Wild Flowers of Cyprus*. Athen: Efstathiadis. 1993 *Wild Flowers of Greece*. Athen: Efstathiadis. 1993a *Trees and Shrubs of Greece*. Athen: Efstathiadis.

SHERRATT, Andrew 1991 »Sacred and Profane Substances: The Ritual Use of Narcotics in Later Neolithic Europe« in: Paul GARWOOD et al. (Hg.), *Sacred and Profane*, 50-64, Oxford Univeristy Committee for Archaeology, Monograph No. 32.

SIEFERT, Helmut 1990 »Inkubation, Imagination und Kommunikation im antiken Asklepioskult« in: Hanscarl LEUNER (Hg.), *Katathymes Bilderleben*, S.324-346, Bern usw.: Huber.

SIGERIST, Henry E. 1963 *Der Arzt in der mesopotamischen Kultur*. Esslingen: Robugen.

SIMON, Erika 1959 *Die Geburt der Aphrodite*. Berlin: de Gruyter. 1969 *Die Götter der Griechen*. München: Hirmer. 1990 *Die Götter der Römer*. München: Hirmer.

STETTER, Cornelius 1990 *Denn es steht seit Ewigkeiten geschrieben: Die geheime Medizin der Pharaonen*. München: Quintessenz.

STORL, Wolf-Dieter 1993 *Von Heilkräutern und Pflanzengottheiten*. Braunschweig: Aurum.

STRINGARIS, M. G. 1972 *Die Haschisch-Sucht*. Berlin usw.: Springer-Verlag.

STRASSER, W. 1993 *Pflanzen des ostägäischen Raumes*. Thun: Ott.

STRÖTER-BENDER, Jutta 1994 *Liebesgöttinnen: Von der Großen Mutter zum Hollywoodstar*. Köln: DuMont.

TERCINET, Louis 1950 *Mandragore, qui es-tu?* Paris: (Selbstverlag).

THOMPSON, R. Campbell 1949 *A Dictionary of Assyrian Botany*. London: British Academy.

THORWALD, Jürgen 1985 *Macht und Geheimnis der frühen Ärzte*. München: Knaur.

UDAPA, K.N. & S.N. TRIPATHI 1983 *Natürliche Heilkräfte* (2.Aufl.). Eltville am Rhein: Rheingauer Verlagsgesellschaft.

ULANSEY, David 1991 *The Origins of the Mithraic Mysteries*. New York, Oxford: Oxford University Press.

VALENCIC, Ivan 1994 »Has the Mysteries of the Eleusinian Mysteries Been Solved?« *Jahrbuch für Ethnomedizin und Bewußtseinsforschung* 3(1994), Berlin: VWB.

VALETTE, Simone 1990 »Die Pharmakologie im alten Ägypten« in: R. TOELLNER (Hg.), *Illustrierte Geschichte der Medizin*, Bd.1, S. 463-479, Salzburg: Andreas & Andreas.

VANDENBERG, Philip 1979 *Das Geheimnis der Orakel*. München: Orbis.

VEDEL, Helge 1978 *Bäume und Sträucher im Mittelmeerraum*. Stuttgart: Kosmos.

VENZLAFF, Helga 1977 *Der marokkanische Drogenhändler und seine Ware*. Wiesbaden: Franz Steiner.

VERMASEREN, Maarten J. 1977 *Cybele and Attis: The Myth and the Cult*. London: Thames and Hudson.

VERNANT, Jean-Pierre 1988 *Tod in den Augen, Figuren des Anderen im griechischen Altertum: Artemis und Gorgo*. Frankfurt/M.: Fischer.

VILLEY, Raymond 1990 »Die Medizin in Rom: Galen« in: R. TOELLNER (Hg.), *Illustrierte Geschichte der Medizin*, Bd. 1, S. 395-423, Salzburg: Andreas & Andreas.

VIOLA, Severino 1972 *Die Pilze*. München: Hirmer. 1979 *Piante medicinali e velenose della flora italiana*. Meiland: Edizioni Artistiche Maestretti.

VRIES, Jan de 1934 »Odin am Baume« in: *Studia Germanica, tillägnade Ernst Albin Kock*, S.392-395. Lund: Bloms.

WALDMANN, F. 1883 *Der Bernstein im Altertum: Eine historisch-philologische Skizze*. Fellin: F. Feldt.

WALDSCHMIDT, Eberhard 1992 »Der Fliegenpilz als Heilmittel« *Integration* 2&3: 67-68.

WALKER, Winifred 1964 *All the Plants of the Bible*. London: Lutterworth.

WALLIS BUDGE, E.A. 1988 *Egyptian Magic*. London, New York: Arcana (org. 1899).

WASSON, R. Gordon, Albert HOFMANN & Carl A. P. RUCK 1984 *Der Weg nach Eleusis: Das Geheimnis der Mysterien*. Frankfurt/M.: Insel.

WEEBER, Karl-Wilhelm 1993a *Smog über Attika: Umweltverhalten im Altertum*. Reinbek: Rowohlt. 1993b *Die Weinkultur der Römer*. Zürich: Artemis & Winkler.

WESTENDORF, Wolfhart 1992 *Erwachen der Heilkunst: Die Medizin im Alten Ägypten*. Zürich: Artemis & Winkler.

WICHTL, Max (Hg.) 1989 *Teedrogen* (2. Aufl.). Stuttgart: WVG.

WILDUNG, Dietrich 1977 *Imhotep und Amenhotep*. München, Berlin: Deutscher Kunstverlag (Münchner Ägyptologische Studien, Heft 36).

Wilkinson, Richard H. 1994 *Symbol & Magic in Egyptian Art.* London: Thames and Hudson.

Wöhrle, Georg 1985 *Theophrasts Methode in seinen botanischen Schriften.* Amsterdam: B. R. Grüner (Studien zur antiken Philologie, Bd.13).

Wohlberg, Joseph 1990 »Haoma-Soma in the World of Ancient Greece« *Journal of Psychoactive Drugs* 22(3): 333-342.

Zohary, Michael 1986 *Pflanzen der Bibel.* (2. erw.Aufl.) Stuttgart: Calwer.

Zum Autor

Christian Rätsch, geboren 1957, promovierter Altamerikanist und Ethnopharmakologe, verbrachte drei Jahre im südmexikanischen Regenwald, um die Sprache der Maya und Lakandonen sowie deren Heilkunst zu erlernen, und bereiste seither viele Orte in der äußeren und der inneren Welt. Seit zwei Jahrzehnten erforscht er die Wirkung der Pflanzenwelt auf den Menschen und den kulturellen Nutzen natürlicher Objekte. Zahlreiche Publikationen befassen sich mit dem Gebrauch und der Bedeutung von Pflanzen, Steinen und Tieren und zeugen von seiner forscherischen und abenteuerlichen Tätigkeit. Er ist Herausgeber der Reihe »Ethnomedizin und Bewußtseinsforschung«, der Festschrift für Albert Hofmann, »Das Tor zu inneren Räumen«, sowie des Bandes »Naturverehrung und Heilkunst«, und hat Lehraufträge zur Ethnologie. Als Ethnologe versteht er sich als eine Art Neuro-Trance-Mitter zwischen den Kulturen. In Diederichs Gelbe Reihe erschienen von ihm die Titel »Ein Kosmos im Regenwald – Mythen und Visionen der Lakandonen-Indianer« (DG 48), »Chactun – Die Götter der Maya« (DG 57) und »Indianische Heilkräuter« (DG 71).

Albert Y. Leung

Chinesische Heilkräuter

Mit Zeichnungen von Bing Fun Leung

Diederichs Gelbe Reihe Band 56, 285 Seiten

Ein nützliches Handbuch, das die in China bekannten – und in Europa erhältlichen – Kräuter und Heilpflanzen beschreibt. Jeder Artikel berichtet über Herkunft, Bestandteile und traditionelle Anwendung und führt Rezepturen an. Das Spektrum reicht vom Klee bis zum Fenchel, vom Knoblauch bis zum Ginseng, vom Mais bis zur Minze, vom Pfeffer bis zur Chrysantheme.

Åke Hultkrantz

Schamanische Heilkunst und rituelles Drama der Indianer Nordamerikas

Aus dem Amerikanischen von Konrad Dietzfelbinger

Diederichs Gelbe Reihe Band 112, 344 Seiten

Ein bahnbrechendes Werk über Gesundheit, Medizin und Religion in der Tradition der nordamerikanischen Natives – von *dem* Fachmann schlechthin. Åke Hultkrantz behält immer die Übertragbarkeit des indianischen Wissens auf »westliche« Belange im Auge. Er vermittelt uns viel von Gemeinschaftsgefühl, Naturverbundenheit, einem Leben im Einklang mit den Jahreszeiten, der Macht des Rituals.

Orpheus

Altgriechische Mysterien

Aus dem Urtext übertragen und erläutert von J. O. Plassmann
Nachwort von Fritz Graf

Diederichs Gelbe Reihe Band 40, 176 Seiten mit 13 Abbildungen

Epen und Hymnen des thrakischen Sängers Orpheus, dessen wunderbare Musik selbst die Königin der Unterwelt bezaubert hatte. Unter den Namen »Orpheus« wurden nicht nur die Hymnen des Dionysoskultes gestellt, sondern auch die bacchischen Kultvorschriften, die dem Begräbnis und der Reise ins Jenseits gelten.

Christian Rätsch

Indianische Heilkräuter

Tradition und Anwendung
Ein Pflanzenlexikon

Diederichs Gelbe Reihe Band 71, 320 Seiten mit 44 Abbildungen

Das indianische Pendant zu den »Heilkräutern der Antike«. Ein Überblick über die traditionelle Medizin der Indianer mit vielen nützlichen Hinweisen für Heilzwecke auch in unseren Breiten. Eine Fülle von Heilpflanzen ist lexikalisch-anschaulich zusammengefaßt: z. B. Mate, Tabak, Stechapfel, auch Chinin und Kokain.

Christian Rätsch (Hrsg.)

Chactun
Die Götter der Maya

Quellentexte, Darstellung und Wörterbuch

Diederichs Gelbe Reihe Band 57, 318 Seiten mit 80 Abbildungen

Dieses Buch gibt umfassend Auskunft über die Maya, ihre Kosmologie, ihre Chilam-Balam-Dichtung, Ikonographie und Geschichte. Es ist zugleich ein Quellenbuch, eine Sachdarstellung und ein Wörterbuch der 150 Gottheiten.

Christian Rätsch / K'ayum Ma'ax (Hrsg.)

Ein Kosmos im Regenwald

Mythen und Visionen der Lakandonen-Indianer

Diederichs Gelbe Reihe Band 48, 319 Seiten mit 23 Abbildungen und einer Karte

Chan K'in, der 98jährige spirituelle Führer aus dem Dorf Naha', gibt mit seine Geschichten Einblick in die Vorstellungswelt einer alten mexikanischen Dschungelkultur. In diesem Buch ist das *Wissen von den Dingen* aufgezeichnet. Hier ist ein »Kosmos im Regenwald« in akuter Gefahr, und für die Lakandonen ist eines sicher: »Wenn es keine Bäume mehr gibt, wenn sie alle gefällt sind, dann wird das Ende der Welt kommen.«

DIEDERICHS GELBE REIHE

DG 1 I Ging
DG 5 Han Shan: 150 Gedichte vom Kalten Berg
DG 6 Das Totenbuch der Tibeter
DG 7 Heinrich Zimmer: Der Weg zum Selbst
DG 8 Helmuth von Glasenapp: Pfad zur Erleuchtung
DG 12 Hellmut Wilhelm: Sinn des I Ging
DG 13 Geshe Lhündub Söpa u. Jeffrey Hopkins: Der Tibetische Buddhismus
DG 14 Dschuang Dsi: Das wahre Buch vom südlichen Blütenland
DG 15 Upanishaden
DG 16 Mahabharata
DG 17 Über den Rand des tiefen Canyon
DG 18 Popol Vuh
DG 19 Laotse: Tao te king
DG 20 Annemarie Schimmel: Rumi
DG 21 Bhagavadgita / Aschtavakragita
DG 22 Kungfutse: Gespräche. Lun Yü
DG 23 Al Ghasali: Das Elixier der Glückseligkeit
DG 24 Basil Johnston: Und Manitu erschuf die Welt
DG 26 Le Saux/Abhishiktananda: Die Spiritualität der Upanishaden
DG 27 Idries Shah: Die Sufis
DG 28 Liä Dsi: Das wahre Buch vom quellenden Urgrund
DG 29 Tantra in Tibet
DG 30 Chang Chung-yuan: Tao, Zen und schöpferische Kraft
DG 31 Li Gi. Das Buch der Riten, Sitten und Bräuche
DG 32 Annemarie Schimmel: Und Muhammad ist Sein Prophet
DG 33 Heinrich Zimmer: Indische Mythen und Symbole
DG 35 Der Sohar. Das heilige Buch der Kabbala
DG 37 Annemarie Schimmel: Gärten der Erkenntnis
DG 38 Wang Wei: Jenseits der weißen Wolken
DG 39 Emma Brunner-Traut: Die Kopten
DG 40 Orpheus. Altgriechische Mysterien
DG 42 Mong Dsi: Die Lehrgespräche des Meisters Meng K'o
DG 44 Thomas Hoover: Die Kultur des Zen
DG 45 Ramayana
DG 46 Germanische Götterlehre
DG 47 Hans Findeisen u. Heino Gehrts: Die Schamanen
DG 48 Rätsch/Ma'ax: Ein Kosmos im Regenwald
DG 50 Firdausi: Geschichten aus dem Schahnameh
DG 51 Erfahrungen mit dem I Ging
DG 52 Franz Carl Endres u. Annemarie Schimmel: Das Mysterium der Zahl
DG 54 Nordische Nibelungen
DG 55 Mary Steiner-Geringer: Tarot als Selbsterfahrung
DG 56 Albert Y. Leung: Chinesische Heilkräuter
DG 57 Chactun. Die Götter der Maya
DG 61 John Blofeld: Der Taoismus
DG 62 Alfred Douglas: Ursprung und Praxis des Tarot
DG 64 Richard Wilhelm u. C. G. Jung: Geheimnis der Goldenen Blüte
DG 65 Astrologie des I Ging

DG 67 Heinrich Zimmer: Abenteuer und Fahrten der Seele
DG 68 Wolfram Eberhard: Lexikon chinesischer Symbole
DG 71 Christian Rätsch: Indianische Heilkräuter
DG 73 Hans Wolfgang Schumann: Der historische Buddha
DG 74 Heinrich Seuse u. Johannes Tauler: Mystische Schriften
DG 76 Mahatma Gandhi: Wegweiser zur Gesundheit
DG 77 Abraham von Worms: Das Buch der wahren Praktik in der göttl. Magie
DG 78 Robert Aitken: Zen als Lebenspraxis
DG 79 Robert Aitken: Ethik des Zen
DG 82 Annemarie Schimmel: Muhammad Iqbal
DG 83 James N. Powell: Das Tao der Symbole
DG 84 Namkhai Norbu: Der Zyklus von Tag und Nacht
DG 85 M. Hiriyanna: Vom Wesen der indischen Philosophie
DG 86 Ikkyu Sôjun: Im Garten der schönen Shin
DG 87 Chantal Zheng: Mythen des alten China
DG 88 Rocque Lobo: Traum und Karma im Ayurveda
DG 89 Uwe Topper: Sufis und Heilige im Maghreb
DG 90 Taisen Deshimaru: Die Lehren des Meister Dogen
DG 91 Weisheit der Völker
DG 92 Volker Zotz: Der Buddha im Reinen Land
DG 93 L. S. Dagyab: Buddhistische Glückssymbole im tibetischen Kulturraum
DG 94 Mo Ti: Von der Liebe des Himmels zu den Menschen
DG 96 Benjamin Walker: Gnosis
DG 97 Seyyed Hossein Nasr: Ideal und Wirklichkeit des Islam
DG 98 Das Weisheitsbuch des Zen
DG 99 Hans Wolfgang Schumann: Buddhismus
DG 100 Peter Sloterdijk u. Martin Buber: Mystische Zeugnisse
DG 101 Omar Ali-Shah: Sufismus für den Alltag
DG 102 Annemarie Schimmel: Von Ali bis Zahra
DG 103 Rients R. Ritskes: Zen für Manager
DG 104 Barbara C. Sproul: Schöpfungsmythen der östlichen Welt
DG 105 Barbara C. Sproul: Schöpfungsmythen der westlichen Welt
DG 106 Geshe Thubten Ngawang: Vom Wandel des Geistes
DG 107 Sri Chinmoy: Veden, Upanishaden, Bhagavadgita
DG 108 Friedrich Weinreb: Kabbala im Traumleben des Menschen
DG 109 Dominique Viseux: Das Leben nach dem Tod
DG 110 René Grousset: Die Reise nach Westen
DG 111 Dennis Genpo Merzel: Durchbruch zum Herzen des Zen
DG 112 Åke Hultkrantz: Schamanische Heilkunst und rituelles Drama
DG 113 I. P. Couliano: Jenseits dieser Welt
DG 114 Hans Wolfgang Schumann: Mahayana-Buddhismus
DG 115 Christian Rätsch: Heilkräuter der Antike
DG 116 Gerhard Wehr: Spirituelle Meister des Westens